HERMAN MELVILLE

DIE REISETAGEBÜCHER

HERMAN MELVILLE

DIE REISETAGEBÜCHER

REISE VON NEW YORK NACH LONDON 1849
REISE INS HEILIGE LAND 1856/57
REISE AN BORD DES SCHIFFES »METEOR« 1860
mit Briefen und Dokumenten

AUS DEM AMERIKANISCHEN ÜBERTRAGEN
UND KOMMENTIERT VON ALEXANDER PECHMANN

Erstes bis zweites Tausend 2001. Copyright für diese Ausgabe Achilla Presse Verlagsbuchhandlung GmbH, Hamburg, Bremen, Friesland. Cover und Layout von Mirko Schädel, Achilla Presse Hamburg.
Gesetzt in der DTL Fleischmann.
Gedruckt bei FINIDR, Tschechien.
www.achilla-presse.de
Zöllnerstraße 24, 22761 Hamburg
ISBN 3-928398-73-3

HERMAN MELVILLE

DIE REISETAGEBÜCHER

REISE VON NEW YORK NACH LONDON 1849
REISE INS HEILIGE LAND 1856/57
REISE AN BORD DES SCHIFFES »METEOR« 1860
MIT BRIEFEN UND DOKUMENTEN

AUS DEM AMERIKANISCHEN ÜBERTRAGEN
UND KOMMENTIERT VON ALEXANDER PECHMANN

ACHILLA PRESSE VERLAGSBUCHHANDLUNG 2001
HAMBURG · FRIESLAND

»Ich bin wie eines jener Samenkörner aus den ägyptischen Pyramiden, das, nachdem es dreitausend Jahre lang ein Samenkorn gewesen ist und nichts anderes als ein Samenkorn, in englischen Boden gepflanzt wurde und sich entwickelte, wuchs bis es grünte und dann zu Dreck zerfiel.«

Herman Melville in einem Brief an Nathaniel Hawthorne, 1851

TAGEBUCH EINER REISE VON NEW YORK NACH LONDON 1849

VORBEMERKUNG

Nur sehr wenigen amerikanischen Autoren war es zur Mitte des 19. Jahrhunderts möglich, alleine von ihrer schriftstellerischen Tätigkeit zu leben. Ein wichtiger Schlüssel zum finanziellen Erfolg war die Publikation in England unter dem Schutz des britischen und damit internationalen Copyrights. Der gerade dreißigjährige Herman Melville, dessen ersten vier Romane ebenfalls zunächst in England veröffentlicht worden waren, unternahm die Reise in die Alte Welt, um einen günstigen Vertrag für sein neues Buch *White-Jacket*, über das Leben auf einem amerikanischen Kriegsschiff, auszuhandeln. Ein damit verbundener Anlaß war der Versuch, wertvolle Beziehungen zum intellektuellen und literarischen Establishement zu knüpfen, die für den jungen Autor ein entscheidendes Maß an Beistand bedeuten konnten. Nach dem kommerziellen Fehlschlag seines dritten Romanes *Mardi*, versuchte Melville mit realistischen Seeromanen an seine frühen Erfolge *Typee* und *Omoo* anzuschließen. Das Tagebuch zeigt jedoch, daß er vor allem die Geschichte des Schiffsjungen *Redburn* ohne innere Überzeugung geschrieben hatte und sich insgeheim danach sehnte, eine gänzlich andere, unkonventionelle Literatur zu wagen. Unter den englischen Dichtern des 17. Jahrhunderts fand er einige große Vorbilder. So ist die Geschäftsreise ebenso eine Bildungsreise und Vergnügungsreise, eine Suche nach neuen Ideen und Stoffen. Die Notizen, die sich der Autor von seinen Erlebnissen gemacht hat, enthalten Eindrücke, die in den späteren Arbeiten – *Moby-Dick*, *Pierre* und *Israel Potter* – wiederkehren. Doch vor allem die wiederholten Diskussionen über grundlegende Fragen der Philosophie, die Herman Melville mit seinen Reisebekanntschaften führte, haben in den nach 1849 begonnenen Romanen ihre Spuren hinterlassen.

Während der Heimreise entstanden bereits die ersten Seiten eines Romanes über den Walfang, der ursprünglich noch das erfolgversprechende, realistische Konzept von *White-Jacket* fortsetzen sollte. Wenige Monate später wurde dieses Konzept aufgegeben, um, auf der Basis des vorhandenen Materials, etwas völlig Neues zu beginnen. Die Geschichte des Weißen Wals und seines besessenen Verfolgers Ahab ist aus heutiger Sicht ein Höhepunkt der amerikanischen Literatur im 19. Jahrhundert. Für Herman Melville begann mit *Moby-Dick* das langsame Ende seiner Karriere als Schriftsteller.

Das Tagebuch der Reise von New York nach London und aufs europäische Festland von Herman Melville ist ein persönliches Dokument, das nicht für die Veröffentlichung gedacht war und zu Lebzeiten des Autors nicht veröffentlicht wurde.

Die Tagebuchaufzeichnungen von Oktober 1849 bis Januar 1850 sind in zwei Notizbüchern niedergeschrieben, welche 1937 von der Enkeltochter Melvilles, Eleanor Melville Thomas Metcalf, der Harvard College Library übergeben wurden. Heute werden diese Dokumente in der Houghton Library der Universität Harvard, im US-Bundesstaat Massachusetts aufbewahrt.

Das erste Notizbuch umfaßt die während der Schiffsreise entstandenen Einträge bis einschließlich Sonntag, den 4. November sowie eine Auflistung der an Bord getrunkenen Flaschen Stout (insgesamt sieben). Mit der Ankunft in London wurde ein neues Notizbuch begonnen. Dieses enthält weitere Auflistungen (Adressen, Fahrpreise, etc.), von denen lediglich die Liste der gekauften Bücher und Kuriositäten übernommen wurde. Außerdem finden sich im zweiten Notizbuch Zitate aus den erworbenen Büchern und Notizen, welche in vorliegender Ausgabe im Anhang aufgeführt sind.

Chronologie der Reise 1849 – 1850

11. Oktober 1849	Abfahrt von New York
01. November	Land gesichtet bei Start Point, England
05. November	In Deal von Bord; nach Canterbury
06. November	Nach London
11. November	Ausflug nach Hampton Court
17. November	Ausflug nach Dulwich
21. November	Ausflug nach Greenwich
22. November	Ausflug nach Windsor
27. November	Von Dover nach Boulogne
28. November	Nach Paris
06. Dezember	Ausflug nach Versailles
07. Dezember	Nach Brüssel
08. Dezember	Nach Köln
09. – 10. Dezember	Nach Koblenz
11. Dezember	Zurück nach Köln
12. Dezember	Nach Brüssel und Ostende
13. Dezember	Von Ostende nach Dover und London
24. Dezember	Nach Portsmouth
25. Dezember	Einschiffung nach New York
31. Januar 1850	Ankunft in New York

Tagebuch einer Reise von New York nach London 1849

Donnerstag, 11. Oktober. Nach einer Verzögerung von drei oder vier Tagen, wegen Wind & Wetter, ging ich mit den anderen Passagieren an Bord des Schleppkahns Goliath, um ungefähr eins am Nachmittag, während eines kalten heftigen Sturms aus dem Westen. Die »Southampton« (ein regelmäßig nach London fahrendes Passagierschiff) lag im North River. Wir kamen in einigem Durcheinander an Bord, lichteten unseren Anker & liefen aus. Unser Lotse, ein großer, bullig aussehender Kerl, glich mehr einem Austernfischer als einem Lotsen. Ungefähr um 2 Uhr kamen wir aus den »Narrows«[1] heraus; kurz danach verließ uns der „Schlepper“ & der Lotse. Um halb 6 nachmittags das letzte Stück Land gesehen, unsere Rahen voll gebraßt & bei halber Sturmstärke. Während das Schiff unter zweifach gerefften Marssegeln Fahrt aufnahm, promenierte ich auf Deck, darüber nachsinnend, was sie Zuhause wohl machten & über die letzten vertrauten Gesichter, die ich auf dem Kai gesehen hatte – Allan[2] war da, & George Duyckinck[3], und ein Mr. McCurdy[4], ein reicher Kaufmann aus New York, der irgendwie besorgt um das Wohlergehen seines Sohnes, meines Zimmergenossen, schien (ein kränklicher zwanzigjähriger junger Mann, der auf große Fahrt ging). Aber

---

1) Narrows: Bucht vor dem Hafen von New York. Vgl. Redburn (1849), 7. Kapitel, in welchem der jugendliche Romanheld das Auslaufen seines Schiffes aus dem New Yorker Hafen schildert.

2) Allan: Herman Melvilles jüngerer Bruder (1823–1872), der in New York als Anwalt arbeitete.

3) George Duyckinck (1823–1863): jüngerer Bruder von Evert Duyckinck (1816–1878) und Mitherausgeber der *Literary World* in New York, borgte Melville einige Reiseführer für London.

4) Robert H. McCurdy (1800–1880): Teilhaber eines Textiliengeschäfts, später Bank- und Versicherungskaufmann. Sein Sohn: Theodore Frelinghuysen McCurdy.

zu meinem größten Entzücken machte der Kapitän das Versprechen wahr, das er mir an einem früheren Tag gegeben hatte, & ich finde mich in ungeteilter Gesellschaft einer großen Einzelkabine. Sie ist fast so groß wie mein eigenes Zimmer Zuhause; sie hat eine geräumige Koje, eine große Waschschüssel, ein Sofa, Glas &c &c. Ich bin die einzige Person an Bord, die solchermaßen mit einer eigenen Kabine geehrt wird. Ich habe reichlich Licht & ein kleines dickes Glasfenster in der Schiffswand, welches ich bei gutem Wetter für Frischluft öffnen kann. Ich habe hinaus auf das Meer geschaut, viele Male, obwohl ich nicht einmal 24 Stunden an Bord bin.

Freitag, 12. Oktober. Letzte Nacht bis ungefähr acht Uhr auf Deck promeniert; dann an einer Partie Whist teilgenommen & gespielt bis einer der Spieler wegen Übelkeit in sein Zimmer mußte. Früh zu Bett & tief geschlafen. Beizeiten auf & in die Takelage, um die alten Gefühle für das Leben vor dem Mast zurückzurufen. Fand, daß der Ozean wie immer aussah. Versucht zu lesen, aber fand es schwer zu arbeiten. Jedoch gibt es einige sehr angenehme Passagiere an Bord, mit welchen man sich unterhalten kann. König unter ihnen ist ein Mr. Adler[5], ein deutscher Gelehrter, mit dem Duyckinck mich bekannt gemacht hatte. Er ist Autor eines

5) George J. Adler (1821–1868), in Leipzig geboren, 1833 in die USA ausgewandert, war Professor für deutsche Sprache an der Universität New York. Sein *Dictionary of the German and English Languages* erschien 1849. Er übersetzte einige Werke Goethes ins Englische. 1853, ein Jahr nach seiner Rückkehr nach New York, wurde er wegen Halluzinationen und Paranoia in die Bloomingdale Anstalt eingewiesen. Seine sprachwissenschaftliche Arbeit konnte er dennoch fortsetzen. Erinnerungen erschien 1854 als Privatdruck unter dem Titel: *Letters of a Lunatic; or a Brief Exposition of my University Life, During the Years 1853–54.* Melville und Evert Duyckinck besuchten Adlers Beerdigung im August 1868.

ausgezeichneten Wörterbuches (Deutsch & Englisch); bei dessen Zusammenstellung richtete er beinahe seine Gesundheit zugrunde. Eine Zeitlang sei er beinahe verrückt gewesen, erzählt er mir. Er steckt voller deutscher Metaphysik & Diskurse über Kant, Swedenborg[6] &c. Er ist bis jetzt meine hauptsächliche Gesellschaft gewesen. Unter den Passagieren gibt es auch einen Mr. Taylor[7], Cousin von James Barnard Taylor, dem Wanderer. Er steckt voller Späße – oder eher *steckte.* – Gerade in diesem Augenblick höre ich seine mysteriösen Geräusche in der Kabine neben meiner. Armer Kerl! Er ist seekrank. Bis jetzt haben wenige von uns unter

---

6) Die Gespräche über die »Metaphysiker« drehten sich möglicherweise um den Religions- und Gottesbegriff des deutschen Idealismus eines Immanuel Kant (1724–1804) und den amerikanischen Transzendentalismus, wie ihn etwa Ralph Waldo Emerson vertrat. Im Mittelpunkt stand wohl die Auseinandersetzung der Philosophie mit dem Dualismus, dem unvereinbaren Nebeneinander von Zuständen, Prinzipien und Denkweisen wie Geist und Natur, Gott und Welt, Gut und Böse, Wissen und Glauben. Die seltsame Episode in *Moby-Dick*, in welcher, zur Erhaltung des Gleichgewichts des Schiffes, die an Backbord und Steuerbord angebrachten Walköpfe mit den Köpfen von Locke (Empirismus) und Kant (Idealismus) verglichen werden (Kapitel 73), ist vielleicht eine Reminiszenz an diese Gespräche. Emanuel Swedenborg (1688–1772): schwedischer Philosoph, Wissenschaftler und Mystiker, Professor für Theologie in Uppsala. Für Swedenborg besteht der Zweck der Schöpfung in einer Annäherung des Menschen an Gott. Seine späteren Schriften waren durch visionäre Erscheinungen und Gespräche mit »Engeln« geprägt. Er beeinflußte wiederum die amerikanischen Transzendentialisten, welche versuchten, das Problem des Dualismus durch eine Vereinigung von Geist und Natur zu lösen (»Natur ist alles, alles ist Natur«). Melville stand dieser Lösung skeptisch gegenüber.

7) Dr. Franklin Taylor, Schiffsarzt der »Southampton«, hatte in Heidelberg studiert. Der erwähnte Cousin Bayard Taylor (1825–1878) war ein bekannter Reiseschriftsteller, übersetzte Goethes Faust und schrieb für Zeitschriften *Literary World* und *Tribune*. 1862 war Taylor Legationssekretär in St. Petersburg, 1878 Gesandter in Deutschland. Sein Roman einer gleichgeschlechtlichen Liebe *Joseph and his Friend* erschien 1870 in New York.

solchen Beschwerden gelitten, dank dem angenehmen Wetter. Es gibt einen schottischen Künstler[8] an Bord, einen Maler, mit einem äußerst unpoetisch aussehenden einzigen Kind, ein Sprößling der nur aus Backen & Stirn besteht, erstere vorstehend. Der junge McCurdy erweist sich als lispelnder Jüngling mit vornehmen Eigenschaften, doch zu übellaunig, um eine gute Gesellschaft abzugeben. Wir haben einige Franzosen & Engländer. Einer der letzteren ist auf der Jagd gewesen & bringt als Trophäen seiner Tapferkeit in den Wäldern von Maine zwei prächtige Geweihe (Elch) mit. Zudem haben wir eine Engländerin mittleren Alters, die standhaft das Deck abschreitet, sich ihrer seetüchtigen Beine rühmt & vorgibt, eine alte Teerjacke zu sein.

Samstag, 13. Oktober. Der letzte Abend war sehr angenehm. Mit dem Deutschen, Mr. Adler, bis spät in die Nacht auf Deck promeniert, über »vorbestimmtes Schicksal, freien Willen, absolute Vorausbestimmung«[9]

---

8) William M. Hart (1823–1894): Maler im Stil der amerikanischen »Hudson-River-School«, die für ihre Landschaftsgemälde und Seestücke berühmt ist.

9) Zitat aus John Miltons *Paradise Lost* (1667), zweites Buch, Zeile 560 (in der deutschen Übertragung: 733 bis 736). In dem entsprechenden Abschnitt vertreiben sich die Verbündeten Satans die Zeit bis zu seiner Rückkehr mit allerlei Diskussionen. Das Zitat stellt Vorbestimmung durch die Natur, bzw. durch Gott (Prädestinationslehre), gegen das Konzept des freien Willens – auch dies gehört zum Problem des Dualismus. In diesem Zusammenhang ist das durch eine Prophezeiung vorbestimmte Schicksal der *Pequod* in *Moby-Dick* interessant. *Paradise Lost* wird in fast allen Romanen Herman Melvilles in verschiedenen Zusammenhängen zitiert. Wahrscheinlich kannte er ganze Passagen des Versepos auswendig.

&c gesprochen. Seine Philosophie stammt von *Coleridge*[10]: er akzeptiert die Göttlichkeit der Heiligen Schrift, & nimmt sich die Freiheit die Natur zu erforschen. Er ist nicht der Ansicht, daß die Bibel absolut unfehlbar ist, & daß alles Gegenteilige in der Wissenschaft falsch sein muß. Er glaubt, daß es Dinge *außerhalb* Gottes und von Ihm unabhängig gibt – Dinge, die existieren würden, wenn es keinen Gott gäbe; – wie etwa zwei & zwei vier ergibt; denn es ist nicht Gott, der dies mathematisch verfügt, sondern es liegt in der reinen Natur der Dinge, dies ist ein Faktum. – Diesen Morgen früh aufgestanden, mein Bullauge geöffnet, & nach Osten Ausschau gehalten. Die Sonne ging gerade auf, der Horizont war rot; – für mich ein vertrautes Bild, das mich an alte Zeiten erinnerte. Vor dem Frühstück kletterte ich zum Masttop hoch, als Turnübung. Ungefähr um 10 Uhr vormittags verstärkte sich der Wind, Regen fiel, & das Deck sah ziemlich trostlos aus. Zur Essenszeit blies es auf halber Sturmstärke, & die meisten Passagiere zogen sich in ihre Kabinen zurück, seekrank. Nach dem Essen hörte der Regen auf, doch es wehte immer noch eine steife Brise, & wir kämpften uns unter dicht gerefften Marssegeln langsam voran – Großsegel aufgerollt. Ich promenierte auf Deck, als ich einen der Zwischendeckpassagiere bemerkte, der über die Reling schaute; ich schaute ebenfalls, & sah einen Mann im Wasser, den Kopf vollstän-

---

10) Samuel Taylor Coleridge (1772–1883), englischer Dichter und gelegentlicher Prediger, dessen Werke Melville gut kannte (vgl. Kapitel 38 in *White-Jacket*, 1850). Hier wird auf Coleridges Arbeiten über die philosophische Grundlage des Christentums angespielt. Coleridge studierte einige Monate in Deutschland und beschäftigte sich u.a. mit Kant und Schelling. Melvilles Interesse an Philosophie und Religion kam bereits in *Mardi* (1849) zum Ausdruck. Die Gespräche mit Adler waren auch für die biblischen Anspielungen in *Moby-Dick* (1851) von einiger Bedeutung.

dig über die Wellen erhoben, – ungefähr zwölf Fuß vom Schiff entfernt, genau auf der Höhe des Fallreep. Einen Moment lang dachte ich mir träumte; da niemand sonst zu sehen schien, was ich sah. Im nächsten Moment schrie ich »Mann über Bord!« & wandte mich nach Achtern. Der Kapitän rannte nach vorne, äußerst verwirrt. Ich warf das Jolltau des Achterdeck-Beibootes über Bord & ließ es in Richtung des Mannes schwingen, der nun nahe an das Schiff heran getrieben wurde. Es gelang ihm nicht es zu packen, & ich stieg über die Reling, ein oder zwei Fuß von der See entfernt, & schwang das Tau noch einmal in seine Richtung. Nun konnte er es packen. Unterdessen hatte sich eine Menschenmenge – Seeleute & Andere – am Schanzkleid angesammelt; aber niemandem schien viel daran zu liegen, ihn zu retten. Jedoch warnten sie *mich*, nicht über Bord zu fallen. Nachdem er sich für ungefähr eine Viertelminute am Tau festgehalten hatte, ließ der Mann los & trieb achtern unter die Besanpüttings ab. Vier oder fünf der Matrosen sprangen über die Reling und in die Püttings & warfen ihm weitere Taue zu. Doch sein Verhalten war unerklärlich; er hätte sich retten können, wenn er es so gewollt hätte. Der Ausdruck seines Gesichtes im Wasser hat mich erstaunt. Er war fröhlich. Zuletzt trieb er unter das Heck des Schiffes ab, & alle Helfer schrien »Er ist weg!« Wir rannten zur Heckreling, sahen ihn noch einmal forttreiben – sahen ein paar Luftblasen, & sahen ihn niemals wieder. Man ließ kein Beiboot zu Wasser, kein Segel wurde gerefft, es gab kaum einen Laut. Der Mann ertrank wie ein Ochse. Nachher stellte sich heraus, daß er verrückt gewesen ist & über Bord gesprungen war. Einige Male hatte er die Tat angekündigt; & kurz bevor er *wirklich* sprang, hatte er versucht sein Kind zu fangen, um sich mit dem Kind in den Armen in die See zu stürzen. Seine kranke Frau lag jämmerlich in ihrer Koje. Der Kapitän sagte, daß dies der vierte oder fünfte ihm bekannte Zwischenfall sei, bei dem jemand über Bord gesprungen war. Er erzählte die Geschichte eines Mannes, der dies getan hätte während seine Frau gerade auf Deck war. Als sie ihn zu retten versuchten, sagte die Frau, das hätte keinen Zweck; & als er ertrunken war sagte sie »es gibt noch jede Menge Männer für mich.« – Liebenswertes Wesen! – Zur Nacht blies ein furchtbarer Sturm, & es ging auf und ab. Elende Zeit! Beinahe jeder ist krank, & das Schiff rollt & stampft auf erstaunliche Weise. Ungefähr um Mitternacht stand ich auf & ging an Deck. Es stürmte fürchterlich – stockdunkel & es regnete. Der Kapitän war in der Kajüte & lenkte meine Aufmerksamkeit »auf jene Burschen« wie er sie nannte, – er meinte einige »Elmsfeuerkugeln«[11] an den Rahen und Masttops. Es waren die ersten, die ich je gesehen hatte, & sie glichen großen, matten Sternen in der Nacht.

Sonntag, 14. Oktober. Ein gewöhnlicher, verflixt trister Tag. Eine steife Brise, & alle krank. Die Salons sind verlassen, & man hört alle Arten von Geräuschen der Übelkeit aus den Kabinen. Taylor, McCurdy, & Adler allesamt in ihren Kojen – & ich allein blieb übrig, von der Geschichte ihrer Leiden zu künden[12]. Ein wenig in der Europareise von Mrs. Kirkland gelesen[13]. Gefällt mir. Sie ist eine geistreiche, sensible, noble Frau. Es

---

11) Diese elektrischen Entladungen an Rahen- und Mastenden finden sich in Kapitel 119: »Die Kerzen« des *Moby-Dick* (1851) wieder, wo die Elmsfeuer sich an Kapitän Ahabs Harpune heften.

12) Anspielung auf ein Zitat aus dem *Buch Hiob* (1,15). Das Zitat steht als Motto über dem Epilog in *Moby-Dick* (1851). Eine Anspielung auf dieselbe Bibelstelle findet sich auch im vorletzten Absatz des 59. Kapitels von *Redburn* (1849).

13) Caroline Stansbury Kirkland: *Holidays Abroad; or Europe from the West* (2 Bände, New York 1849). Melville kannte die Autorin persönlich.

gelang mir irgendwie, mit Lesen & Promenieren auf Deck über den Tag zu kommen, obwohl das letztere mir beinahe Kopf und Kragen gekostet hätte. Ich vergaß zu erwähnen, daß kurz nach dem Verlust des Wahnsinnigen (übrigens ein Holländer) einige Zwischendeckpassagiere nach achtern kamen & dem Kapitän erzählten, es gäbe einen weiteren Verrückten, einen Engländer im Zwischendeck. An diesem Morgen, als ich an Deck kam, sah ich einen Mann gegen das Schanzkleid lehnen, den ich sofort für einen Zwischendeckpassagier hielt. Er hielt mich an & sagte mir, ich solle Ausschau halten & *nach den Dampfschiffen sehen.* Also schaute ich für ungefähr fünf Minuten – strengte meine Augen ziemlich an, sah aber nichts. – Ich fragte den 2. Maat ob *er* die Dampfschiffe sehen könne; da sagte er mir, mein Informant wäre der verrückte Engländer. Den ganzen Morgen über war der arme Bursche an Deck und rief Dampfschiffe, Boote, &c &c aus. Ich dachte, sein wahnsinniges Gemüt fände eine Entsprechung im Aufruhr der tobenden See. Am Abend verschaffte er sich gewaltsam Zugang zum Speisesalon & schlug den Steward, der ihn mit einem Schlag niederstreckte & fortschleppte[14]. Die letzten 36 Stunden sind wir nicht vorangekommen; Gegenwind, aus dem Osten. Es stellt sich heraus, daß der Verrückte an Säuferwahnsinn gelitten hatte, als Folge dauernder Trunkenheit während der letzten zwei Monate. Er fragt mit großer Dringlichkeit nach einem bestimmten *Dr. Dobbs.* Vor zwei Tagen eine Dame mit einer Aus-

---

14) Zwischendeckpassagiere hatten keinen Zutritt zu den Gesellschaftsräumen und Salons des Schiffes. Sie bekamen ihre kärglichen Mahlzeiten in demselben Raum, in dem sie auch schliefen: einem fensterlosen Raum von maximal neun mal dreißig Metern, der mit Reihen übereinanderliegender Kojen bestückt war, welche – bei einer großen Anzahl Passagiere – abwechselnd benutzt wurden.

gabe von »Omoo«[15] in den Händen gesehen. Gelegentlich blickte sie zu mir auf, als wolle sie Meinungen austauschen. Es stellt sich heraus, daß sie die Frau eines jungen Schotten ist, ein Künstler auf dem Weg nach Schottland, um Landschaften für seine Gönner in Albany, einschließlich Dr. Armsby[16], zu zeichnen. Er stellte sich mir vor, indem er den Namen Mr. Twitchels[17] erwähnte, der mich kostenfrei portraitiert hatte. Er ist ein ziemlich anspruchsloser junger Mann & gleicht mehr einem Schneider als einem Künstler. Doch der äußere Anschein &c. –

Montag, 15. Oktober. Der Sturm hat sich abgeschwächt & wir haben gutes Wetter. Bis zu Mittag waren beinahe alle Passagiere an Deck, auf dem Wege der Besserung. Sie scheinen mich für einen Helden zu halten, der Wind & Wetter trotzt. Meine gelegentlichen Großtaten in der Takelage werden als eine Art Seiltanz betrachtet. Der arme Adler ist jedoch kaum noch er selbst. Er ist ein ausnehmend liebenswerter Mann & ein großartiger Gelehrter, dessen Gesellschaft im höchsten Maße lehrreich ist. Am Nachmittag schmiedeten Dr. Taylor & ich einen Plan, die Donau von Wien nach Konstantinopel hinunter zu fahren; dann mit dem Dampfschiff nach Athen; nach Beirut & Jerusalem – Alexandria & den Pyramiden. Von dem ausgehend, was man mir erzählt, habe ich keine Zweifel daran, daß dies zu vergleichsweise geringen Kosten möglich ist. Taylor hat einige Erfahrungen mit preiswerten Reisen in Europa gemacht & ist wegen seiner Kenntnis der deutschen

---

15) *Omoo* (1847) war Melvilles zweites Buch. Die autobiographische Reiseerzählung setzt die Südseeabenteuer von *Typee* (1846) fort.

16) James H. Armsby, M.D. (1809–1875), Professor für Anatomie und Physiologie, Mitbegründer des Medical College in Albany.

17) Der Maler Asa Weston Twitchell (1820–1860); das Portrait Melvilles entstand zwischen 1845 und 1849.

Sprache als Reisebegleiter durch Österreich & Türkei gut geeignet. Ich bin erfüllt von Gedanken (in diesem Augenblick) an diese glorreiche Fahrt in den *Orient.* Alleine die Vorstellung! – Jerusalem & die Pyramiden – Konstantinopel, die Ägäis & das alte Athen! – Der Wind ist noch nicht günstig & deswegen gibt es reichlich Unmut. Eine kleine Flasche London Stout zum Essen getrunken & denke es hat mir gut getan. Ich frage mich, wieviel sie dafür verlangen? Ich muß es herausfinden; & nicht die traurige Erfahrung von »Powell«[18] wiederholen (nach seiner Schilderung).

Dienstag, 16. Oktober. Wundervolles Wetter, aber der Wind ist gegen uns. Den Passagieren geht es allen besser, & sie sind recht lebhaft; außer dem jungen McCurdy, der ein wenig Fieber hat und einer Dame, die ziemlich krank zu sein scheint. Wenig oder gar nichts gelesen, die Zeit vertrödelt. Die See hat eine vorübergehende Wirkung auf mich, die es mir einstweilig unmöglich macht, etwas anderes zu tun als zu faulenzen. Was macht der kleine Barney? Wo ist Orianna?[19]

---

18) Thomas Powell (1809–1887): Englischer Dichter, Dramatiker und Journalist, floh im Frühjahr 1849 nach New York, da er in England wegen Urkundenfälschung und Diebstahl gesucht war. Er schrieb Beiträge für Duyckincks *Literary World.* Im Juni 1849 hatte er von Melville eine Ausgabe seines Romans *Mardi* erhalten und ihm den guten Rat gegeben, vor dem Genuß alkoholischer Getränke stets nach dem Preis zu fragen. Nach einer Verhaftung wegen Fälschung in New York, gelang es Powell durch Lügengeschichten freizukommen.

19) Barney: Spitzname von Melvilles acht Monate altem Sohn; Orianna: Kosename für Melvilles Frau Elizabeth nach dem Ritterroman *Amadis von Gallien* (1508) von Garcí Ordoñez de Montalvo. Barney war außerdem der Spitzname des Steuermanns William Barnard auf dem Walfänger *Acushnet*, jenem Schiff, auf dem Melville am 3. Januar 1841 in die Südsee ausgelaufen war und von welchem er bei Nukuhiva desertierte.

Mittwoch, 17. Oktober. Gutes Wetter, ziemlich warm & sonnig. Die Decks lebhaft, die Damen lebhaft, der Kapitän lebhaft, & das Schiff nimmt jetzt seinen Kurs. Einen guten Teil des Tages oben im Gespräch mit Adler verbracht. Am Abend gab es eine Art Konzert. Eine Dame aus Irland, eine Opernsängerin wie man hört, machte den Anfang mit einer Gitarre & ihrer Stimme.

Donnerstag, 18. Oktober. Wunderschöner Tag, & das Schiff kommt ausgezeichnet voran. Den ganzen Morgen mit Adler & Dr. Taylor im Masttop verbracht, unsere Pläne für die große Rundreise durch Europa & den Orient besprochen. Taylor hat mir jedoch einen Umstand mitgeteilt, der ihn daran hindern könnte uns zu begleiten – es hat mit Geld zu tun. Er schätzt unsere Kosten auf $ 400.

Freitag, 19. Oktober. Keine Vorkommnisse; den Morgen mit faulenzen & lesen verbracht; und nach einer Kartenpartie, zu Bett.

Samstag, 20. Oktober. Neufundlandwetter – neblig, regnerisch &c. Beschreibung Venedigs von Murray[20] gelesen. Am Nachmittag klärte es sich auf – die Passagiere spielten Shuffleboard[21] auf dem Achterdeck. Zum ersten Mal mit einigen der Damen promeniert – eine Mrs. – – aus Monmouthshire, England, & eine Miss Wilbur aus New York (glaube ich). Die erste ist fade; die zweite ist im heiratsfähigen Alter, führt ein Tagebuch & spricht davon, »Seelen für Christus zu ge-

20) Von John Murray herausgegebener Reiseführer von Sir Francis Palgrave: *Handbook for Travelers in Northern Italy* (1842).

21) Deckspiel ähnlich dem Beilkespiel. Holzscheiben müssen mit einem Schläger auf nummerierte Felder befördert werden.

winnen.« – Am Abend zum ersten Mal in den Damensalon gegangen, & die Opernsängerin Mrs. Gould singen gehört. Es gab ein richtiges Fest – der Salon ist vergoldet & glänzend, & während das Schiff seine Fahrt leise fortsetzt, schien es als wären wir an Land in einem kleinen Hotelsaal oder Gesellschaftszimmer. – Wo ist Orianna? Wie geht's dem kleinen Barney? – Ein Kapitel der Pickwicker[22] gelesen & ziemlich früh zu Bett. Gegen Morgen störte mich Babygeschrei von nebenan.

Sonntag, 21. Oktober. Regnerisch – in der Nähe der Banks. Kann mich nicht erinnern, was am heutigen Tage geschehen ist. Irgendwie ging er zu Ende.

Montag, 22. Oktober. Klar & kalt; Wind ungünstig. Ich vergaß zu erwähnen, daß *letzte Nacht,* um ungefähr ½ 10 abends, Adler & Taylor in mein Zimmer kamen, & es wurde vorgeschlagen, Whisky Punsch zu bestellen, was wir auch entsprechend *taten*. Adler trank ungefähr drei Eßlöffel voll – Taylor 4 oder fünf Becher &c. Wir verbrachten eine außerordentliche Zeit & kamen bis nach zwei Uhr morgens nicht zur Ruhe. Wir sprachen fortwährend über Metaphysik, & Hegel, Schlegel, Kant &c[23] wurden unter Whiskyeinfluß diskutiert. Ich

---

22) Charles Dickens: *Posthumous Papers of the Pickwick Club* (1836/37); dt.: *Die Pickwicker*. Der Episodenroman war der erste große literarische Erfolg des gerade 25 Jahre alten Dickens (1812–1870).

23) Georg Wilhelm Friedrich Hegel (1770–1831) betrachtete die reine Philosophie als absolutes Wissen und damit als »Selbstbewußtsein Gottes im Menschen«. Friedrich Schlegels (1772_1829) Konzept des »allumfassenden Ich« sowie der »Weltgeist« bei Hegel sind Versuche, das Problem des Dualismus (Subjekt und Objekt, Geist und Natur, etc.) durch eine Synthese zu überwinden. Man betrachte in diesem Zusammenhang das Interesse für kosmologische, weltanschauliche, konzeptionelle, sprachliche und bildhafte Antagonismen im Werk Herman Melvilles.

werde Adlers Gesichtsausdruck nicht vergessen, als er den französischen Astronom La Place zitierte – »Meine Herren, es ist nicht notwendig, diese Welten durch Hypothesen zu erklären« &c[24]. Nachdem sich Adler zurückgezogen hatte, gingen Taylor & ich zum Bugspriet – herrliches Schauspiel. – Am Abend wurde es windstill, & wir warten auf eine günstige Drehung des Windes.

Dienstag, 23. Oktober. Als ich am Morgen das Deck erreichte, freute es mich, einen günstigen Wind vorzufinden. Bald kam eine steife Brise auf, & wir lenzten vor ihr, unter zweifach gerefften Marssegeln & angeluvtem Großsegel. Machten über den Tag ungefähr 14 Knoten Fahrt. Allesamt frohen Mutes. Der Kapitän erzählte eine kauzige Geschichte über 'nen *kleinen Käptn* und *'nen langen Maat* in 'ner kleinen Brigg, & sie warfen Fässer voll Fleisch von Bord & Terpentin &c.

Mittwoch, 24. Oktober. Weiterhin günstiger Wind; um 12 mittags müßten wir mehr als die Hälfte der Strecke hinter uns haben. Einige Landvögel gesehen – sehr zahm, ließen sich auf Deck nieder – einen gefangen.

Donnerstag, 25. Oktober. Ein günstiger Wind – ziemlich viel Regen – Ungefähr zu mittag ein Schiff auf Gegenkurs gesehen. Es zeigte seine Farben & erwies sich als Yankee. Das erste Schiff, das wir aus solcher

---

24) Pierre Simon, Marquis de Laplace (1749–1827): Mathematiker und Astronom. Seine Berechnungen der Himmelsmechanik führten zu dem Schluß, daß ein göttlicher Eingriff nicht nötig sei, um die Funktion des Sonnensystems aufrechtzuerhalten. Als Napoleon ihn wegen der Abwesenheit Gottes in seiner Theorie zur Rede stellte, antwortete Laplace: »Sire, diese Hypothese habe ich nie benötigt.«

Nähe zu sehen bekommen hatten. Es weckte einiges Interesse. Bis zum Abend blies eine ziemlich steife Brise, & wir stürmten auf herrliche Weise voran. Schöne Nacht im Mondlicht & wir jagten durch Schneewehen aus Gischt. McCurdy lud Adler, den Doktor & mich in seine Kajüte & bestellte Champagner. Ging zurück an Deck & blieb dort bis kurz vor Mitternacht. Das Schauspiel war unbeschreiblich. Nie zuvor habe ich solch ein Segeln erlebt.

Freitag, 26. Oktober. Immer noch günstiger Wind. Gegen Mittag kam eine Windstille auf, mit einer kabbeligen See. Das Schiff rollte heftig, & viele komische Szenen spielten sich unter den Passagieren ab. Am Nachmittag erhob sich eine neue Brise, & und wir segelten prächtig voran. Vor ein paar Tagen haben Adler & ich ein paar »nüchterne Überlegungen« zu unserer großen Orient- & Spanientour mit Taylor gemacht. Doch heute Nacht hat die Ansicht von »Bradshaw's Eisenbahn & Dampfschiff Fahrplan«[25], der die wunderbare Leichtigkeit zeigt, mit der Reisen zu den entferntesten Gegenden bewältigt werden könnten, all meine ursprüngliche Begeisterung erneuert – zumindest in meiner Vorstellung. Das ganze noch einmal mit Taylor besprochen. Eine Entscheidung wird nicht möglich sein, bevor wir London erreichen.

Samstag, 27. Oktober. Hielten unseren Kurs am Wind. Ich spielte zum erstenmal Shuffleboard. Ziemlich lange in der Takelage herumgetrieben. McCurdy lud Adler, Taylor & mich ein, ein wenig Glühwein mit ihm zu tei-

25) Die Firma Bradshaw's in Manchester veröffentlichte ab 1840 umfangreiche Sammlungen von Abfahrtsplänen und Fahrzeiten; z.B.: *Bradshaw's Continental Railway, Steam Navigation, and Conveyance Guide.*

len, was wir taten, in meiner Kabine. Wieder – wir alle – auf dem deutschen Steckenpferd geritten – Taylor ist nicht vergeblich in Deutschland gewesen. Nach einer weiteren wunderlichen Diskussion zwischen dem Schweden & dem Franzosen, über Lamartine[26] & Corinne[27], setzten wir uns zu einer Partie Whist & gingen gegen 3 am Morgen auseinander.

Sonntag, 28. Oktober. Ein starker Wind kam auf & hielt den ganzen Tag vor. Das Schiff legt ungefähr 12 Meilen die Stunde zurück – man beginnt vom Hafen zu sprechen. Die Decks sind sehr naß, & es bedeutet harte Arbeit, sich Bewegung zu verschaffen. (»Wo is' der Alte?«[28]) Ein wenig gelesen, ein wenig gedöst & früh zu Bett.

Montag, 29. Oktober. Feucht & neblig, aber eine günstige frische Brise – 12 Knoten die Stunde. Einige der Passagiere sind erneut krank. Am Nachmittag versucht, mittels eines kriminalistischen Verhörs Adlers durch den Kapitän, für Unterhaltung zu sorgen. Am Abend wurde der Kapitän verhört, & disputierte die Frage »was ist besser, Monarchie oder Republik?« – Hatte während der Erörterung viel Spaß – obwohl die

---

26) Alphonse de Lamartine (1790–1869): französischer Romantiker und Demokrat, war in die Revolution von 1848 verwickelt.

27) *Corinne ou l'Italie* (1807) ist ein Künstler- und Reiseroman von Madame Anne Louise Germaine de Staël-Holstein (1766–1817); Madame de Staël verhalf während der französischen Revolution vielen ihrer Freunde zur Flucht in die Schweiz. Ihr Roman *Delphine* (1802) richtete sich gegen den Absolutismus Napoleons. Sie führte die deutschen Philosophen und Dichter in Frankreich ein.

28) »Where dat old man?« waren die angeblich ersten Worte von Melvilles Sohn Malcolm. Vgl.: Starbucks Ruf nach Ahab im letzten Kapitel des *Moby-Dick* (1851): „Where's the old man now?".

Engländer nicht daran teilnehmen wollten. – Nach einem Plausch & Stout mit Monsieur Moran & Taylor ging ich an Deck, & fand Mitternacht im Mondlicht. Wind von achtern. Zu Bett um 1 morgens. –

Dienstag, 30. Oktober. Herrlicher Tag – großartige Kuchen zum Frühstück. – (»Wo is' der Alte?«) Einen Landvogel gesichtet. Wunderbar klares Wetter. Zum ersten Mal in fünf Tagen konnten wir unsere Beobachtungen machen. Wir segeln geradewegs auf die Mitte des Kanals zu – Scilly Island[29] liegt außer Sicht im Norden. Spielte mit den Damen & Taylor Shuffleboard. Ein ausgezeichnetes Abendessen bekommen, welches wir uns außerordentlich schmecken ließen. Daß wir uns dem Hafen mit einem guten günstigen Wind nähern, macht die Passagiere großzügig. Jede Menge Wein & Porterbier auf dem Tisch. Eine wunderbare Nacht – doch sehr früh zu Bett.

Mittwoch, 31. Oktober. Der günstige, frische Wind hält an. Als ich am Morgen an Deck kam, sah ich eine Brigg in der Nähe – & zwei oder drei Schiffe. Wenn der Wind anhält, schaffen wir es bis zum Abend nach Lizzard Light[30], wahrscheinlich. Alle Mann guter Laune. Am Abend bei McCurdy gewürzten Sherry getrunken. Spät auf, ich vermute es wird die letzte Nacht sein.

Donnerstag, 1. November. Nur drei Wochen von Zuhause und Land gesichtet – Start Point[31] – ungefähr 3 am Nachmittag – ein gutes Stück im Kanal – am Lizzard vorbei. Sehr schöner Tag – eine große Anzahl Schiffe in Sichtweite. Durch diese Wasser segelten

---

29) Insel, südwestlich von Land's End, Cornwall.
30) Leuchtturm an der südlichsten Landspitze Englands.
31) Landspitze, südöstlich von Devon.

einst die Schiffe Blakes & Nelsons[32]. Taylor meinte, daß er & ich McCurdys Höflichkeit erwidern sollten. Was wir taten, und Kapitän Griswold[33] schloß sich an und bestellte einen Krug für sich allein. Der Kapitän ist ein sehr intelligenter & ehrenvoller Mann – er spricht gut & ist umgänglich. Niemals habe ich mich mehr in einer Person getäuscht als in ihm. Ungefähr um Mitternacht zu Bett. Diesen Abend spielte Taylor McCurdy einen köstlichen Streich, indem er vorgab Miss Wilbur zu sein, die ihren Mantel geliehen habe &c. Sie promenierten gemeinsam. Morgen früh werde ich Portsmouth sehen.

Freitag, 2. November. Wind aus dem Osten – von vorne. Klarer & schöner Tag – doch alle sind schwer enttäuscht. Ich denke, ich werde in Porthsmouth von Bord gehen, anstatt weiterzufahren. Wir könnten doch noch heute Nacht ankommen. Ein Lotsenboot aus Portsmouth angesprochen, aber keinen Lotsen aufgenommen. Bis zur Bill of Portland geschafft – wo die Portlandkreide[34] herkommt. Die Fahrt hinterläßt einen melancholischen Eindruck, weiße Klippen, in der Tat! Am Abend Schach gespielt, & [mit] meinem gelehrten Freund bis Mitternacht über Metaphysik gesprochen.

---

32) Die beiden großen britischen Seehelden: Admiral Sir Robert Blake, der 1652 die britische Flotte siegreich gegen Holland führte und Admiral Lord Horatio Nelson, der bereits 100 Seegefechte hinter sich hatte, als er 1805 mit 47 Jahren in der Schlacht bei Kap Trafalgar fiel. Der Sieg von Nelsons Flotte über die spanisch-französischen Verbände sicherte Großbritannien die Vorherrschaft auf den Weltmeeren.

33) Robert Harper Griswold (1806–1882); sein Cousin John Griswold war Eigentümer der Schiffahrtsgesellschaft, die zwischen New York und London verkehrte.

34) Hochgradig feiner Kalkstein von der Halbinsel Bill of Portland, an der Küste von Dorset.

Samstag, 3. November. Ungefähr um 6 Uhr mit der verrückten Vorstellung aufgewacht, wir würden mit dem Wind segeln & innerhalb einer Stunde in Portsmouth sein. Bald bemerkte ich meinen Irrtum. Ungefähr um acht Uhr einen Lotsen aufgenommen, der einige zwei Wochen alte Zeitungen mitbrachte. Ungefähr um 10 vormittags an der Isle of Wight vorbei. Steilküste – The Needles[35]. Gegenwind, & wir kreuzen. Heute nacht oder morgen kommen wir an – oder nächste Woche, nächstes Jahr. Verflixt langsam, & ganz und gar schlecht. X X X X Weiterhin den ganzen Tag gekreuzt, mit einer leichten Brise aus dem Westen. Isle of Wight den ganzen Tag in Sichtweite & zahlreiche Schiffe. Einer unserer Zwischendeckpassagiere fuhr mit dem Lotsenboot ab. Komischer Anblick, mit dem Boot längsseits. Am Abend alle Mann frohen Mutes – im Damensalon Schach gespielt – eine andere Gesellschaft beim Kartenspiel; jede Menge Singen & Trinken im Rauchsalon – sehr fröhlich & laut – alle dachten, es wäre die letzte Nacht. Entschlossen, bei Portsmouth von Bord zu gehen. Deshalb traf ich Vorbereitungen – mein Schrankkoffer soll zurück bleiben – ein oder zwei Hemden in Adlers Reisetasche untergebracht & ziemlich früh zu Bett.

Sonntag, 4. November. Ich schaute gleich beim Aufstehen durch mein Fenster & sah erneut die Isle of Wight – sehr nahe – gepflügte Felder &c.– Leichte Brise voraus – erwarteten, kurz nach dem Frühstück anzukommen. Ungefähr 10, Vormittag, das östliche Ende der Insel umsegelt, als eine totale Windstille aufkam. Durch das Teleskop kann man die Stadt erkennen. Gerieten für rund drei oder vier Stunden in eine

35) Kreidefelsen an der Westküste der Isle of Weight.

Flaute. Nebel, Nieselregen; Beim Essen lange Gesichter – keine Porterflaschen. Endlich kam Wind aus dem Westen. Die Rahen vollgebraßt & Kurs auf Dover aufgenommen – Entfernung 60 Meilen. Um 6 Uhr (abends) an Dungeness vorbei – dann das Lichtsignal von Beachy Head gesehen[36]. Die Marssegel dicht gerefft, um nicht zu schnell zu fahren. Jetzt erwarten wir, morgen früh bei Dover an Land zu gehen – & über die Kathedrale von Canterbury nach London zu reisen. Jemand machte eine rätselhafte Andeutung zu meinem grünen Mantel[37]. Mit dem Lotsen über die Gefahren des Ärmelkanals gesprochen. Er erzählte eine Geschichte über einen Dampfer, der eine Brigg gerammt hatte &c. – Jetzt ist es acht Uhr am Abend. Ich bin alleine in meiner Kabine – Licht im Glas. Trotz früherer Enttäuschungen, *fühle* ich, daß dies meine letzte Nacht an Bord der Southampton ist. Morgen um diese Zeit werde ich an Land sein, & nach einem Zeitraum von zehn Jahren englischen Boden berühren – einst ein Seemann, *nunmehr* H.M., Autor von »Peedee«, »Hullabaloo« & »Pog-Dog«[38].

Zum letzten Mal lege ich mein »Logbuch« beiseite und füge dem Brief an Lizzie ein oder zwei Zeilen hinzu – es ist der letzte, den ich an Bord schreiben werde. – (»Wo is' der Alte?« – »Wo Bücher?«)

---

36) Irrtum Melvilles: Beachy Head liegt an der Küste von Sussex, Dungeness an der Küste Kents. Das Lichtsignal stammte wahrscheinlich vom Belle Tout Leuchtturm. In *White-Jacket* werden »Sturmerlebnisse vor Beachy Head« erwähnt (Kapitel 3).

37) Die höhere britische Gesellschaft hatte streng konservative Vorstellungen über Schicklichkeit und Angemessenheit von Kleidung und Farbkombinationen von Kleidungsstücken.

38) Ironische Variation der Romantitel Melvilles: *Typee, Omoo* und *Redburn*. Sie stehen wohl für jene Bücher, die Melville »nur des Geldes wegen« geschrieben hat. Vor allem ärgerte ihn sein Ruf als »Mann, der unter Kannibalen gelebt hat«, der auf dem Erfolg seines ersten Südseeromans *Typee* beruhte.

*

Ich setze dieses Tagebuch in Craven Street 25, Strand[39], um ½ 7 nachmittags am Mittwoch, den 7. November 1849 fort – ich komme eben vom Essen in einem Steakhaus und habe gerade die richtige Laune.

Montag, 6. November 1849[40]**.** Nachdem ich auf Einladung McCurdys ein wenig Champagner mit ihm geschlürft hatte, ging ich um ungefähr Mitternacht in meine Kabine schlafen; und wurde um 5 morgens vom Kapitän persönlich geweckt, der sagte, wir lägen vor Dover. Schnell angekleidet, an Deck gerannt & die Küstenlichter gesehen. Ein Kutter lag längsseits und nach einigem Durcheinander im Dunkeln, fanden wir uns an Bord auf dem Weg zur Küste. Es folgte eine seltsame Szene. Die Bootsführer meinten, wir könnten nicht in Dover an Land gehen, sondern nur in Deal. So fuhren wir nach Deal & wurden dort genau bei Tagesanbruch an den Strand gesetzt. Vor ein paar Jahrhunderten sprang ein gewisser Julius Caesar beinahe an derselben Stelle an Land & nahm es in Besitz[41]. Außerdem war es Guy Fawke's Day[42]. Da wir (das sind Taylor, Adler & ich) unser Gepäck auf dem Schiff nach London gelassen hatten, waren wir völlig frei von Belastungen; & ich schlug vor, nach Canterbury zu wandern – Entfernung 18 Meilen, um für das Früh-

---

39) Melvilles Zimmer in der Craven Street, östlich des Trafalgar Square, zwischen Strand und Hungerford Stairs, wird in der posthum veröffentlichten Erzählung »The Two Temples« (1924) beschrieben.

40) Irrtum Melvilles: eigentlich 5. November.

41) In den Jahren 55 und 54 v. Chr. (Gaius Julius Caesar, *Der Gallische Krieg*, Buch IV, Kapitel 3 und Buch V, Kapitel 1.)

42) Das Volksfest erinnert an Guy Fawkes, der am 5. November 1603 das Parlament samt König James I. in die Luft sprengen wollte.

stück Appetit zu bekommen. So machten wir uns auf unseren Weg durch diese malerische alte Stadt Deal – ich glaube, sie ist einer der Cinque Ports[43], und waren bald draußen auf dem Lande. Ein schöner herbstlicher Morgen & der Wechsel vom Schiff zur Küste war herrlich. Erreichten Sandwich (6 Meilen) und frühstückten in einem baufälligen alten Gasthof. Zum Abschluß Ale & Pfeifen. Besuchten »Richboro' Castle«[44] – so nennt man es – eine römische Festung nahe der Meeresküste. Eine eindrucksvolle Ruine; im Inneren waren Kohlköpfe angepflanzt. Die Mauern etwa 10 Fuß dick, von Efeu überwuchert. Gingen dorthin, wo Ausgrabungen im Gange waren – und sahen die Außenmauer eines Circus, durch einen Graben gekennzeichnet. Trafen den Eigentümer – einen Altertumsforscher – der uns mit der Geschichte des Ortes ergötzte. Bei unserer Rückkehr durch die Stadt spaziert, und fand sie, als ausgezeichnetes Beispiel elisabethanischer Architektur, von einiger Bedeutung. Solche Städte sind in Kent im Überfluß vorhanden. –– Um ein Uhr nahmen wir die Wagen 2. Klasse (keine 3.) nach Canterbury. Die Kathedrale ist in vieler Hinsicht die bemerkenswerteste Englands. Heinrich II., seine Frau & der Schwarze Prinz liegen hier – & Becket[45]. Grausige Stelle, wo sie ihn töteten. Schöner Säulengang. In der Inschrift auf

---

43) Gruppe von ursprünglich fünf südenglischen Seehäfen, die Schiffe der königlichen Flotte austatteten. Deal wurde später in die Gruppe der fünf Städte aufgenommen. Die Cinque Ports werden auch im 90. Kapitel von *Moby-Dick* (1851) erwähnt.

44) Richborough; die Festung gehörte zu dem römischen Hafen Rutupiae. Der Altertumsforscher William H. Rolpe legte 1849 in der Nähe der Festung die Ruine eines Amphitheaters frei.

45) Die Grabstätten von Heinrich IV, seiner zweiten Frau, Edward the Black Prince (Sohn von Edward II.) und Thomas Becket, Erzbischof von Canterbury. Die Stelle, wo Becket ermordet wurde, wird im 16. Kapitel von *Moby-Dick* (1851) mit dem Zustand der »uralten Decks« der Pequod verglichen.

einer Grabplatte im Mittelschiff kommt ein schöner Gedanke zum Ausdruck.

Nachmittags, eher abends, den Dane John[46] besucht. Wundervolle Aussicht auf die Stadt & ihre zahlreichen alten Kirchen. Die alten Mauern bilden eine herrliche Promenade. Im Gasthof »Falstaff« nahe dem Westtor gegessen. Am Abend ins Theater gegangen, & die Aufführung hat mich prächtig amüsiert: mehr Leute auf der Bühne als in den Logen. Unbeschreiblich komisch, das Ganze. Wir alle drei schliefen in einem Zimmer im Gasthof – seltsame Bruchbude.

Dienstag, 6. November. Ein Glas Ale hinuntergestürzt, & zum Bahnhof aufgebrochen, & nach London abgefahren, Entfernung rund 80 Meilen. Wagen dritter Klasse genommen – der Frischluft ausgesetzt – teuflisch kalt, gegen den Wind zu reisen. Schöner Tag – freundliche Menschen. Durch Penshurst gefahren (Geburtsort von P.S.) & Tunbridge (mit schöner alter Ruine)[47]. Zu Mittag an der London Bridge angekommen – sofort hinüber in die Stadt gegangen, & in einem Steakhaus in der Poulterey gegessen – – seit der Mahlzeit am gestrigen Nachmittag hatte ich nichts zu mir genommen. An St. Paul's vorbei zum Strand gegangen, um unser Haus zu finden. Sie waren voll belegt und verwiesen uns anderswohin. Schließlich beschafften wir uns Zimmer (für jeden eines) zum Preis von ein & einer halben Guinea die Woche. Sehr billig. – Hinunter zum Queen's Hotel gegangen, um nach unseren Freunden vom Schiff zu fragen – (auf dem Weg erregte der grüne Mantel Aufmerksamkeit) – sie waren

46) Parkanlage an der alten Stadtmauer Canterburys.

47) Penshurst ist der Geburtsort des elisabethanischen Dichters Sir Phillip Sidney (1554–1586). Melville kannte wahrscheinlich Ben Jonsons Gedicht »To Penshurst« (1616). In Tonbridge befindet sich die Ruine eines normannischen Schlosses.

nicht da. Besuchten Julien's Promenade Concerts im Drury Lane[48]. (Eintritt 1 S.) Eine große Menschenmenge & gute Musik. Im Lesesaal stieß ich zufällig auf »Bentley's Miscellany« mit etwas über Redburn. (Übrigens hielt ich an einem Laden in der Row[49], & fragte nach dem Buch, um herauszufinden, ob es veröffentlicht worden war. Sie boten es mir für eine Guinea an). Bei Julien's fand ich außerdem Blackwood's lange Geschichte über ein kurzes Buch[50]. Sie ist sehr komisch – zumindest schien sie so, als ich sie hastig überflog – indem sie das ganze als Wahrheit betrachtet. Aber das Erstaunliche ist, daß der alte Tory so viele Seiten für etwas verschwenden mußte, von dem ich, der Autor, weiß, daß es Mist ist, & ich habe es geschrieben, um dafür ein wenig Tabak zu kaufen. – Auf dem Weg nach Hause besuchte ich einen amerikanischen Bowling Saloon am Strand. Ein gutes Bad & früh zu Bett.

Mittwoch, 7. November. Um acht aufgestanden, & fort ging's in die Stadt hinunter & zum Frühstück in ein »Loch in der Mauer«. Dann vom Blackwall Bahnhof zu den East India Docks, unseren Koffern hinterher. Nach unendlichem Ärger mit dem verfluchten Zoll, gelang es uns, sie durchzubringen. (Zwei Verzweifelte an Bord des Schiffes) Um fünf nachmittags Zuhause angekommen, & gegessen & ins Royal Lyceum Theater, Strand, gegangen, um Madame Vestriss &

---

48) Die Konzerte von Louis Antoine Julien im Drury Lane Theater umfaßten populäre und anspruchsvolle Musik von z.B. Berlioz, Donizetti, Meyerbeer, aber auch Volkslieder. Der Lesesaal war stets mit den neuesten europäischen Zeitschriften und Zeitungen ausgestattet.

49) Die Paternoster Row, eine kleine Gasse nördlich von St. Paul's, war das Zentrum der Londoner Buchhändler.

50) In der Novemberausgabe von Blackwood's Edinburgh Magazine erschien eine vierzehn Seiten lange, anonyme Besprechung von Redburn.

Charles Mathews zu sehen[51]. Auf die Galerie gegangen (ein Shilling). Ziemlich anständige Leute hier – ein Bursche geht mit einer Kaffeekanne & Bechern herum – ruft »Porter, die Herren, Porter!«

Donnerstag, 8. November. Angekleidet & nach dem Frühstück in einem Kaffeehaus zu Mr. Bentley[52] gegangen. Er war nicht in der Stadt, in Brighton. Man zeigte mir die Buchbesprechungen von »Redburn«, – lächerlich. Blieb eine Weile, & dann zu Mr. Murray[53], – nicht in der Stadt. Umhergewandert, & in die National Gallery gegangen. Mit dem Doktor & Adler gespeist, & nach einem Bummel durch Chancery Lane & Lincoln's Inn Fields nach Einbruch der Dunkelheit, zum Princess's Theater[54] in der Oxford Street. Zum halben Preis ins Parkett gegangen – einen Shilling. Die Rolle des Franzosen war sehr gut besetzt. Ebenso, Schlittschuhläufer.

---

51) Charles Mathews (1803–1878) und seine Frau Lucia Elizabeth Mathews (1797–1856), die als Madame Vestris das Royal Lyceum Theater leitete. Es kamen in erster Linie Possen, Farcen und Singstücke zur Aufführung.

52) Richard Bentley (1794–1871) war der Verleger von Melvilles Romanen *Mardi, Redburn, White-Jacket* und *Moby-Dick*. In Bentleys Buchreihe »Standard Novels« erschienen zahlreiche amerikanische Werke wie z.B. von James F. Cooper. Die sehr erfolgreiche Zeitschrift *Bentley's Miscellany* wurde von Charles Dickens herausgegeben.

53) John Murray (1808–1892) veröffentlichte Melvilles erste beiden Romane *Typee* und *Omoo*. Murray führte das Geschäft seines Vaters fort, der u.a. Lord Byron, Walter Scott und Jane Austen publiziert hatte. John Murray spezialisierte sich auf Reiseliteratur und Geschichte, brachte aber auch umstrittene wissenschaftliche Werke heraus, wie z.B. Charles Darwins *Origin of Species* (1859).

54) Das Princess's Theater bot ein eher anspruchsvolles und aufwendiges Programm mit Komödien, Ballett und Oper. Das Theater war großzügig ausgestattet und bot Platz für bis zu zweitausend Personen.

Freitag, 9. November. Spät gefrühstückt, & hinunter zum Queen's Hotel gegangen – wo ich McCurdy & Mulligan traf. Von Doktor & Adler in der Nähe des Postamtes verabschiedet, & nach Cheapside gegangen, um den »Festzug des Oberbürgermeisters« anzusehen, denn es war der Tag des großen Stadtfestes & der Festivitäten. Tatsächlich ein höchst aufgeblasener Pomp. Hinunter zu den Brücken gegangen, um zu sehen, wie sich die Menschen dort versammelten. Überquerte den Fluß bei Westminster, durch die Parkanlagen zur Edgeware Road, & fand den Spaziergang wundervoll – die Sonne kam ein wenig zum Vorschein, & die Luft war nicht zu kalt. – Während ich mich auf einer der Brücken befand, kam mir erneut der Gedanke, daß man über einen tristen Montag im November in London eine feine Sache schreiben könnte – eine Stadt des Dis (von Dante) Rauchwolken – die Verdammten – Kohlenbarkassen – Wasser voll Kohlenstaub, Herzog des Gußeisens &c. Sie hat dir ihr Zeichen eingebrannt, &c &c &c[55].

Ging in die Galerie des Adelphi Theaters[56], Strand, – schrecklich heiß & überfüllt – aber gutes Stück – um zehn Uhr schlafen gegangen.

Samstag, 10. November. Beim Frühstück von Mr. Bentley eine Antwort auf meine Nachricht erhalten, mit dem Inhalt, daß er zu jeder Zeit, die mir angenehm wäre, von Brighton herüberkommen könnte. Schrieb ihm, »Montag Mittag, in New Burlington Street« – Nach dem Frühstück in einem Café besuchte Adler

---

55) Das Konzept findet sich wieder in dem Roman *Israel Potter* (1855), Kapitel 24: »Die Stadt des Dis«; es wird auf Dis, den Gott der Unterwelt in Dante Alighieris »Hölle« der *Göttlichen Komödie* (Gesänge VIII und IX) Bezug genommen.

56) Das Adelphi Theater zeigte vor allem Burlesken, Ballett und Pantomimen.

Hampton Court & der Dr. die botanischen Gärten, Regents Park. Ich selber, ich verbummelte den Tag – schlenderte durch Temple Courts & Gardens, Lincoln's Inn, New Hall, Gray's Inn, den Holborn Hill hinunter durch Cock Lane (das Gespenst von Dr. Johnson[57]) nach Smithfield (West). Und so weiter bis zum Charter House[58], wo ich einen angenehmen Plausch mit einem alten Pensionär hatte, der mich durch ein paar schöne alte Säulengänge, Küchen, Kapellen führte. Lord Ellenborough liegt ganz in der Nähe des Gründers. Sie beerdigen alle ihre Toten auf ihrem eigenen Grund und Boden. Duke of Norfolk wurde zur Zeit Elisabeths wegen Verrats hier unter Arrest gestellt. Von Charter House durch die Goswell Street Road zur Barbican, in Richtung der Stadtmauer von London. Fragte einen Beamten der Feuerwehr nach St. Swithin's – Er war sehr freundlich & höflich & bot an, mir den Weg persönlich zu zeigen. »Vielleicht möchten Sie gerne wissen, wie man zu dem Geburtshaus von Whittington gelangt[59]? Viele Londoner haben es noch nie gesehen.“ – »Gehen Sie voran,« sagte ich – weiter ging's – durch verwahrloste Straßen, Gassen & Höfe, bis wir in eine schmutzige Sackgasse kamen; & hier war es, mit einer in die Wand gefügten Tafel. Dann, unter Zure-

---

57) Dr. Johnson entlarvte den Geist einer Ermordeten, die in einem Haus in der Cock Lane spukte, als Betrug. Zuvor hatte der Hausbesitzer das angebliche Gespenst zur Attraktion gemacht und für ein Eintrittsgeld Hausbesichtigungen angeboten. Siehe: James Boswell: *The Life of Samuel Johnson* (1791), 25. Juni 1763. Der »Cock-Lane Ghost« erscheint auch im 69. Kapitel des *Moby-Dick* (1851) und wird im Tagebuch von 1856/57 noch einmal erwähnt. Johnson hatte ein besonderes Interesse an übernatürlichen Phänomenen.

58) Ehemaliges Kloster, nach dem Erwerb durch Sir Thomas Sutton 1611 in ein Heim für mittellose und verarmte Pensionäre, Soldaten, Seeleute etc. und eine Knabenschule umgewandelt.

59) Der reiche Kaufmann Richard Whittington war Anfang des 15. Jahrhunderts Oberbürgermeister von London. Sein wirklicher Geburtsort ist jedoch Gloucestershire.

den des Feuerwehrmannes, zwängte ich mich durch Kellergewölbe und Schleichwege zum Hintereingang von Guildhall[60], wo eine Schar Bettler die vom gestrigen großen Bankett (Tag des Oberbürgermeisters) übriggebliebenen Fleisch- & Pastetenstücke bekommen sollten. – Die Szenerie im Innern der Halle war kurios. Unter den lodernden Bannern & Emblemen waren alte, geborstene Tische mit Haufen von Geflügel, Schinken &c &c Gebäck im Überfluß beladen – von allen Seiten angeschnitten. – Ich konnte nicht erkennen, wer in diese Ente oder jene Gans geschnitten hatte. Einige Schenkel waren verschwunden – einige Flügel &c. (Daraus könnte man eine feine Sache machen[61].) Las die Gästeliste des Banketts – die ausländischen Gesandten & so mancher Adlige waren hier gewesen. Von der Guildhall durch die Poultery zur Bank [of England] & neuen Börse gewandert – danach die King William Street hinunter nach Fish Street Hill & durch Eastcheap nach Tower Hill. Einige schöne türkische Rüstungen (Ketten) gesehen, mit einem Emblem auf jedem Ring. Eine großartige Kanone, aus einem Stück Messing geschnitten & gebohrt – sie gehörte den Königen von Malta. Der Block des Scharfrichters, auf dem Kilmarnock & die Lords von Schottland zur Zeit des Prätendenten geköpft wurden[62]. Die Spuren der Axt waren ziemlich unscheinbar – wie auf einer Schlachtertheke. – Weiter an St. Katherine's & den London Docks & Ratcliffe-High Way vorbei geschlen-

---

60) Das Gebäude aus dem 12. Jahrhundert mit sehr großer Festhalle war Sitz der Stadtverwaltung und des Bürgermeisters.

61) Melville verarbeitete diese Szene im zweiten Teil der Erzählung »Poor Man's Pudding and Rich Man's Crumbs« (1854).

62) William Boyd, Earl of Kilmarnock und die schottischen Rebellen Lord Balmerino und Lord Lovat wurden – nach der Zerschlagung des Jakobiteraufstandes von 1745 und der Niederlage von Charles the Young Pretender bei Culloden – zwischen 1745 und 1747 mit dem Beil hingerichtet.

dert & innerhalb der Dockmauern nach Wapping zum Tunnel. Hindurch nach Rotherhithe, & zurück im Boot – warf eine vier Penny Münze für den »armen Jack«[63] in den Schlamm. Einen Dampfer genommen, zurück zum Temple Pier & um fünf nachmittags ins Adelphi zum Essen – dunkel. Nach dem Essen wanderten Adler & ich hinüber nach Holborn & da es Samstag Nacht war, amüsierten wir uns, indem wir durch die Höfe & Gassen vagabundierten & die Schaufenster betrachteten. Besuchten ein Penny Theater[64]. – Sehr komisch – Adler ängstlich. Früh zu Bett.

Sonntag, 11. November. Ein wunderschöner herbstlicher Tag. Ungefähr um 10 gefrühstückt, & hinunter zur Temple Church, um die Musik zu hören. Sah die 10 Kreuzritter – jene, die im Heiligen Land gewesen waren, ihre Beine übereinander gekreuzt[65]. Köpfe der Verdammten, schön. Dann hinunter zu St. Paul's – für einen Augenblick eingetreten – dann mit dem Doktor im Omnibus[66] nach Hampton Court. Den Strand entlang nach Piccadilly & Hyde Park, an Kensington

---

63) »Poor Jack«, stellvertretend für die verarmten Seeleute, Hafenarbeiter und Bettler, die sich in den Docks und an den Piers herumtrieben.

64) In den »penny theaters« oder »gaffs« wurden kurze, parodistische und deftige Stücke aufgeführt. Es gab freizügige Tanz- und Gesangsnummern. Das überwiegend junge Publikum solcher zwielichtiger Vergnügungsstätten war für seine rauhen Umgangsformen berüchtigt.

65) Kirche der Tempelritter, die bis auf das Jahr 1185 zurückgeht. Von den neun abgebildeten Rittern, sollen jene mit gekreuzten Beinen im Heiligen Land gewesen sein. Siehe auch Melvilles »Paradise of Bachelors and Tartarus of Maids« (1855), erster Teil.

66) Innerhalb Londons waren ungefähr siebenhundert Omnibusse unterwegs. Hinzu kamen etwa zweihundert Omnibusse im Umland. Sie wurden von Pferden gezogen und konnten im Inneren etwa dreizehn Passagiere transportieren. Die allgemeinen Zustände auf den Straßen Londons waren chaotisch und nicht ungefährlich: »Der erste Anblick des Londoner Straßenverkehrs hat etwas Erschreckendes,« berichtet Georg Weerth 1848.

Gardens, Kensington, Hammersmith, Chiswick, Turnham Green, Kew vorbei & und über die Themse nach Richmond Hill. – Die königlichen Kew Gardens sind wundervoll[67] – an der von Chambers gebauten Pagode vorbei[68]. Die Aussicht von Richmond Hill war unbeschreiblich schön. Der Ort ist zu Recht für seine Schönheit bekannt. Zudem war der Tag einer unter einer Million für England. Hier weilte Thompson, der Poet[69]. Ich saß auf dem Oberdeck. Pope wohnte hier in der Nähe[70], in Twickenham, gegenüber. Kamen um ungefähr 2 nachmittags in Hampton Court[71] an – Entfernung von St. Paul's rund 20 Meilen, glaube ich. – Der Ort ist voll von Gemälden. – von Lely & Vandiquc – die Schönheiten – sind lieblich – die Holländerin von Cleveland. – Ignatius von Guido(?) – Eine Venus von Tizian. – Die Entwürfe sind in ungünstigem Licht ausgestellt. – Eichenholzarbeiten, prächtig gefärbt. – Der Jude von Rembrandt. – Prunkbetten – Bis nach dem

---

67) Israel Potter, in Melvilles gleichnamigen Roman, arbeitet als Gärtner in Kew Gardens (5. Kapitel).

68) Der Architekt Sir William Chambers (1726–1796) entwarf die Pagode nach chinesischem Vorbild.

69) James Thompson (1700–1748); *The Seasons* (1726–30) ist in England eines der populärsten poetischen Werke. Melville kannte wohl Thompsons' *The Castle of Indolence* (1748), mit dem ironischen Selbstportrait: »Ein Barde weilte hier, beleibter noch, als einem Barden ziemt.«

70) Alexander Pope (1688–1744), einflußreicher englischer Dichter, Übersetzer der Odyssee und zahlreicher Klassiker der Antike, bewohnte ab 1719 eine Villa in Twickenham. In *White-Jacket* wird aus seiner Übersetzung der *Ilias* zitiert (Kapitel 51).

71) Die Parkanlagen, der Palast und die Gemäldesammlung von Hampton Court waren seit 1838 der Öffentlichkeit zugänglich. Die Gemäldesammlung enthielt zur Zeit von Melvilles Besuch zahlreiche Reproduktionen und nur wenige der genannten Künstler, Anthonis Van Dyck (1599–1691), Tizian (1488/89–1576) und Guido Reni (1575–1642), im Original. Portraits von Sir Peter Lely (1616–1680). Die Entwürfe sind von Raffael (1483–1520). Die Prunkbetten von William III., Königin Anne sowie der Frauen von George II. und George III. (spätes 17. und 18. Jahrhundert).

Sonnenuntergang mit dem Doktor durch die Parks gewandert – dann in einen Gasthof am Straßenrand & ein Glas Ale getrunken. Mit der Eisenbahn in die Stadt zurückgekehrt & im Adelphi gegessen – danach St. Martin's-In-the-Fields besucht, & früh zu Bett.

Montag, 12. November. Eine neue Nachricht von Mr. Bentley erhalten, die besagte, er würde heute Morgen in der Stadt sein, meinem Vorschlag entsprechend, um 12 mittags. Auf meinem Weg zur New Burlington Street besuchte ich die National Gallery. Bentley getroffen. Sehr höflich. Übergab mir seine Wechsel über £ 100 in 60 Tagen für »Redburn« – Könnte nicht besser laufen, sagte er. Er äußerte allerlei Bedenken & Sorge zum Stand des Copyright Problems[72]. Schlug ihm mein neues Buch vor – »White Jacket« – & zeigte ihm ein Inhaltsverzeichnis. Er war damit sehr zufrieden. Und ungeachtet des ärgerlichen & unsicheren Standes der Copyrightfrage, macht er mir das folgende Angebot: – £ 200 für die ersten 1000 Exemplare des Buches zu zahlen (für das Recht, diese Anzahl zu veröffentlichen). Und bezüglich nachfolgender Ausgaben, könnten wir uns später einig werden. Ein großzügiges Angebot. Aber er konnte keinen Vorschuß geben. – Verließ ihn, & sprach bei Mr. Murray in der Albemarle Street vor. Nicht da – nicht in der Stadt. St. James hinunter gewandert, in den Park hinein[73]; einen Omnibus genommen &

72) Über dieses immer wieder angesprochene Problem: siehe Nachwort. Amerikanische Autoren durften ab 1849 nicht mehr unter britischem Copyright veröffentlicht werden. Die USA garantierten erst ab 1891 internationales Copyright.

73) St. James Street, zum St. James Park.

beim Cigar Divan am Strand ausgestiegen[74]. Trostloser Prunk. Spazierte zu St. Paul's & saß dort ein Stunde, döste vor mich hin, dem Gesang des Chores lauschend. Hatte Heimweh & war unglücklich sentimental. Raffte mich wieder auf, & ging Ludgate Hill hinunter zum London Coffee House[75], um einer Verabredung mit Kapitän Griswold zum Essen nachzukommen. Unerwartet Joseph Harper getroffen[76]. Er fährt mit der Southampton nach Hause. Ein echter Yankee. – Hatte eine feine Mahlzeit aus Schildkrötensuppe, Fasan &c mit herrlichem Wein. Um 10 Uhr, zusammen mit dem Kapitän & dem Rest der Mannschaft (Doktor, Adler, Mulligan, McCurdy, »Stetson«) zur »Judge & Jury«[77] in der Bow Street gegangen. Ausnehmend amüsant, aber nicht übermäßig moralisch. Nicholson ist ein Mann mit natürlicher Begabung – ebenso einer der Rechtsanwälte. War vor 1 Uhr im Bett.

Dienstag, 13. November. Entsprechend einer über Nacht getroffenen Verabredung, brachen der Doktor & ich um sieben Uhr (vormittags) auf & überquerten die Hungerford Bridge nach Horsemonger Lane, Borough, um den letzten Augenblick der Mannings zu

---

74) Orientalisch eingerichtetes Kaffeehaus. Gegen Eintrittsgeld bekam man eine Zigarre und eine Tasse Kaffee, konnte europäische Zeitschriften lesen, Schach oder Dame spielen. Erwähnt in Melvilles »Paradise of Bachelors and Tartarus of Maids«, erster Teil (1855).

75) Londoner Club (Joseph Priestley und Benjamin Franklin waren Mitglieder), gegründet 1771, mit Restaurant.

76) Joseph Wesley Harper, Jr. (1830–1896): Mitglied der New Yorker Verlegerfamilie und Mitarbeiter des Verlages. Bei Harper erschienen die amerikanischen Ausgaben von Melvilles Romanen *Omoo, Redburn, White-Jacket* und *Pierre* sowie der Gedichtband *Battle-Pieces.*

77) Das Theater war auf parodistische Gerichtsverhandlungen spezialisiert. Melville empfahl seinem Onkel Peter Gansevoort einen Besuch des Theaters (Vgl.: Dokumente und Briefe 1849, 14).

erleben[78]. Zahlten jeder eine halbe Krone[79] für einen Platz auf dem Dach eines Hauses in der Nachbarschaft. Eine außergewöhnliche Menschenmenge in allen Straßen. Polizisten zu hunderten. Männer & Frauen fielen in Ohnmacht. – Der Mann & seine Frau wurden Seite an Seite gehängt – jedoch nicht miteinander ausgesöhnt – Was für ein Unterschied zu dem Augenblick, als sie vor den Traualtar traten, gemeinsam! Der Mob war bestialisch. Alles in allem, ein höchst wunderbares, schreckliches & unaussprechliches Schauspiel. – Ungefähr um 11 vormittags gefrühstückt & in die zoologischen Gärten, Regent's Park gegangen[80]. Sehr hübsch. Schöne Giraffen. Trüber & regnerischer Tag. Um 4 nachmittags nach Hause zurückgekehrt & das Tagebuch weitergeführt. McCurdy kam um ungefähr sechs Uhr am Haus vorbei & langweilte mich fürchterlich. Aber ich schrieb währenddessen einen Brief nach Hause.

Mittwoch, 14. November. Nach einem sehr tiefen nächtlichen Schlaf, ordentlich erfrischt aufgestanden. In dem alten Lokal am Strand gefrühstückt. Taylor macht es nicht mehr lange; jemand borgte ihm einen Sovereign[81]. Aber er sagte – »Nur nicht aufgeben«. Seine Pläne bezüglich der beiden Damen (peinliche Ausdrucks-

78) George und Marie de Roux Manning wurden wegen gemeinschaftlichen Raubmordes zum Tode durch Hängen verurteilt. Die Tageszeitungen hatten zuvor ausführlich über die gegenseitigen Schuldzuweisungen des Ehepaares berichtet. Keiner der beiden wollte die Schuld eingestehen, um damit den Partner zu entlasten und zu retten. Die Hinrichtung fand am Dach des Gefängnisses vor den Augen von dreißigtausend Zuschauern aller gesellschaftlichen Klassen und Schichten statt. Charles Dickens, ebenfalls Zeuge dieser Hinrichtung, beschrieb die zügellose Jahrmarktstimmung der Menschenmenge in einem Brief an die *Times* (vom 14. November).

79) »Half a crown«: 2 Shilling, 6 Pence.

80) Der zu Beginn des 19. Jahrhunderts angelegte Park und zoologische Garten war für seine Vielzahl exotischer Tierarten berühmt.

81) 20-Shilling Münze aus Gold.

weise, aber ganz und gar harmlos) sind vollständig gescheitert[82]. Adler & ich brachen nach Westminster Abbey & Hall auf. Sind dort eine Weile umher spaziert – durch die Kapellen gegangen – ein Ritter mit einer Frau zu seiner Rechten & einer leeren Stelle zu seiner Linken – die abwesende Dame hat sich geweigert, sich hier anbringen zu lassen[83]. Ein teils ernster, teils komischer Gedanke über den Tod. In einem Passagierdampfboot den Fluß hinauf bis nach Vauxhall, vorbei an Lambeth Palace. Es begann heftig zu regnen, & ich kam durchnäßt nach Hause. Wieder aufgetakelt, & in meinem *grünen* Mantel bei Mr. Murray in Albemarle Street vorgesprochen. – Er war sehr freundlich – sehr besorgt über die Copyrightfrage. – Ich schlug ihm *»White Jacket«* vor – er schien fraglos zufrieden & hat seither, entsprechend der Vereinbarung, nach den Korrekturbögen geschickt. – In einem Omnibus zur Börse weitergefahren – & versucht mir Zutritt zu »Loyd's«[84] zu verschaffen – aber da war nichts zu machen. Verbummelte die zwei Stunden bis zum Essen, indem ich durch die Geschäfte schlenderte. Gegenüber Somerset House am Strand, sah ich zufällig eine Ausgabe von Beaumont & Fletcher[85] – eingetre-

---

82) Taylors Plan bestand darin, sich den beiden Damen als Reisführer durch Europa anzubieten. Schließlich begleitete er den wohlhabenden McCurdy auf seiner »Grande Tour«.

83) Gemeint ist die Abbildung am Grab von Thomas Cecil (gest. 1622) und seiner ersten Frau Dorothy Nevill. Die auf der linken Seite fehlende zweite Frau Cecils, Frances Bridges, ist in Winchester beerdigt.

84) Hof im Inneren der Londoner Börse »Royal Exchange« mit Geschäften und Büros, einem Informationsbüro zu Ankunfts- und Abfahrtzeiten von Schiffen, einem Lesesaal mit aktuellen Zeitungen und einem kleinen Lokal.

85) Sir Francis Beaumont & John Fletcher: *Fifty Comedies and Tragedies* (1679). Beaumont (1584–1616) und Fletcher (1579– 1625) waren Autoren zahlreicher, zum Teil gemeinsam geschriebener, populärer Theaterstücke. »[...] Beaumont und Fletcher, die den langen Schatten ihres Ruhmes gemeinsam mit Shakespeare tief hinein in das endlose Reich der Nachwelt geschickt haben.« (*White-Jacket*, Kapitel 41).

ten – & fand im Ladenbesitzer einen alten Bekannten des jungen Duyckinck – Mr. Stibbs[86]. Ich kaufte einen Folianten von »B & F« und außerdem einen von Ben Jonson[87]. Und werde noch weitere erwerben. Er zeigte mir einen Homer von Chapman[88]. – Mit dem Dr., McCurdy & Adler gespeist – der Dr. bezahlte die Rechnung. Morgen bricht er mit McC in den Orient auf – Jerusalem &c. – Ging ins New Strand Theater. Ein herrliches Stück, exzellent gespielt – »Die heimliche Hochzeit« von Coleman[89]. Alle Rollen bewundernswert besetzt. Mrs. Glover (ein alter Veteran & großer Publikumsliebling) als Mrs. Hidleburgh. Leigh Murray als Melvil – den elegantesten Gang, den ich je bei einem Manne sah. Ein teuflisch talentierter Mann, bei meiner Seele. Der alte Farren war Lord Ogleby. –

Donnerstag, 15. November. Besonderer, von der Königin angeordneter Festtag[90]. Alle Geschäfte geschlossen als ob es Sonntag wäre, & alle Kirchen geöffnet. Hinunter zum Queen's Hotel gegangen, um McCurdy &

---

86) Der Buchhändler Edward C. Stibbs (vgl. Anhang: Brief 10, 1849).

87) *The Works of Ben Jonson* (1692). Benjamin Jonson: Dichter, Dramatiker und Gelehrter (1572–1637). Die in dem Band enthaltene Komödie *Every Man Out of His Humour* wird in den undatierten Eintragungen zitiert. *Volpone* und *The Alchemist* von Jonson sind in der »Kriegsschiffbibliothek« in *White-Jacket* aufgeführt (Kapitel 41).

88) George Chapman (1559–1634) übersetzte Homer ins Englische. Melville erhielt das Buch einige Jahre später als Geschenk von George Duyckinck.

89) David Garrick & George Coleman: *The Clandestine Marriage* (1766). In der Komödie heiratet die Tochter eines reichen Kaufmannes heimlich dessen Angestellten, woraus sich die üblichen Verwicklungen ergeben. Julia Glover (1779–1850) hatte bereits fast sechzig Jahre Bühnenerfahrung. Henry Leigh Murray (1820–1870), William Farren (1786–1861).

90) Feier zum Ende einer Cholera Epidemie, der in jenem Jahr ungefähr fünfzehntausend Londoner zum Opfer gefallen waren.

dem Dr. auf Wiedersehen zu sagen. Dann mit Adler den Omnibus genommen, die Newgate Street hinunter, durch Hoborn & Oxford Street nach Paddington & Edgeware Road nach St. John's Wood & rund um den Regent's Park nach Primrose Hill[91]. Die Aussicht war kurios. In Richtung Hampstead sah die freie Landschaft grün aus, & die Luft war ziemlich klar; doch in Stadtrichtung war es wie ein Blick von Abrahams Schoß hinab in die Hölle. Rauchwolken als ob man von Mount Washington in den Nebel hinunter schaut. Durchquerten Regent's Park nach New Road & stiegen in den Omnibus – außen – vorbei an King's Cross & dem berühmten Angel Inn, durch die City Road nach Moorgate & so zur Bank. In einem Loch in Leadenhall Street gegessen – recht scheußliches Essen – & mit dem Omnibus über die London Bridge zum Elephant & Castle[92], Borough. Dann Westminster Bridge überquert, zur Abtei & dort die Messe um 3 Uhr nachmittags besucht. Eine große Menschenmenge war anwesend & keine Sitzplätze. Nach Hause gegangen & das Tagebuch weitergeführt &c. Um halb 6 (nachmittags) mit Adler ins »Edingburgh Castle«, ein Lokal, das für sein feines Scotch-Ale bekannt ist, das beste, das ich je getrunken habe. Hatte ein wundervolles Steak & einen Pfannkuchen, ein & ein halbes Pint Ale[93], eine Zigarre & eine Pfeife, & diskutierte währenddessen die bedeutenden deutschen Metaphysiker. Heim & zu Bett um 10 Uhr. Das »Castle« ist die Idealvorstellung eines Gasthauses – dunkel gestrichene Wände, & in der Farbe eines Beef-Steak, höfliche Kellner &c.

---

91) Die Aussicht von Primrose Hill wird in *The Confidence Man* (1857), Kapitel 24, erwähnt. Vgl. auch die Schilderungen Londons in *Israel Potter* (1855), Kapitel 24 u. 25.

92) Bekanntes Londoner Pub, erbaut um 1674, im Zweiten Weltkrieg zerstört.

93) Ein britisches »pint« entspricht 0,57 Liter.

Freitag, 16. November. Nach dem Frühstück im alten Lokal am Strand ins British Museum gegangen – großer Arm & Fuß – Stein von Rosetta – Ninevah Skulpturen[94] – &c. Von dort zur Albemarle Street – Mr. Murray war nicht anwesend. Heim, & Brief an Allan mit der »Canada« geschickt[95]. Durch Seven Dials[96] nach Oxford Street gegangen & so zurück zu Murray. Er war da – war sehr höflich, aber »die Veröffentlichung meines Buches würde nicht in sein Programm passen«. Er bot mir einige seiner »Handbücher«[97] an, da ich aufs Festland gehen würde. Also schickte er mir sein Buch über das Festland & Frankreich ins Haus. Entsprechend einer Verabredung, traf ich Adler in der »Mitre Tavern«, Mitre Court, Fleet Street – das Lokal, wo Dr. Johnson zu speisen pflegte. Es gab dort seine Büste von Nollekin. Hatte ein »geschmortes Rumpsteak« – ausgezeichnet, & Brot & Käse & Ale (natürlich). Dann nach oben gegangen & eine Zigarre geraucht. Ordentlich gemütliches & komfortables Lokal. Keine verfluchten weißen Wände. In der »Dr. Johnson Tavern« gegenüber eingekehrt & ein Glas Ale getrunken. Auch hier, seine Büste. Durch das Lokal kommt man in einen Hof, wo der Dr. gewohnt hat. Es gibt einigen Wettstreit zwischen den beiden Lokalen. Das letztere ist das *fin-*

---

94) Melville besuchte die ägyptische Sammlung des British Museum. Der Arm und Fuß gehörten wahrscheinlich zu einer in Karnak gefundenen Statue von Thotmes III. Der Stein von Rosetta aus schwarzem Basalt war der Schlüssel zur Entzifferung der ägyptischen Hieroglyphen. Die genannten Statuen waren assyrischen Ursprungs.

95) Gemeint ist das Dampfschiff, das die Post in die USA brachte.

96) Seven Dials war eine Straßenkreuzung von sieben Straßen mit Mietskasernen und Elendsquartieren; bevorzugter Aufenthaltsort von Dieben, Gaunern und Bettlern.

97) Murray gab eine Reihe mit Reiseführern heraus, die er zum Teil auch selbst geschrieben hatte, z.B. *Hand-Book for Travellers on the Continent* [...](1849). Melville benutzte die »Hand-Books« von Murray auch während seiner Reise von 1856/57.

sterste. Von dort hinunter zum Queen's Hotel, St. Martin's Le Grande spaziert, um Timpson zu treffen & ein bißchen mehr Geld für die Sammlung zu bekommen, um das Buch für Kapitän Griswold zu erwerben[98]. P. war gerade mit der Eisenbahn nach Paris aufgebrochen. Von dort nahm ich einen Omnibus zum Sadler's Wells Theater, Islington[99]. Parkett. Eine der Komödien von Colley Cibber – »Sie will & sie will nicht« – Don Manuel, Mr. A. Young – ein ältlicher Mann – schien ein Publikumsliebling zu sein – kein schlechter Komödiant. – Die Frauen (auf der Bühne) waren nicht besonders hübsch. – Nach der ersten Farce (eine neue, »Der erste Mai«, »von A. Young«) gingen wir ins Angel Inn, & nahmen den Omnibus hinüber nach Holborn & durch Chancery Lane zum Temple Bar[100]. – Besuchten die nahe gelegene »Cock Tavern« – (von Tennyson[101]) – und trank zwei Gläser Stout, für wel-

---

98) Theodore Tompson aus New York und P. (möglicherweise Balthazar Prewlin aus der Schweiz) waren ebenfalls Passagiere auf der *Southampton* gewesen. Es war für Passagiere durchaus üblich, einem beliebten Kapitän, nach einer Überfahrt, ein gemeinsam erworbenes Geschenk zu überreichen.

99) Provinzielles Theater am Stadtrand Londons. Das Stück *She Would and She Would Not* (1702) war eine der bekanntesten Komödien des Schauspielers Colley Cibber (1671–1757). Ein tyrannischer Vater zwingt seine Tochter eine Verbindung mit einem Unbekannten einzugehen. Die Schwester des früheren Verlobten verkleidet sich als Mann, gibt vor der unbekannte Bräutigam zu sein, um die Geliebte ihres Bruders zu retten.
Andrew Young spielte die Rolle des Vaters, Don Manuel. *The First of May,* das zweite Stück des Abends, stammte aus Youngs eigener Feder.

100) Das alte westliche Stadttor aus dem 13. Jahrhundert wurde 1672 neu errichtet und 1878 nach Theobald's Park versetzt.

101) Der Dichter Alfred Tennyson (1809–1892) war ein häufiger Gast in der »Cock Tavern«. Sein Gedicht »Will Waterproof's Lyrical Monologue, Made at the Cock« (1842) verweist auf dieses Lokal. Melville besuchte die »Cock Tavern« erneut zwischen 29. April und 1. Mai 1857 (siehe Tagebuch 1856/57).

ches das Lokal berühmt ist – & sie haben kein Ale. – Dunkel & gemütlich – so ähnlich wie das »Edinboro'«. Noch eine Pfeife geraucht, & mit Adler nach Hause & zu Bett.

Samstag, 17. November. Adler schlug vor, die Dulwich Galerie zu besuchen, Entfernung fünf Meilen, in südlicher Richtung. So gingen wir zu »Kings & Key« Fleet Street, und stiegen dort in den Omnibus. Überquerten Blackfriars [Bridge] zum Elephant & Castle – & durch Newington, Walworth, Camberwell, & Denmark Hill zu dem wunderschönen Dörfchen Dulwich – ein äußerst abgeschiedener, ruhiger, wirklich liebenswerter Flecken. – Die Galerie ist voller Schätze – von Tizian, Claude, Salvator, Murillo. – Die Bauernburschen – Die Venus – Das Bauernmädchen – Kardinal Beaufort – Wouvermans geschecktes Pferd – Heiliger Johannes – Mariä Himmelfahrt – Der alte Mann & Pfeife – Mrs. Siddons als tragische Muse[102]. Seltsame alte Uhr & Tafeln. Trafen einen Yankee. Verließen die Galerie & machten einen kleinen Streifzug durch die Gegend. Vollkommen friedlich – die grünen Wiesen & Wälder in Nebelschleier getaucht – bemerkenswert englisch. – Auf dem Oberdeck des Omnibusses zurück in die Stadt gefahren. Adler & der Yankee führten ein geistreiches Gespräch über die Vorzüge der verschiedenen Gemälde. – Vom Kings & Key heimwärts spaziert & die Angelegenheit des Buchgeschenkes für Kapitän Griswold abgeschlossen – jedoch müssen

---

102) Die Galerie im Dulwich College war vor allem für holländische und flämische Genrebilder bekannt. Die Portraits der Bauern stammen von Bartolomé Murillo (1618–1682); *Death of Cardinal Beaufort* ist eine Skizze von Joshua Reynolds (1723–1792); verschiedene Gemälde von Philips Wouwerman (1619–1668); *Der heilige Johannes in der Wildnis* von Guido Reni; *Mrs. Siddons* von Reynolds.

Adler & ich den Großteil bezahlen; so ist es nun einmal. – Bei meiner Ankunft in der Craven Street fand ich den Brief vor, den ich erwartet hatte, von Mr. Colbourn[103]. – Ich hätte ihn gestern bekommen sollen, da ich – nachdem ich am Nachmittag Murray verlassen hatte – (auf seine Empfehlung hin) Mr. Colbourn in der Great Marlborough Street besuchte. – Wurde in eine Suite Gesellschaftszimmer geführt & von Mr. C empfangen, der schließlich meinte, daß ich von ihm bis um 3 nachmittags am nächsten Tage hören würde. – Der Brief lehnt schlicht meinen Vorschlag ab (£ 200 für erste 1000 Exemplare) & begründete es in erster Linie mit dem verfluchten Status der Copyrightfrage. – Ziemlich schlechte Nachrichten – ich werde nicht nach Rom kommen – ich bin am Boden zerstört – jedoch ist der Appetit davon nicht beeinträchtigt – also hinunter ins Edinborough Castle & machte einem Steak meine Aufwartung. Eine lange Pfeife geraucht – & dann in den Buchladen nebenan – & blätterte in einigen altehrwürdigen Werken, & plauderte mit dem Buchhändler – ein sehr freundlicher, intelligenter junger Mann. Kaufte einen D'Avenant im Quartformat[104] & ein kleines Exemplar des Hudibras[105]. – Von dort bis zu St. Martin's Lane spaziert, durch Seven Dials – St. Giles[106]

103) Henry Colburn arbeitete zunächst bei dem Verleger Richard Bentley, bevor er ein erfolgreiches Konkurrenzunternehmen gründete. Bei Colbourn erschienen u.a. die Bücher von Edward George Bulwer-Lytton sowie andere populäre viktorianische Autoren.

104) Sir William D'Avenant: *The Works* (1673). D'Avenant (1606–1668) war angeblich der Sohn Shakespeares. Er überarbeitete einige Stücke Shakespeares für den Zeitgeschmack.

105) Samuel Butler: *Hudibras* (1663). Butler (1613–1680) schrieb mit dem, inhaltlich mit *Don Quijote* vergleichbaren, komischen Versepos *Hudibras* eines der beliebtesten Gedichte seiner Zeit. Dr. Long Ghost in Melvilles zweiten Roman *Omoo* (2.Kapitel) deklamiert gerne Verse aus dem *Hudibras*.

106) Elendsviertel nahe der Kirche St. Giles in the Fields.

– nach Holborn & die Regent Street hinunter nach Hause & zu Bett.

Sonntag, 18. November. Aufgestanden & bis neun Uhr Tagebuch weitergeführt. Dann mit dem Professor in ein billiges Steakhaus in der Nähe des Temple Bar gegangen – & hatte eine Tasse schändlichen Kaffees, eine große schmutzige Semmel & einen Streifen gebratenen Speck für 4 Pence. – Danach zur Temple Church – nicht geöffnet – also eine Zeitlang durch die Säulengänge gewandert. Die Kirche wurde geöffnet & ging hinein & spazierte eine halbe Stunde umher. Dann hinaus & die Straße nach St. Dunstans überquert. Dann die Fleet Street & Ludgate Hill hinunter (zurück über Whitefriars) und bei Blackfriars [Bridge] von Adler getrennt. Vertauschte seinen Regenschirm mit meinem Spazierstock. Ging alleine die Straße hinunter – schaute bei St. Paul's vorbei – und betrat schließlich die Bow Church, Cheapside. Man führte mich an einen parkettähnlichen Platz & ich blieb bis zum Ende der Messe. Eine wirklich seltsame alte Kirche. Auf dem Rückweg nach Hause, verließ ich den Kirchhof von St. Paul's durch einen Hof in Richtung Doctors' Commons[107], & wanderte inmitten eines Labyrinths aus Sackgassen & Höfen bis zu Apothecaries Hall & Printing House Square[108]. Dann Fleet Street in der Nähe vom Temple Bar überquert, in nördlicher Richtung, & durch noch mehr Gassen, Durchgänge & Höfe hindurch geschlän-

107) Doctor's Commons war ein »College« für Juristen, einschließlich Bibliothek und Gerichtshöfen. Hier wurde das Testament Shakespeares aufbewahrt.

108) Apothecaries Hall war ein großes Lager für Arzneimittel; am Printing House Square befand sich die Zentrale der Londoner *Times*; in der Fleet Street waren die Büros der wichtigsten Zeitungen. Londons Straßen und Gassen im Nieselregen prägen auch die letzten Kapitel (24. und 25.) in *Israel Potter* (1855).

gelt & so nach Hause um 3 nachmittags an einem freudlosen Tag mit andauerndem Nieselregen. Las ein wenig über den Mannings-Mord – Reiseführer &c – schrieb an Lizzie. – Speiste mit Adler im Adelphi – dann in die Rainbow Tavern[109] – (von Tennyson) & rauchte eine Zigarre in einem Zimmer, das von einem melancholischen Mann behaust wurde. Wundervoller Speisesaal im Rainbow. Riesiger Humpen voll Stout. Für Stout berühmt. – Ging alleine weiter, die Fleet Street hinunter & zur St. Bride's Church. Eine Frau führte mich zu einer großen Kirchenbank – fast ungefragt – errötete heftig, infolge Stout, Enge, Hitze & Schamgefühl. Wurde aus irgendeinem Grund ausnehmend angestarrt. Gute Predigt – von der milden Sorte. Gab sechs Pence. Heim & zu Bett.

Montag, 19. November. Aufgestanden & geschrieben. Nach einem Frühstück mit Adler ging ich in die Stadt hinunter & präsentierte meine Briefe (von Duyckinck) Thomas Delf[110]. Nicht da. – Dann zu David Davidson[111] (vom jungen D) Paternoster Row – der Agent von Wiley. Nicht da. Dann zu J.M. Langford[112] P. Row – (von Mrs. Welford) – sehr freundlicher Empfang – lud

---

109) Es gibt hier – anders als bei der »Cock Tavern« – keinen speziellen Bezug auf den Dichter Alfred Tennyson, außer, daß er ein häufiger Gast in den Londoner Pubs am Strand war.

110) Melville hatte ein Empfehlungsschreiben von Evert Duyckinck an den Buchhändler Thomas Delf, welcher zuweilen zwischen amerikanischen und englischen Autoren und Verlegern vermittelte.

111) David Davidson war der Londoner Agent des New Yorker Verlagshauses Wiley & Putnam. Das Empfehlungsschreiben Melvilles stammte von George Duyckinck.

112) Joseph Munt Langford (1809–1894) war Theaterkritiker für den Londoner *Observer* und arbeitete für das Verlagshaus William Blackwood & Sons. Das Empfehlungsschreiben Melvilles stammte von der Ehefrau des New Yorker Buchhändlers Charles D. Welford. Die Buchhandlung Bartlett & Welford war ein Zentrum für Büchersammler und Schriftsteller.

mich ein, heute Nacht McCready anzuhören[113] – auch mit ihm zu Abend zu essen & Albert Smith zu treffen[114], den Komödienschreiber, der gerade aus dem Orient zurückgekehrt war & die Absicht hat, etwas »komisches« darüber zu schreiben. Nachdem ich Mr. Langford verlassen hatte, ging ich zu den Longmans in der Row[115] & schlug »das Buch« vor. Traf Mr. Longman persönlich – sehr höflich – versprach mir bis zum Abend eine Nachricht zu schicken. Nahm einen Omnibus bis zum Büro von Mr. Bentley, um nachzusehen ob es irgendwelche Briefe gäbe. Fand zwei Nachrichten von Zuhause – die mich sehr erfreuten – auch noch andere Briefe. Beim ersten Schritt in das Büro springt ein »Sekretär« auf – »Lord John Manners hat nach Ihnen gefragt, Sir![116]« – den Teufel hat er. »Und ließ diesen Brief zurück, Sir.« – Also, schieb ihn 'rüber. Die Nachricht seiner Lordschaft war wirklich sehr freundlich, – er legte zwei Briefe an Monckton Milnes[117] & Lady E. Drummond[118] bei. Ging in das Privatzimmer von B & las meine Briefe von Zuhause. Gott sei Dank ist alles in

---

113) Der Schauspieler William Charles Mcready (1793–1873) war für seine Auftritte in Shakespeareinszenierungen bekannt.

114) Albert Smith (1816–1860) war gelernter Mediziner und Chirurg, der sich auf Schreiben von Satiren, Romanen und Komödien verlegte.

115) Das zweitälteste Verlagshaus in London, unter der Leitung der Brüder Thomas (1804–1879) und William (1813–1877) Longman. William Longman war für die Literaturabteilung zuständig. 1857 erschien die englische Ausgabe von Melvilles *The Confidence-Man* in ihrem Verlag.

116) Lord John James Robert Manners (1818–1906): sozialkritischer und engagierter Anhänger des späteren Premierministers Benjamin Disraeli, Bekannter des Verlegers Bentley.

117) Richard Monckton Milnes (1809–1885) war Parlamentsmitglied und Schriftsteller, er organisierte gemeinschaftliche Frühstücke mit Dichtern und Intellektuellen. (Vgl. Anhang: Briefe 1 und 2, 1849)

118) Lord Manners' Schwester Elizabeth Frederica, Ehefrau des Bankiers Andrew Robert Drummond.

Ordnung – & Barney ist ein strammer Bursche. Besuchte Mr. Murray. Erzählte ihm, daß ich nun eine Weile bleiben & einige gesellschaftliche Aufwartungen &c machen würde, da man mich eingeladen hatte. Er nahm mich mit in den zweiten Stock und zeigte mir seine Galerie literarischer Portraits. Eine schöne Sammlung Portraits von Byron, Moore, Campell, Borrow[119] &c &c. – (Unter den anderen Briefen aus den U.S. erhielt ich einen von Willis[120] mit einem beiliegenden Schreiben an Lord J. Manners & M. F. Tupper[121]. Der Brief an L.J. Manners ist von seiner Schwester in New York.) Nach Hause gegangen & Manners Nachricht mit dem Versprechen beantwortet, daß ich morgen meine Aufwartung machen würde. Da ich niemand hatte, der die Botschaft überbringen konnte, nahm ich sie selbst mit zum Albany[122], & reichte sie dem Diener zur Weitergabe und erfuhr, daß Lord J.M. an diesem Morgen die Stadt verlassen hatte. Also schrieb ich ihm nach Belvoir Castle[123]. Außerdem schickte ich einen Brief an Lizzie mit der *Herman*. Mit Adler im Adelphi gespeist. Dann Heim. Mr. Langford erschien & ich sagte dem armen Adler auf Wiedersehen (er fährt um

---

119) Die Portraits der Dichter Lord George Gordon Byron (1788–1824), Thomas Moore (1779–1852), Thomas Campell (1777–1844) und des Reiseschriftstellers George Henry Borrow (1803–1881). Murray besaß noch weitere Portraits bekannter Dichter und berühmter Reisender.

120) Nathaniel Parker Willis (1806–1867) war ein populärer amerikanischer Journalist, Dichter und Dramatiker. In der von ihm herausgegebenen Zeitschrift *Home Journal* erschienen wohlwollende Mitteilungen über Melville.

121) Martin Farquhar Tupper (1810–1889): Autor der, Mitte des 19. Jahrhunderts, im englischen Sprachraum äußerst erfolgreichen Serie *Proverbial Philosophy* (1838–76), die Sprichwörter und Reflexionen in Reimform enthielt.

122) Das Albany war ein exklusives Hotel mit Suiten und Appartmentwohnungen.

123) Belvoir Castle war der Landsitz der Dukes of Rutland.

Mitternacht mit dem Dampfer nach Paris), dann zum Haymarket[124]. Ausverkauft. Ging in die Loge der Kritiker. Dort waren Männer von der »Times« & vom »Harold«. Mcready war abscheulich geschminkt. Im Großen und Ganzen mochte ich ihn nicht besonders – keine gute Stimme, scheint mir. James Wallack, Jago, sehr gut. Miss Reynolds Desdemona – sehr hübsch. Schrecklicher Roderigo. Schaute mir die erste Farce an – »Erschreckendes Opfer« von Buckstone[125], dem großen Komödianten, der die Hauptrolle – Bob Ticket – spielte. Sehr lustig. Heim & zu Bett um 12. Fand eine Nachricht von Murray, der mich für Freitag zum Essen & Treffen mit Lockhart[126] einlud. Außerdem eine Nachricht von Kapitän Griswold, der sich für das Buch bedankte.

Dienstag, 20. November. Öffnete die Türe & fand eine Nachricht auf meinen gewichsten Stiefeln. Sie war von den Longmans, die schrieben, daß sie bei ihren ursprünglichen Bedingungen bleiben würden. – Frühstückte alleine im alten Lokal – großartiger Kaffee dort – wirklich ein schönes, sauberes Lokal & die Morgenzeitungen sind herrlich *frisch*. Auch die alte Dame, sehr nett. Zurück nach Hause & bis 12 Uhr gelesen & geschrieben. Dann nahm ich einige meiner Schreiben her-

---

124) Melville besuchte eine Aufführung von Shakespeares *Othello*, mit William Charles Mcready in der Hauptrolle, James W. Wallack als Jago, Jane Louisa Reynolds als Desdemona und Charles Selby als Roderigo.

125) John Buckstone (1802–1879), Schauspieler, schrieb über hundert Farcen und Komödien, darunter auch das von Melville gesehene Stück *Alarming Sacrifices*.

126) John Gibson Lockhart (1794–1854), strenger Kritiker, Herausgeber, Autor einer grundlegenden Biographie Sir Walter Scotts und Übersetzer aus dem Spanischen und Deutschen (Friedrich von Schlegel: *Geschichte der alten und neuen Literatur*). Siehe auch: Eintrag vom 23. November, Fortsetzung.

aus & beschloß es wie eine gewöhnliche Arbeit anzugehen, was es auch ist, dieses Vorzeigen von Empfehlungsschreiben. Ging zuerst zu Mr. Rogers[127] in St. James' Place – sehr still & wie ausgestorben; – nicht da – hinterließ Brief & Karte. Dann quer durch den Park zur Upper Belgrave Street zum amerikanischen Gesandten. Traf ihn & Davis den Sekretär zusammen an. Mr. Lawrence[128], der mich sehr freundlich empfing, sagte, daß der Duke of Rutland (Vater von L.J. Manners & L. Emmeline) bei ihm nach meiner Adresse gefragt hatte. Der Duke hat gestern die Stadt verlassen. Mr. L. lud mich ein, am selben Abend zum Clarendon Hotel zu kommen, um seine Frau zu treffen &c. Nachdem ich von ihm erfahren hatte, daß Lady E. Drummond in der Stadt war, nach Hause gegangen, aufgetakelt & in den Omnibus nach Oxford Street gesprungen. Von dort zum Bryanston Square gegangen – nicht in der Stadt – würde bis nach Weihnachten nicht zurückkehren. Hinterließ Brief & Karte. Dann zur Upper Harley Street gegangen (noch ein verflixter Spaziergang) und Brief & Karte für Russel Sturgis hinterlassen[129]. Auch noch zum Portman Square spaziert & dasselbe für Joshua Bates hinterlassen[130]. Dann die Straße

---

127) Samuel Rogers (1763–1855), Bankier, Kunstsammler und Dichter, verkehrte in den literarischen Zirkeln Londons. (Vgl. Anhang: Briefe 1 und 3, 1849)

128) Abbott Lawrence (1792–1855) war seit September 1849 der neue amerikanische Gesandte in London. Lawrence war Vorbild für den »Mann mit den goldenen Manschettenknöpfen« in *The Confidence-Man*, Kapitel 7. John Chandler Bancroft Davis (1822–1907) war der im August 1849 angetretene Legationssekretär.

129) Russel Sturgis (1805–1887): aus den USA stammender Bankier bei der Handelsbank Baring Brothers.

130) Joshua Bates (1788–1864), aus den USA stammender Handelsagent, arbeitete wie Sturgis bei Baring Brothers, wo er eine leitende Position innehatte. Bates war u.a. mit dem Dichter Samuel Coleridge und Napoleon III. befreundet.

hinunter gegangen, angehalten & die Adresse von Moxon[131], dem Verleger, erfahren. Er war da – saß alleine in einem Hinterzimmer – er war zunächst sehr kalt, formell, frostig & schwerfällig. Es gelang mir jedoch, ihn durch geschickte Worte wieder zu sich zu bringen. Sprach über Charles Lamb – er taute auf & endete mit dem Versprechen, mir ein Exemplar seiner Werke zu schicken. Er sagte, er habe Lamb oft zu Bett gebracht – betrunken. Er sprach von Dana – er publizierte das Buch von D. – Von dort mit dem Omnibus zum Adelphi & alleine gegessen – gebratene Seezunge. Dann nach Hause & gelesen & geschrieben. Um 7 nachmittags sprach ich im Clarendon Hotel, Bond Street bei Mr. & Mrs. Lawrence vor. Traf sie in einem vornehmen Gesellschaftszimmer. Mr. Lawrence war sehr freundlich, ungekünstelt & liebenswürdig. Ich mag ihn sehr. Er ist ein sehr gutaussehender, anscheinend gütiger Mann. Doch seine Frau! Solch eine sauertöpfische, dürre Vogelscheuche hat niemand je gesehen, bis sie sich selbst im Spiegel erblickte. Ich gehe nicht wegen ihrer Persönlichkeit auf sie los – nein, aber ihre ganze Art & ihr Benehmen – möge Gott mich vor solchen Schrecken bewahren, wie Mrs. Lawrence sie für mich darstellt. – Ihre knochigen, dürren Arme waren nackt – sie sprach von Lady Bulwer – sagte, daß – aber man kann nicht beschreiben, wie es ihr in ihrer abscheulichen & ekelhaften Art so gut gelang, Unhöflichkeiten oder Grobheiten zu vermeiden. Sie gehört zu jener

131) Edward Moxon (1801–1858), Buchhändler und auf Lyrik spezialisierter Verleger, war mit dem Dichter Charles Lamb (1775–1834) befreundet und mit Lambs Ziehtochter verheiratet. Das Buch, das Melville später zugeschickt bekam, war *The Works of Charles Lamb [...] New Edition* (1848). Richard Henry Dana (1815–1882) beschrieb sein Leben auf See, während einer Reise von Boston nach Kalifornien, in *Two Years before the Mast* (1840). Melville hatte ein Empfehlungsschreiben von Dana für Moxon (Siehe: Briefe und Dokumente 1849, 7 und 8).

Kategorie des weiblichen Geschlechts, für welche es keine Worte gibt, meinen Abscheu auszudrücken. Ich hasse sie nicht – ich zähle sie lediglich zu den Personen aus der Kategorie der Reptilien & Krabbeltiere[132]. Auf dem Weg nach Hause besuchte ich ein Lokal im Haymarket – hatte ein ungewöhnliches, kurzes Gespräch[133]. Früh nach Hause & zu Bett um ½ 10.

Mittwoch, 21. November. Gefrühstückt & mit Dampfboot vom Adelphi bis zur London Bridge gefahren – von dort aus in einem anderen Dampfer zum Greenwich Hospital[134]. Scharen von Pensionären. In den bemalten Saal gegangen – Seestücke & Portraits von Seehelden, Nelsons Röcke in Glasvitrinen. Schöne Decke. Wurde von einem Automaten durch die Säle geführt. Besuchte die Kapelle. Schönes Gemälde des Heiligen Paulus von West. Sah die Pensionäre beim Essen. Über 1500. Bemerkenswerter Anblick. Der Neger – Hut ab! – Hut auf! – Verheiratete Männer & ledige – an getrennten Tischen. 2 & 2. Pensionäre in Palästen! Geschichte über Charles II.[135]. Ging im Green-

132) Die drastischen Zeilen über Katherine Lawrence, der Ehefrau des amerikanischen Gesandten, wurden von Melville später durchgestrichen. Lady Bulwer war die Frau des britischen Gesandten in Washington.

133) Haymarket war berüchtigt für seine Taschendiebe, Gauner, Schwindler, Schnorrer und zahllosen Prostituierten (1850 gab es 50000 Prostituierte in London, davon 5000 unter 15 Jahren. Vgl. Fontane, 1854).

134) Greenwich Hospital, ursprünglich ein Palast von Heinrich VIII., wurde unter William III. der Royal Navy übergeben. Die bemalte Decke zeigte William III. und seine Frau Mary. Die Halle war ursprünglich der Speisesaal und wurde 1823 in eine Galerie für Gemälde mit maritimen Motiven umfunktioniert mit über hundert Portraits von Admirälen und Seeleuten.

135) Es gibt keine bekannte Verbindung zwischen Charles II. und Greenwich. In Melvilles »London Dokument« von ca. 1853 (siehe: Dokumente und Briefe 1849) wird ebenfalls der »Amerikanische Neger« erwähnt.

wich Park spazieren. Observatorium. Schöne Aussicht von einem Hügel – sprach dort mit einem alten Pensionär. Mit der Eisenbahn nach Hause. Ging von der London Bridge zu Delf – nicht da. Von dort zu Davidson in der Paternoster Row. Sprach mit ihm – lud mich zum Essen ein – gingen zum Queen's Hotel. (Zuvor besuchte ich die Longmans, wegen dem Buch.) Aß eine Ochsenschwanzsuppe – Steaks – Ale – Portwein. Gutes Essen & David ist ein guter Kerl. Bummelte durch Fleet Market – Schlachten unter Türstöcken – Speckkammern. Ging mit Davidson zum amerikanischen Bowling Saloon. Überredete mich hineinzugehen. Machten ein Spiel & ich gewann. Dann nach Hause & für den Besuch bei Mr. Langford herausgeputzt. Auf dem Weg kaufte ich in Holborn die Physiognomie von Lavater[136], für 10 Shilling (Sterling). Traf Langford & einen jungen Burschen in seiner Wohnung. Richtig gemütliches Plätzchen. Zuletzt kamen vier oder fünf junge Burschen herein – gesellige Kerle. Und schließlich Albert Smith, der Komödienschreiber & Tom Taylor[137], der Mann vom Punch & Poet vom Punch. Smith war gerade aus dem Orient zurückgekehrt & stellte einen prächtigen Bart zur Schau. Ein quirliger, alter Cockney – voller Späße & vielleicht ein wenig Bosheit. – Gutes, schlichtes Essen – Ungezwungenheit. Porter in Humpen herumgereicht. Runder Tisch, Kartoffeln in Servietten. Danach, Gin, Brandy, Whisky & Zigarren. Smith erählte lustige Geschichten über

136) Johann Kaspar Lavater (1741–1801): Züricher Theologe und Schriftsteller, der in seinem Hauptwerk, *Physiognomische Fragmente zur Beförderung der Menschenkenntnis und Menschenliebe* (vier Bände, 1775–1778), die Gesichtsdeutungskunst (Physiognomie) neu belebte.

137) Tom Taylor (1817–1880), Professor für englische Literatur, Anwalt, Journalist und zeitweise Herausgeber der satirischen Zeitschrift Punch (gegründet 1841).

seine Abenteuer im Orient[138] &c, gab mir seine Adresse &c. Ungefähr um 2 morgens über die Oxford Street nach Hause gekommen & Flossen hochgelegt. Entdeckte die Bücher von Charles Lamb, die Moxon mir geschickt hatte – fand außerdem eine Karte von Russel Sturgis vor & eine Nachricht von Joshua Bates, der mich zum Essen einlud & den Sonntag mit ihm in East Sheen zu verbringen. Einverstanden.

Donnerstag, 22. November. Spät aufgestanden – Kopfschmerz – gefrühstückt & fort mit dem Omnibus, zur Great Western Eisenbahn nach Windsor. Mußte eine Stunde warten. Schöner Tag. Im Tower umhergewandert – schöne Aussicht. Langer Spaziergang. Ging durch die Prunkgemächer. Verdammt trostlose Pracht. Mast von der *Victory* & Büste von Nelson[139]. Schild von Cellini. Wandteppich ist wundervoll. Machte die Bekanntschaft eines Engländers – besichtigte mit ihm zusammen die königlichen Stallungen. Auf dem Weg vom Tower, sah ich die Königin von einem Besuch bei der kranken Königin-Witwe zurückkehren[140]. Wagen & Viergespann mit Vorreitern zogen vorbei. Der Prinz war bei ihr. Mein englischer Freund verneigte sich & ich ebenfalls, – die Königin erwiderte den Gruß, doch nicht der P. Ich würde der Königin zur Erfrischung des

138) Albert Smith verarbeitete seine Reiseabenteuer in dem Buch *A Month at the Constantinople* (1850).

139) Die Büste von Admiral Horatio Nelson stand auf einem Podest, welcher aus dem Großmast des Schiffes *Victory* geschnitzt war. Die Wandteppiche zeigten biblische Szenen. Der reich verzierte Schild des Renaissancekünstlers Cellini war ein Geschenk an Heinrich VIII. und zeigte Szenen aus dem Leben Caesars.

140) Königin Viktoria kehrte zusammen mit Prinz Albert von einem Besuch bei Adelaide, der Witwe von William IV., zurück.

Teints Rowland's Kalydor empfehlen[141]. Sie ist eine liebenswerte häusliche Frau, daran zweifle ich nicht & Gott möge sie segnen, sage ich, & lang lebe der »Prinz der Wale«[142] – die Stallungen waren herrlich. Karossen ohne Ende &c. – Ging mit dem Engländer in den großen Park und sprach über Amerika. Ungefähr um 5 nachmittags zurück in London. Gespeist & nach Hause. Fand mein Buch (Lavater & ½ Sovereign obendrauf) in meinem Zimmer, zusammen mit einer Nachricht von Mr. & Mrs. Lawrence, die mich zum Essen einluden, was ich ablehnen mußte, da ich bereits mit Mr. Murray verabredet war. Ging & überbrachte meine Antwort persönlich im Clarendon Hotel. Dann zu Bentley – nicht da. Heim & Tagebuch weitergeführt.

Freitag, 23. November. Eine lange Nachtruhe – ich bin um ½ 10 zu Bett gegangen und ungefähr zur selben Stunde morgens aufgestanden. Muß mir gestern Abend auf dem Oberdeck des Omnibusses vom Bahnhof eine Erkältung geholt haben. Fühlte mich abwechselnd fiebrig & frostig. Leichtes Frühstück, & hinunter zum Strand. Besuchte Kapitän Griswold – nicht da. Dann zu den Aldine Chambers, & Davidson getroffen. Gingen nach oben & hatten einen Plausch. Er sagte, er glaube, daß er meinen Wechsel (von Bentley) für mich einlösen könnte – wodurch ich mich sehr erleichtert fühlte. Sprach mit ihm über White Jacket & Copyright. Er meinte, ich dürfe nicht aufgeben & erwähnte die Na-

---

141) Melville empfiehlt der Königin, die nicht gerade für ihre Schönheit berühmt war, eine gebräuchliche Haut- und Gesichtscrème. Viktoria (1819–1901) war nur wenige Monate älter als Melville. Sie war zudem schwanger und hatte eine schwere Krankheit hinter sich.

142) Melville benutzt hier die Homophonie »prince of whales« für den Titel »Prince of Wales«.

men von einigen weiteren Verlegern, bei denen ich anfragen sollte. Er bestand darauf, mich zu Bogue's[143] (Strand) zu begleiten & stellte mich vor. Ich brachte meine Sache vor. B. war ganz Ohr. Gab ihm eine Vorstellung von dem Buch. Schließlich sagte er, er würde mir bis sechs Uhr abends seine Antwort schicken. Jetzt ist es ½ 4 nachmittags; ich sehe seine Absage voraus. Wir werden sehen. – Nachdem ich Bogue verlassen hatte, ging ich in den Höfen & Gärten des Temple spazieren. Dann grübelnd durch die Drury Lane, nach Holborn & nach Hause mit einem Anfall von Schwermut. Auf dem Weg kaufte ich ein & ein halbes Pfund Feigen & brachte sie zum Essen nach Hause. Schrieb an Lizzie & Allan, mit dem Dampfschiff, das diesmal nach Boston ausläuft. –

Freitag, 23. November, fortgesetzt um ¼ vor 11 abends. Ich bin gerade von Mr. Murray zurückgekehrt, wo ich, einer Einladung folgend, dinierte. Es war eine höchst amüsante Angelegenheit. Mr. Murray erschien in kurzer Weste & Frack und sah richtig seltsam aus; – auch sein Diener[144] war anwesend, in Kniebundhosen gekleidet, die ein widerwärtiges Paar Schafshaxen enthüllten. Die Unverschämtheit dieses Kerls, seine Beine – & was für ein Paar Beine! – in der Öffentlichkeit zu zeigen, hielt ich für außergewöhnlich. Man hätte sich vorgestellt, daß die Damen errötet wären – aber keineswegs; – Auch Lockhart war da, mit einem erstaunlich weißem Halstuch, (aus dem Totenhemd von Walter Scott gemacht, nehme ich an[145]). Er schlich

143) David Bogue (1812–1856): Londoner Buchhändler und Verleger.

144) Murrays Butler: James Mills.

145) Lockhart war der Schwiegersohn von Sir Walter Scott (1771–1832), dem Autor berühmter historischer Romane wie z.B. *Ivanhoe* (1819). (Vgl.: Anm. 126) »Galvanisieren« meint hier wohl die therapeutische Anwendung von Elektrizität.

umher wie ein halb galvanisiertes Gespenst, – reichte mir die Spitzen zweier knochiger Finger, als er mir vorgestellt wurde – oder eher ich ihm. Außerdem war da ein mondgesichtiger Kerl mit dem Namen Cooke[146], – der Murrays Faktotum zu sein schien. Seine Aufgabe bestand darin, auf die Portraits an den Wänden hinzuweisen & zu sagen, daß der große & mächtige Geist Lockhart dieses oder jenes als gutes Abbild einschätzte. Es waren vier oder fünf Weitere anwesend – namenlose Knappen fünften Grades – & vier magere Frauen. Eine unter ihnen erwies sich letztendlich als liebenswürdig. Sie hat eine Zeit lang in China gewohnt – ich sprach eine Weile mit ihr. Neben jenen, gab es einen Lakaien oder Diener im Duodezformat[147] in einer engen Jacke mit Glockenknöpfen. – Bei Tisch war die Gezwungenheit, Förmlichkeit & Kälte der Gesellschaft wunderbar. Ich hätte am liebsten all ihre Köpfe aneinander geschlagen. Ich schaffte es jedoch irgendwie durchzuhalten, indem ich mit Dr. Holland[148] sprach, ein offenbar sehr bedeutender Arzt – & ein sehr umgänglicher, intelligenter Mann, der ungeheuer viel gereist ist. Nachdem die Damen sich zurückgezogen hatten, ließ man die drei Karaffen – Portwein, Sherry & Bordeaux – in ordentlicher Regelmäßigkeit die Runde machen. Ich saß neben Lockhart, und da ich bemerkte, daß er ein von sich selbst überzeugter Bursche war, der große Zuneigung erwartete, & wußte, daß er durch und durch

---

146) Rober Francis Cooke (1816–1891) war Murrays Cousin und Geschäftspartner. Melville charakterisiert ihn unter dem Kürzel R. F. C. in »The Paradise of Bachelors and the Tartarus of Maids«, 1. Teil (1855). Im Original auch in anderer Schreibweise: »Cook«.

147) Duodez: das kleinste Buchformat. In Kapitel 32 des *Moby-Dick* erfolgt die Klassifizierung der Wale entsprechend der Größe ebenfalls in Buchformaten.

148) Henry Holland (1788–1873) war unter anderem auch der Arzt Königin Viktorias.

ein Tory & fischblütiger Kirchenmann & konservativ & zu allem noch Herausgeber des Quarterly[149] war – weigerte ich mich den Snob für ihn zu spielen, wie die anderen – & das Resultat war, daß er mich mit seinem gespenstischen Lächeln angrinste. – Nach der Rückkehr in den Gesellschaftsraum wurden Kaffee & Tee serviert, & bald darauf konnte ich entkommen. So ist das Diner bei einem Verleger. Man könnte einen Komödienband darüber schreiben. – Oh Förmlichkeit & Konventionen, ihr seid führwar ein Possenspiel. Und nun muß ich zu Bett. Doch zunächst laßt mich hinzufügen, daß ich bei meiner Heimkehr eine Nachricht von Bogue dem Verleger vorfand. Ich wußte über ihren Inhalt gleich Bescheid – es hatte kaum Zweck sie zu öffnen. Er lehnte ab; brachte, neben anderen Gründen, die Copyrightfrage vor. – So ist es eben.

Samstag, 24. November. Als ich heute Morgen aufbrach, begegnete ich dem guten alten undurchdringlichen Londoner Nebel – von dunkelgelber Farbe. Er hob sich jedoch vom Boden & schwebte mitten in der Luft. Es ist schlimmer, wenn er niedriger liegt. Lampen angezündet, als wäre es das Zimmer der alten Dame, wo ich mein übliches Frühstück einnahm – zwei kleine Semmeln, ein Stück Butter von der Größe einer Dollarmünze, & ungefähr so dick, – & zwei Tassen unvergleichlichen Kaffees. Nach dem Verdauen der »Times« & der Semmeln, ging ich die Straße hinunter & besuchte die Verleger Chapman & Hall[150]. Traf Mr. Chapman,

149) *The Quarterly Review*, 1809 bis 1967, von John Murray gegründet, war eine sehr konservative Zeitschrift, die der Kirche sehr nahe stand. Neben der *Edinburgh Review*, eine der politisch wie literarisch einflußreichsten Periodika ihrer Zeit.

150) Das Verlagshaus wurde nach dem Tod von William Hall von den Cousins Edward (1804–1880) und Frederic (1823–1895) Chapman geleitet. Hier erschienen u.a. einige Werke von Charles Dickens.

einen richtigen Gentleman. Schlug das Buch vor. Sofort warf er mir die Copyrightfrage an den Kopf. Nichts zu machen. Danach zu den Aldine Chambers gegangen & Davidson getroffen, der freundlicherweise sagte, er würde meinen Wechsel ausgezahlt bekommen. Ließ ihn bei ihm zurück & ging zu H.G. Bohn[151], York Street, Covent Garden. Ein rotgesichtiger Bursche in blutroter Weste. Schlug das Buch vor. Nichts zu machen. Ging über den Markt nach Hause.

Samstag, 24. November fortgesetzt. Mitternacht. Gerade aus East Sheen zurückgekehrt, mit einer unbestimmten Menge Champagner, Sherry, altem Portwein, Rheinwein, Madeira & Bordeaux im Bauch. Doch zunächst muß ich meine Chronik niederschreiben. Nachdem ich Bohn getroffen hatte (siehe oben) & nach Hause gekommen war, wurde ich von Mr. Stevens[152] aufgesucht, der den ganzen Weg bis hier herauf in mein Zimmer im 4. Stock marschierte. Er erwies sich als ein sehr feiner Kerl, und ich war um so mehr erfreut über ihn & liebte ihn irgendwie durch den Umstand, daß er mir erzählte, er wäre ein Bekannter »meiner Frau«, das heißt von Dolly[153]. Er blieb jedoch so lange, daß kaum mehr Zeit übrig war, um mich für den Besuch bei Mr. Bates zurechtzumachen. Trotz allem endlich aufgetakelt, brach ich auf, sprang in einen Omnibus & hinunter zu St. Paul's – dort nahm ich eine Richmond Kutsche, & fort nach East Sheen – 9 Meilen.

---

151) Henry George Bohn (1796–1884): Antiquar und Verleger preiswerter Neuausgaben (z.B.: *Standard Library*, ab 1846).

152) Henry Stevens (1819–1886): aus den USA stammender Literaturagent und Büchernarr, Bekannter von Melvilles Bruder Gansevoort.

153) Dolly war, laut Metcalf (1953), nur ein weiterer Spitzname von Melvilles Frau Elizabeth. Ebenso der Name des Schiffes in *Typee* (1846), mit welchem der Romanheld in die Südsee aufbricht.

Der Omnibus war überfüllt. Stieg in einer dunklen, nebeligen Gasse aus & suchte meinen Weg in Richtung eines fernen Lichts, das sich als Mr. Bates' Behausung erwies. Beim Betreten des Vorzimmers empfingen mich einige Dutzend Lakaien in Kniehosen & mit Goldlitzen und geleiteten mich nach oben in ein luxuriöses Zimmer. Als ich in einen Salon hinunter kam, wurde ich von Mr. Bates höflich begrüßt. Kurz danach betrat ein Schnurrbärtiger den Raum & setzte sich in einen Stuhl gegenüber – ein Mann aus Wien. Die Gesellschaft versammelte sich nach und nach & das Essen wurde aufgetragen. Zu meiner Linken saß ein Neffe von Lord Ashburton, & die Baronin von irgend Jemand ich weiß nicht wem. Zu meiner Rechten saß Mr. Peabody[154], ein Amerikaner, der seit Jahren in London lebte, ein Kaufmann & ein sehr lieber alter Knabe um die fünfzig. Mir gegenüber saß ein Baron und ein wunderhübsches junges Mädchen, die Tochter von Kapitän Chamier[155], dem Autor von Seeromanen. Die Hälfte der Gesellschaft kam aus dem Ausland. Das Essen war großartig – der Tisch war rund – das Service sehr wertvoll. Ich aß von verschiedenen mysteriösen französischen Gerichten. Jedermann war gelöst, leichten Herzens & guter Laune – alle gesprächig & manierlich – ein starker Gegensatz zu der fürchterlichen Steifheit, Gezwungenheit & absurden Förmlichkeit beim Diner von Mr. Murray, dem Händler, gestern Abend. Mrs. Bates ist eine fette, häßliche, liebenswerte Frau von sechzig Jahren. Die Baronin ist eine hübsche, lebhafte Frau von dreißig Jahren. Ihr Gemahl, ein rundlicher, eleganter Mann, der wenig sprach, aber seine

154) George Peabody (1795–1869): aus den USA stammender Kaufmann und Bankier.

155) Frederick Chamier (1796–1870): Marineoffizier, Autor und Marinehistoriker.

Mahlzeit mit Genuß verzehrte. Mr. Russel Sturgis war da. Er erinnerte mich irgendwie an Murrays Angestellten Cooke, von gestern Abend. Mrs. Sturgis ist eine gutaussehende Dame. Nachdem sich die Damen zurückgezogen hatten, machte der Wein freimütig die Runde. Bei der Rückkehr ins Gesellschaftszimmer wurde Kaffee & Tee serviert. Das Haus ist groß & vornehm – die Zimmer riesig – die Einrichtung glänzend – Statuen, Vasen & alle Arten teurer Ornamente. Ich bemerkte eine Ausgabe von *Typee* auf einem Tisch. Mr. Bates schien ein vergnügter alter Bursche zu sein. – Ich hatte die Absicht, über Nacht zu bleiben, doch Peabody lud mich ein, ihn in seiner Kutsche in die Stadt zu begleiten. Ich fuhr mit ihm, zusammen mit Davis, dem Legationssekretär. – Übrigens lädt mich Mr. Stevens morgen (Sonntag) zum Essen bei Morley ein. – Mr. Peabody war ein guter Bekannter von Gansevoort, als er hier war[156]. Er traf ihn kurz vor seinem Tod. Er erzählte mir, daß Gansevoort die Gesellschaft hier eher gemieden hatte. Er sprach mit viel Gefühl von ihm. Ohne Zweifel, vor zwei oder drei Jahren saß Gansevoort schreibend hier in London, zur ungefähr selben Stunde wie jetzt – alleine in seinem Zimmer, in völliger Stille – so wie ich im Augenblick. Die Stille ist etwas Seltsames. Kein Wunder, daß die alten Griechen sie für das Vorzimmer zu den großen Mysterien hielten[157].

Sonntag, 25. November. Verbrachte eine äußerst ungewöhnliche Nacht – ein pausenloser Alptraum bis zum

---

156) Gansevoort Melville (1815–1846), Herman Melvilles älterer Bruder, war ab Juli 1845 Legationssekretär der amerikanischen Gesandtschaft in London. Gansevoort vermittelte den Roman *Typee* an John Murray. Er starb am 12. Mai 1846 nach Krankheit und Depressionen.

157) Vgl. hierzu die ersten Sätze in Buch XIV von *Pierre* (1852), wo derselbe Gedanke ausgeführt wird.

Morgengrauen. Falls ich hiernach zum Fegefeuer verdammt werden sollte, werde ich die Nacht des 25. November 1849 vorbringen, um ein milderes Urteil zu erreichen. Ich schreibe den Alptraum einer Tasse ungeheuer starken Kaffees & einer weiteren mit Tee zu, welche ich bei Mr. Bates, kurz vor dem Weggehen, zu mir nahm. Bei Tagesanbruch drehte ich mich um & hatte ein Schläfchen bis 10 Uhr. Angekleidet und in den Nebel hinein – ziemlich dick. Weil mein altes Lieblingskaffeehaus am Strand Sonntags geschlossen ist, steuerte ich die St. Martin's Lane an, in der Absicht im Hotel de [...] zu frühstücken, welches mir von George Duyckinck als »gut & billig« empfohlen worden war. Verirrte mich im Nebel, & kam zu einem scheußlichen Loch, wo ich für insgesamt vier Pence Kaffee & eine Semmel bekam – einschließlich eines Fingerhuts voll Zucker. Dort gab es einen betrunkenen Kerl. Schließlich kam ich am Lester Square an[158], & da mein Frühstück äußerst mager & mies gewesen war, lud ich mich auf eine Tasse französischen Kaffee im Hotel de [...] ein. Ging hinein & bestellte. & sehr gut war er. Lokal voller Franzosen. Berechneten mir 18 Pence für den Kaffee & eine kleine Semmel. – Von dort zur Abtei & die Messe besucht. Die Abtei war voller Nebel. Von dort aus in den St. James' Park spaziert. Sah die Ablösung der Wachposten (beritten) bei den Horse Guards. Von dort zum Edinboro' Castle und die Sunday Times & Dispatch gelesen. Von dort zum Queen's Hotel, um Davidson zu treffen. Nicht da. Von dort noch weiter, die Straße hinunter, & durch Threadneedle, Throgmorton, Leadenhall Streets &c gebummelt, vorbei an Aldgate Pump, in die White Chapel Road hinein (wo

158) In der Umgebung des Leicester Square gab es das Sablonière Hotel, das Hôtel de Provence und das Hôtel de Versailles.

Bayard Taylor einkehrte[159]). Vorbei am Geschäft von Moses & Son. Von dort aus einen Omnibus nach St. Paul's zur Messe genommen. Um 5 nachmittag von dort aus mit dem Omnibus nach Hause. Und so endet ein äußerst nebliger, melancholischer, grabesdüsterer Tag. Doch in einer halben Stunde von jetzt an gehe ich zu Morley's[160], zum Essen mit Stevens & Davis – & dort hoffe ich, mich durch die Gesellschaft & Unterhaltung von Sterblichen zu erholen. – »Ach Einsamkeit! Wo sind die Zauber«[161] &c. –

Dienstag, 27. November. Am Sonntag bei Morley's gespeist & eine höchst angenehme Zeit verbracht. Mr. Davis und ein Mr. Newton[162] (Marinekaplan) waren da. Newton ist das gute Beispiel eines Müßiggängers. Jedoch scheint er, gutmütig und wohlwollend, ein solides Leben aus der Tasche Onkel Sams zu führen. – Vorbei. Ich bin an Bord des Dampfers »Emerald« auf der Überfahrt nach Boulogne – wir sind gerade bei der Nore[163] und die Vibration & Bewegung ist so stark, daß das

---

159) Beschrieben in dem autobiographischen Text *Views A-Foot* (1846) von Bayard Taylor, dem Bruder des Dr. Franklin Taylor. Melville wanderte durch die berüchtigten und nicht ungefährlichen Arbeiterviertel Londons.

160) Das Hotel, in dem Stevens und Davis gemeinsam wohnten. Gansevoort Melville war mit den Hotelbesitzern befreundet gewesen.

161) Aus: William Cowper: »Verses, Supposed to be written by Alexander Selkirk« (1782); Selkirk war das Vorbild für die literarische Figur des Robinson Crusoe. Das Gedicht schildert Einsamkeit aus der Sicht eines Schiffbrüchigen. Einsamkeit aus der Perspektive eines über Bord gegangenen und ertrinkenden Matrosen schildert Cowpers Gedicht »The Castaway« (1799).

162) Reverend J.W. Newton aus Connecticut.

163) Ankerplatz an der Mündung der Themse. Schauplatz einer Meuterei in der Royal Navy von 1797, dem historischen Hintergrund in Melvilles Erzählung *Billy Budd* (posthum 1924).

Schreiben unmöglich wird. Ich muß die Weiterführung meines Tagebuchs aufschieben, bis ich festen Boden erreiche. X X X X X X Nachdem einige Tage vergangen sind, befinde ich mich an diesem Dienstagabend gemütlich *beherbergt* im fünften Stock einer Pension, N° 12 & 14 Rue de Bussy, Paris. Es ist meine erste Nacht hier, & die »Bonne«, das heißt das Zimmermädchen hat ein Kaminfeuer angefacht, eine Kerze angezündet und mich um 11 Uhr nachts verlassen. Beim ersten Betrachten des Zimmers, erstaunte mich der Anblick einer Flasche mit dunkler Flüssigkeit, eines Glases, eines Kruges mit Wasser & einer Papierpackung Zucker (Zuckerhut) mit einer Glasschale daneben. – Ich protestiere, nichts davon war bestellt. – Wenn ich diese Sachen trotzdem verwende, wird man sie mir zweifellos berechnen, doch laßt uns nachsichtig sein – so schreibe ich all dies der Wohltätigkeit Madame Capelles zu, meiner äußerst höflichen, angenehmen und durch und durch französischen Wirtin. Ich werde den Brandy kosten, bevor ich weiterschreibe[164].

– Und nun setze ich mein Tagebuch fort. – Zurück zum Sonntagnachmittag, 25. November. Nach dem Essen mit Mr. Stevens anläßlich der Einladung zu Morley's, rauchte ich eine Zigarre mit Davis, & dann gingen wir zum Clarendon Hotel & sprachen bei Mrs. Lawrence vor. Trafen die Dame & den Gesandten an. Mrs. Lawrence war so äußerst liebenswürdig an diesem Abend, daß ich die bösen Worte zurücknehmen muß, die ich früher über sie gesagt habe. Sie haben das Haus von Earl Cadogan am Picadilly übernommen, um dort zu wohnen. – Auf dem Weg nach Hause erstaunte

164) Am Anfang des neunten Kapitels von *Israel Potter* wird ein Zimmer der Pariser Wohnung Benjamin Franklins nach dem Vorbild von Melvilles eigenen Eindrücken geschildert. Auch die Flasche Brandy und das Zubehör fehlen nicht.

mich Davis mit seinen Äußerungen zu Armut & Elend eines so großen Anteils der Londoner Bevölkerung[165]. Er zeigte Mitgefühl. Am nächsten Tag – Montag, 26. November – suchte ich nach dem Frühstück Davidson auf, um zu sehen, ob er meinen Wechsel eingelöst hätte. Wartete eine Weile. Schließlich kam er herein, gab mir einen Scheck seiner Bank, & ich ging weiter, die Lombart Street hinunter zu Livingston & Wells, & überwies £ 40 an Allan in New York. Als ich die Bank aufsuchte, schaufelte man mir die Sovereigns auf kuriose Weise herüber[166]. Um 2 nachmittags besuchte ich Stevens im Morley's, & ging mit ihm & Newton zur Bibliothek des British Museum. Endlose Galerien & drei Decks voller Bücher. Viele Raritäten gesehen[167]. – Karten von London (vor & nach dem großen Feuer), Magna Charta – die Bibel von Karl dem Großen – die Handschrift Shakespeares (in Montaigne) &c &c &c. Ging in die Handschriftensammlung – sah das berühmte Alexandrinus Manuskript & viele angelsächsische Manuskripte von großem Wert. Kauziger Bibliothe-

---

165) Melville war wohl erstaunt über die Antheilnahme seines Begleiters, nicht aber über das unübersehbare soziale Elend. Über 80% der Bevölkerung im viktorianischen England zur Mitte des 19. Jahrhunderts existierte unter der Armutsgrenze. Die Mittelschicht umfaßte lediglich 7 bis 10% der Bevölkerung (Hobsbawm, 1968).

166) Die Bankangestellten benutzten zur Auszahlung der Münzen kleine Messingschaufeln.

167) Die Bibliothek war noch relativ neu und im allgemeinen nicht der Öffentlichkeit zugänglich. 1849 umfaßte sie 435 000 Bücher. Shakespeares Handschrift in einer Übersetzung der Essays von Montaigne interessierte Melville, da beide Autoren gleichermaßen für ihn wichtig waren. Anspielungen auf Shakespeare und Montaigne finden sich in *White-Jacket, Moby-Dick* und *Pierre*. Der Codex Alexandrinus ist einer der ältesten griechischen Bibelmanuskripte. Der *Beowulf* ist eines der wertvollen angelsächsischen Manuskripte aus dem Mittelalter.

kar. – Speiste mit Davidson im »Mitre«, Fleet Street & bezahlte für uns beide. Dann ins »Blue Posts«, Cork Street & von ihrem berühmten Punsch gekostet. Schrieb dort einen Brief an Allan. Dann nach Hause & nach dem Packen meines kleinen Handkoffers, den ich in London für die Reise aufs Festland gekauft hatte, zu Bett. Am Dienstag – den 27. November – früh aufgestanden, meine Rechnung beglichen – 3 Guineas – & in einer Droschke zu den London Bridge Piers zum Boot nach Boulogne. Buchte eine Passage in einer Vorderkabine (8 Shilling – (Salon 12)). Schöne Fahrt den Fluß hinunter, & schöner kalter Morgen. Vorbei an Gravesend und Tilbury Fort, vorbei an Sheerness, nahe der Mündung & Margate. Sehr viele auslaufende Schiffe. An Goodwin Sands, Deal, South Foreland, Dover vorbei & dann über den Kanal nach Boulogne. Ein Mann der Besatzung hatte einen schrecklichen Unfall. Sein Fuß wurde in der Maschinerie zerquetscht. Alle Passagiere, außer drei oder vier, seekrank. Ein junger Franzose tröstete sie. Kam ungefähr um ½ 9 abends in Boulogne an. Marschierte zum Zollbüro & übergab den Paß. Dann zum Bedford Hotel & ein wenig Tee & kaltes Fleisch bestellt. Dann in ein kaltes Bett. Früh aufgestanden & den 7 Uhr Zug nach Paris genommen, – Entfernung 160 Meilen oder mehr. Fuhr »dritter Klasse« (Fahrpreis ungefähr 15 Francs). Schöner Tag & durch eine bezaubernde Landschaft gefahren. Hielt nicht in Amiens, um die Kathedrale zu sehen – keine Zeit. Kam um 4 nachmittags in Paris (Rue Lazare) an. Nahm zusammen mit dem jungen Franzosen eine Droschke & fuhr zur Rue de la Convention N° 3, um Adler zu finden. Keine Spur von ihm. Also zu »Meurice« in der Rue Rivoli & Zimmer genommen. Um kurz nach 5 nachmittags am table d'hôte gespeist. Großartiges Essen – französische Gerichte – keine Ahnung, was ich gegessen habe. Sprach bei Tisch mit zwei

Engländern. Nach dem Essen ging ich zu Galignani[168] – hatten keine Adresse von Adler. Schrieb mich für den Lesesaal ein. Dann zum Palais Royal spaziert. Hier gibt es großartige Cafés & Geschäfte – das Zentrum von Paris. Früh zu Bett.

Am heutigen Tag – **Donnerstag, 29. November** – früh aufgestanden – in einem Café in der Rue Rivoli gefrühstückt & zum Place Concorde spaziert – wundervoll. Überquerte die Seine in Richtung des Parlaments. Zurück & zahlreiche Truppen getroffen, die überall herummarschierten. Wie eine Garnisonsstadt[169]. Schrieb zwei Briefe an Adler. Auf der Suche nach Madame Capelle ins »Quartier Latin« gegangen – fand sie, nahm ein Zimmer & überquerte erneut den Fluß. Besuchte die Börse – ein großes Gesumme in einem geheimnisvollen Rundhof – & Livingston & Wells. Für zwei Francs in der Rue Vivienne gegessen – verschiedene Gerichte einschließlich einer Flasche Bordeaux. Dann zu »Meurice« – zahlte meine Rechnung (15 Francs für ein Essen, ein Bett & ein Blatt Papier) und fuhr zu meinem gegenwärtigen Quartier auf der anderen Seite der Seine. Dann zum Palais Royal spaziert (jetzt National) & dort ins Parkett eines Theaters gegangen (Eintritt 25 Sous). Drei lustige Komödien – jede Menge Babys & nasse Windeln &c. Zeitig weggegangen & nach Hause – geraucht & zu Bett.

Am nächsten Tag, Freitag. Gegenüber, im »Café

---

168) Galignanis Lesesaal war ein beliebter Treffpunkt für Engländer in Paris. Zugang wurde gegen Tages- oder Wochengebühr gewährt. Galignani publizierte eine Buchreihe, die »British Library«, meist ohne Genehmigung der Autoren. Auch Melvilles *Redburn* erschien hier 1850 als Raubdruck.

169) Die große Truppenpräsenz in Paris beruhte auf der Angst Louis Napoleons vor der sozialistischen Opposition. Erst im Juni 1849 war ein bewaffneter Aufstand niedergeschlagen worden.

Francais« gefrühstückt. Sehr gutes Lokal. Dann mit blauer Nase die Straße hinunter (so kalt war es) & Notre Dame besucht. Sie wird gerade restauriert. Ein stattliches altes Gebäude. Dann bummelte ich durch die Altstadt & ging über den Fluß zur Rue St. Antone, zum Place de la Bastille, wo jetzt das Denkmal des 4. Juli steht. Café Bastille & ein fürchterliches Loch. Dann in einem Omnibus (Rundfahrt) zum Louvre, & verbrachte drei Stunden in dem Museum. Haufenweise Schätze aller Art. Bewundernswerte Sammlung antiker Statuen[170]. Besser als das British Museum. Dann zur Börse & im »Roastbeef« Restaurant gegessen. Dann zu Galignani & die Zeitungen gelesen. Späte Ankunft aus New York. Große Aufregung um Kalifornien[171]. Erfuhr, daß ein Ding namens »Redburn« gerade erst veröffentlicht worden war. Auszug daraus in »Literary World«, Rezension &c[172]. Nachdem ich (zu meinem größten Vergnügen) eine Nachricht von Adler erhalten hatte, die besagte, er würde diesen Abend um ¼ nach 7 auf seinem Zimmer sein, besuchte ich ihn zu dieser Stunde – Nicht da – also saß ich & schwatzte so gut ich konnte mit Madame bis er eintraf. War erfreut ihn zu sehen – wir gingen zusammen auf sein Zimmer – er holte Tabak hervor & wir berichteten uns gegenseitig unsere Erlebnisse. Verließ ihn um neun Uhr & ging nach Hause. Feuer angefacht & versucht, es mir bequem zu machen. Nur ist dies nicht mein Zuhause & – aber nur nicht murren.

---

170) Z.B. die berühmte *Venus von Milo*, die 1820 gefunden und von der französischen Regierung gekauft worden war.

171) Anlaß der Aufregung könnten entweder neue Goldfunde oder aber ein konstitutioneller Beschluß gegen die Sklaverei gewesen sein.

172) Die von Duyckinck herausgegebene Zeitschrift *Literary World* brachte einen Vorabdruck aus Redburn. Der Roman war am 14. November in New York erschienen.

Samstag, 1. Dezember. Kaffee & Semmel um ½ 11 im Café gegenüber. Um 11 vormittags kam Adler & wir brachen zum Hôtel de Cluny auf. Stießen zufällig auf die Sorbonne, & gingen in den Hof. Sah Ankündigungen von Vorlesungen – Cousin[173] &c. – Hôtel de Cluny erwies sich als geschlossen. Stiegen in den Omnibus & fuhren zum Père-Lachaise. Schönes Denkmal von Abelard & Heloise. Gräber von Generälen &c. Auf dem Rückweg, Abattoir de Popincourt[174]. Bemerkenswerter Ort, von Napoleon gegründet. Alte Frau &c. Von dort zu den Boulevards & durch sie zur Börse & Livingston & Wells in der Rue Vivienne. Mit Adler im »Roastbeef« gespeist & von dort zu seinem Zimmer in der Rue de la Convention. Um ½ 8 abends zum Palais Royal aufgebrochen, um Rachel in Phädra zu sehen[175]. Schlossen uns der »Schlange« in der Passage an – standen ein oder zwei Stunden an & wurden fortgeschickt. Kehrten bitter enttäuscht in Adlers Zimmer zurück – kaufte eine Flasche Bordeaux (zum Preis von 8 Sous) & trank ein halbes Glas davon. Zuhause um 11 & zu Bett.

Sonntag, 2. Dezember. Ungefähr um 10 aufgestanden, & zum Palais Royal hinüber spaziert, wo ich im Café d'Orleans frühstückte. Dann zu Adlers Quartier & zu-

---

173) Der französische Philosoph Victor Cousin (1792–1867) vermittelte zwischen den deutschen Metaphysikern (Schelling, Hegel) und ihren Gegnern der schottischen Schule (David Hume, William Hamilton).

174) Eines von fünf unter Napoleon am Stadtrand von Paris errichteten Schlachthäusern.

175) Élisa Félix (1820–58), »Rachel«, war eine der berühmtesten Schauspielerinnen ihrer Zeit. Sie hatte ihre größten Erfolge in den Tragödien von Pierre Corneille und Jean Racine, so auch als *Phèdre* (1677) in dem gleichnamigen Stück von Racine. *Rachel* ist auch der Name eines Schiffes im Kapitel 128 des *Moby-Dick* – wo jedoch in erster Linie die biblische Rachel gemeint ist (*Jeremias* 31,15). (Vgl. Anhang: Brief 10, 1849)

sammen zur Kirche von St. Roche – edle Innenausstattung – Frauenkapelle – Gemälde &c. Außergewöhnlich redegewandter Priester – Beerdigung. Von dort zur Madeleine – hineingegangen. Großartiges Äußeres. Von dort über Place Vendôme und Place de la Concorde, über den Fluß zum Hôtel des Invalides. Sah in der Kapelle die Fahnen von Austerlitz &c. Algerien &c[176]. Speisesäle, Tafelsilber der Offiziere. Gemäldegalerie. Dann über Schleichwege zum Luxembourg[177]. Schöne Galerie der modernen französischen Schule. Großer Park, Gärten. Ratskammer. Von dort zur Sorbonne. In die Kirche gelangt, & Grab oder eher Denkmal von Kardinal Richelieu[178] gesehen. Gute Bildhauerarbeit. Hier verließ mich Adler. Ging zum Panthéon – noch im Bau[179]. Von dort in eine nahegelegene alte Kirche, & durch mittelalterliche Höfe & Gassen zum Fluß & über Place de la Carrousel zu Adler. Um 5 nachmittags an seinem table d'hôte gespeist. Zwei Senatsangehörige waren da. Ein paar Yankees. Jede Menge Bordeaux. Kaltes Zimmer & eisiger Wein. Eine Dame sprach über *»flämische«* Dinge. Nach dem Essen besuchte uns Hotchkiss (Freund von A) in Adlers Zimmer; & wir unterhielten uns bei Schnaps & Zigarren.

---

176) In der Kirche in der Mitte des Hôtel des Invalides wurden die während der Feldzüge erbeuteten Standarten ausgestellt. Die neueste Trophäe stammte vom Algerienfeldzug 1847. Die von Melville erwähnte Galerie enthielt Portraits von Offizieren der französischen Armee.

177) Der Palais de Luxembourg, ursprünglich Palast der Maria de Médici, diente während der französischen Revolution als Sitz des Direktoriums, unter Napoleon als Senatskammer. Der Sitzungssaal, Salle de Séances, wurde 1844 eingerichtet.

178) Die Sorbonne wurde unter Kardinal Richelieu (1585–1642) für die theologische Fakultät erbaut.

179) Das Panthéon, Grabmal und Tempel von u.a. Mirabeau, Voltaire, Rousseau, wurde nach erheblichen Beschädigungen während der Revolution von 1848 restauriert.

Um 10 in die Dunkelheit aufgebrochen, regnerische Nacht, & folgte meinem melancholischen Weg über die Brücke (einen Zwiebackwurf von der Morgue entfernt[180]) zu meinem Appartement im sechsten Stock. Diese geheimnisvolle Türe (Tapete), die aus dem Nebenzimmer führt, gefällt mir nicht.

Montag, 3. Dezember 1849. Ging nach dem Frühstück zu Galignani, um den Reiseführer für den Kontinent zu bekommen. Auf dem Rückweg traf ich Adler in der Rue de la Fontane Molière. Von dort spazierte ich über die Champs Elysée zum Triumphbogen am l'Etoile. Hinaufgestiegen – großartige Sicht auf Paris. Kaufte einer alten Frau ein kleines Medaillon ab. Nahm den Omnibus zur Pont Neuf. Bekam meinen richtigen Paß bei der Polizei[181]. Schaute bei der Morgue vorbei[182]. Im »Rosbeuf« gegessen. Ungefähr um fünf (nachmittags) zu Adler. Rauchte eine Zigarre, bis er vom Essen zurückkam. Dann besuchten wir zusammen die »Opéra Comique« am Boulevard des Italiens[183]. Zwei Stücke, Haus voll besetzt. Großartiges Orchester. Nach Hause & zu Bett, nachdem ich mit Adler ins Café de Foy gegangen war, um eine Tasse »Chocolat« zu trinken, welche vorzüglich gewesen ist.

---

180) Melville benutzte schon in *Typee* die Redewendung »a biscuit's throw« anstelle des konventionellen »a stone's throw« – ein Scherz, der sich auf die sprichwörtliche Härte von Schiffszwieback bezieht.

181) Der von der französischen Gesandtschaft in London ausgestellte Paß galt nur für den Ankunftshafen. Von der französischen Zollbehörde wurde ein provisorischer Paß für das Landesinnere ausgestellt, während der reguläre Paß bei der Polizeipräfektur beantragt werden mußte.

182) Das Leichenschauhaus war für Besucher zugänglich und offensichtlich eine Attraktion für Parisbesucher und Touristen.

183) Der Boulevard wurde nach dem Théâtre des Italiens benannt, in der Opéra Comique wurden Operetten und populäre Musikstücke aufgeführt.

Dienstag, 4. Dezember 1849. Traf Adler in der »Bibliotheque Royal«[184] (von Kardinal Mazarin). Betrachtete Stiche von Albert Dürer & Holbein. Ging durch die Büchersäle. Sah Handschriften, persische Manuskripte &c koptische &c. Brief von Franklin. Parnassus. Museum. Ließ Adler in seinem Quartier zurück & ging wegen dem Paß zum amerikanischen Gesandten[185]. Von dort zur Polizeipräfektur &c. Verflixter Unsinn, das Ganze. Zwei Paar Handschuhe, ein Paar Schuhe für Lizzie gekauft. Kaufte einen Telemachus[186] in der Nähe des Louvre für mich selbst. Besuchte Adler auf seinem Zimmer & lud ihn zum Essen ein. Gingen zum Boulevard Italiens und speisten im Café Anglais. Von dort zum Café de Cardinal wegen der Schokolade. Von dort in sein Zimmer und bis zehn Uhr über große deutsche Metaphysiker gesprochen. Dann nach Hause & Tagebuch weitergeführt, wie oben. Und jetzt zu Bett. –

---

184) Die Bibliothek, inzwischen »National«, befand sich in einem Gebäude, das ursprünglich Kardinal Mazarin gehört hatte. Die Stiche von Albrecht Dürer (1471–1528) – von Melville stets »Albert« genannt – und Hans Holbein d.J. (1497–1543) waren nur auf spezielle Anfrage zu besichtigen. Briefe von Benjamin Franklin, Voltaire, Molière u.v.a. lagen unter Glas zur Besichtigung aus. Ebenso persische, koptische, aber auch arabische, chinesische und japanische Manuskripte. Der Parnassus war eine Bronzeskulptur im antiken Stil, auf der die Helden der französischen Geistesgeschichte abgebildet waren.

185) Melville benötigte Visa für Belgien und Deutschland. Sein Besuch bei der amerikanischen Gesandtschaft hing wahrscheinlich mit fehlenden Stempeln etc. zusammen.

186) *Les aventures de Télémaque* (1699) von François Fénelon (1651–1715). Der Roman über den Sohn des Odysseus galt eine Zeitlang als politische Satire und Schlüsselroman. Der Autor distanzierte sich von dem aus seiner Sicht mißverstandenen, der christlichen Ethik verpflichteten Roman, der auch zeitweise in Frankreich verboten war.

Mittwoch, 5. Dezember. Frühstückte in einem billigen Lokal am Place de Carrousel. Bummelte durch die Verkaufsstände entlang der Kais & Brücken. Ging ins Museum Dupuytren. Pathologisch. Reihen von zerbrochenen Schädeln. Skelette & namenlose Dinge[187]. Von dort zum Hôtel de Cluny. Eine absolut einzigartige Sammlung. Das Haus ist genauso wie das Haus, in dem ich gerne wohnen würde. Wundervolle alte Schränke – Ebenholz, Schnitzwerk aus Elfenbein – wunderschöne Kapelle. Wandteppich, alte Schlüssel. Leda & der Schwan. In das Gewölbe des alten römischen Palasts von Thermis[188] hinabgestiegen. Bäder &c. Von dort entlang der Kais zur Nationalversammlung geschlendert. An den Wachen vorbei hineinspaziert. Und hätte Zutritt zum Plenarsaal erlangt, wenn ich nicht unglücklicherweise ohne meinen Paß gewesen wäre, den ich zurückgelassen hatte, um die »Visa« der belgischen & preußischen Gesandten zu bekommen. Von dort zu Adler. Er lud mich zum Essen ein. Gingen in die Rue de la Convention N° 3 und speisten mit drei Amerikanern. Von dort zum Theatre Francais, um Madame Rachel zu hören. Schlossen uns der *»Schlange«* an aber gaben es schließlich auf. Zurück zu Adlers Quartier, Zigarre geraucht & über den Fluß nach Hause & früh zu Bett.

---

187) Neben Skeletten enthielt die anatomische Sammlung Dupuytren Wachsabgüsse sowie Darstellungen von Deformationen und syphilitischen Krankheitsbildern.

188) Das 1844 eröffnete Museum enthielt neben sakraler Kunst auch Werke der Renaissance und Antike. Das Gebäude im gotischen Stil wurde auf römischen Ruinen errichtet, der »Palais des Thermes« war über die Kapelle zugänglich. Vgl. Kapitel 41 des *Moby-Dick*: hier erscheint die römische »hall of Thermes« als Bild für Ahabs abgründige Seele. Melville hält in beiden Fällen das französische Wort »Thermes«, also Thermen oder Bäder, für einen römischen Namen.

Donnerstag, 6. Dezember. Nahm mein letztes Frühstück in Paris im Café Francais, Rue de Bussy. Von dort zu Galignani & die Zeitungen gelesen. Von dort im Omnibus zum Bahnhof & ab nach Versaille[189]. Ein alter Mann führte mich durch die Gärten. Eine höchst wunderbare & unglaubliche Sache, das Ganze. Prachtvolle Schlachtengemälde. Grandiose Suite von Louis Le Grand. Titan von Donnerkeilen niedergeworfen &c. Apollo & die Rösser auf dem Brunnen. In der Dämmerung zurück nach Paris. Nahm eine Droschke & fuhr zu Meurice & bekam meinen Paß. Von dort in mein Zimmer in der Rue de Bussy – zahlte meine Rechnung &c. – sagte Madame Capelle ein letztes Lebewohl & ging zu Adler. Speisten in einem Restaurant nahe dem Palais Royal & gingen gemeinsam zu seinem Quartier – wo ich nun meinen letzten Pariser Tagebucheintrag schreibe. – Selah!

Freitag, 7. Dezember 1849. Brüssel. Ziemlich lange aufgeblieben und mit Adler unterhalten, – (Thema – wie gewöhnlich – Metaphysik). Dann Schlafen gegangen, in ein Zimmer unter seinem, mit der Anweisung, um ½ 7 geweckt zu werden. Entsprechend aufgestanden & im Dunkeln angekleidet – mein übliches Bad genommen. Ab zum Bahnhof in einer Droschke – Fahrpreis nach Brüssel, ungefähr 27 Francs – Wagen 2. Klasse. Eine fade & langweilige Reise, den ganzen Tag durch eine endlose flache Pfannkuchenlandschaft. Durch Amiens gefahren, (zum zweiten Mal; konnte die Kathedrale nicht sehen) – Arras (wo es ungeheuer viele Windmühlen gab) & verschiedene befestigte

189) In Kapitel 56 des *Moby-Dick*, über Abbildungen von Walen und Walfang, gibt es einen Absatz über die »triumphal hall of Versailles« und ihre Galerie. Der Titan wird in *Pierre* erwähnt (Buch 25, 4. Kapitel).

Städte – Douai, Valenciennes (für Spitze berühmt). In Quièvrain wurden die Pässe verlangt. Bei Valenciennes kamen wir in die Niederlande oder Belgien – niedere Länder, in der Tat. – Und so durch Mons & Soignies nach Brüssel. Fuhr eine erstaunliche Strecke, entlang einer langen, schmalen, schluchtartigen Straße, hinauf zum Hotel de France, wo ich um ungefähr ½ 7 im Dunkeln ankam. Wurde von einem anderen Passagier vom Bahnhof begleitet. – einem phlegmatischen, umständlichen Nordengländer. Er sprach jedoch ein wenig über Amerika. Trank Tee mit ihm – dann ein kurzer Spaziergang & hier bin ich, in einem schönen Zimmer, ganz allein in der Hauptstadt Belgiens.

– »Es scholl ein Klang von Jubel durch die Nacht,
In Belgiens Hauptstadt war zum Fest erschienen
Schönheit und Ritterschaft«[190]

Doch kein Klang von »Jubel« hier, weiß Gott. Einen langweiligeren, eintönigeren Ort habe ich noch nie erlebt – obwohl es ein Ort mit schönen Bauwerken zu sein scheint. Waterloo ist rund 8 Meilen entfernt. Kann es nicht besichtigen – & schere mich nicht darum. Morgen bin auf dem Weg nach Köln. Es ist eine Glückssache, ob ich den Rhein hinauffahren kann – wegen des Eises. Muß es allerdings versuchen.

Samstag, 8. Dezember 1849. Frühstückte *tête à tête* mit dem englischen Phlegmatiker – er sprach kein Wort & ich dito. Da ich mich entschlossen habe, völlig unbelastet nach Deutschland zu reisen, ließ ich meine Reisetasche – oder eher meinen Handkoffer im Hotel, und nach einem kurzen Spaziergang (während dem ich

---

190) Melville zitiert aus Lord Byrons *Childe Harold's Pilgrimage*, dritter Gesang (1816), Strophe 21, die ersten zweieinhalb Zeilen. Byron (1788–1824) beschreibt hier den Vorabend der Schlacht von Waterloo. Melville kannte Byrons Werk gut genug, um aus dem Gedächtnis zu zitieren.

durch den Palastpark & beim Palast & an den botanischen Gärten des Königs vorbei & entlang der winzigen Boulevards spazierte), ging ich zum Bahnhof & stieg in meinen Zug nach Köln. Ich nahm einen Wagen zweiter Klasse, der so angenehm war wie in der 1. Klasse in Amerika & unvergleichlich besser als die entsprechende Klasse in England. Als »Reisegesellschaft« hatte ich einen Priester mit einem Dreispitz & einige junge Frauen mit dunklen Augen und Krepphauben. Eine von ihnen sah mysteriös aus. Die ersten rund 60 Meilen führten uns durch dieselbe flache, öde Gegend wie von Paris nach Brüssel. Aber in Liège[191] (dem Ort der Gewehre) änderte sich das Landschaftsbild. Es bestand nur noch aus Hügeln & Tälern & wir schlängelten uns durch die romantischsten Engpässe, die man sich vorstellen kann – vorbei an den Ruinen alter Mühlen & Bauernhäusern aus dem Mittelalter. An der preußischen Grenze wurde mein Paß verlangt & geprüft. Im Waggon war ein junger Franzose – ein aufrechter Bursche, der eine Reiseflasche mit belgischem Gin und ein Glas in seiner Tasche mit sich führte & mich oft zu einem Schluck einlud. Er ist in Amerika gewesen. In Aix-la-Chapelle[192] stieg er & die Gesellschaft aus, & nur ein junger Mann aus Berlin, der ein wenig Englisch sprach, blieb im Waggon. Ungefähr um 9 Uhr kamen wir bei Dunkelheit in Köln an, und ich fuhr mit einem »Omnibus« zum Hotel – ich vermutete, daß es das Hôtel de Cologne wäre[193], da mir der Reiseführer geraten hatte, dorthin zu gehen. Das Haus erwies sich als großer, kalter, leerstehender Palast (ein halber

191) Liège war eine Industriestadt mit zahlreichen Waffenmanufakturen. Die nachfolgende Bahnstrecke durch die Berglandschaft war erst 1844 fertiggestellt worden.

192) Aix: Aachen.

193) Melville kam aus Versehen ins Hotel Rheinischer Hof, welches später von ihm als »Hôtel de Rhin« identifiziert wird.

Stall). Ich bestellte Tee (a la Francais) und ging früh schlafen, in ein deutsches Bett, mit einem Polster zu meinen Füßen.

Ich hatte die Absicht, das Boot um 10 ¼ in der Frühe zu nehmen, & so schlief ich und träumte süß vom Rhein.

Sonntag, 9. Dezember 1849. Köln. Vor dem Frühstück aufgebrochen und den Weg zum berühmten Dom gefunden, wo der ewige »Kran« auf dem Turm steht[194]. Während ich mich im Inneren aufhielt, wurde ich von einer höflichen Person angesprochen, die so freundlich war, mir die »Kuriosa« aufzuzeigen. Er erwies sich als *»Ortskundiger«*. Er peinigte mich bis zurück zum Hotel & luchste mir einen Franc ab. Im Büro der Dampfschiffahrtsgesellschaft erfuhr ich, daß an diesem Morgen kein Boot ablegen würde. So mußte ich den Tag in Köln verbringen. Doch war es mir nicht ganz unangenehm dies zu tun. In dieser antiquierten alten Stadt der Giebeldächer – voller Erinnerungen an das Mittelalter und an Karl den Großen, – wo Rubens geboren wurde & Maria de Médici starb[195] – gibt es allerlei, das einen alten Grübler wie mich interessiert. – Aber jetzt muß ich erzählen, wie ich schließlich herausfand, daß ich mich nicht im »Hôtel de Cologne« sondern im »Hôtel de Rhin« einquartiert hatte – wo meine Rechnung für

194) 1849 war der größere der beiden Türme des Kölner Doms noch nicht fertiggestellt. Die 1248 begonnenen Bauarbeiten waren 1509 abgebrochen worden. An der Spitze des unvollendeten Turms stand der mittelalterliche Baukran. In Kapitel 32 des *Moby-Dick* wird der unfertige Turm des Kölner Doms mit den unvollkommenen Ausführungen Ismaels zur Walkunde verglichen.

195) Melville hatte diese Informationen aus dem Reiseführer von John Murray. Peter Paul Rubens (1577–1640) wurde nicht in Köln, sondern in Siegen geboren. Maria de Médici (1573–1642), von ihrem Sohn Louis XIII. verbannt, starb in Köln, Sternengasse 10, ihr Herz wurde im Dom beigesetzt.

Bett, Tee & Frühstück rund $ 2 ausmachte, in ihrer unbegreiflichen deutschen Währung. – Nachdem ich mich über den Dampfer erkundigt hatte, ging ich zum richtigen Hôtel de Cologne (am Fluß) & nahm dort die Dienste eines *Ortskundigen* in Anspruch, um mir die Sehenswürdigkeiten der Stadt für 2 Francs zeigen zu lassen. Wir gingen zum Dom, während der Messe – sah das Grab der *drei Könige von Köln*[196] – ihre Schädel. Der Chor der Kirche ist großartig. Das Bauwerk selbst ist eines der außergewöhnlichsten der ganzen Welt. Ein Querschiff ist beinahe fertiggestellt – mit neuem Stein, und hebt sich auf der einen Seite auf seltsame Weise von dem verfallenen Zustand des riesigen unvollendeten Turmes ab. Vom Dom gingen wir zur Jesuitenkirche, wo gerade Messe gelesen wurde. Von dort zum Museum & einige merkwürdige alte Gemälde gesehen; & ein wundervolles (ein sinkendes Schiff, der Kapitän am Masttop – seinem Widersacher die Stirn bietend) von Schefferen[197](?). Von dort zur St. Peter Kirche, & sah die berühmte *Kreuzabnahme* von Rubens[198]. Zahlte 2 Francs, um das Originalgemälde zu sehen, das vom Küster umgedreht wurde. Von dort nach Hause. Ging in eine Buchhandlung & kaufte einige Bücher (Ansichten & Panorama des Rheins) & dann ins Hotel. Das Essen wurde um ein Uhr serviert (table d'hôte). Ein gewöhnliches deutsches Essen & ein gutes, »sag' ich dir«. Zahllose Gerichte – & zwischen den Gängen aus Fleisch & Geflügel wurde Apfelpudding serviert.

---

196) Der Schrein mit den (angeblichen) Skeletten der heiligen drei Könige, Kaspar, Melchior und Balthazar, wird in Kapitel 16 des *Moby-Dick* erwähnt, wo die Masten der Pequod mit den Rückgraten der »drei alten Könige von Köln« verglichen werden.

197) Schefferen: möglicherweise der Holländer Ary Scheffer (1795–1858), Maler im Stil der französischen Romantik.

198) Das Gemälde von Rubens zeigt das Martyrium des Apostel Petrus.

Trank ein wenig weißen Rheinwein, der herrlich war, während ich beim Essen hinaus auf den sagenumwobenen Rhein blickte. Nach dem Essen brach ich auf & bummelte durch die Stadt – besuchte Kirchen, kaufte einem hübschen Zigarrenmädchen ein Zigarre ab & hielt Menschen auf der Straße an, meine Zigarre anzuzünden. Ich atmete den höchst lebendigen Geist & die Seele vom alten Karl den Großen ein, während ich durch die malerischen alten Winkel dieser malerischen alten Stadt ging. Überquerte die Bootsbrücke, & besuchte die Festung auf der anderen Seite. In der Dämmerung hielt ich an einer Bierschenke – & bestellte ein Glas mit *schwarzem Ale* in einem eigenartigen Glaskrug. Dann nach Hause. Und hier bin ich nun und schreibe mein Tagebuch für die letzten zwei Tage. Um neun Uhr (in drei Stunden) breche ich nach Koblenz auf – 60 Meilen von hier. – Ich habe wirklich Heimweh – ganz allein und keine Seele, mit der ich sprechen könnte – doch dann der Rhein, er liegt vor mir, & ich muß weiter. Der Himmel ist bewölkt, aber das paßt zur Stimmung dieses Ortes.

Montag, 10. Dezember 1849. Koblenz. Letzte Nacht um ungefähr ½ 10 abends nach Koblenz eingeschifft. Doch bevor ich dies tat, machte ich mich nach dem Tee auf einen letzten Bummel durchs alte Köln. Bei meiner Rückkehr zum Hotel, fand ich eine große Gesellschaft vor, die alle Tische im Speisesaal besetzt hatte. Jeder Mann hatte seine Flasche Rheinwein und seine Zigarre. Es war ein kurioser Anblick. Ich stellte mir die hohen Spitzen der Gläser als Schlösser & Türme vor, zwischen denen der Rhein floß. Ich trank eine Flasche Rudenshimer(?)[199]. Als das Boot ablegte war es sehr dunkel, & ich machte mich auf den Weg zur Kabine 2.

199) Rudenshimer: Rüdesheimer.

Klasse. Dort begegnete ich einem Deutschen, der gerade von St. Louis in Missouri zurückkam. Wir hatten ein Gespräch. Von ½ 10 abends bis 5 morgens legte ich mich abwechselnd nieder & stand wieder auf, zitternd vor Kälte. Dreimal ging ich an Deck & fand das Boot zwischen hohen schwarzen Klippen & Felsspitzen gleitend. – Ein grandioser Anblick. Schließlich kamen wir im Dunkeln in Koblenz an, & ich bekam ein Bett im *»Riesen Hof«* in der Nähe des Kai. Um zehn Uhr am Morgen ging ich zum Frühstück hinunter, & danach nahm ich einen Ortskundigen & überquerte die Schiffsbrücke zur berühmten Quebec Festung von *Ehrbrinced-stein*[200]. Ein wirklich wundervolles Ding. Die Aussicht vom Gipfel ist herrlich. In der Ferne windet sich der Rhein durchs burgenreiche Gebirge. Zurück über den Fluß & durch die Stadt gegangen – besuchte die kuriosen alten Kirchen – halb gotisch, halb italienisch – und überquerte die Mosel an der Steinbrücke – nahe dem Geburtshaus von Prinz Metternich[201]. – Seltsam, daß er so nahe an der großen deutschen Festung geboren wurde. – Noch seltsamer, daß der allerbeste Rheinwein genau unter den Kanonen von Erhbreistien angebaut wird. Um ein Uhr im »Riesen« am table d'hôte gegessen. Es waren ungefähr sechs oder acht Engländer anwesend – zwei oder drei Damen & viele deutsche Offiziere. Die Mahlzeit war der von gestern im Hôtel

---

200) Die Burg Ehrenbreitstein wird hier mit einer Festung verglichen, die Melville bei seiner Hochzeitsreise in Quebec gesehen hatte. In *Moby-Dick*, Kapitel 8, wird die Kanzel der Walfängerkapelle mit dem »stolzen Ehrenbreitstein« verglichen sowie, einige Zeilen zuvor, als das »kleine Quebec« von Vater Mapple bezeichnet. Ehrenbreitstein wird auch in *Pierre* erwähnt (Buch IV, Kapitel 2, erster Satz).

201) Clemens Fürst Metternich (1773–1859) war während der Revolution von 1848 aus Wien nach England geflohen. Im Oktober 1849 kehrte er nach Brüssel zurück.

de Cologne sehr ähnlich. Nach dem Essen ging ich hinaus zu den unteren Mauern & in die Gegend entlang der Zinnen. Die Stadt ist vollständig von einer Stadtmauer umgeben. Zum Essen trank ich ausschließlich Moselwein – dem Ratschlag des »Gouverneurs von Coney Island«[202] folgend, dessen Wahlspruch es ist, »den Wein des Landes zu trinken, durch welches du reisest.« In Köln an den Ufern des Rheins, & durch das gegenüberliegende Fenster auf den Fluß schauend – was könnte ich demzufolge anderes schlürfen als Rheinwein? Und *nun*, in Koblenz – an der genauen Einmündung der Mosel – an was anderem sollte ich mich ergötzen als an Moselwein? – Der Wein ist bläulich – zumindest einen *Stich* ins Blaue – und scheint ein Teil des Flusses zu sein, nach dem er benannt ist. In der Dämmerung fand ich mich in Stille an der Stelle wieder, wo die beiden sagenumwobenen Flüsse zusammentreffen. Gegenüber lag die finstere Burg – & rund 4000 Meilen entfernt war Amerika & Lizzie. – Morgen fahre ich *heimwärts!* Hurra & dreimal Hoch!

X X X Mein letzter Eintrag ins Tagebuch stammt von den Ufern des Rheins – & jetzt, nach der Unterbrechung von ein paar Tagen, setze ich es an den Ufern der Themse fort, die ich von meinem alten Zimmer aus überblicke, am Samstag den 15. Dezember '49.

– Ich verließ Koblenz **Montag Nacht, 10. Dezember.** In derselben Nacht traf ich in einem Zigarrenladen auf einen jungen Mann aus England & hatte ein langes Gespräch mit ihm. Er ist in Amerika gewesen, & war verwandt mit Cunard[203] von der Dampfschiffahrtsgesellschaft. Am nächsten Morgen, **Dienstag, 11. Dezem-**

---

202) Spitzname des New Yorker Weinhändlers Guilbert Davies, eines Bekannten von Melville.

203) Samuel Cunard war einer der Pioniere der transatlantischen Dampfschiffahrt.

ber, bummelte ich wieder durch die Stadt – sah die Kanoniere & die Fußtruppen bei ihrer Übung auf dem Paradeplatz. Wirklich sehr amüsant. Sah eine Division Trommler. Spazierte den Fluß hinunter & hinauf, & während ich auf das Boot nach Köln wartete, verbrachte ich mindestens zwei Stunden damit, an der genauen Stelle, wo Rhein und Mosel zusammenfließen, am steinernen Pier zu stehen. Um 3 Uhr legte das Boot aus Düsseldorf in Richtung Köln ab. Es war ordentlich kalt. Speiste am table d'hôte in der Kabine. Gutes Essen & Wein. Trank Rheinwein auf dem Rhein. Sah den Drachenfels & das Siebengebirge, & das Rolandseck, & die Nonneninsel. Die alten Ruinen & Brücken sind großartig – doch der Rhein ist nicht der Hudson. Am Abend erreichte ich mein altes Lokal – Hôtel de Cologne. Erkannte den Drachenfels auf einem alten Gemälde an der Wand. Trank eine Flasche Steinberger mit dem Wirt, einem Rheinländer & ein sehr ehrenhafter, gut unterrichteter Mann, der sich mit Weinen auskennt. Um ½ 7 abends ging ich ins Theater. Es wurden drei Vaudevilles aufgeführt. Das Publikum rauchte & trank & schaute zu. Ging auf dem Nachhauseweg in ein Geschäft & kaufte einige Geschenke ein[204], & wurde beim Kauf einer Anstecknadel heimtückisch betrogen, was ich nach meiner Rückkehr nach London herausfand, & nicht früher. Gott vergebe dem Mädchen – sie war zudem auch nicht sehr hübsch – was die Angelegenheit noch verschlimmert. **Um 5 Uhr morgens, Mittwoch, 12. Dezember** wurde ich geweckt & hatte ein frostiges Frühstück in einem riesigen Saal & zahlte meine Rechung. Der »Garçon«, der sich mir gegenüber, während meines gesamten Aufenthalts als außerge-

204) Laut einem undatierten Eintrag, kaufte Melville in Köln Porzellanstöpsel für 2 ½ Groschen. Einen davon schenkte er Evert Duyckinck.

wöhnlich höflich & aufmerksam bewährt hatte, versuchte mich auf die schmeichlerischste Weise, die man sich vorstellen kann, bei der Herausgabe des Wechselgeldes um einen »Thaler« zu betrügen. Ich ertappte ihn jedoch & dem Schurken – dem lächelnden, freundlichen, aufmerksamen Schurken schien es leid zu tun, daß er mein Wohlwollen für immer verscherzt hatte, & das für Nichts!

Fuhr durch ein altes antikes Steintor in der Stadtmauer zum Bahnhof. Eine sehr kalte Fahrt & eine sehr trübselige, während des ganzen Wegs nach Brüssel, wo wir um 5 nachmittags nach einem kurzen Halt in Aix la Chapelle ankamen. Ich sah den alten Dom & das Rathaus – doch das war alles. In Brüssel ging ich sofort in mein dortiges Hotel, um meine Hemden zu bekommen, die ich zum Waschen zurückgelassen hatte. Die heimtückische Wirtin & die hinterhältigen Kellner hätten mich gerne zum Essen dabehalten – & so waren die Wäschestücke »noch nicht zurückgekommen«. – Hatte einige lachhafte Szenen mit der Wirtin & brach in schlechter Laune auf & verzog mich in die Stadt, um eine billige Mahlzeit zu bekommen. Schlürfte hier ein kleines Bier & aß dort ein Stückchen Kuchen, & kam schließlich zum Bahnhof. – Eine fürchterlich lange trübselige kalte Fahrt nach Ostende an der Küste. In den Fängen des Alpdrucks, wollte ich an einer Zwischenstation aussteigen, die ich für meinen Zielort gehalten hatte. Kam um ½ 12 nachts in Ostende an. Das Boot war am Kai – nahm eine Passage 2. Klasse, & ging in ein Rattenloch am Bug, & saß dort & rauchte & zitterte & schaukelte mit dem Seegang von Mitternacht bis **5 Uhr morgens, Donnerstag, 13. Dezember** als wir in Dover ankamen. Im Dunkeln in einem kleinen Boot an Land gegangen & auf das Schild von »The Gun« zu marschiert. Gefrühstückt & zum Zollbüro aufgebrochen, um mein Gepäck durchzubekommen. Sie schnappten sich mein schönes Exemplar des »Anastasius«[205], das ich am Palais Royal gekauft hatte & sagten mir, es wäre gut zum Heizen. Ich war darüber äußerst erzürnt. Nahm den Zug 2. Klasse nach London um ½ 7 in der Früh. Ein dicker Franzose saß mit mir im Waggon, ich unterhielt mich ein wenig mit ihm. Mir gegenüber saß ein stämmiger Bauer in Kniehosen & Schaftstiefeln. Noch eine lange trübsinnige Fahrt durch Kent, an einem naßkalten trübsinnigen Morgen – mittags um 12 kam ich bei der London Bridge an – nachdem ich ohne Unterbrechung von Koblenz bis hierher unterwegs gewesen war. Nahm den Omnibus zur Craven Street. Bei der Ankunft entdeckte ich, daß Mr. Rogers nach mir gefragt hatte – »ein Herr aus St. James, der mit seiner Kutsche vorfuhr« – wie es das Zimmermädchen ausdrückte. Außerdem bekam ich – mit bedeutungsvoller Gebärde – eine Nachricht, die mit einer Adelskrone versiegelt war. Sie kam von Mr. Rutland – ich meine den Duke of Rutland – der mich einlud, Belvoir Castle nach einem bestimmten Datum im Januar jederzeit zu besuchen. Kann ich nicht machen – ich fahre heimwärts, & Malcolm wächst mit jedem Tag. – Nach der Reise sah ich aus wie ein Wegelagerer – hatte mich seit einer Woche nicht rasiert – schmutziges Hemd &c. – Also zog ich mich um & ging zu Bentley, nachdem ich mich um die Briefe gekümmert hatte. Es gab einen von Lizzie & Allan. Höchst willkommen, doch machte er mich schrecklich

205) Die zweibändige Ausgabe des romantischen Abenteuerromans *Anastasius* (1819) von Thomas Hope (ca.1770–1831) wurde wegen eines Einfuhrverbots von im Ausland gedruckten englischen Büchern aus dem Jahr 1842 beschlagnahmt. Melville bekam eine neue Ausgabe von seinem Verleger Bentley. Der Roman wird im Tagebuch 1856/57 im Zusammenhang mit der Ankunft in Konstantinopel genannt. Ein stilistischer Einfluß auf *Moby-Dick* ist nachweisbar.

schwermütig. – Hätte mir am liebsten ein kleines Boot gemietet & wäre auf der Stelle die Themse hinunter nach New York gefahren. Im »Blue Posts« gegessen & ein wenig Punsch bestellt, um mich aufzumuntern. Kam nach Hause, ließ ein Feuer anfachen & schrieb an Lizzie & Allan. Während ich damit beschäftigt war, klopfte das Mädchen & brachte mir einen Packen Briefe. Sie waren von der Gesandtschaft & von Lizzie & Allan – von einer Woche später als die, die ich am Morgen bekommen hatte. Ich las sie durch & fühlte mich sofort besser. Beide waren bei guter Laune geschrieben worden – & das war ansteckend. Ging hinaus & las sie noch einmal – zusammen mit den »Powell Papers«[206] im »Edinburgh Castle«. Früh nach Hause & zu Bett.

Freitag, 14. Dezember 1849. In meinem alten Lokal gefrühstückt. Dann ging ich & kaufte einen Paletot am Strand, um anständig auszusehen – da ich erkenne, daß mein grüner Mantel mein Ansehen hierzulande zum Teufel jagt. Dann ging ich & ließ mir die Haare schneiden, die so lang waren wie die eines wilden Indianers. Dann umgezogen & zu Mr. Rogers gegangen – nicht in der Stadt – Karte hinterlassen. Von dort zu Lincoln's Inn Fields & Brief & Karte für Mr. Forster[207] von der »Examiner« hinterlegt. Von dort zur medizinischen

206) In der *New York Tribune* vom 20. November war ein Auzug aus einem Brief von Charles Dickens abgedruckt worden, in welchem Thomas Powell, ein Bekannter Melvilles, als Dieb und Fälscher bezichtigt wurde, der in die USA geflohen war, um sich der Anklage und Verhaftung zu entziehen. Der Brief wurde zum Anlaß eines weitreichenden Skandals mit gegenseitigen Beschuldigungen und Anklagen wegen übler Nachrede.

207) John Forster (1812–1876), Literatur- und Theaterkritiker des *Examiner*, war ein enger Freund und Biograph von Charles Dickens.

Hochschule & bei Mrs. Daniel[208] vorgesprochen. Verbrachte dort eine sehr angenehme halbe Stunde. Zwei hübsche Mädchen, ihre Töchter. (Bekam eine Einladung zum Tee am Samstag um 8 Uhr.) Von dort im Omnibus zur Bank, & hinein, um die Handelsvertreter nach den Postschiffen zu fragen. Wenn nichts dazwischen kommt, werde ich mit der »Independence« fahren. Von dort nach Hause & den Brief an Lizzie & Allan fortgesetzt & die »Times« für Richter Shaw aufgehoben. Schrieb an Willis, Duyckinck & den Richter. Dann, um 6 Uhr nachmittags, im alten Lokal – im Adelphi – gegessen & mir ein Stück Truthahn geleistet. Von dort zum Haymarket & Mr. & Mrs. Charles Kean & Buckstone & Wallack in »Die Haushälterin« gesehen[209], einem Drama von Douglas Jerrold. In Canterbury haben wir gesehen, wie dieselbe Geschichte ruiniert wurde. Verließ das Theater um 9 Uhr & kaufte ein Paar Hosen für ein Pfund fünf. Dann heim & zu Bett – nach einer Zigarre, die mir der Legationssekretär geschenkt hatte.

Samstag, 15. Dezember 1849. Nach dem Frühstück ging ich zu den Buchhandlungen & Buden um die Holywell Street. Letztendlich gelang es mir, das heiß ersehnte Exemplar von Rousseaus Bekenntnissen[210] für 11

---

208) Mrs. Daniel: Schwiegermutter des New Yorker Buchhändlers Charles Welford.

209) Charles John Kean (ca.1811–1868), seine Frau Ellen Tree (1805–1880) sowie John Buckstone und James W. Wallack (siehe Eintrag vom 19. November). Das Stück *The Housekeeper* (1833) von Douglas William Jerrold (1803–1857) hatte Melville am 5. November gesehen. In dem Drama deckt eine als Haushälterin verkleidete Dame eine politische Verschwörung zur Zeit von George I. auf.

210) Eine englische Übersetzung des autobiographischen Werks *Les Confessions* von Jean Jacques Rousseau (1712–1778), das nach dem Tod des Autors 1881–1888 veröffentlicht wurde. Eine Anspielung auf dieses Buch findet sich in den undatierten Einträgen 1849.

Shilling zu bekommen. Die Fleet Street hinunter gegangen, auf der Suche nach einer Ausgabe von »Knight's London«[211]. Konnte keine bekommen – doch auf dem Rückweg entdeckte ich ein Exemplar am Strand. Kaufte es für £ 1,10. Dann heim & für Bentley aufgetakelt – den ich um 1 nachmittags wegen »White Jacket« treffen wollte. Fragte nach ihm, doch er war noch nicht aus Brighton zurückgekommen. Spazierte ein wenig herum & kaufte eine Zigarrenkiste für Allan in Burlington Arcade. Sah viele schöne Dinge für Geschenke – konnte sie mir aber nicht leisten. Kaufte ein Schneidebrett & ein Brotmesser in der Nähe von Charing Cross. »Das Schneidebrett der Universität«, ehedem in [Doctors'] Commons benutzt, jetzt wieder hergestellt. Wird hier sehr häufig verwendet. Ein schönes Ding, & englisch – angelsächsisch. Heim & Tagebuch weitergeführt. Um 4 nachmittags noch einmal bei Bentley vorgesprochen. Er weiß nicht, daß ich in der Stadt bin – ich hoffe wirklich, daß es mir möglich sein wird, ihn zu treffen, & daß ich etwas mit diesem »verflixten« Buch anfangen kann. –

6 Uhr nachmittags. Hurra & dreimal Hoch! Ich komme gerade von Bentley zurück & habe eine Vereinbarung mit ihm getroffen, die mir morgen einen Wechsel von ihm über £ 200 verspricht. Er ist in 6 Monaten fällig – und ich bin mir fast sicher, daß ich sofort Geld dafür bekommen kann. Das nimmt eine Last von meiner Seele. Die £ 200 sind ein Vorschuß – denn das Buch wird nicht vor dem 1. März nächsten Jahres veröffent-

---

211) *London*, ein mehrbändiges, illustriertes und in verschiedenen Ausgaben erschienenes Kompendium von Essays verschiedener Autoren, herausgegeben von Charles Knight (1791–1873). Knight bemühte sich in zahlreichen Publikationen darum, Wissen den armen Gesellschaftsschichten zugänglich zu machen (vgl. Anm. 237).

licht[212]. Darum die lange Laufzeit des Wechsels. Die vorher genannte Summe ist für die ersten 1000 Exemplare. Der Verdienst durch nachfolgende Ausgaben (falls es welche gibt) wird zwischen uns aufgeteilt. – Sprach mit ihm auch über das Buch von Leutnant Wise[213], & er muß danach schicken. Heute abend um acht gehe ich zu Mrs. Daniel. Wie wird der Abend wohl werden? Mr. Bentley lud mich für Dienstag um 6 nachmittags zum Essen ein. Dies wird als Notiz der Verabredung ausreichen. Ich habe gerade die Nachricht des Duke of Rutland gelesen, die ich mir vorher nicht genau angesehen hatte. Sie scheint sehr herzlich zu sein. Ich wünschte die Einladung wäre für nächste Woche, statt so weit in der Zukunft – aber ich glaube, daß dies hier der Brauch für solcherlei Einladungen aufs Land ist. – (Merke: Montag um 1 nachmittags muß ich bei Bentley vorbeischauen)

Sonntag, 16. Dezember 1849. Gestern Abend in der Droschke nach Lincoln's Inn Fields gefahren, & Mrs. Daniel & ihre »Töchterlein« besucht: sehr herzlich. Das ältere »Töchterlein« bemerkenswert lebhaft & die Mutter ein so liebes altes Haus, wie man es sich nur wünschen kann[214]. Bald kamen einige »junge Herren«

---

212) Bentley brachte *White-Jacket* bereits am 1. Februar 1850 heraus. Der Roman über das Leben auf einem amerikanischen Kriegsschiff wurde von der Kritik wohlwollend aufgenommen.

213) Der Amerikaner Henry A. Wise (1819–1869) hatte unter Pseudonym einen Reisebericht publiziert, der u.a. auf Melvilles Südseeromane *Typee* und *Omoo* Bezug nimmt. An die Stelle der Zivilisationskritik Melvilles, tritt bei Wise das Lob auf den »Fortschritt«, den die Missionare und Kolonisten nach Polynesien gebracht hätten.

214) Melville schrieb in einem Brief vom 14. Dezember an Evert Duyckinck über die außergewöhnliche Schönheit der Töchter von Mrs. Daniel, mit dem Zusatz. »Sie dürfen auf keinen Fall Mrs. Welford hiervon erzählen; denn diese Nymphen waren ihre Schwestern.« (Brief 11, 1849)

von verschiedenartiger Gestalt herein. Es gab Kaffee, Musik, Tanz & nach einem angenehmen Abend ging ich um 11 Uhr fort, & spazierte zum Cock in der Nähe von Temple Bar, trank ein Glas Stout & nach Hause & zu Bett, nachdem ich ein paar Kapitel in Tristam Shandy[215] gelesen hatte, der mir bis dahin unbekannt gewesen war. Diesen Morgen frühstückte ich um 10, im Hôtel de Sabloniere (sehr nettes behagliches kleines Nest, das sonntags geschlossen war). Hatte ein »süßes Omlette«, das köstlich war. Von dort ging ich zur St. Thomas Church, Charter House, Goswell Street, um meinen berühmten Namensvetter (beinahe) »Reverend H. Melvill«[216] zu hören. Ich hatte auf Plakaten angekündigt gesehen, daß er für einen guten Zweck predigen würde. Die Kirche war gedrängt voll – die Predigt war bewundernswert (da der Reverend die Voraussetzungen eines Gentleman erfüllte). Er verdient wirklich seine Reputation. Ich glaube nicht, daß ich jemals zuvor einen so guten Vortrag gehört habe – das heißt, von einem »orthodoxen« Geistlichen. Jetzt ist es 3 nachmittags. Ich habe mir ein Feuer anfachen lassen & rauche eine Zigarre. Wünschte, die Eine, die ich kenne wäre hier. Wünschte, auch der Kleine wäre hier. – Ich bin in einem schmerzlichen Stadium der Unsicherheit. Ich bin ungeheuer begierig darauf heim zu kommen – meine Abwesenheit verursacht mir Un-

215) Laurence Sterne (1713–1768): *The Life and Opinions of Tristram Shandy* (1759–1767). In der Schreibweise des Tagebuchs, Tristam Shandy, wird das Buch in *Israel Potter* (1855) und in der Erzählung »Cock-A-Doodle-Doo« (1853) erwähnt. Der satirische, experimentelle Roman Sternes ist auch in bezug auf einige Episoden des *Moby-Dick* von Bedeutung (Kapitel 26, letzter Abschnitt). *Tristram Shandy* wird nicht in der Liste der gekauften Bücher erwähnt.

216) Henry Melvill (1798–1871), Rektor des East India College, später Hofkaplan der Königin, war einer der populärsten Prediger Londons.

ruhe an einem Ort an dem ich den Himmel anflehen muß, um Ruhe zu bekommen. Doch habe ich hier eine freie Aussicht, um einige bemerkenswerte Vorstellungen von Lebensart zu entdecken, die ich aller Wahrscheinlichkeit nach nie wieder haben werde. Ich würde wirklich gerne wissen, was es mit der höchsten englischen Aristokratie wirklich & tatsächlich auf sich hat[217]. Und die herzliche Einladung des Duke of Rutland, ihn auf seinem Schloß zu besuchen, liefert mir genau das, was ich haben will. Wenn ich nicht hingehe, werde ich mir garantiert danach Vorwürfe dafür machen, daß ich eine solche Gelegenheit »Material« zu beschaffen übergangen habe. Und Allan & die Anderen werden mich als einen Narren ansehen. – Ich würde die Angelegenheit nicht einen Moment überdenken, wenn ich nicht mindestens drei Wochen warten müßte, bevor ich nach Belvoir Castle aufbrechen könnte – drei Wochen! Wenn ich *diese* nur überspringen könnte! Und wenn die beiden Vorstellungen während dieses Zeitraums nur *verschwinden* könnten. – Ich muß eine zweite Zigarre anzünden & noch einmal darüber nachdenken.

Halb 7 am Abend. Ich bin zu einem Entschluß gekommen; habe mich vielmehr unwiderruflich für meine frühere Entscheidung entschlossen. Ein Besuch in Leicester wäre für mich sehr angenehm – zumindest sehr wertvoll, in einer Hinsicht – doch die drei Wochen sind nicht akzeptabel. Morgen werde ich hinunter zu den London Docks gehen & mir eine Kabine an Bord des guten Schiffs *Independence* buchen. Ich bin gerade von einer einsamen Mahlzeit im Adelphi zurück, wo ich die

---

217) Die lange Abhandlung über aristokratische Abstammung und »natürlichen Adel« im ersten Buch (Kapitel 3) von *Pierre* (1852) geht auf die Lektüre des Buches *The Aristocracy in England* von William Howitt (1846) zurück und nicht auf die gewünschten persönlichen Beobachtungen.

Sonntagszeitungen gelesen habe. Ein Artikel über die »Sunday School Union«[218] hat mich besonders erstaunt. In einer Stunde muß ich zu Morley's & Stevens & Davies besuchen. – Wünschte, ich könnte mit einem Dampfschiff heimfahren – doch das würde zusätzliche $ 100 aus meinem Portemonnaie kosten. Nun, es sind nur 30 Tage – ein Monat – und ich werde es irgendwie überstehen.

Montag, 17. Dezember 1849. Diesen Morgen entzückte & erfreute mich das Antlitz der Sonne – hierzulande ein seltener Anblick – die auf der Flußseite durch mein Fenster schaute. Beim Weggehen fand ich einen schönen Tag vor. Gestern abend, nachdem ich ins Tagebuch geschrieben hatte, besuchte ich Stevens & leistete ihm eine Weile Gesellschaft. Er sprach über Powell, & daß gewisse Personen bei ihm vorgesprochen hatten, die Powell beschuldigten, ein Gauner zu sein – armer Bursche – armer Teufel – armer Powell! Hatte mein Frühstück wie gewöhnlich im alten Lokal & ging zum London Dock hinunter. Es stellte sich heraus, daß die »Independence« ein altes Schiff ist – es sieht klein aus – & riecht uralt[219]. Nur zwei oder drei Passagiere haben gebucht. Dennoch mochte ich Kapitän Fletcher. Er erkundigte sich ob ich mit Gansevoort Melville & Herman Melville verwandt wäre. Ich sagte ja. Ich buchte meine Passage & zahlte £ 10 als Anzahlung. Nahm einen Omnibus & fuhr zu Mr. Bentley entsprechend der Verabredung für 1 Uhr. Wir schlossen den Vertrag für »White Jacket« ab & er gab mir seinen Wechsel über £ 200 in 6 Monaten. Von dort zu Mr. Murray gegan-

218) Im *Weekly Dispatch* vom 16. Dezember 1849 wurde unter dem ironisch gemeinten Titel »Sunday-School-Education« die Bigotterie im öffentlichen Erziehungssystem angeprangert.

219) Die Beschreibung der *Independence* erinnert an die *Pequod* im Kapitel 16 des *Moby-Dick*.

gen. Sprach mit ihm über verschiedene Dinge. Beim Fortgehen lud mich sein Cousin für Mittwoch zum Essen in seinen Geschäftsräumen am Temple ein. Einverstanden. Von dort zur National Gallery & verbrachte eine Stunde damit, Rembrandts Juden & die Heiligen von Taddeo Gaddi & die Ermordung der Unschuldigen von Guido anzuschauen[220]. Schaute bei der Vernon Gallery vorbei. Von dort den Strand hinunter spaziert & bei einer Buchauktion in Wellington Street gehalten. Schroffer Kerl hatte keine »Kataloge«. Von dort zum Adelphi & gegessen. Von dort zu Davidson – nicht da. Von dort die Newgate Street hinunter, in die Buchhandlungen hineingeschaut. Viele Bücher gesehen, die ich gerne kaufen würde – aber ich kann nicht. Dann über die Farrington Street (wo ich einen Shakespeare im Taschenformat kaufte &c) zum Strand (auf dieser Seite in geringer Entfernung zum [Temple] Bar) & hatte einen langen Plausch mit einem Tabakhändler, bei dem ich ¾ Pfund sehr feine kubanische Zigarren für ungefähr 2 & einen halben Cent das Stück (unsere Währung) kaufte. Von dort nach Hause; & wieder fort, & einen Brief für den Duke zum Postamt & ein Paar Hosen für den Schneider zum Abändern mitgenommen. Trank ein Pint Ale am Haymarket, & so nach Hause & Tagebuch geschrieben.

Dienstag, 18. Dezember 1849. Elender Regentag. Genehmigte mir zum Frühstück ein süßes Omelette im alten Lokal. Von dort zum British Museum gegangen – geschlossen. Von dort zu den alten Buchhandlungen in

220) Die National Gallery besaß mehrere Gemälde von Rembrandt. Taddeo Gaddi (ca.1300–1366) war ein Schüler von Giotto. *Die Ermordung der Unschuldigen* ist eine Raffael zugeschriebene Skizze, nicht von Guido Reni. Die danach besuchte Vernon Gallery stellte seit 1847 vor allem britische Künstler aus und wurde später in die National Gallery integriert.

der Gegend von Queen Street & Lincoln's Inn. Betrachtete eine Menge alter Karten von London. Kaufte eine (A.D. 1766) für 3 & 6 Pence. Ich möchte sie verwenden, falls ich die Revolutionserzählung über den Bettler angehe[221]. Von dort in die Chancery Lane, in ein fürchterliches Loch & kaufte eine schöne Ausgabe von Chatterton & eine dreibändige Ausgabe von Guzman[222]. (Chatterton für 5 Shilling – Guzman 2.) Ließ sie dort zum Binden. Von dort zur Paternoster Row & Davidson getroffen. Sah die Rezension von »Redburn« in der Literary World. Auch die Anzeigen des Verlegers im New York »Courier«. Gab Davidson meinen £ 200 Wechsel, um ihn wenn möglich bei seiner Bank einzulösen. Ich kann keinen Beleg vorlegen – wenn er also heute nacht stirbt, verliere ich $ 1000. Dito, wenn er sich aus dem Staube macht. Aber er ist ein sehr lieber, gutmütiger Bursche – & ich hoffe, daß er dies hier nicht zu sehen bekommt. Als ich um 2 nachmittags zu Hause ankam, fand ich mein Exemplar von »Knight's London« & eine Nachricht von Mr. Rogers, der mich für nächsten Dienstag zum Frühstück einlud. Einverstanden. Auf dem Weg meine Antwort im Büro abzugeben, suchte ich einen Silberschmied auf (Ecke Craven Street & Strand) & kaufte einen Silberlöffel für den kleinen Malcolm – eine *Gabel*, meine ich. Sobald er alt genug ist, um zu kauen, werde ich ihn mit dieser Gabel in Amt und Würden setzen – so wie man in alten Zeiten einen jungen Mann mittels seines edlen Schwertes zum Ritter schlug. Verbrachte rund eine Stunde mit dem Durchsehen der Korrekturbögen von »White

221) Melville kannte bereits den Bericht *Life and Remarkable Adventures of Israel R. Potter* (1824), der die Vorlage für seinen späteren historischen Abenteuerroman *Israel Potter* (1855) bildete.

222) Thomas Chatterton (1752–1770): *The Poetical Works of Thomas Chatterton* (1842) sowie der aus dem Spanischen übersetzte Schelmenroman *Guzman de Alfarache* (1599) von Mateo Aleman.

Jacket«, um sie endlich an Bentley zu schicken – dem, obwohl er sein Geld bezahlt hat, seine Ware vorenthalten wurde. Um 6 gehe ich mit ihm Essen.

Mittwoch, 19. Dezember 1849. Gestern abend bei Mr. Bentley diniert und eine wirklich sehr angenehme Zeit verbracht. Ich beginne ihn sehr zu mögen. Er scheint ein guter aufrichtiger unkomplizierter alter Gentleman zu sein. Wir begaben uns in ein schönes altes Zimmer, das rundherum mit Gemälden behängt war (dunkle Wände). Eine Gesellschaft von ungefähr vierzehn Personen. Da gab es einen Mr. Bell[223] – auf die eine oder andere Art der Literatur verbunden. Auf alle Fälle ein amüsanter Mann und ein Gelehrter – aber er sah aus, als würde er alten Portwein schätzen. Außerdem Alfred Henry Forrester[224] (»Alfred Crowqill«), der Humorist. Er erwies sich als guter Kerl – frank & frei – & keinen verdammten Unsinn, wie ihn so viele dieser Engländer aufführen. Mr. Bentley hat eine Tochter, eine nette Frau von 25 Jahren & verheiratet, und 4 Söhne – junge Männer. Sie waren alle bei Tisch. – irgendwann nach 11 ging ich mit Crowquill fort, der mich für Donnerstag einlädt, mit ihm zusammen die Pantomimeproben im Surrey Theater anzusehen. – Heute Morgen nach dem Frühstück den Buchhändler Stibbs besucht & auf ein schönes altes Exemplar von Sir T. Browne[225] gestoßen

---

223) Robert Bell (1800–1867), aus Irland stammender Autor und Herausgeber.

224) Alfred H. Forrester (1804–1872): Zeichner, Illustrator, Kinderbuchautor. Seine Illustrationen in *Bentley's Miscelany* erschienen unter dem Pseudonym Crowquill, d.h. Krähenfeder. Forrester arbeitete außerdem als Bühnengestalter für Theateraufführungen.

225) Sir Thomas Browne (1605–1682): *The Works* (1686). Darin: *Pseudodoxia Epidemica*, eine populärwissenschaftliche Sammlung von Irrtümern, die allerdings ebensoviele Irrtümer erzeugte wie aufklärte. Melville bezieht sich auf den Text unter dem Titel »Vulgar Errors« (siehe: Undatierte Einträge 1849).

– kaufte es für 16 Shilling (Sterling) – ungefähr $ 4, außerdem hübsche Ausgabe von Boswells Johnson[226] – für 21 Shilling. Von dort ging ich zum British Museum – & wanderte dort für ein paar Stunden umher. Von dort zum Gordon Square und Brief & Karte für Mr. Atkinson[227] hinterlassen. Von dort über die New Road zur Tottenham Court Road in die Oxford Street & so zu St. James. Hielt in Arlington Street, um den Apotheker Mr. Moore[228] zu treffen. Er war nicht in der Stadt. Von dort zu St. James's Place N° 1, wo ich für rund 20 Minuten verweilte[229]. Von dort nach Hause & um 3 nachmittags Feuer angefacht. Heute abend um 6 speise ich bei Mr. Cooke.

Donnerstag, 20. Dezember 1849. Gestern abend dinierte ich in Elm Court, Temple, und hatte eine großartige Zeit bis Mitternacht. Eine Runde aus wirklich feinen Kerlen[230]. Es erinnerte an »Old Benchers«

226) James Boswell (1740–1795): *The Life of Samuel Johnson* (1791), die wohl berühmteste Biographie der engl. Literatur. Johnson, Sohn eines Buchhändlers, war in der zweiten Hälfte des 18. Jahrhunderts der Mittelpunkt Londoner Intellektuellen- und Literatenkreise.

227) Der Rechtsanwalt George Atkinson (1809–1891).

228) Möglicherweise Edward D. Moore, ein Bekannter von Melvilles Bruder Gansevoort.

229) Die Adresse und der Todesort von Herman Melvilles Bruder Gansevoort.

230) Peter Cunningham (1816–1869) war Herausgeber zahlreicher literarischer Klassiker sowie des *Handbook for London* (1849); J.M. Rainbow (1800–1853) war Mitarbeiter einer Londoner Versicherungsgesellschaft; Henry Dick Woodfall war Drucker und ein Enkel von Henry Sampson Woodfall (1739–1805), in dessen Zeitschrift *Public Advertiser* unter dem Pseudonym »Junius« Angriffe auf konservative Persönlichkeiten abgedruckt wurden. Charles Robert Leslie (1794–1859): amerikanischer Maler, dessen Schwager später als »Stone« identifiziert wird. »Old Benchers of the Inner Temple« ist ein Essay von Charles Lamb. »Das Paradies der Junggesellen« verweist bereits auf den ersten Teil der zweiteiligen Erzählung »The Paradise of Bachelors and the Tartarus of Maids« (1855).

vom armen Lamb. Cunningham, der Autor von Murrays London Reiseführer, war da & war sehr freundlich. Außerdem ein kauziger Mr. Rainbow & ein Großenkel von Woodfall, dem Drucker des Junius sowie ein Schwager von Leslie, dem Maler. Leslie konnte nicht kommen. Wir dinierten oben im 5. Stock. Das Paradies der Junggesellen. Heim & zu Bett um 12. Heute morgen um 10 mit Mr. Rogers gefrühstückt. Ein wirklich bemerkenswert gut aussehender alter Mann. Prächtige Gemälde. Niemand sonst, außer uns beiden. Beim Fortgehen lud er mich für Sonntag noch einmal zum Frühstück in Gesellschaft einiger Damen ein. Einverstanden. Von dort zu Bentley gegangen – traf ihn an – habe ihm ein paar Bücher abgeluchst. Von dort zu Mr. Murray & traf ihn an. Dann ging ich mit Mr. Cooke ins Erechtheum Club House am St. James Square, wo ich heute abend mit dem Bruder von Cooke, einem Anwalt mit einem seltsamen Blick, diniere[231]. Dann schaute ich beim Haus des Reform Club vorbei. Von dort die Whitehall Street hinunter & über Privy Gardens & am Haus von Sir Robert Peel[232] vorbei zu den New Houses of Parliament. Nach einigen Schwierigkeiten & Warten gelangte ich ins House of Lords, um die Fresken anzuschauen. Ein Künstler, ein Freund von Mr. Murray, Mr. John Tenniel[233], war unser »Sesam öffne dich«.

---

231) Der Anwalt William Henry Cooke (1811–1894) wurde einige Jahre später Berater der Königin. Der Erechtheum Club wurde vor allem von Literaten und Wissenschaftlern frequentiert.

232) Der ehemalige Premierminister Sir Robert Peel (1788–1850). Die Parlamentsgebäude wurden erst 1849 fertiggestellt, die Türme befanden sich noch im Bau.

233) John Tenniel (1820–1914) wurde später für seine Illustrationen zu *Alice im Wunderland* bekannt. In der Poet Hall entstanden Wandgemälde nach Szenen englischer Dichter: *Lear Disinheriting Cordelia* von J.R. Herbert (1810–1890) nach Shakespeare; *Griselda* von Charles Cope (1811–1890) nach Geoffrey Chaucer; *St. Cecilia* von Tenniel nach John Dryden.

Ging durch das ganze Gebäude – & verbrachte dort zwei Stunden – ziemlich gegen meine Absicht. Ein fertiggestelltes Fresko von »Herbert« in der Poet Hall ist sehr schön. – es stellt Cordelia & Lear dar. Ein weiterer Künstler ist Cope. Das Gemälde von Tenniel stellt Drydens St.Cecilia dar. – Von dort über den Fluß zum Surrey Theater, um die Verabredung mit »Crowquill« einzuhalten. Zu spät. Warf aber einen kurzen Blick hinter die Kulissen. Von dort zur Blackfriars Bridge, & mit dem Dampfboot nach Hause. Feuer gemacht & hier bin ich. Stone, glaube ich, ist der Name des Schwagers von Leslie. Er drängte mich sehr, Weihnachten mit ihm & Leslie in St. John's Wood zu verbringen. Ich konnte ihm kaum widerstehen. Aber ich fahre am Montag ab. Gestern abend – kurz bevor ich zum Temple aufbrach – wurde mir ein Brief hinterlassen – von Zuhause! – Alle wohlauf & Barney fideler als je zuvor, dem Himmel sei Dank. – Als ich heute morgen bei Bentley war, sagte er, Mr. Miller[234] wünsche mich zu treffen. Sprach mit B– darüber, wann White Jacket erscheinen sollte. Und wir legten gemeinsam den 23. Januar nächsten Jahres als *hiesiges* Veröffentlichungsdatum fest.

Freitag, 21. Dezember 1849. Gestern abend im Erechtheum Club St. James mit Mr. Cooke gespeist (der mit dem Blick) – um 9 zu Tisch – gutes Essen – Rainbow und andere waren da. Mr. Cleaves[235] ist ein feiner Kerl.

---

234) Der amerikanische Buchhändler John Miller.

235) Der Anwalt J.J. Cleaves. Die »Benchers« sind Mitglieder des Verwaltungskörpers der vier Rechtschulen, welche ermächtigt sind, Anwaltszulassungen zu erteilen. Zwei davon, der Inner und der Middle Court, befinden sich im Temple. Ein weiterer ist Lincoln's Inn mit der 1845 gegründeten, umfangreichen juristischen Bibliothek. Der erwähnte Lordkanzler war Charles Pepys Earl of Cottenham (1781–1851). Der Oberarchivar: Henry Bickersteth Baron Langdale (1783–1851).

Eine außergewöhnlich angenehme Gesellschaft. Nach dem Essen ins *»Mull«*, schaute eine Weile beim Billardspiel zu & ging fort. Heute morgen nach dem Frühstück suchte ich Mr. Cleaves in seiner Wohnung im Temple auf, & wir besuchten die Bibliothek – Hall of Benchers – Küche – Räume – Teezimmer & Tisch. Portraits der Bencher. In der Bibliothek sah ich einige schöne alte Manuskripte – von den Königen & Königinnen & Kanzlern vor hunderten von Jahren. Von dort zum Lincoln's Inn, & die New Hall besucht, Küche, Bibliothek &c. – Sehr schön. Großartige Küche – *Kamin*. Besuchte auch die Residenzen im Inn – Residenzen zweier Vizekanzler, – und Lordkanzler Cottenham – ein alter Bursche, der auf seiner Bank fast einschlief. Von dort zur Residenz des Oberarchivars – Roll's Court – ein sehr stattlicher Mann – Lord Soundso, ich hab's vergessen – Seltsame Geschichte über ihn. Ließ Mr. Cleaves dort zurück & ging zum London Dock, den Kais entlang, um mich nach der Abfahrtszeit des Schiffes zu erkundigen. Traf Kapitän Fletcher. – Abfahrt Morgen um 3 nachmittags. Von dort zu Davidson in der Paternoster Row gegangen – ihn eingeladen, heute abend mit mir zu essen. Von dort nach Hause & eine große Reisetasche für meine Siebensachen gekauft – Preis, 14 Shilling. – Fand eine Nachricht von Mr. Foster vom Examiner, der mich für Sonntag morgen zum Frühstück einlud – abgelehnt, da ich mit Mr. Rogers verabredet war.

Samstag, 22. Dezember. Gestern abend mit Mr. Davidson im Blue Posts gespeist. Saßen dort bis 11 Uhr bei einer sehr angenehmen Unterhaltung – dann nach Hause. Heute morgen im alten Lokal gefrühstückt – dann zurück in mein Zimmer & gepackt. Mit der Droschke zu den London Docks & mein Gepäck für die Verschickung nach Portsmouth an Bord gebracht. Das

Schiff ist heute um 3 nachmittags ausgelaufen. Von dort zu Davidson, um nach meinem Geld zu sehen. Während ich auf ihn wartete, lief ich hinaus & konnte mir endlich den »Opiumesser«[236] besorgen & begann ihn im Büro zu lesen. Ein wundervolles Ding, dieses Buch. – Davidsons Scheck wurde ausgezahlt, & ich ging mit der *Kasse* zu den Baring Brothers &c in Bishopsgate Street & bekam einen Kreditbrief für Amerika über £ 180. Von dort nach Hause spaziert – kalter trockener Tag – & um ½ 4 nachmittags Feuer gemacht. Heute abend esse ich noch einmal in dem Club am St. James' Square. Deswegen lehnte ich die Einladung zum Tee &c von Mrs. Daniel ab. Cooke schickte mir eine Nachricht mit einem beigefügten Einlaßschein für mich, um das Reform Club House besuchen zu können. Er ist sehr zuvorkommend.

Sonntag, 23. Dezember 1849. Gestern abend im Erechtheum Club diniert – eine Gesellschaft von acht Personen – Charles Knight[237], der Autor von London Illustrated &c & der Verleger der Penny Enzyklopädie & an den meisten der großen populären Veröffentlichungen der Gegenwart beteiligt; – Ford, der Spanienreisende[238] & Herausgeber des Reiseführers – Leslie, der Maler – Cunningham, der Londoner Antiquar & Autor des von Murray veröffentlichten Londonführers; –Mr. Murray, der Mann aus der Albemarle Street

236) Thomas De Quincey (1785–1859): *Confessions of an English Opium-Eater* (1822). Autobiographische Aufzeichnungen über die Opiumsucht des Autors (Siehe: Nachwort).

237) Charles Knight (1791–1873), Herausgeber von London, des *Penny Magazine* und der *Penny Cyclopædia*, die der Allgemeinbildung und dem »nützlichen Wissen« gewidmet waren. Beide Periodika wurden von Melville für seine Romane ab *Mardi* (1849) genutzt (vgl. Anm. 211).

238) Richard Ford (1796–1858): *Handbook for Spain* (1846).

– zusammen mit Cooke & einen jungen Mann, dessen Namen ich vergessen habe. – Wir hatten eine großartige Zeit & gingen um ungefähr Mitternacht auseinander. Heute morgen wieder mit Mr. Rogers gefrühstückt. Und traf dort »Barry Cornwall« alias Mr. Procter; & seine Frau – und Mr. Kinglake (Autor von Eothen?)[239]. Wir hatten einen sehr angenehmen Morgen, und ich ging um ¼ nach 1 Uhr fort. Von dort spazierte ich durch St. James' Park & kam nach Hause & machte ein Feuer. 3 nachmittags – Während ich in meinem Zimmer am Feuer saß, den »Opiumesser« lesend, wurde mir die Karte von Mr. George Atkinson überreicht – das Mädchen hat ihm (meiner Anweisung fol gend) an der Türe mitgeteilt, daß ich *»nicht da«* wäre. Ich bin gezwungen dieses moderne Hilfsmittel zur Vermeidung von Besuchern anzuwenden – da ich kein anständiges Zimmer vorzuweisen habe – zudem (& *dies* ist der Grund) kann ich nicht bei gutem Gewissen von ihnen verlangen, sich bis in den 4. Stock eines Hauses hinauf zu bemühen. – Halb 4 nachmittags. Ich habe gerade den Opiumesser zuende gelesen. Ein äußerst wundersames Buch.

Portsmouth, Montag, 24. Dezember 1849, Kaffeezimmer von Hotel Quebec. Gestern, nach dem Lesen des wunderbaren Buches, brach ich zu einem Spaziergang in der Abenddämmerung auf & begegnete Kapitän Fletcher, der gerade auf dem Weg war, mich aufzusuchen. Ging mit ihm zum Strand hinunter & verließ ihn

239) Bryan Waller Procter (1787–1874), Anwalt und Dichter unter dem Pseudonym Barry Cornwal, kannte Lord Byron, Leigh Hunt, Charles Lamb und Charles Dickens persönlich; Alexander William Kinglake (1809–1891), Schüler Procters und Reiseschriftsteller, Autor von *Eothen; or, Traces of Travel Brought home from the East* (1844). Der Titel ist dem Griechischen entlehnt und bedeutet sinngemäß »aus dem Osten«.

beim London Coffee House. Er scheint ein äußerst feiner Kerl zu sein. Gestern um sechs nachmittags mit Parker (ein kleiner Bursche) & Somerby, meinem zukünftigen Mitpassagier auf dem Schiff, bei Morley's gespeist. Zu Hause um 11 Uhr & zu Bett. Heute morgen (Montag) zum letzten Mal im »alten Lokal« gefrühstückt & ein herzliches & melancholisches Adieu von meinen dortigen beiden Damen bekommen. Von dort zu Mr. Bentley – traf ihn an – tauschte meinen Einzelband des Dings um[240]; – und ging von dort zum »Reform Club«. – Großartige Säulenhalle &c. Küche – Kuchenkammer – Fleischkammer – Schnitzel wie Krawatten aufbewahrt – »Butter« &c. Bade- & Ankleidezimmer – Stiefelknechte. Danach umhergeschlendert & ein paar Bücher gekauft – & ein Schneidebrett & Brotmesser für Mrs. Shaw, (£ 3,10). – Dann zum Essen ins »alte Lokal« & sagte auch diesem Adieu. Kaufte ein paar Sachen im Bazaar[241] am Strand. Sagte meinem Zimmer in der Craven Street auf Wiedersehen – fuhr mit der Droschke zur Waterloo Station – nach einer Fahrt von fünf Stunden – hier bin ich, in Portsmouth und warte auf das Schiff. Mr. Somerby hat mich begleitet.

Dienstag, 26. Dezember 1849.

Weihnachten

Stieg aus einem richtig komfortablen, englischen Bett und machte einen kleinen Spaziergang in die Stadt – vorbei an der berühmten »North Corner«. Sah die »Victory«, Nelsons Schiff, vor Anker. Während des Frühstücks mit Kapitän Fletcher kam ein Bote mit der Nachricht, unser Schiff sei vor dem Hafen. Sofort wurden die Kaffeetassen gekentert, & jedermann machte

240) Gemeint ist Melvilles in zwei Bänden bei Bentley erschienener Roman *Redburn* (1849).

241) Londoner Einkaufspassage.

sich für die Abfahrt bereit. Sprang mit dem Kapitän, Somerby, einem Engländer (Mr. Jones) und seiner kleinen Tochter in ein Beiboot & ruderten zum Schiff, ungefähr eine & eine halbe Meile entfernt. Kaum waren wir an Bord, setzten wir sogleich die Segel mit einem günstigen Wind, & in weniger als 24 Stunden kamen wir an Land's End & den Scilly Isles vorbei – & segelten zuversichtlich aufs Meer hinaus, das sich bis New York erstreckt. – Fünf Tage sind vergangen – der Wind ist weiterhin günstig geblieben & das Wetter wunderschön. – Keine Vorkommnisse – & darum werde ich mein Tagebuch nicht weiterführen. – Ich schließe es hier, mit meiner Abreise aus England und meinem Kurs heimwärts. –

Auf See, 29. Dezember 1849

Mittwoch, 30. Januar 1850. Heute Morgen um ungefähr 12 mittags Lotsenboot gesichtet.

TAGEBUCH EINER REISE INS HEILIGE LAND 1856/57

VORBEMERKUNG

Nach der Rückkehr von seiner Europareise im Winter 1849/50 begann für Herman Melville eine Zeit beinahe pausenloser literarischer Betätigung. Hin- und hergerissen zwischen dem Wunsch, künstlerisch bedeutende Werke zu publizieren, und dem Willen, seine Familie durch seine Arbeit als Schriftsteller zu ernähren, schuf er in kurzen Abständen seine ambitioniertesten Romane: *Moby-Dick*, *Pierre* und *The Confidence-Man*. In den sechs Jahren bis zu seiner erneuten Reise nach Europa erschienen zudem zahlreiche Erzählungen, Rezensionen und der in Fortsetzungen gedruckte Roman *Israel Potter* in verschiedenen Zeitschriften. Die Anstrengungen sollten sich jedoch weder in finanzieller Hinsicht als lohnend erweisen, noch durch eine Anerkennung der Kritiker bezahlt machen. Wegen seiner Satire auf populäre Schauerromane, *Pierre*, wurde der Autor sogar für verrückt erklärt. In diesem Roman ist eine Beschreibung der ebenso qualvollen wie fruchtlosen Schreibtischarbeit des Lohnschreibers enthalten, die Melvilles eigener Situation wohl sehr geglichen hat.

Die andauernde physische und psychische Belastung führte zu gesundheitlichen Problemen, zu Nervenleiden, Kopf- und Gliederschmerzen, die dem Autor das Arbeiten zusätzlich erschwerten. Die Reise ins Heilige Land sowie zu den Stätten der christlichen und antiken Mythologien, ein lange gehegter Kindheitstraum Melvilles, wurde schließlich von seinem Schwiegervater Lemuel Shaw finanziert. Es sollte eine Erholungsreise werden, ohne gesellschaftliche oder geschäftliche Verpflichtungen. Natürlich wurde auch diese Reise zur Inspiration des Autors und zum Sammeln von neuen Eindrücken genutzt. Einige Passagen des Tagebuches – sowie nachträgliche Veränderungen und Unterstreichungen – zeigen recht deutlich, daß

Melville die Absicht hatte, seine Notizen in ein neues erzählerisches Werk fließen zu lassen. Letztendlich markierte die Reise jedoch die beginnende Abkehr des Autors vom Prosatext und die Hinwendung zu lyrischen Arbeiten. Die spontanen Einfälle des Tagebuches sowie die notierten Reiseeindrücke fanden ihren Weg in zahlreiche Gedichte, vor allem aber in sein letztes großes Werk *Clarel*, ein umfangreiches, labyrinthisches Versepos. Eine Pilgerfahrt durchs Heilige Land ist hier der Rahmen für ineinander verschlungene Episoden, die um Herman Melvilles bevorzugte Themen kreisen: Religion und Atheismus, Glauben und Zweifel, göttliche und natürliche Vorbestimmung. *Clarel*, nach vielen verworfenen Projekten zwischen 1866 und 1876 entstanden, zeigt, welchen nachhaltigen Eindruck jene eigene Pilgerreise ins Heilige Land auf Herman Melville gemacht hatte und wie unendlich schwierig es für ihn war, eine passende Form zu finden, um seine Gedanken hierzu zum Ausdruck zu bringen. *Clarel* war vielleicht der Versuch eines beständig nach Wahrheit suchenden, im Grunde aber religiösen Menschen, ein Heilmittel gegen den Skeptizismus und den Zweifel zu finden, der durch den Besuch im Heiligen Land eher noch bestärkt worden war.

Die Tagebuchaufzeichnungen von Oktober 1856 bis Mai 1857 sind in drei Notizbüchern enthalten. Die ersten Einträge sind noch in das ältere zweite Notizbuch von 1849 geschrieben, mit dem 18. November und dem 16. Dezember 1856 wurden jeweils neue Notizhefte begonnen. Die Originale werden in der Houghton Library der Universität Harvard aufbewahrt. Undatierte Einträge und Randnotizen zur Reise von 1856/57 finden sich im Anhang.

Chronologie der Reise 1856 – 1857

11. Oktober **1856**	Abfahrt von New York
26. Oktober	Ankunft in Glasgow, Ausflüge nach Dumbarton und zum Loch Lomond
8. November	Ankunft in Liverpool nach Reise durch England und Schottland (Stirling Castle, Edinburgh, North Berwick, Abbotsford, Newcastle, York, Lancaster)
18. November	Abreise von Liverpool über Gibraltar, Algier, Malta nach Syros
6. – 9. Dezember	Saloniki
12. Dezember	Ankunft in Konstantinopel
20. – 23. Dez.	Smyrna
24. – 28. Dez.	Über Syros nach Alexandria
30. Dezember	Ankunft in Kairo
1. Januar **1857**	Rückkehr nach Alexandria
4. – 7. Januar	über Jaffa nach Jerusalem; nach dem 10. Januar drei Tage am Jordan und am Toten Meer
18. – 25. Januar	über Ramla, Lydda, Jaffa nach Beirut
1.– 8. Februar	über Larnaka, Zypern, Smyrna, Syros nach Athen
13. – 16. Februar	Messina
18. – 24. Februar	Neapel, Ausflüge nach Pompeji und zum Vesuv
25. Feb. – 21. März	Rom, Ausflüge zur Via Appia, Frascati und Tivoli
22. – 23. März	Über Civita Vecchia, Livorno, Pisa nach Florenz
29. März – 1. April	von Florenz, über Bologna, Ferrara, Padua nach Venedig
6. – 11. April	von Venedig, über Mailand, Turin nach Genua
14. – 19. April	über den Lago Maggiore, den Gotthard Paß, Luzern und Bern nach Basel
20. – 25. April	über Heidelberg, Frankfurt, Mainz, Köln, Amsterdam nach Rotterdam
26. April	London
3. Mai	über Oxford, Stratford-on-Avon, Warwick, Birmingham nach Liverpool
6. Mai	Abfahrt von Liverpool
19. Mai **1857**	Ankunft in New York

Samstag, 11. Oktober 1856, auf dem Schraubendampfer *Glasgow* in New York mit Kurs auf Glasgow ausgelaufen. In 15 Tagen schafften wir es bis zur Nordspitze Irlands, – Rathlin Island – vorbei an Arran, Ailsa Crag &c (siehe Karte). Ailsa tauchte verschwommen aus dem Nebel auf. Um 10 in der Nacht bei Greenoch angekommen, dort vor Anker gelegen, am nächsten Morgen den Clyde aufwärts nach Glasgow. Große Aufregung überall. Flußufer wie Treidelpfade – schmaler Kanal – riesiger Dampfer – grüne Hügel – mit Beifall begrüßt – Schloß von Lord Blantyre[1] – Lehmhütte gegenüber Viehhüter – Frauen – Gesichter wie Vieh – Anlagen zum Bauen von eisernen Dampfschiffen.

Am nächsten Morgen zur alten Kathedrale gegangen, – Grabsteine, entfernte Inschriften – andere als Fliesen [verwendet &] abgenutzt – einige Buchstaben durch Moos gezeichnet – Rückseite der Kathedrale, Schlucht & Bach – Akropolis – John Knox mit Genfer Kappe blickt finster auf die Kathedrale hinunter[2] – übereinstimmend mit der düsteren Atmosphäre – alles zusammen wirkte wie das Gemälde eines der alten Meister, von der Zeit geschwärzt – alte Gebäude am Hügel, Steinmauern & Strohdächer – solide & zerbrechlich – fürchterliche Armut – mittelalterlicher

---

1) Lord Blantyre: Charles Walter Stewart (1818–1900). »Bothwell Castle« wird erwähnt in dem gleichnamigen Sonnet (1835) von William Wordsworth. Das Schloß liegt gegenüber den Ruinen der Priorei von Blantyre.

2) Hinter der Kathedrale St. Mungo erhebt sich ein Hügel, auf dem ein Friedhof (Melville schreibt irrtümlich Akropolis statt Nekropolis) terrassenförmig angelegt ist. Oben auf dem Hügel steht seit 1824 die Statue des schottischen Reformators und Schülers von Calvin, John Knox (1505–1572), mit kalvinistischer Kopfbedeckung.

Anblick – westlicher Stadtteil & schöne Häuser – die modernen – zeitgenössischen. – Die Universität. Der Park – die Promenade (Seychill Street) – in der Nacht reger Verkehr in der Straßenmitte. High Street.

Am nächsten Morgen im Dampfboot den Clyde abwärts zum Loch Lomond – ein Stück des Weges mit der Eisenbahn – dichter Nebel, nur den Umriß von Ben Lomond gesehen – wie Lake George – zurück & Dumbarton Castle besucht – einzelner Fels, wie Ailsa – Vorgebirge am Zusammenfluß von Clyde & Levern – mit Gras & Moos bedeckt – eine Kluft dazwischen – Steintreppen & Terrassen – Breitschwert von W. Wallace[3] – riesiges Hackmesser – Soldaten in roten Röcken auf dem Fels wie Flamingos zwischen den Klippen – ein paar Widder mit rauchfarbenem Fell – Grenadiere – durch die hohen Schornsteine der Öfen im Dorf von Dumbarton geräuchert –

Notizen eines Aufenthalts in Liverpool

Samstag, 8. November 1856. Um 1 mittags eingetroffen, von York über Lancester kommend, vorbei an einer interessanten Landschaft mit Manufakturen. Ein regnerischer Tag. Zimmer im »White Bear Hotel«, Dale Street genommen. Dort das Stammessen bestellt. Bevor ich mich setzte, fragte ich das Schankmädchen »Wieviel?« Kurioser Anblick des verzogenen Gesichtsausdrucks, als wäre sie von der Vorstellung schockiert, daß hinter der reinen Gastfreundschaft eines Stammessens irgendein Geschäftsgedanke läge. Wirt & Wirtin bei Tisch. Komische Vorgabe eines privaten gesell-

---

3) Sir William Wallace (ca.1272–1305), schottischer Freiheitsheld, war vor seiner Hinrichtung Gefangener in Dumbarton Castle. Sein Schwert wurde von Hawthorne als Zweihänder beschrieben, der ihm ungefähr bis zum Kinn reichte. Die später erwähnten Schornsteine gehörten zu den Glasfabriken von Dumbarton.

schaftlichen Diners. Jedermann hielt das Wirtshaus für abgeschafft. Seinen Freunden aufzuwarten. »Möchten Sie etwas Ale?« – Aber in die Rechnung aufgenommen. – Vortäuschung der unbegrenzten Freigiebigkeit einer Weihnachtsgesellschaft, doch großartiger Umsatz. – Herrliches Bett. – nach dem Essen zur Börse gegangen. Betrachtete die Nelson-Statue mit besonderem Gefühl, in Erinnerung an 20 Jahre zuvor[4]. – Während des Abends im Hotel geblieben. Regen. Machte die Bekanntschaft eines freundlichen jungen Schotten, der am Montag mit dem Dampfer »Damaskus« in den Orient fährt. Er wollte, daß ich ihn begleite. Bedauerte, daß die Umstände mich davon abhielten.

Sonntag, 9. November. Regen. Bis zum Essen Zuhause geblieben. Nach dem Essen mit dem Dampfboot nach Rock Ferry, um Mr. Hawthorne[5] zu treffen. Als ich in R.F. ankam, erfuhr ich, daß er vor 18 Monaten von dort weggezogen war & außerhalb der Stadt wohnte. – Abend Zuhause verbracht.

Montag, 10. November. An die Docks gegangen, um die Mittelmeerdampfer anzusehen. Erkundete die neuen Docks. »Huskisson«[6] &c. Traf Mr. Hawthorne

---

4) Auf seiner Seereise im Jahr 1839 besuchte Melville zum ersten Mal Liverpool. Die Stadt und die Statue von Horatio Nelson werden in Kapitel 31 des Romans *Redburn* (1849) beschrieben.

5) Der amerikanische Schriftsteller Nathaniel Hawthorne hatte mit seiner Familie bis 1855 in dem Vorort von Liverpool Rock Ferry gewohnt und war im September 1856 nach Southport umgezogen. Hawthorne war in den USA Melvilles Nachbar gewesen. Von 1853 bis 1857 war er Konsul in Liverpool. Das Konsulat befand sich unweit der weiter oben erwähnten Börse und dem »White Bear Hotel« in der Dale Street.

6) Seit Melvilles letztem Aufenthalt im Hafen von Liverpool waren acht neue Docks gebaut worden. Das »Huskisson« wurde nach dem Kaufmann und Abgeordneten William Huskisson (1770–1830) benannt.

im Konsulat. Lud mich ein, während meines Aufenthalts in Liverpool bei ihm zu wohnen. – Bei »Anderson's« gegessen, ein sehr schönes Lokal, & gemäßigte Preise.

Dienstag, 11. November. Morgens zwischen den Dampfschiffen spazieren gegangen. Mit Mr. Hawthorne im Nachmittagszug nach Southport, 20 Meilen entfernt an der Küste, ein Badeort. Trafen Mrs. Hawthorne & die anderen, die mit dem Tee auf uns warteten.

Mittwoch, 13. November. In Southport. Ein freundlicher Tag. Machte einen langen Spaziergang am Meer entlang. Sand & Gras. Wild & verlassen. Ein starker Wind. Gutes Gespräch. Am Abend Stout & Fuchs & Gänse. – Julian ist zu einem guten Jungen herangewachsen; Una ist größer als ihre Mutter. Mrs. Hawthorne nicht bei guter Gesundheit[7]. Mr. H. blieb wegen mir Zuhause.

Donnerstag, 13. November. Bis Mittag in Southport. Dann nahmen Mr. H. & ich den Zug nach Liverpool. Verbrachte den Rest des Tages damit, Auskünfte über die Dampfschiffe einzuholen, & Briefe zu schreiben, & Papiere zu adressieren &c.

Freitag, 14. November. Nahm den Omnibus zur London Road, – »Old Swan« Am Steinbruch vorbei. Nach der Rückkehr Mr. Hawthorne besucht. Einen Mr.

7) Mrs. Hawthorne hatte wegen ihrer schlechter Gesundheit einige Zeit in Lissabon verbracht. Die Kinder der Hawthornes waren Julian, geboren 1846, Una, 1844 und Rose 1851. Melville hatte eine besonders enge Beziehung zu Julian, der später die erste Biographie Nathaniel Hawthornes schrieb. »Fuchs & Gänse« verweist möglicherweise auf das populäre Brettspiel *Fuchs du hast die Gans gestohlen*.

Bright[8] getroffen. Nahm mich mit in seinen Klub & aßen dort. Dann die Unitarierkirche besichtigt, & öffentliche Bibliothek & Friedhof.

Samstag, 15. November. Mit dem Omnibus gefahren. Zum Toxteth Park hinaus gefahren &c – Grandiose Orgel in St. George's Hall[9].

Sonntag, 16. November. Am Morgen den Koffer gepackt. Nachmittags & Abends in die Kirche.

Montag, 17. November. Hätte heute in der »Egyptian« mit Kapitän Tate[10] auslaufen sollen, aber auf Morgen verschoben. Große Enttäuschung. Ich hab' genug von Liverpool.

Dienstag, 18. November – Ungefähr um drei Uhr ausgelaufen. Schöner Ausblick beim Verlassen des Hafens.

Reise von Liverpool nach Konstantinopel

19. November. Tusca Rock an der irischen Küste gesehen.

20., 21., 22. November. Günstiger Wind & schönes Wetter. An Kap Finistere vorbei.

---

8) Henry A. Bright (1830–1884), ein Freund Hawthornes, war ein Dichter, Gelehrter und Mäzen aus einer reichen Liverpooler Kaufmannsfamilie.

9) St. George's Hall war ein neues öffentliches Gebäude mit Hörsälen und Gerichtshöfen. Die dampfbetriebene Orgel war eine der größten der Welt.

10) Robert Taitt, Kapitän der »Levant Screw Steam Shipping Company«, einer Schiffahrtslinie, welche die Strecke zwischen Liverpool und dem Schwarzen Meer befuhr.

Sonntag, 23. Innerhalb einer Drittelmeile an Kap St. Vincent vorbei. Leuchtturm & Kloster auf hoher Klippe. Kreuz. Höhle unterhalb des Leuchtturms. Hier brechen sich die Wellen des gesamten Atlantik. Wunderschöner Nachmittag. Den großen Schiffskonvoi mit Kurs auf die Krim muß man von hier aus gesehen haben[11].

Montag, 24. Starker Gegenwind. Kap Trafalgar gesichtet. Um 4 nachmittags in die Straße von Gibraltar eingefahren. Gebirgig & wild aussehende Küste von Afrika – menschenleer, barbarisch. »Affenberg« beinahe gegenüber Gibraltar[12]. »Säulen des Herkules«. Tarifa, kleines Dorf, – weiß. Felseninsel. Sonnenuntergang. Fels stark bestrahlt, die Umgebung im Schatten. England wirft seinen Schatten auf den Rest der Welt. Enorme Höhe. Roter Himmel. Sonnenuntergang in der Meerenge. Tor zum Osten. Viele Schiffe. – Sieht einer Insel ähnlich, wie Bass Rock oder Ailsa. – Windstille in der Meerenge. Starke Strömung ergriff uns. Das Mittelmeer.

Dienstag, 25. November. Wunderschöner Morgen. Blaue See & blauer Himmel. So warm wie im Mai. Spanische Küste in Sicht. Berggipfel, schneebedeckt. So ist es immer, sagt der Kapitän. Maat kam mit einem Strohhut hervor. Hemdsärmel. Öffnete meinen Mantel. – So ein Wetter findet man vielleicht im Paradies.

---

11) Der Krimkrieg dauerte von 1853 bis 1856, im März war der Friedensvertrag unterzeichnet worden. 1854 schickten England und Frankreich eine Flotte von ca. 150 Schiffen mit Material und Truppen zur Verstärkung der Truppen in Konstantinopel.

12) Wie der Felsen von Gibraltar ist der gegenüberliegende Djebel Musa in Marokko von Affen derselben Spezies bewohnt. Die weiter unten erwähnten Felseninseln Ailsa und Bass Rock liegen vor der Küste Schottlands.

Pazifik. Sogar im November! Wie die Bootsfahrt auf einem See.

Mittwoch, 26. Bei Sonnenaufgang nahe der afrikanischen Küste. Berge, teilweise mit Schnee bedeckt. Dörfer gesichtet, wüster Anblick. Zu mittag vor Algier. In der Umgebung schöne Anwesen an den Hügeln. Weißes Haus umgeben von Gärten. Erinnerte an einen Abschnitt im Don Quijote, »Die Geschichte des Morisco«[13]. Sah die Hafenmole & den Leuchtturm – die Stadt am Hügel erbaut – Boote mit lateinischen Segeln in Sicht. Die Sonne brennt. Überall hohe Berge. Schöne Bucht. Anblick wie aus Piratengeschichten. Als wir die Stadt hinter uns zurückließen, sah sie aus wie ein Felsabhang, der mit Vogeldreck bedeckt ist – alle Häuser weiß. – Am Nachmittag an einer gesonderten Gruppe sehr hoher Berge vorbei, die bis weit hinab mit Schnee bedeckt waren – Alpengipfel. Die einsamsten & ödesten, die man sich vorstellen kann.

Donnerstag, 27. Dasselbe wundervolle Wetter. Am Abend vorbei an der Insel Galita[14] – unbewohnt. Klare Nächte, Sterne leuchten hell.

Freitag, 28. Wie gewöhnlich blau & heiter. Zu mittag nahe an Pantalaria[15] vorbei, einer Insel 250 Meilen von Malta entfernt, & 200 von Afrika. Bepflanzte Hänge &

---

13) Morisco ist die Bezeichnung eines Mauren spanischer Herkunft. Die von Melville genannte Episode mit Bezug auf Algier ist wahrscheinlich die »Geschichte des Christensklaven« im ersten Band des *Don Quijote* von Cervantes (Kapitel 37 f.).

14) Galita, vor der nordwestlichen Küste Tunesiens – der berüchtigten »Barbarenküste« – , war im 17. Jahrhundert ein Schlupfwinkel für Piraten und Korsaren, die im Mittelmeer ihr Unwesen trieben.

15) Pantalaria diente unter König Ferdinand von Neapel als Gefängnisinsel.

Ebenen um ein hochaufragendes Felsenmassiv herum. Wundervolle Landschaften landeinwärts. Eine Stadt & verstreute Häuser. Ein großes Schloß. Gehört zu Neapel. Dient als Gefängnis. – Um 8 abends zu Bett gegangen und um 1 morgens angezogen & an Deck gegangen, während das Schiff gerade in den Hafen von Malta einfuhr. Wieder zu Bett, als der Anker ausgeworfen war.

Samstag, 29. Wir liegen im Hafen von Malta. Den ganzen Tag an Land. Um 6 nachmittags weitergefahren, mit zwei Passagieren in der Kabine, einem Griechen & einem Österreicher, sehr höfliche Männer.

Sonntag, 30. Bewegte See, Schiff rollt sehr heftig. Grieche & Österreicher ziemlich krank. Recht fader Tag. Bei Nacht mußte ich mich in meiner Koje sichern, um nicht herauszurollen.

Montag, 1. Dezember. Weniger rauhe See. Um 12 mittags angenehmes Wetter & die Küste Griechenlands, Morea erreicht. Durch die Meerenge & an Kap Matapan vorbei[16].

Dienstag, 2. Dezember. Bei Tagesanbruch inmitten einer Inselgruppe; ungefähr 12 oder 15 Inseln. Ankerten um ungefähr 8 morgens vor Syros[17]. Hafen der Inselgruppe. Befürchtungen, daß wir für elf Tage in Quarantäne gehen könnten. Sah das Quarantänegebäude – einsamer Ort, umgeben von kahlen Hügeln; gegenüber

---

16) Morea: mittelalterlicher Name des klassischen Peloponnes, mit Kap Matapan als südlichsten geographischen Punkt.

17) Syros ist der Namen des Hafens und der Insel in den Kykladen, nördlich von Kreta. Melville nutzte die Eindrücke von der Ägäis in den Gedichten »Syra« und »The Archipelago«, beide in der Gedichtsammlung *Timoleon* (1891).

der Reederei. Im Zollhaus mit dem Kapitän & seinen Papieren; die Schiffspapiere wurden durch ein Gitter mit einer hölzernen Zange entgegengenommen. In der Zwischenzeit ging ein Beamter an Bord des Schiffes, um die Besatzung zu untersuchen; wenn einer tot wäre oder fehlte – Quarantäne! Doch es war alles in Ordnung. – An Land gegangen. Neue & alte Stadt. Lebendige Vorstellung am Kai. Nimm alle Operndarsteller einer Nacht aus den Theatern Londons, & laß sie in ihren Kostümen auftreten, Bündel wiegen, Kabeljau zählen, an Tischen am Dock sitzen, rauchen, plaudern, bummeln, – in Booten sitzen &c – Lumpen sammeln, Wasserfässer tragen, schmutzig &c, das wird den Eindruck eines griechischen Hafens vermitteln. Das alles ist sehr malerisch. Vielfältig. Griechische Beinkleider, eine Art Kreuzung aus Unterrock & Hosen. Einige in weißen Unterröcken & bestickten Jacken. Schöne Gestalten, edle Gesichter. Schnurrbart &c. – Ging in die Altstadt. Von der See aus gleicht sie einem kolossalen Zuckerhut. Weiße Häuser. Von der neuen Stadt durch freies Gelände getrennt. Hinaufgeklettert. Ein einziges Labyrinth aus Steinhäusern oder eher Hütten, ohne die mindeste Planung erbaut. Im Zickzackmuster. Vor jedem Haus ein kleiner Vorhof, manchmal erhöht, quer über den Weg ragend. Mit Steinen gepflastert, Dächer flach & mit Kieseln bedeckt. Hoch & höher, einzige Richtung war *aufwärts*. Schließlich am Gipfel angekommen, eine Kirche von deren Hof aus man eine schöne Aussicht auf das Archipel & die Inseln hat (ihre Namen nennen) – Sieht uralt aus; – wahrscheinlich Verteidigungsanlage. Hier leben arme Leute. Malerisch. Einige alte Männer glichen einem zum Lumpensammler degradierten Perikles[18] –

18) Melville kannte zweifellos die berühmte Büste des Perikles von Kresilas, ebenso dessen Biographie von Plutarch, die im 41. Kapitel von *White-Jacket* erwähnt wird.

solch eine Verbindung von Schönheit & Armut. – Straßen aus Treppen führen hinauf in die Altstadt. Wie für Springböcke gemacht. Maultiere klettern sie hinauf. Überall kahle bräunliche Hügel, hier & da mit Steinterrassen. Sah einen Mann mit einem Stück einer alten Wurzel pflügen. – Einige Dächer bepflanzt. Sehr schmutzig. Schreckliche Brutstätte für Krankheiten. – Aussicht auf die Inseln – kleine Häuschen, weiß, halb den Berg hinauf. Das Azurblau des Meeres, & Hermelinweiß der Wolken, die Flagge Griechenlands (blau & weiß) scheint ihren Ursprung im Azurblau seines Himmels & Hermelinweiß seiner Wolken zu haben.

Das Kai, eine Art Halbkreis, passend zu den wie ein Amphitheater wirkenden Hügeln. – Im Dezember Tische & Stühle im Freien, Kaffee & Wasserpfeifen. – Tischler & Schmiede arbeiten in Kostümen wie im Theater –Aasgeier im Opernkostüm geht umher, mit Kehrschaufel & Besen durch die Straßen, & leert seine Kehrschaufel in die Satteltaschen eines Maultiers. – Keine Pferde oder Kutschen – Straßen nur für Fußgänger gemacht. – Die Leute auf den Kais haben alle rote Kappen, sehen wie Flamingos aus. Mit langen Quasten – getragen von Arbeitern, & sie transportieren große Bündel Kabeljau auf ihren Köpfen. – Ein paar scheinen gar nichts zu tun zu haben. Alle faulenzen. Griechische Schilder über einem Kuchenverkäufer.

Mittwoch & Donnerstag, 3. & 4. Dezember. Immer noch in Syros. Am letzten Tag ging ich nicht an Land. Einige Dampfschiffe liefen ein. Die Lloyd gab mir meine Sovereigns zurück[19]. Die beiden anderen Passagiere segelten nach Athen.

---

19) Gemeint ist die Dampfschiffahrtsgesellschaft. Offenbar bekam Melville nach einer Änderung seiner geplanten Reiseroute Geld erstattet.

Freitag, 5. Dezember. Um 2 morgens nach Saloniki ausgelaufen. Vorbei an verschiedenen Inseln. Zum erstenmal seit England in schlechtes Wetter geraten. Regen & Sturm. Bei Sonnenuntergang durch eine sehr schmale Passage in den Golf von Saloniki eingefahren. In der Kabine war ein griechischer Gentleman & seine Frau als Passagiere; mit 12 oder 15 Griechen als Deckpassagiere. Machten in der Nacht langsame Fahrt, so daß wir den Hafen zu einer günstigen Zeit am Morgen erreichen würden.

Samstag, 6. Dezember. Bei Tagesanbruch vom Kapitän geweckt, um an Deck zu kommen. Hinaufgegangen.

Sah den Olymp, Gipfel schneebedeckt, & ein majestätischer Anblick im Morgengrauen. Ossa & Pelion im Süden. Olymp ist nach der Karte des Kapitäns 10 000 Fuß hoch. O & P ungefähr 4 oder 5000. Lange Hügelketten entlang der Küste Thessaloniens. Berg Athos (fast kegelförmig) auf der entgegengesetzten Küste. Ungefähr um neun Uhr ankerten wir vor Saloniki. Eine von einer Mauer umgebene Stadt an einem Hügel. Stadtmauer von Genuesen erbaut. Minarette & Zypressen sind die auffälligsten Merkmale. Die türkischen Kriegsschiffe im Hafen. Olymp gegenüber Stadt, weit übers Meer, deutlich zu sehen. Begleitete den Kapitän mit den Papieren zur Quarantäne. Alles in Ordnung & Hände geschüttelt. (Normale Begrüßungszeremonie.) Ging zu den Abbots[20], Schiffsmakler. Höflich empfangen. Einer ihrer Mitarbeiter nahm mich mit auf einen Bummel durch die Stadt. Gingen in die Moscheen. Grab eines alten griechischen Heiligen wird

20) Möglicherweise R.S.W. Abbott, Britischer Vizekonsul in Gallipoli. Vorbild für den geldgierigen Bankier in *Clarel* (1867; Teil II, 1-13).

im Keller zur Schau gestellt[21]. Verschiedene Moscheen waren früher griechische Kirchen, wurden jedoch mit der Eroberung durch die Türken ihrer gegenwärtigen Verwendung zugeführt. Eine von ihnen ist ein Rundbau & von immenser Stärke. Das Mosaik auf der Decke. Glas. Stücke fallen ständig auf den Boden. Nahm ein paar mit. – Sah die Ruinen eines römischen Triumphbogens über die Straße. Schöne Skulptur am Fundament mit Darstellungen von Schlachtszenen. Deutlicher römischer Adler. Um den Bogen herum, elende Holzgebäude. Ein türkisches Kaffeehaus in der Nähe eines Piers. Sah auch die Überreste eines vornehmen griechischen Gebäudes. 3 Säulen &c. Als Tor benutzt & als Stütze für das Seitengebäude eines jüdischen Hauses. Ging in den Bazar. Ziemlich groß, aber dreckig. Straßen alle schmal, wie Viehwege & wie Scheunen stinkend. Sehr still. Frauen mit verhüllten Gesichtern. Alle alt. Keine jung. Zahlreiche Juden gingen in langen Mänteln & mit Pelz bestickten Röcken umher[22]. Auch Griechen, unter die Türken gemischt. Die Straßen ähneln denen von Five Points. Vergammelte Häuser. Geruch von verrottendem Holz.

Vor drei Monaten hat ein großes Feuer einige Grundstücke verwüstet. Noch nicht neu bebaut. 60 Personen durch eine Pulverexplosion in einem griechischen Kaufhaus getötet, – es war nicht bekannt gewesen, daß dort Schießpulver lagerte[23].

---

21) Das Grab des Heiligen Demetrius, Schutzheiliger der Stadt.

22) In Saloniki, wie in vielen Hafenstädten der Levante, hatten sich spanische Juden niedergelassen, die vor den verschiedenen Verfolgungen unter Ferdinand und Isabella und danach geflohen waren. Das später erwähnte Five Points ist ein heruntergekommenes Stadtviertel des damaligen New York.

23) Die Explosion hatte am 15. Juli 1856 stattgefunden. Der Londoner *Spectator* bezifferte die Zahl der Toten und Verwundeten auf schätzungsweise tausend.

Sonntag, 7. Dezember. Hatte die Absicht mit Kapitän Tate zu den protestantischen Missionaren zu gehen, erfuhr jedoch, daß sie nach Kassandra gegangen waren. Duckworth, der englische Arzt, kam früh zurück. Sprach mit ihm. Sagte, *er wäre einen Tag lang im Tempetal auf der Jagd gewesen*[24]. – Ihr Götter! Heidelbeeren sammeln auf dem Olymp, &c. – Ging an Land mit dem Kapitän. Brachen zu Pferde bei Abbots mit Führer & Wache auf und ritten zum Anwesen der Abbots drei Meilen landeinwärts. Als wir durch das Tor kamen, sahen wir die erste Kamelherde. Vorbei an einem riesigen Friedhof. Grabsteine mit Turbanen. Ritten über öde Hügel – ohne Flora – hier und da ein alter Maulbeerbaum. Ein Schattenplatz mit einer Quelle, & eine Inschrift aus dem Koran. An einigen Weinbergen vorbei. Das Anwesen der Abbots von einer hohen dicken Steinmauer umschlossen. Wir klopften an, warteten eine Weile, das Tor wurde geöffnet & wir wurden abgewiesen. Zeigten das Empfehlungsschreiben. Wachen mit Musketen kamen herbeigelaufen. Das Schreiben wurde schließlich von einem freundlichen, höflichen Griechen gelesen, der uns dann über das Grundstück führte. Orientalischer Stil. Sehr schön. Unzählige Gewächshäuser & Springbrunnen & Spaliere & Lauben. Alte Maulbeerbäume. Es wurden Süßspeisen & Liköre & Kaffee serviert. Badehaus. Dicke Kuppel mit Öffnungen – Licht aber keine Hitze. – Zurück um 3 nachmittags & an Bord gegessen. – Sah einige Schafherden & Schäfer auf den Hügeln. Traf jede Menge Esel. Sie tragen überraschend große Lasten. Lange Balken, große Ballen &c. Szene am Tor. – Am Abend erzählte der Kapitän eine Geschichte über

24) Die Erwähnung der Vogeljagd im Tempetal wird in *Clarel* (1867; Teil II.5.45-46) dem prahlerischen jungen Glaucon in den Mund gelegt. Tempetal: Tal der Thermophylen im Norden Thessaliens.

die Beeinflussung des Kompasses durch die Ladehitze der Waffen[25]. Den ganzen Tag über schönes Wetter, & eine wundervoll klare Nacht.

Montag, 8. Dezember. Herrlicher Tag. An Land & die Stadtmauern besucht. Wurde von einem Soldaten abgewiesen, der kein Geld annahm. Spazierte durch die Bazare. Am Anlegeplatz beobachtete ich für ein oder zwei Stunden eine große Menschenmenge & Tumult. Ein österreichisches Dampfschiff, das gerade aus Konstantinopel eingetroffen war, mit einer großen Anzahl armer Deckpassagiere, Türken, Griechen, Juden &c. Landeten in Booten, beladen mit alten verstaubten Bündeln, die aussahen wie der Ursprung biblischer Plagen. Großer Aufruhr unter den Trägern & Streit um das Gepäck. – Man stelle sich eine ungeheure Ansammlung der Lumpen aus aller Welt & in allen Farben vor, die auf eine dichtgedrängte Menschenmasse herunterregnen, während allesamt um riesige Ballen & Bündel aus Lumpen kämpfen, auf jede denkbare Art gestikulieren & schimpfen in allen Sprachen. Sprangen aus den gelandeten Booten ins Wasser. – Nach dem Essen an Bord, stießen einige Deckpassagier zu uns, um nach Konstantinopel zu fahren. Türkische Frauen unter anderen. Gingen sofort nach achtern & breiteten ihre Teppiche aus. Eine betete, ihren Kopf neigend. Zwei Negerinnen, Gesichter verschleiert, um ihre Schönheit zu verbergen. Die Waffen wurden alle nach dem Abfeuern in die Kabine hinunter gebracht. – Der Olymp schaute aus der Ferne kalt & schneebedeckt auf den Aufruhr am Anlegeplatz. Überraschend, daß sich

---

25) Die Geschichte erscheint in Melvilles Gedichten »The Haglets« und »The Admiral of White« (beide in *John Marr and Other Sailors*) sowie in *Clarel* (III.12.: »The Timoneer's Story«). In *Moby-Dick* wird der Kompass durch ein Gewitter beeinflußt.

die Götter für das alles nicht interessierten. Hätte zumindest ihr Mitleid erwecken können. – Hörte ein Gerücht aus Triest, daß Louis Napoleon ermordet worden wäre[26]. – Vergaß die Kanzel des Apostel Paulus im Hof einer Moschee zu erwähnen. Schöne Bildhauerarbeit – alles aus einem Stein. Stufen &c. Dies ist der große Löwe von Saloniki.

Dienstag, 9. Dezember. An Bord geblieben, die Ankunft der Deckpassagiere nach Konstantinopel beobachtet. In großer Zahl und in allen denkbaren Gewändern. Unter anderem zwei »Beys Effendi«, in langen, gelben pelzbesetzten Roben, die wie Kater aussahen. Sie hatten ihren Harem mitgebracht. Alle an Deck. Um ½ 2 nachmittags ausgelaufen. Wunderschöner Tag. Eine Flaute. Schiff bewegungslos wie ein Haus. Wie ein Tag im Mai. Es folgte eine Nacht im Mondschein. Am Olymp vorbei, dessen Gipfel eisig glitzerte. Als er weit achtern lag, wirkten seine Schneehänge im Mondlicht wie ein weißer Wolkenstreifen. Schien unwirklich – war aber immer noch da. Vorbei an Ossa & Pelion. Athos umrundet. Zelte für die beiden Harems aufgebaut. Ein Wachposten beschützte sie. Guter alter Effendi, wurde bei Sinope[27] verwundet. Einige sehr schöne Haremsdamen. Sie trugen »Aschmacks«[28]. Sehr träge.

---

26) Zwar gab es Gerüchte über eine Verschwörung gegen Napoleon III., ein Mord oder Mordversuch fand jedoch nicht statt. Im Herbst 1856 gab es einen Mordanschlag auf den König von Neapel, der jedoch mißlang.

27) Seeschlacht zwischen der russischen Flotte und einem türkischen Schwadron am 30. November 1853, vor der Beteiligung Englands und Frankreichs am Krimkrieg (1853 bis 1856).

28) Schleier aus weißem Musselin, der nur die Augen unbedeckt läßt.

Mittwoch, 10. Dezember. Früh auf, schöner Morgen, vor »Lemnos, der ägäischen Insel.«[29] Nördlich daran vorüber, zwischen der Insel & Imbros. Ungefähr um 11 vormittags in den Hellespont eingefahren. Sanfte Brise aus dem Norden. Klar & schön. Die neuen europäischen & asiatischen Festungen auf beiden Seiten[30]. Wenig Unterschiede im Wesen der Kontinente. Lediglich Asien sah ein wenig verbraucht aus – in den Ruhestand versetzt. Küsten mäßig aufragend. Ein nüchternes Gelb ist die vorherrschende Farbe. Begegneten jede Menge Schiffen, die unter vollen Segeln vor dem Wind nach Süden unterwegs waren. Unter anderem eine türkische Fregatte mit Dampfantrieb. Vorbei an den neuen zweckdienlichen Festungen an den Dardanellen; dann Kap Nagara; dann Kap Sestos & Abydos – Leander & Byron mußten lange schwimmen[31]; dann Gallipoli, wo die Franzosen & Engländer während des Krieges erstmals an Land gingen. Dann ins Marmarameer hinein, als wir plötzlich in dichten Nebel gerieten. Jedoch klarte es bald wieder auf; doch folgten weitere Nebelbänke. Das Wetter schlug um. – Den Hellespont hinaufzufahren ist insgesamt eine feine Sache. Doch

29) Anspielung auf John Miltons *Paradise Lost* (1667), Buch I, Zeile 746 (908-909 in der Übertragung von H.H. Meyer). Beschrieben wird der Sturz des Dämonen Mulciber.

30) Diese Festungen stammten aus dem 17. Jahrhundert und wurden von Mehmed IV. (Sultan von 1648 bis 1687) erbaut. Die später erwähnten Festungen waren noch älter, aus der Zeit von Mehmed II. (Sultan von 1451 bis 1481).

31) Lord George Byron durchschwamm am 3. Mai 1810, nach einigen fehlgeschlagenen Versuchen, die Meerenge an ihrer schmalsten Stelle, in Anlehnung an den Helden Leander aus Abydos (dieser durchschwamm nach der griechischen Sage jede Nacht den Hellespont, um Hero, Priesterin der Aphrodite in Sestos, zu besuchen. Als er bei Sturm ertrank, stürzte sie sich ins Meer). Byron benötigte nach eigenen Angaben eine Stunde und zehn Minuten (in: Brief an Henry Drury).

ich konnte nicht viel Begeisterung aufbringen; obwohl an den Brückenpiers des Xerxes[32] vorüber (oder in ihrer Sichtweite) & der Mündung des Granicus, &c &c &c. Dennoch dachte ich, was der Sultan für eine wundervolle Zufahrt zu seiner Hauptstadt hat. Vorzimmer aus Meeren & Seen, & Korridore aus glorreichen Küsten. *Halb 9 abends.* Morgen früh muß ich beizeiten aufstehen, um Konstantinopel zu erblicken, wo es sich noch erweisen muß, wie lange ich dort bleibe. N.B.: Kapitän T. hat sich noch nicht zu den Piastern geäußert.

Donnerstag, 11. Dezember. Dichter Nebel während der Nacht. Machten sehr langsame Fahrt, die Glocke läutend. Bei Tagesanbruch ankerten wir im Marmarameer, so nah wie der Kapitän es bestimmen konnte, nur drei Meilen oder weniger von Konstantinopel entfernt. Der Nebel hielt den ganzen Tag über. Sehr dicht & feucht & kalt. Ziemlich schrecklich für die Türken & ihre Harems; insbesondere als sie beim Waschen des Schiffsdecks unter Wasser gesetzt wurden. Einige waren krank & kamen zum Feuer herunter; fort mit ihren »Aschmacks« &c. Einige Dampfer ankerten um uns herum, aber nicht sichtbar; hörte das Schrillen (Alarmsignale) ihrer Pfeifen & Läuten ihrer Glocken. – Während der zweiten Nacht hörte ich die Hunde von Konstantinopel bellen & Glockengeläut. Alter Türke (»Alter von Sinope«), ich sagte zu ihm »Das ist ziemlich übel«, er antwortete »Gottes Wille ist gut«, & rauchte seine Pfeife in freudiger Ergebenheit.

Freitag, 12. Dezember. Ungefähr zur Mittagszeit wurde der Nebel von einer sanften Brise verdrängt. Als er

32) Ruinen der von Harpalos konstruierten Schiffsbrücken, auf denen 480 v. Chr. das Heer der Perser unter Xerxes I. den Hellespont überquerte.

sich schließlich vor uns hob, fanden wir uns wie unter Zauberbann liegend, zwischen den Prinzeninseln, mit jede Menge Schiffen in der gleichen Not um uns herum versammelt. Das Unsichtbare verwirrt. (Vergaß zu notieren, daß während des Nebels ein paar »Kaiken«[33] längsseits gegangen waren, angezogen von unserer Glocke. Sie hatten ihren Kurs im Nebel verloren. Es waren Boote aus Konstantinopel. Eines von ihnen gehörte einem Jungen, der es an unserem Heck festmachte & sich dort im Nebel schlafen legte. Eine Art orientalischer Zeitungsjunge. Selbstsicher & Sorglos.) Der erste Anblick Konstantinopels von der See aus wird als herrlich beschrieben. Siehe »Anastasius«[34]. Aber dies hat man versäumt. Der Nebel hob sich nur vom äußeren Bereich der Stadt, so daß ihr Zentrum, da es auf einem Vorgebirge erbaut ist, im Dunst verborgen blieb. Konnte das Fundament & die Mauer der Hagia Sophia[35] sehen, aber nicht die Kuppel. Es war wie eine neckische Enthüllung, ein Kokettieren, das der Vorstellungskraft Raum ließ & die Wirkung des Schauspiels erhöhte. Konstantinopel wurde also, gleich den Sultansfrauen mit ihrem »Aschmack«, verschleiert erblickt. Magischer Eindruck des sich hebenden Nebels, der eine Stadt wie Konstantinopel enthüllt. – Schließlich das Serail umfahren & um 2 nachmittags am Goldenen Horn vor Anker gegangen. In einer Kaik

---

33) Kaik: traditioneller flacher, türkischer Kahn. In alten Reiseberichten auch als Tschaik oder Caique.

34) Melville hatte 1849 ein Exemplar des *Anastasius* von Thomas Hope geschenkt bekommen, nachdem sein in Paris gekauftes Exemplar beschlagnahmt worden war. (Vgl. Anm. zu Tagebuch 1849). Die Ankunft in Konstantinopel wird in Kapitel 3 des Romans beschrieben.

35) Die Hagia Sophia, ursprünglich eine byzantinischen Kirche aus dem 6. Jahrhundert, die 1453 in eine Moschee umgewandelt wurde, war erst 1849 renoviert worden. Seit 1934 ist sie ein Museum.

nach Tophanna übergesetzt (einem Kanu ähnlich, doch ein Ende wie ein Messer zugespitzt, wie alte Möbelstücke mit kuriosen Schnitzereien bedeckt). Niemand verlangte nach dem Paß oder nach einer Untersuchung des Gepäcks. Bekam einen Führer zum Hôtel du Globe in Pera. Spazierte vor dem Essen ein wenig umher. Speiste um 6 nachmittags. 10 Francs pro Tag für ein Zimmer im 5. Stock ohne Teppich &c. Blieb die ganze Nacht dort. Gefährlich auszugehen, wegen Räubern & Mördern. Sie sind der Fluch dieser Gegend. Man kann abends nicht ausgehen, & wenn, gibt es nichts wo man hin könnte.

Ausgebrannte Bezirke.

Samstag, 13. Dezember. Früh aufgestanden; ausgegangen; Friedhöfe gesehen, wo sie ihren Müll abladen. Holzsägen über einem Grabstein. Friedhöfe wie Irrgärten. Unübersichtliche Straßen. Ging alleine nach Konstantinopel und nach einem schrecklich langen Marsch, befand ich mich wieder dort wo ich losgegangen war. Genau so als würde man sich im Wald verlaufen. Straßen ohne Plan. Taschenkompaß. Ein perfektes Labyrinth. Schmal. Eng, eingeschlossen. Wenn man nur irgendwo hinauf klettern könnte, wäre es einfach, den Weg hinaus zu finden. Wenn man auf einen Baum klettern könnte. Aus dem Irrgarten emporsteigen. Aber nein. Keine Straßennamen, wie bei den natürlichen Pfaden in einem Wäldchen. Keine Hausnummern. Überhaupt Nichts. – Frühstück um 10 vormittags. Führer genommen ($ 1,25 pro Tag) und zu einem Rundgang aufgebrochen. In einer Kaik nach Serail. Heiliger Boden. Durchquerten einige ausgedehnte Grundstücke & Gärten. Schöne Gebäude im Stil der Sarazenen. Besuchte die Hagia Sophia Moschee. Hineingegangen. Schurkische Priester verlangen »Bakschisch«. Zogen mir ½ Dollar aus der Tasche; gingen mir nach, um heruntergefallene Mosaiksteine zu verkaufen. Stieg eine Art Pferdeweg hinauf, der rundherum führte. Kam hinaus auf eine Galerie in fünfzig Fuß Höhe. Großartiger Innenraum. Teurer Marmor. Purpurstein & grüne Inschrift. Ungeheurer Reichtum des Gebäudes. Namen der Propheten in großen Buchstaben. Das Ganze hat eine römisch-katholische Ausstrahlung.

– Zum Hippodrom, in dessen Nähe die Moschee des Sultan Achmet mit den sechs Türmen steht; ihre schneeweißen Spitzen ragen in den klaren blauen Himmel. Wie Leuchttürme. Nichts schöneres. Im Hippodrom sah ich den Obelisk mit der römischen Inschrift am Fundament. Ebenso eine zerbrochene Statue aus Bronze, welche drei ineinander gewundene Schlangen darstellt, die auf ihren Schwänzen stehen. Köpfe abgebrochen[36].

Ebenso ein viereckiges Monument aus behauenen Blöcken. Schief & verwittert – so wie ein alter Schornstein. Eine griechische Inschrift zeigt, daß es aus der Zeit des Theodosius stammt[37]. Eine Skulptur am Fuße des Obelisken stellt Konstantin, seine Frau & seine Söhne &c dar. Dann sah ich die »verbrannte Säule«. Schwarz & ziemlich rußig & mit Ringen aus Eisen versehen. Ragt aus einem Durcheinander alter hölzerner

---

36) Die Schlangensäule stammt aus den Jahren 479/478 v. Chr. und war ursprünglich dem Apollo von Delphi geweiht, zum Dank für die Siege der Griechen über die Perser. Sie enthielt die Namen der griechischen Kämpfer. Nach der Gründung von Konstantinopel wurde sie neben der Pferderennbahn, dem Hippodrom aufgestellt. Das Hippodrom war nach dem Vorbild des römischen Circus Maximus erbaut.

37) Der Obelisk stammt ursprünglich aus Ägypten und wurde von Kaiser Theodosius II. nach Konstantinopel gebracht. Die »verbrannte Säule« oder »Säule Konstantins« markierte das Forum des Kaisers Konstantin. Melville vergleicht sie mit dem Londoner Denkmal des großen Brandes von 1666 in der Fish Street.

Hütten empor. Ein erstaunlicheres Denkmal eines Brandes als das in London. Dann zur Zisterne der 1001 Säulen[38]. Man sieht einen runden, dicht mit Gras bewachsenen Hügel. Dann geht man eine Art verfallene Kellertreppe hinab & befindet sich auf einer wackeligen Holzplattform, von der man hinunter in einen Hain aus marmornen Säulen blickt, die in vollkommener Finsternis verschwinden. Ein palastartiger Tartarus. Zwei Ebenen aus Säulen, die aufeinander stehen; die untere Ebene halb vergraben. Hier & da dringt ein kleiner Lichtstrahl durch Ritzen an den Steinen der Gewölbebögen; dort wuchert auch ein wenig Grünzeug. Es wurde als Wasserreservoir benutzt. Jetzt ist es voller Jungen, die Seide spinnen. Großer Aufruhr. Flitzen herum wie die Affen. Das Surren der Spinnräder. Beim Hinuntergehen (wie in den Laderaum eines Schiffes) und Umherwandern, muß man auf die unzähligen Seidenstränge aufpassen. Furchtbarer Ort, um ausgeraubt und ermordet zu werden. Wo auch immer man hinsieht, sieht man Reihen von Säulen wie Bäume in einem Obstgarten, der in einem Fünfeck angelegt ist. – Ging hinaus. Von oben sieht es nur wie eine normale schäbige oder abgegraste Schafweide aus. – Zum Bazar. Ein fürchterliches Durcheinander. Möbel, Waffen, Seidenstoffe, Süßwaren, Schuhe, Sättel – alles. Mit Steinbögen überdacht, die an den Seiten Öffnungen haben. Ungeheure Menschenmengen. Georgier, Armenier, Griechen, Juden & Türken sind die Verkäufer. Wundervoll bestickte Seidenstoffe & vergoldete Säbel & Schabracken für Pferde. Man verliert sich & ist verblüfft & verwirrt durch das Labyrinth, den Lärm, durch das barbarische Durcheinander des Ganzen. –

38) Die Zisterne der 1001 Säulen, auch »Zisterne des Philoxenos«, ist das zweitgrößte antike Wasserreservoir von Konstantinopel. Sie enthält 224 Säulen auf drei Ebenen.

Ging zum Wachturm innerhalb eines Arsenals. (ungeheures Arsenal.) Der Turm im Stil der Sarazenen ist riesengroß & hat einen ungeheuren Umfang – eine Säule. Oh mein Gott, was für eine Aussicht von der Spitze! Überragt alles. Das Marmarameer, den Bosporus, das goldene Horn, die Kuppeln, die Minarette, die Brücken, die Kriegsschiffe, die Zypressen. – Unbeschreiblich. – Ging zur Taubenmoschee. In ihrem Hof bedeckten die Tauben den Boden so dicht wie im Westen den Himmel. Ein Mann fütterte sie. Ein paar thronten auf dem Dach der Säulengänge, & auf dem Brunnen in der Mitte & auf den Zypressen. – Zog die Schuhe aus & ging hinein. Tauben im Inneren, die unter der Kuppel umher fliegen, ein & aus durch die hohen Fenster. – Ging zur Moschee des Sultan Suleiman[39]. Nummer drei hinsichtlich Größe & Pracht. – Die Moschee ist eine Art marmornes Zelt, dessen Pfähle die Minarette bilden (vier oder sechs). Tatsächlich kam mir im Inneren der Gedanke, daß die Idee für diese Art von Gebäude vom Zelt hergeleitet wurde. Es würde aber auch einen schönen Ballsaal abgeben. – Schuhe aus & hineingegangen. Dieser Brauch macht mehr Sinn als den Hut abzunehmen. Schlammige Schuhe; aber niemals schlammige Köpfe. Der Boden ist mit Matten bedeckt & darüber schöne Teppiche von ziemlicher Größe & quadratisch. Mattes Licht dringt durch die Seitenschlitze unter der Kuppel. Blinde Kuppel. Viele Türken beim Gebet; beugen die Köpfe bis zum Boden, auf eine Art Altar gerichtet. Es wurde gesungen. In einer Galerie sah ich so viele Koffer & Reisetaschen wie in einem Gepäckwagen der Eisenbahn, die dort

39) Die im Auftrag des Sultan Suleiman II. erbaute Moschee ist die größte Anlage osmanischer Archtektur. Unter Suleiman II. (1522–1566), genannt »Der Prächtige«, erlebte das Osmanische Reich sein goldenes Zeitalter.

von Männern zur Aufbewahrung abgegeben wurden, welche auf Reisen gehen oder Angst vor Räubern & Steuereintreibern haben. »Sammelt euch nicht Schätze auf Erden, wo Motte & Wurm sie zerstören«[40] &c. Springbrunnen (eine ganze Reihe) außen entlang den Mauern der Moschee, zum Waschen der Füße & Hände der Gläubigen vor dem Eintreten. Naturgestein. – Anstatt in Strümpfen hineinzugehen (so wie ich) tragen die Türken Überschuhe & ziehen sie vor der Moschee aus. – Die zeltartige Form der Moschee ist unterbrochen & durch eine Vielzahl von Bögen, Pfeilern, *kleinen Kuppeln, Säulengänge*, Kuppeldächern &c &c &c. variiert. – Ging zum Goldenen Horn hinab. Überquerte die Schiffsbrücke. Stand in der Mitte & keine Wolke am Himmel. Tiefblau & klar. Die Luft war wunderbar geschmeidig, trotz des Dezembers. Wie England im Juni, gekühlt wie Sorbet & temperiert durch amerikanischen Oktober. Die Heiterkeit & Schönheit des Sommers ohne die Hitze. – Ging durch die ausgedehnten Vororte von Galata nach Hause &c. Menschenmengen aus aller Welt – Geldwechsler – *Münzen aus allen Nationen sind im Umlauf* – Plakate in vier oder fünf Sprachen; (Türkisch, Französisch, Griechisch, Armenisch) Lotterie. Ebenso Angebote für Schiffe. *Man fühlt sich inmitten aller Völker der Erde*. Der große Fluch von Babel; unmöglich mit seinem Mitmenschen zu sprechen, &c. – Die beflaggten Schiffe des Sultans – keine bessere Umgebung für Flaggen als diese. Kein Wunder, daß die Häuser im schlechten Zustand sind. Man braucht sie nicht. Im Freien. Stühle auf der Straße – Menschenmengen, Türken sitzen herum und rauchen &c. *(Straßengauner von Galata)* man muß auf seine Taschen achtgeben. Mein Führer steckte die Hände in

---

40) Siehe: *Matthäus* 6,19. Herman Melville führte eine Ausgabe des Neuen Testaments (1844) der *American Bible Society* mit sich.

die seinen. – Der schreckliche schmutzige tragische Eindruck dieser Straßen. Die verrotteten & verrucht aussehenden Häuser. So düster & schmutzig, daß es schien, als würden darin an jedem Balken Selbstmörder hängen. – Kein freier Raum – keine Plätze oder Parks. Man erstickt aus Platzmangel. – Man geht eng aneinander vorüber. Die Kaffeehäuser der Türken. Schäbige Löcher, vergangene Pracht, mottenzerfressen, mit breiten Stühlen oder Diwans auf beiden Seiten, wo die alten verstaubten Türken sitzen und schmauchen wie die Zauberkünstler. – Sah in bestimmten Kiosks (Pavillons) die Kronen der alten Sultane. Man schaut durch vergoldete Gitter & durch eine Vielzahl von Seidenvorhängen auf die glitzernden Dinge. In der Nähe der Moschee des Sultan Suleiman sah ich den Friedhof seiner Familie – so groß wie ein kleines Dorf, all seine Frauen & Kinder & Diener. Alles vergoldet & verziert. Die Grabmäler der Frauen sind ohne Köpfe (Frauen haben keine Seelen). Das Grab des Sultan Suleiman & von dreien seiner Brüder in einem Kiosk. Vergoldet wie Verzierungen an Kaminsimsen.

Sonntag, 14. Dezember. Dreimal Sabbath in einer Woche in Konstantinopel. Freitag, Türken; Samstag, Juden; Sonntag, Katholiken, Griechen, & Armenier. – Um 8 vormittags die zweite Brücke nach Stambul überquert, um die Mauern zu umreiten. Ging zwischen Mauer & Goldenem Horn durch griechische & jüdische Stadtviertel und kam in Sichtweite der Süßen Wasser[41], welche landeinwärts fließen & in wunderschönen Lichtungen münden, außerhalb der Landmauer heraus. Ritt entlang der Landmauer. An dieser Mauer wurde

41) Die »Süßen Wasser Asiens« war eine malerische Landschaft zwischen den Flüssen Göksu und Küçüksu, die der osmanischen Elite als Erholungsgebiet diente.

Konstantinopel von den Türken erobert & der letzte Konstantiner fiel bei ihrer Verteidigung[42]. Vier Meilen langes massives Bauwerk, mit großen viereckigen Türmen – ein Tower von London – ungefähr alle 150 Yards. An vielen Stellen durch Erdbeben beschädigt. Besonders die Türme. Große Risse & Spalten. An einem Turm sieht man ein sich öffnendes Maul aus Licht; die zerborstenen Teile wirken wie niederstürzende, umgekehrte Pyramiden. Ranken von Immergrün bedecken sie. 4 parallele Mauern – zusätzliche Verteidigungsanlagen. Die Stärke der Steinbauten zeigt sich dadurch, daß wenn eine Turmspitze durch ein Erdbeben heruntergestürzt wird, sie abrutscht und ihren Zusammenhalt bewahrt – nicht auseinanderfallend, sondern wie ein Steinschlag herunterrutschend. Die breiten Gräben werden als Anbauflächen genutzt – kleine Gärten – sehr fruchtbar & lehmig – hier starben die Soldaten Konstantins – Gesät wird in Verweslichkeit, auferweckt in Kartoffeln[43]. Diese Mauern werden von den Wäldern der Friedhöfe umsäumt[44] – die Zypressen stehen so dicht wie die Nadelbäume in einer schottischen Schonung. Sehr alt – ein urtümlicher Anblick – unheimlich. Die Mauern scheinen eine unerbittliche Barriere zwischen den Villen der Lebenden & den Kerkern der Toten zu bilden. – Jenseits der Mauer

42) 1453 eroberte der türkische Sultan Mehmed II. nach langer Belagerung Konstantinopel. Die Streitmacht des Sultans umfaßte 80 000 Mann, darunter 12 000 Janitscharen, während die byzantinische Besatzung lediglich 4973 Kombattanten zählte.

43) Siehe: *Erster Korintherbrief* 15,42: »Gesät wird in Verweslichkeit, auferweckt in Unverweslichkeit.« Eine ähnliche Anspielung macht Melville am 11. März 1857 und in den undatierten Einträgen (siehe Anhang).

44) Zwischen Marmarameer und Goldenen Horn erstreckte sich eine große Beerdigungsstätte, die nicht nur von Moslems (mit einer Zypresse an jedem Grab) sondern auch von Griechen und Armeniern genutzt wurde.

steht eine griechische Kirche (Name im Reiseführer nachschlagen). Sehr schön, neu auf einem uraltem Grund. (Hier geschah das Fischwunder[45]) Mit Bannern der Jungfrau Maria dekoriert &c. Eine wunderschöne Höhlenkapelle – eine Quelle mit heiligem Wasser – Griechen kommen her & waschen sich & entzünden eine Kerze. Überall unter den Bäumen sind Leute, die Wasserpfeifen rauchen, trinken & essen & reiten. Fröhliches Volk. Sonntag der Griechen. Ritt zum Ende der Mauer am Marmarameer. Das Wasser schlägt hier in 6 Meilen Entfernung vom Serail gegen die Fundamente. Ging zu den Sieben Türmen[46]. 200 Fuß hoch. 2 sind umgestürzt. Ungeheure Festigkeit. Oben auf den Mauern ist Erde & Gras. Als ob man auf einer Terrasse spaziert. Siebeneckige Einfriedung, Türme an den Winkeln. Großartige Sicht auf die Stadt & das Meer. Kerker – Inschriften – Soldaten – Eine Moschee.

Endlos langer Ritt zurück innerhalb der Mauern. Verlassene Straßen. Vorbei an einem Bogen eines Äquadukts von Valens(?). In diesen hochaufragenden Steinbögen, mit Efeu bedeckt & verwittert, & dennoch grandios, scheint der Geist des alten Rom, die schäbigen Bruchbuden verachtend, diesen Teil Stambuls heimzusuchen. – Überragt die Häuser & Bäume &c. – Zurück über die zweite Brücke nach Pera. Zu spät, um die tanzenden Derwische zu sehen. Sah ihren Konvent.

45) Die Klosterkirche, auch »Fischteichkirche« und »Kloster der Gottesmutter an der Quelle«, war erst 1833 erbaut worden. Der Quelle werden Heilkräfte nachgesagt. Das Fischwunder basiert auf einer Legende, nach der ein Mönch, der sich gerade ein paar Fische in einer Pfanne briet, auf die Information, die Türken hätten die Stadt erobert, antwortete: »Das glaube ich erst, wenn die Fische von der Pfanne ins Wasser springen.« Die Fische sprangen halb angebraten ins Wasser, wodurch ihre helle und dunkle Färbung erklärt wird.

46) Die osmanische Festung Yedikule, d.h. »Sieben Türme«, erbaut 1457/58. Die Türme dienten als politisches Gefängnis.

Erinnerte mich an die Shaker[47]. – Ging in Richtung der Friedhöfe von Pera. Schöner Treffpunkt an Sommerabenden. Ufer des Bosporus – wie Brooklin Heights. Von einer Stelle aus eine wundervolle Aussicht aufs Marmarameer & Prinzeninseln & Skutari. – *Armenische Beerdigungszüge winden sich durch die Straßen. Der Sarg mit Blumen bedeckt, auf einer Bahre getragen. Wachskerzen auf jeder Seite, im Tageslicht getragen. Jungen & Männer singen wechselseitig. Das Winden durch die schmalen Gassen ist ein eindrucksvoller Anblick.* – Sah ein Begräbnis. Armenisch. Hokuspokus & Beschwörungen der Priester – machten Kreuzzeichen &c. – In der Nähe sah ich eine Frau über einem neuen Grab – noch ohne Grasbewuchs. Welch eine Zurschaustellung des Elends! Rief zu dem Toten, beugte ihren Kopf so nahe wie möglich zu ihm herunter; als würde sie in eine Bodenluke oder einen Keller hinunterrufen; flehend – »Warum sprichst du nicht zu mir? Mein Gott! – Ich bin es! – Ach, sprich – nur ein Wort!« – Ganz und gar taub. – Soviel zum Trost. – Diese Frau & ihre Schreie verfolgen mich auf schreckliche Weise. –

Straßenszenen. – Die Schönheit des menschlichen Antlitzes. Unter den Frauen sind häßliche Gesichter selten. – Seltsam, daß jene Rassen, die unsere in dieser Hinsicht übertreffen. In jedem zweiten Fenster sieht man Gesichter (Juden, Griechen, Armenier), die in England oder Amerika den Mittelpunkt eines Ballsaals bilden würden. – Elend aussehende Häuser & schmut-

47) Derwische: der vom persischen Dichter Dschelâl eddin Rumi (1207–1273) gegründete Mewleli-Orden ist einer von über siebzig Derwischorden, sufistischen Bruderschaften. Die Mewleli bringen sich durch kreisende Tanzbewegungen in religiöse Ekstase. Hierin ähneln sie den Shakers, einer amerikanischen religiösen Gemeinschaft, die am Ende des 18. Jahrhunderts aus den Quäkern hervorgegangen ist und in der Mitte des 19. Jahrhunderts in den USA einigen stilbildenden und künstlerischen Einfluß besaß.

zige Straßen. *Anzeichen der Verarmung ohne die Armen.* Aus alten Schuppen blicken liebliche Mädchen. Wie Lilien & Rosen, die in zerbrochenen Blumentöpfen wachsen. Wirken sehr schüchtern & scheu. Viele Häuser sind ummauert. Im unteren Stockwerk gibt es keine Fenster. Große Eingangstore wie Festungen. Zeichen von Barbaren. Räuber. Gitter an türkischen Häusern – kleine Fenster. Gewirr der Straßen – keine Hauptstraße. Kein Hinweis. Hoffnungslos verirrt. – Träger schleppen ungeheure Lasten. – Kamele, Esel, Maultiere, Pferde &c. – Diese Brücken von Konstantinopel sind ein noch malerischerer Anblick als die Brücken von London. Gegensatz zwischen der London Bridge & diesen. Kaiken sausen unter den hölzernen Bögen hindurch. Schwärmen aus wie die Ameisen, wenn ihr Hügel bedroht wird. Auf beiden Seiten Reihen türkischer Schiffe gleicher Bauart & Größe, wirken wie Soldaten mit präsentiertem Gewehr. Masten schwarzer englischer Dampfschiffe. Jungen als Fremdenführer auf der Brücke. Griechen. Schöne Gesichter. Munter, redselig. Nie wurde es mir langweilig, an der Balustrade zu lehnen & mit ihnen zu reden. – Von der Brücke aus gesehen zeigt sich, daß die Moscheen wohlüberlegt auf den kuppelförmigen Hügeln der Stadt erbaut sind. Schöne Wirkung. Es hat den Anschein als würde sich die Zeltform noch weiter ausdehnen.

Montag, 15. Dezember. Letzte Nacht völlig erschöpft. Diesen Morgen fühlte ich mich wie aufs Rad geflochten. – Um elf Uhr zog ich ohne Führer los. Stieg den Genueser Turm hinauf[48]. Ein erstaunliches Bauwerk. 60 Fuß Durchmesser. 200 oder mehr hoch. Mauern

48) Der Genueser Turm, auch Turm von Galata genannt, wurde 1348 erbaut.

sind 12 Fuß dick. Treppe in der Mauer anstatt an der Turmachse. Eigenartiger Entwurf der Treppen. »Bakschisch«. Endet in einer trichterartigen Turmspitze wie ein Minarett. Der höchstgelegene Taubenschlag. Von der außen herumführenden Galerie noch ein wundervoller Ausblick. (Drei großartige Ansichten von Konstantinopel.) Grundlegend für jemanden, der etwas über die Lage von Pera erfahren möchte &c. Nach einigem Studieren, gelang es mir, den Weg zu den zwei großen Brücken herauszufinden. Ging hinunter, & überquerte die erste Brücke. Dort nahm ich einen Jungen als Fremdenführer zum Bazar. (Den ganzen Weg vom Genueser Turm, den steilen Hügel hinunter zur Brücke war ein ständiger Strom von Menschen.) Ungeheure Menschenmengen am Rand von Konstantinopel. Ein Weg führte zu Treppen hinauf in einen großen Hof, der eine Moschee umgibt. Ein Kleiderbazar dort, überaus belebter Ort; den ganzen Weg zum Bazar auf dieser Strecke – Menschen, Menschen, Menschen – *Durch die Feze der Türken, schien der Weg wie mit Ziegeln gepflastert. Kleefelder.* – Der Bazar besteht aus zahllosen schmalen, mit Bögen überwölbten Gängen; und entlang der Ränder sieht er wie Reihen von Schaukästen aus, mit einer Art Sofa als Ladentheke (wo die weiblichen Kunden ruhen) und einem Mann in jedem. Persischer Bazar, großartig. Hier gibt es Pfandleiher, Geldwechsler, Burschen mit ein oder zwei Scheffeln voll Münzen aller Nationen, die ihr Wechselgeld herausgeben wie die Nußverkäufer. – Teppichhändler, (Angorawolle), ein kleiner kostet £ 10. – Nachdem ich meinen Jungen entlassen hatte, wurde ich zwei oder drei Stunden von einem teuflischen Griechen & seinen Komplizen verfolgt. Folgten mir; ein & aus & durch den Bazar. Ich konnte sie weder abschrecken noch ihnen entkommen. Begann nervös zu werden; erinnerte mich, daß ein großer Teil der unheimlichen Spannung von Schillers Geisterseher[49] auf die Verfolgung durch den Armenier in Venedig beruht. Nur diese mysteriöse, beständige, stille Verfolgung. Schließlich entkam ich ihnen. Ging zum Aga der Janitscharen[50]. Turm des Feuerwachtmeisters. Ungeheure Säule im Stil der Sarazenen. Sarazenen, kolossal. Sah türkische Soldaten beim Exerzieren. Die Tartaren disziplinieren. – Schaute mir noch einmal die verbrannte Säule an. Das Fundament liegt unter der Erde. Sie steht schief, ist gespalten & angeschlagen & rissig. Ein rauchige purpurne Farbe. Rundherum sind in Abständen (gemeißelte) Girlanden aus Lorbeer angebracht. (Die Endstücke der Croton Wasserrohre[51].) – Straßenszenen. Vergoldete Kutschen in der Art von Hogarths Kutschen[52]. *Gelbe Stiefeletten an zierlichen Damenfüßen, die durch den Schlamm waten.* – Das Gewirr dieser Straßen. Keine Möglichkeit am Ufer entlang zu gehen – nur durch Labyrinthe aus Seitengäßchen. – Seltsame Bücher im Bazar der Moschee. – Engländer beim Essen. Lud mich nach Buyukdereh[53] ein – könnte dort übernachten &c. Sagte, daß nichts ihn dazu bewegen könnte, nachts durch Galata zu gehen. Morde in jeder Nacht. – Sein Häuschen am Bosporus wurde von Räubern überfallen &c. (Der Bosporus)

---

49) Friedrich Schillers Fragment *Der Geisterseher* erschien auf deutsch zwischen 1787 und 1789. Es gab verschiedene englische Übersetzungen.

50) Aga der Janitscharen: Offizier der osmanischen Infanterie.

51) Melville vergleicht die Säule mit Wasserrohren, die New York vom Croton Lake aus mit Wasser versorgten. Die Rohre führten zu einem Reservoir im Central Park.

52) William Hogarth (1697–1764), englischer Maler und Kupferstecher, war für seine lebensnahen, oft burlesken Darstellungen bekannt. Melville kannte zumindest seine Illustrationen zu Samuel Butlers *Hudibras*.

53) In Büyükdere, einem Vorort von Konstantinopel, lagen die Villen zahlreicher europäischer Diplomaten.

Dienstag, 16. Dezember. Um ½ 9 morgens nahm ich den Dampfer, den Bosporus hinauf nach Buyukdereh. – Wundervoll! Die ganze Landschaft eine Pracht aus Kunst & Natur. Hier zeigen Europa & Asien ihr Bestes. Eine Wettbewerb der Gegensätze, wo nach aufeinanderfolgend wechselndem Erstrahlen der Küsten auf beiden Seiten, sie sich von jeder neuen Schönheitsdarbietung zurückziehen, um in grandioser Prüderie mit einem noch verwegeneren Aufgebot hervorzutreten, und daraufhin sich wieder & wieder zurückziehend, beiderseits unwillig in diesem Schönheitswettbewerb klein beizugeben. – Myrte, Zypresse, Zeder – immergrüne Bäume. – Flüchtiger Anblick des [Pontus] Euxinus[54] von Buyuk. aus.

Das Wasser so klar wie Ontario Lake – die Ufer bilden natürliche Kais, schräg abfallend wie bei einem Kanal. Große Schiffe fahren nahe der Küste entlang. – Die Paläste des Sultan – die Lusthäuschen – Paläste der Botschafter – Die weiße Gischt bricht sich an diesen weißen Stufen wie an langen Kanten von Korallenriffs. Eine Eigentümlichkeit ist das Eindringen des Ozeans ins Landesinnere. Schiffe ankern am Fuße von Schluchten, in tiefen grünen Buchten, wo die einzige Leinwand, die man erwarten würde, zu Zelten gehört. – Eine Galerie aus Häfen & Anlegeplätzen, gebildet durch den Wechsel von Vorgebirge & Bucht. In vieler Hinsicht wie die Highlands am Hudson, nur größer. Delphine springen im Blau; & große Taubenschwärme bilden Formationen am Himmel wie Armeen. Die Sonne scheint auf die Paläste. Aussicht von den Anhöhen Buyukderehs. »Royal Albert«[55]. Von Buyukdereh aus sieht man den [Pontus] Euxinus. Wie ein Lake

---

54) Pontus Euxinus: das Schwarze Meer.

55) Die *Royal Albert* war ein Kriegsschiff der britischen Mittelmeerflotte.

George nach dem anderen. Kein Wunder, daß die Zaren immer die Hauptstadt der Sultane begehrten. Kein Wunder, daß der Russe unter seinen Tannen sich nach diesen Myrten sehnt. – Zedern & Zypressen sind die einzigen Bäume in der Hauptstadt. – Die Zypresse ist ein grünes Minarett, & sie verschmilzt mit den steinernen. Vielleicht entstand das Minarett aus der Form der Zypresse. Das Wechselspiel der dunklen Bäume mit den hellen Turmspitzen entspricht dem Wechselspiel von Leben & Tod. – Feiertagscharakter des Bosporus – Die Gänseblümchen haben einen Hauch Karmesinrot, selbst der Boden aus dem sie sprießen hat eine rötliche Färbung. – Kioske & Springbrunnen. Man ist erstaunt, solch zerbrechliche & märchenhaften Bauten im Freien zu sehen. Man würde meinen, die Elemente würden so rauh mit ihnen umgehen; so daß sie wie ein Schloß aus Zuckerwerk dahinschmelzen würden. Reich an Skulpturen & Vergoldung & Bemalung. – Der Schwung der Buchten gleicht einem Amphitheater. – Bei der Rückkehr vom Bosporus stand ich auf der ersten Brücke. Seltsam inmitten dieser Millionen von Mitmenschen zu stehen, von denen einige nicht unwillig scheinen, unsere Zivilisation zu akzeptieren, mit dem einen Vorbehalt, einiges von unserer Moral zurückzuweisen & unsere Religion als Ganzes. – Die Brücke hat den Anschein eines großen Maskenballes. (Ein ungeheurer Perserteppich.) 1500000 Menschen sind die Darsteller. Banvard[56] sollte von dieser prunkvollen Prozession ein hunderte von Meilen langes Gemälde fertigen. Händler & Hausierer aller Art. Zuckerwerk wird auf dem Kopf getragen. *Eine Reihe von Übeltätern mit Eisenringen um den Hals –*

---

56) John Banvard (1815–1891), amerikanischer Maler und Schriftsteller, war für die Größe und den Detailreichtum seiner Kolossalgemälde berühmt. Beispielsweise malte er den Mississippi auf einer angeblich drei Meilen langen Leinwand.

im Gänsemarsch. Träger mit ungeheuren Lasten, Hirn übernimmt die Arbeit der Muskeln. Andere tragen Lasten mit Stöcken, legen einander die Hände auf die Schultern. Militäroffiziere, gefolgt von laufender Infanterie. Damen in gelben Pantoffeln. »Arabas«[57]. Pferde, deren Fügsamkeit & Sanftheit sie so harmlos macht wie gewöhnliche Fußgänger. – Sie verlangen eine Brückengebühr. (Drei oder vier Männer.) Prächtige Barken der Paschas flitzen unter den Brückenbögen hindurch. Ein Gentleman, gefolgt von seinen griechischen Dienern zu Pferde. Ein Offizier unterhält sich mit seinem Privatdiener. Ein schwarzer Eunuch, mit großem Pomp, gefolgt von weißen Dienern. Schwarzer Moslem &c. (Schabracken) Sorbetverkäufer am Brückenrand. Ein arabischer Nomade. Oder ein Georgier. Mit hoher Kopfbedeckung. Die Soldaten. *Die Schafherden – Schäfer in Schaffellen marschieren voran.* – Eine Karavane beladener Pferde – Mehlsäcke. Eine Herde Esel – jedermann versetzt ihnen Stöße. Man hört Namen wie Yusef, Hassan, Hamet (Tausendundeine Nacht) von allen Seiten. Eine Moschee am Brückenende. Die Bazar Moschee. In ihrem Hof werden Köpfe geschoren &c. Die Straße zum Bazar führt durch ihren Hof.

Besuchte die Achmet Moschee[58] (6 Türme). Vorhof wie ein großes Konservatorium. 20 kleine Kuppeldächer oder Gewölbe. Eine zweifache Galerie. Außen eine Veranda, innen eine Kolonnade. In der Mitte ein Springbrunnen. Säulen aus verschiedenfarbigem Marmor & Mosaik. Haufen von alten Klamotten, alte Mäntel, die von Bettlern auseinandergeschnitten wurden. Ballen mit Zeichen markiert. Haufen von alten,

---

57) Arabas: große türkische Kutschen, reich verziert und von Ochsen gezogen.

58) Die Achmet Moschee, auch »blaue Moschee« genannt, wurde im 17. Jahrhundert unter Sultan Ahmed I. erbaut.

rostenden Faßreifen. Haufen alter Proviantsäcke und Gürtel & Löffel & Kessel. Vergitterte Fenster schauen zwischen den beiden Galerien hervor. Schöne Wirkung. Außen, unter der Galerie, Reihen von Druckrohren mit steinernem Schemel darunter, damit die Gläubigen sich die Füße waschen können &c. Innen stützen vier riesige Pfeiler die Kuppel, wie Türme (weißer Marmor). Das perfekteste Beispiel einer Moschee. Innenraum, symmetrisches Viereck. Kleine Kuppeln & Halbkuppeln. – Innerhalb der »Türme« befinden sich Brunnen. Vögel sitzen zwischen den Kronleuchtern, fliegen umher.

Konstantinopel

Dienstag, 16. Dezember 1856. Wanderte in der Umgebung des Hippodroms umher, bis es beinahe dunkel war; verirrte mich, & kam letztendlich an einem Tor am Marmarameer heraus. Kehrte mit einer Kaik nach Tophanna zurück. Die Mauern hier sehen interessant aus. Wegen der Höhe der Küste über dem Meeresspiegel, erscheinen die Befestigungen von der Wasserseite aus als Mauern, auf der Landseite nur als Brustwehr. Deshalb wirken die Häuser vom Meer aus ungeheuer hoch gelegen; es gibt sie in allen möglichen Formen; an einigen Stellen werden die Fenster durch Öffnungen in der Brustwehr gebildet. An einigen Stellen gibt es Balkone. Ein paar Tore & Torbögen wurden zugemauert. Säulengänge werden enthüllt, geschlossen. Stützpfeiler. Der Einsturz, oder eher das Abbröckeln der Mauer an einem Winkel enthüllt eine einzelne Säule aus weißem Marmor; ein seltsamer Anblick, wie die Ausgrabung einer im Grabe eingemauerten Leiche. Erinnerte mich an die Mauern von Abbotsford – lediglich um einiges größer. Wo große Massen von Mauerwerk eingestürzt sind, sieht es aus wie Haufen von Felsgeröll, der Mörtel so hart wie

Ziegel & Stein. – Heute beim Essen schätzte der französische Attaché die Bevölkerung Konstantinopels, der Vororte & des Ufers des Bosporus auf 1 500 000. Eine maßvolle Schätzung, wenn man die Menschenmassen betrachtet[59]. – Die Festung von Mamud II. am Bosporus ist gebaut wie die arabischen Buchstaben seines Namens[60]. Gibt eine Vorstellung seiner Geisteskraft. Viele ritzen mit Schwung ihren Namen beim Schlittschuhlaufen aufs Eis, doch nur wenige bauen ihn als Mauerwerk auf unbewegte Felsen. – Außerordentlicher Eindruck seiner Festung vom Meer aus.

Mittwoch, 17. Dezember. Verbrachte den Tag mit einem erneuten Besuch des Serail &c. – Wegen ihrer eigenartigen Form sieht die Hagia Sophia aus der Nähe betrachtet aus als läge sie teilweise unter der Erde; als ob man lediglich eine Art Überbau eines ungeheuren Tempels sähe, den es noch auszugraben gilt. Man schreitet hinab, um einzutreten. Die Kuppel scheint ein wenig eingebeult zu sein, wie der Kopf eines alten Hutes. Es ist unvermeidlich, daß sie eines Tages einstürzt. Von Innen aus gesehen erscheint die Kuppel (aufgrund ihrer Flachheit) wie eine ungeheure Schallmuschel. Ein Firmament aus Stein. Sie ruht auf 4 Bögen, von denen zwei blind sind. Die anderen offen. Scheint hier auf Spinnweben zu ruhen. (Massige Pfeiler. Mit höhlenartigen Eingängen.) Im Inneren eine gelungene Verteilung von Raum. Der kostbare Marmor im Innenraum. Das Gebet – beginnt mit Kniefall. – In dem Stadtteil nahe des alten Serail – die Straßen wirken ruhig. Seltsame Häuser. Reihenweise

---

59) Tatsächlich lag die Bevölkerungszahl noch niedriger: zwischen 500 000 und 700 000.

60) Die Festung Rumili Hissari, erbaut 1452 von Mehmed II. (Sultan von 1451 bis 1481). Die Türme der Festung entsprachen den arabischen Buchstaben »M« im Namen des Erbauers.

malerische alte Tische, Schränke, Kommoden, hohe Nürnberger Pendeluhren. Straßen & Gassen voll davon.

Serail. Viele verbotene Winkel. Der (eigentliche) Serail scheint ein Viereck zu bilden, auf dem Hügel, wo Gebäude leere Wände vorzeigen, außen abgestützt; aber im Inneren offen. Zypressen ragen an einigen Stellen über die Mauern. Grandiose Aussicht von der Spitze des Serail – Marmara, Bosperus, Skutari. – Die Plätze & das Gelände des Serail haben ein seltsames, verzaubert scheinendes Aussehen. – *Die Hunde* treiben sich in Rudeln herum und heulen wie die Wölfe. Keine Herren. Kein Türke scheint einen Hund zu besitzen. Alle ungezähmt. Nomaden. Es ist gegen die Religion sie zu töten. Aasgeier dieser Stadt. Manchmal ein fürchterliches Aufheulen. In der Nacht. Kämpfe zwischen Hunden. Seltsam, einem Rudel dieser Tiere in einer einsamen Gasse zu begegnen. Meistens gelb, mit langen, schmalen Schnauzen. Einige ziemlich vernarbt, andere räudig. Man sieht sie im Dreck liegen, kaum davon zu unterscheiden. – Dieselbe Farbe. Sah sie über einem toten Pferd am Strand. – Beim Umherwandern kam ich an einem schwarzen Loch in der Straße vorbei. Ging nicht weit hinein. – Harem (heilig) an Bord von Dampfbooten. Durch Gitter getrennt. Damen bleich, schmale Nasen, normale Figur, schöne Busen. In ihren schlichten Kleidern sehen sie wie Nonnen aus, doch durch die Rundungen ihrer Brust entsprechen sie kaum dieser Vorstellung. Perfekte Anstandsformen im Umgang der Geschlechter. Keine verführerischen Blicke. Keine Keckheiten. Kein Streben nach Aufmerksamkeit. Keine Zypriotinnen[61]. Keine Trunkenbolde. Sah keinen einzigen, obwohl es alkoholische Getränke zu

61) Zypriotinnen: Melvilles denkbar umständlichste Umschreibung für Prostituierte. Zypern war in der Antike Heimat des Aphroditekults. Der Legende nach (Lactantius: *Divinae institutiones*), wurde auf Zypern die gewerbliche Liebeskunst »erfunden«.

kaufen gibt. – Fleiß. Schönheit des Brunnens in der Nähe der Hagia Sophia. Vergoldung. Trauben & Blattwerk.

Donnerstag, 18. Dezember. Am Morgen nahm ich eine Kaik & überquerte den Bosporus nach Skutari. Luxuriöses Segeln. Auf Kissen wie ein Osmane. Man liegt am Boden des Bootes. Körper nahe der Oberfläche. Ein Boot als Bett. Eine Kaik ist wie eine Art geschnitztes Tablett oder flache Schale. – Eine Flotte von Fischern an der Mündung des Goldenen Horn. Ruhige See. Kleine Wellen. Die Sonne scheint auf den Palast des Sultans. Sonnenaufgang gegenüber dem Serail. *Genauso wie Konstantinopel der beste Ort für eine Hauptstadt ist, ist der Serail der beste in der Welt für Vergnügungen.* – Große Kasernen in Skutari. Feine Aussicht auf Konstantinopel & den Bosporus hinauf. Friedhöfe wie der Schwarzwald[62]. Wie in Thüringen. Straßen führen hindurch. Schöne Gänseblümchen. Die Kais. Die Wassermoschee. Die Hügel & der Strand. – Allgemeine Gedanken über Konstantinopel. Der Schlamm besteht nur aus nassen Blütenpollen. – Wein aus Tenedos wird aufgetischt – ein schwarzer Moslem. Anders als andere verstreute Völker (Juden, Armenier, Zigeuner), die dem Bekehrungseifer widerstehen, halten sie an dem Glauben fest, der ihren Vorvätern überliefert wurde. Der Neger steht Glaubensformen so gleichgültig gegenüber wie ein Pferd der Pferdedecke. – Um 4 nachmittags nahm ich den Dampfer *Acadia* nach Alexandria, über

62) Melville kannte den Schwarzwald und Thüringen nur aus Büchern. Bei Skutari (Üsküdar) liegt der größte Friedhof Konstantinopels. Gemäß dem Brauch, darf an einer Stelle nur ein Mensch begraben werden. Zu Ehren jedes Toten wird eine Zypresse gepflanzt und zu Ehren jedes Neugeborenen eine Platane, so daß sich die Friedhöfe immer weiter ausdehnen und Wäldern gleichen. (Nach der Beschreibung von H.C. Andersen, 1847).

Smyrna. Die Sonne ging unter, bevor wir die Spitze des Serail umrundeten. Prächtiger Anblick & seine Anhöhen glühten wie ein Saphir. Türken möchten in Asien begraben werden. Wundervoll klare Luft. So wie ein Vorgebirge mit Bäumen bedeckt ist, auf Terrassen bis hin zur Spitze, so ist Konstantinopel mit Häusern übersät. Lange Mauerreihen. – Hinaus ins Marmarameer.

Freitag, 19. Dezember. Bei Tagesanbruch die Dardanellen durchquert. Regenschauer. Ging vorüber. Vorbei an der Ebene von Troja. Dahinter der Berg Ida. Vorbei am Grabe des Achilles &c. Steuerten zwischen Tenedos & dem Festland. Vorbei an einer Stadt & dem Hafen von Tenedos; ein Vorgebirge in der Mitte des Hafens ist mit massigen Befestigungen bedeckt, – das Werk der alten Genueser. Vorbei an Kap Baba, von einer Festung gekrönt, die eine Stadt im Hochland beschützt. Die ganze asiatische Küste steil aufragend mit Bergketten im Hintergrund – gelbliches Aussehen. Zwischen Mytilene & dem Festland hindurch gesteuert. Eine große & liebliche Insel, mit Olivenbäumen bedeckt. Sie produzieren viel Wein. Die ganze Insel grün vom Strand bis Gipfel des Hügels – ein dunkles volles bronzenes Grün, in auffälligem Gegensatz zu dem gelblich & ausgedörrtem Eindruck der meisten anderen Inseln der Ägäis. – Asien gleicht farblich jenen asiatischen Löwen, die man in Menagerien zu sehen bekommt – faul & träge. – Viele schöne Dörfchen auf Mytilene gesehen. Die Insel hat in ihrer Mitte einen schönen, landumschlossenen Hafen. Kurz vor Sonnenuntergang ankerten wir für die Nacht in einer kleinen Bucht von Mytilene, damit wir den Vorteil des Tageslichts haben würden, um in Smyrna, einer schwierigen Hafeneinfahrt, einzulaufen. Ein Boot wurde ausgeschickt, um das Lot auszuwerfen. Ein Boot kam von der Küste; kaufte Oliven & Feigen. Anhand einer Karte der »Mündung der Dardanellen & Ebene von Troja«, die dem Kapitän gehört, sehe ich, daß die gesamte Küste dieser Gegend & ein gutes Stück landeinwärts mit zahlreichen altehrwürdigen Ruinen bestückt ist. Durch die Besika Bucht gefahren, die teilweise von der Insel Tenedos verborgen wird, wo sich 1853 die englischen & französischen Flotten erstmals vereinten[63].

Samstag, 20. Dezember. Um zwei morgens bei Mytelene Anker gelichtet und bei Tageslicht in die Bucht von Smyrna eingelaufen. Sehr weiträumig, dreißig Meilen Tiefe & 7 oder 8 Breite, mit Dörfern, die sich an die Abhänge der Hügel schmiegen und hochaufragende Berge rundum. Die Stadt liegt am Ende der Bucht, und wo sie sich für eine kurze Strecke an einem Abhang entlang zieht, wirkt sie, wegen der niedrigen Häuser mit flachen Dächern und roten Ziegeln, wie ein Feld voller zerbrochener Tongefäße. Auf dem Berg Pagus hinter der Stadt liegt ein altes Kastell, gut sichtbar vom Meer aus. – Traf den Dampfer *Egyptian* im Hafen an; sah Kapitän Tate. Ein Dampfschiff auf Grund gelaufen & eines, das es abschleppt. Ging an Land & besuchte den amerikanischen Konsul, einen Griechen. Verbrachte eine Stunde mit ihm & seinem Bruder im Gespräch. Bekam einen Führer (einen ernsten, feierlichen Mann im Gehrock, der ein mit Silber beschlagenes Schwert in einer Scheide aus Samt in einer Hand trug und eine schwere silberbeschlagene Reitpeitsche in der anderen) und ging zum Bazar, um die Sklaven[64] zu sehen.

63) Zu Beginn des Krimkrieges gegen Rußland.

64) Offiziell war der Sklavenhandel einige Jahre zuvor abgeschafft worden, wurde aber weiterhin toleriert. »In einem großen Hof laufen ringsherum kleine Kammern, in welchen die Sklaven wohnen. Bei Tage können sie im Hof herumspazieren [...]. Die Weißen und die ausgezeichnet schönen Schwarzen sind nicht dem Auge jedes Fremden preisgegeben.« (Ida Pfeiffer, 1844).

Nichts zu machen. Den Pagus hinaufgestiegen. Ein großer Steinkreis. Im Inneren mit Fragmenten von Steinen übersät, sieht aus wie ausgedörrtes Heideland. Gewährt eine großartige Aussicht auf die Bucht & Stadt von Smyrna. Darin eine Ruine einer Moschee. Ein Name aus Boston eingeritzt. Hinabgestiegen & zur Karawanenbrücke gegangen, ein beliebter Treffpunkt an Festtagen, und Tor der Stadt zum Landesinneren. Hier zog eine unablässige Prozession aus Karawanen mit Kamelen, Pferden Mauleseln & Eseln vorüber. Manchmal führt ein Pferd die Kamelkarawane an, manchmal ein Esel, manchmal läuft auch der Esel hinterher. Bewaffnete Reiter. Büffel. – Das Kamel ist ein ziemlich unbeholfenes Tier. Durch seinen langen, wie bei einem Kranich gebogenen Hals, (den es so steif hält wie ein Priester mit gestärktem Kragen) und seinen gefiedert wirkenden Vorderbeinen, scheint es eine Kreuzung aus Strauß & riesigem Grashüpfer zu sein. Seine Hufe sind weich wie ein Schwamm & bis zum Boden mit Haaren bedeckt, so daß es beim Gehen durch diese schlammigen Straßen wie auf vier Waschbesen einherstelzt. Reckt seinen Hals vor wie eine Schildkröte. Schwanz wie ein langer Aal, der Reiter hält ihn & lenkt es damit. Wenn es sich umdreht, kehrt es einem Kopf & Schwanz gleichzeitig zu. Wie ein Sägebock. – Das Schwanken des Reiters. – Die Höhe. Bewegung nimmt mit der Höhe zu wie auf dem Mast eines Schiffes. Das Kamel scheint von der Natur mit besonderen Vorkehrungen ausgestattet, um dem Menschen seine Nutzung zu erschweren. Der Höcker steht dem Sattel im Weg, doch hier überlistet der Mensch die Natur. Kameldung wie Pfannkuchen zum Trocknen an die Hauswände geklebt. Stapel davon auf den Köpfen von Frauen. Kohle. – Die Friedhöfe sind sehr interessant, zerbrochene Säulen & Kapitelle von ehrwürdigem Alter sind unter geborstene Grabsteine gestreut; manchmal sieht man einen verfallenen Grabstein aus einer alten Säule geformt – eine doppelte Ruine. Sehr hohe & säulenartige Zypressen.

Sonntag, 21. Dezember. Besuchte mit Kapitän Tate seinen Handelsagenten, der in einem hübschen Haus am Meer wohnt. Er ist mit einer griechischen Dame verheiratet, hat ein Kind, das bis jetzt nur Griechisch spricht; ihr Vater ist Schotte. Der Agent sagte hinsichtlich der hiesigen amerikanischen Mission[65], daß sie bald geschlossen würde; eine hoffnungslose Angelegenheit; alle Konvertierten waren Söldner des Glaubens. Besuchte die Messe in der Kapelle beim englischen Konsulat. Ziemlich langweilige Sache; der Kaplan jedoch, ein komischer Kauz[66]. – Heute an Bord der »Arcadia« diniert. Kapitän Orpheus, Kapitän Tate, Kapitän Eustace & ich. Das hauptsächliche Gesprächsthema waren Reisen nach Indien.

Montag, 22. Dezember. Ging am Morgen an Land; interessierte mich für die kuriose Erscheinung einer Karawane beladener Kamele, die durch die schmalen und mit Menschenmassen verstopften Gassen des Bazars marschierte. Erfuhr ziemlich viel über den Handel Englands mit der Türkei. Die türkischen Hersteller sind fast am Ende. Die Leute in Manchester imitieren alle Stoffe der Welt mit Genauigkeit. Baumwolle & Seide wird aus der Türkei importiert & als türkische

---

65) Die amerikanische Mission in Smyrna, die insbesondere ansässige Juden zu bekehren suchte, wurde 1856 geschlossen und der *English Missionary Society* übertragen.

66) Der Kaplan am englischen Konsulat war ab 1840 Reverend William B. Lewis. Melville nahm ihn möglicherweise als Vorbild für den anglikanischen Priester Derwent in *Clarel* (1876), der sich durch seinen Optimismus, seine Güte und bodenständige Religiosität auszeichnet.

Webware zurückgeschickt, als solche in den Bazaren verkauft & da sie von Reisenden als Kuriositäten gekauft werden, kehren sie als türkische Produkte nach England & Amerika zurück. In der Türkei wird Kupfer abgebaut & haufenweise nach England geschickt, wo es zu Münzen für den Sultan geprägt wird. Die englischen Fabrikanten machen eine Legierung daraus & schicken minderwertiges Metall statt des reinen zurück, wobei sie das Verfahren in Rechnung stellen. Die *Egyptian* hatte einige Fässer ungeprägte Kupfermünzen für Konstantinopel an Bord. – Obwohl es bei unserer Ankunft ein wenig regnerisch war, ist das Wetter sehr schön gewesen, wie ein herrlicher Frühlingstag Zuhause. – Am Abend gab es einen merkwürdigen Streit zwischen Kapitän Orpheus & seinem ersten Offizier, den ich unfreiwillig mitanhören mußte.

Dienstag, 23. Dezember. Ging nicht an Land, da wir heute nach Syros abfahren sollten. Heute kamen zwei Passagiere an Bord, einer davon ein griechischer Offizier, ein seltsam aussehender Bursche. – Ungefähr um 3 nachmittags nach Syros aufgebrochen. Schöne Fahrt die Küste hinunter. Draußen blies ein Sturmwind, doch bis zum Morgen besserte sich das Wetter. Hier gibt es starke Winde von kurzer Dauer. Näherten uns Syros durch die Mykonos Passage, zwischen den Inseln Mykonos & Tinos. Viele andere Inseln liegen hier verstreut. Unter anderen Delos[67], die einen ziemlich verödeten Eindruck macht, wie blumenreich sie auch in der Sage sein mag, dennoch ein Bild der Verwüstung. Ich erfuhr, daß sie besonders unfruchtbar ist. Auch Patmos

67) Delos: der Sage nach eine schwimmende Insel, die von Poseidon angehalten wurde, um Leto als Zuflucht zu dienen. Leto gebar die Kinder des Zeus, Apollo und Artemis, auf Delos. Artemis (Diana, nach der römischen Überlieferung) wurde als Göttin der Jagd, später auch als Mond- und Fruchtbarkeitsgöttin verehrt.

ist nicht fern; noch eine entzauberte Insel. Tinos ist eine große Insel mit zahlreichen kleinen Häuschen (60 Stück, sagte man mir), keine Bäume, doch baut man hier Weintrauben an. Jedes kleine Dorf hat seine kleine Kirche. Tinos ist katholisch. Die Menschen leben ausschließlich von Landwirtschaft. Man sagt es gäbe 365 Inseln in der Ägäis, eine für jeden Tag im Jahr. Beim Einlaufen in den Hafen von Syros, erstaunte mich der Anblick der Stadt auf dem Hügel. Die Häuser schienen sich rundum an seinen Gipfel zu klammern, als sehnten sie sich verzweifelt nach Sicherheit, wie Schiffbrüchige um einen Felsen im tosenden Ozean. Ein Grieche an Bord erzählt mir, daß einige Griechen, die den Massakern von Chios & Mytilene[68] entkommen waren, sich 1821 hierher geflüchtet & die Stadt gegründet hatten. Syros ist der bedeutendste Ort in der Ägäis & vielleicht für ganz Griechenland, wenn man vom Handel ausgeht. Gingen um 12 mittags vor Anker. Man steckt uns für 24 Stunden in Quarantäne (beginnend mit der Abfahrzeit von Smyrna), obwohl es an Bord keinen Krankheitsfall gibt. Kapitän wütet wegen dieses Unsinns.

Mittwoch, 24. Dezember. Ist im vorherigen Eintrag enthalten.

Donnerstag, 25. Dezember. WEIHNACHTEN. Es zeigt sich, daß heute kein Feiertag für die Griechen ist. Oder sie richten sich nach dem alten Kalender; die Leute sind hier so geschäftig, daß es mir nicht gelingt zu

---

68) Auf Chios kam es 1822, im Zuge des Freiheitskampfes der Griechen gegen die türkischen Besatzer (1821 bis 1829), zu einem Massaker an der christlichen Bevölkerung. Dies war nur eine von vielen Greueltaten auf den Inseln der Ägäis, infolge einer durch die Türken ausgesprochenen »Fatwa« gegen die christlichen Inselbewohner.

erfahren, welcher gilt. – Ging an Land, um meine Eindrücke des letzten Aufenthalts aufzufrischen. Die Griechen aller gesellschaftlichen Schichten scheinen natürliche Dandys zu sein. Ihr Gewand, sogar die Arbeitskleidung, ist die eines Gentleman oder Flaneurs. Dieses fließende & elegante Kostüm, mit solchen Mengen an reiner Verzierung & so wenig für die Arbeit geeignet, muß ein Vermächtnis aus einem goldenen Zeitalter sein. Doch da es bis in die Gegenwart überlebt hat, bildet es einen höchst malerischen Gegensatz zu den Verrichtungen des Alltags. – Selbst einige der Ärmsten sind kuriose Beispiele eines Eindrucks, den man vielleicht als malerischen Verfall bezeichnen kann. Die Griechen haben eine besondere Vorliebe für Quasten. Das scheint symbolisch zu sein. Man sieht Leute am Kai spazieren, die ihre Quasten auf jede denkbare, verführerische Art zur Schau stellen, – halten sie zur allgemeinen Bewunderung hoch. – Am Kai der Zollbehörde liegen Tabakballen, Ölfässer und etwas, das man als Reihen toter Ziegenböcke bezeichnen könnte, doch sie erweisen sich als Ziegenbälger, die nicht mit Ziegenfleisch gefüllt sind, sondern mit dem Blut der Traube. – In den Cafés, viel Kartenspiel, den ganzen Tag. Syros ist das Handelsdepot für die ganze Ägäis. Sie exportieren Schwämme, Rosinen, Tabak, Früchte, Olivenöl, &c. Ihre Importe bestehen aus Eisenwaren & Stoffen, alles aus England. Sie haben hier eine ziemlich große Schiffswerft. Zwei griechische Kriegsschiffe liegen vor Anker; kleine Burschen, man könnte sie Kriegsjollen nennen. – Ein Anlaß dafür, die alte Stadt auf dem Hügel zu bauen, war die Angst vor Piraten & die Verteidigung gegen sie, ebenso gegen die Türken. Nachdem sich die Dinge besserten, wanderten sie bergab & bauten die neue Stadt an der Küste entlang. – Am Nachmittag kamen einige griechische Damen an Bord, Passagiere nach Alexandria. Um fünf nachmittags abgelegt – Lebewohl an Syros & die Griechen, & auf nach Ägypten & zu den Arabern.

Freitag, 26. Dezember. Letzte Nacht feierte der Kapitän mit einem Glas Champagner ein wenig Weihnachten. – Gegensatz zwischen den griechischen Inseln & dem Archipel Polynesiens. Die einen haben ihre Jungfräulichkeit verloren. Die anderen sind so frisch wie am ersten Tag. Erstere wirken abgenutzt und ausgedörrt, als würde das Leben weitergehen, nachdem die Lebensfreude vergangen ist. Jede einzelne sieht unfruchtbar & trocken aus. Sogar Delos, dessen Blumen einst durch Zauberei aus dem Meer sprossen, ist heute kahles Heideland & wer könnte, beim Anblick des öden, gelblichen Patmos, noch an den Besuch eines Gottes glauben[69]. – Keine Untiefen in der Ägäis; man kann an jede Insel nah heransegeln, was das Navigieren vereinfacht. Viele der Inseln aus reinem, weißen Marmor. Inselbewohner behalten den Ausdruck antiker Statuen. – Heute Morgen wurde ich vom Chefingenieur eingeladen, seinen Arbeitsbereich zu besichtigen. Die Heizöfen waren ein schreckenerregender Anblick. Ein Höllenschlund im Schiffsrumpf. Den ganzen Tag über Gegenwind & üble See. Die meisten Passagiere krank im Bett. Die Griechen lassen sich nicht blicken. Ziemlich nah an Skarpanti vorbei, – zerklüftet & öde – Rhodos in Sicht.

Samstag, 27. Dezember. Mit dem Wind beruhigte sich die See. Gegen Mittag, schönes Wetter, klare Luft & eine syrische Sonne, die ziemlich auf den Wangen brennt. Erwarten Alexandria früh morgens zu erreichen. Sah kurzen Eintrag über Jaffa in den »Naviga-

69) Patmos, von den Römern als »Toteninsel« bezeichnet, ist der Ort der Offenbarung des Apostel Johannes.

tionshilfen«[70]. Ältester Seehafen der Welt (einige meinen, es wäre schon vor Noah ein Hafen gewesen). Felsen & Sand, öder & trister Anblick. –

Sonntag, 28. Dezember. Früh am Morgen kamen wir in Sichtweite des Leuchtturms von Alexandria, und kurz darauf sahen wir die Säule des Pompeius[71]. Um 10 vormittags vor Anker gegangen. Mit dem Esel zum Hotel, in der Nähe Garten mit Dattelpalmen. Die Säule des Pompeius sieht aus wie eine Zuckerstange, an der man lange gelutscht hat. Nadeln der Kleopatra[72] – eine umgestürzt & zugedeckt. Ritt entlang des Ufers des Mahmudijakanals und zum Garten des Pascha.

Montag, 29. Dezember. Besuchte den Konsul wegen meines Passes. Mr. De Leon[73] war früher Politiker und

---

70) John Imray, London, publizierte solche Navigationshilfen. Etwa: *Sailing Directions for the Eastern Portion of the Mediterranean Sea.*

71) Die monumentale Säule des Pompeius an der Küste von Alexandria wurde eigentlich zu Ehren des Diokletian errichtet. Schon bevor er sie mit eigenen Augen sah, benutzte sie Melville oft als bildhaften Vergleich. So z.B. in *Mardi* (1849; Kapitel 79), *Redburn* (1849; Kapitel 41) und *Moby-Dick* (1851; Kapitel 103). In *Redburn* ist die Rede von zwei Säulen des Pompeius – eine offensichtliche Verwechslung mit den »Nadeln der Kleopatra«.

72) Die beiden »Nadeln der Kleopatra« genannten Obelisken standen in der Nähe des Zugangs zum Pharos, des antiken Leuchturm von Alexandria und stammen ursprünglich aus einer Zeit vor Kleopatra. Die noch stehende Säule wurde 1880 nach New York gebracht, die umgestürzte kam 1878 nach London.
Der Kanal, vom Statthalter des Osmanischen Reiches Mehmed Ali (1769–1849) zwischen 1817 und 1820 erbaut, verband den alten Hafen von Alexandria mit dem Nil. Diese Verbindung zum Hinterland ermöglichte einen wirtschaftlichen Aufschwung der Stadt.

73) Edwin De Leon (1818–1891) war von 1854 bis 1861 amerikanischer Generalkonsul in Ägypten. Durch seine Tätigkeit als Herausgeber war er mit vielen berühmten Schriftstellern seiner Zeit, wie Thackery, Charles Dickens, Alfred Tennyson und Nathaniel Hawthorne bekannt.

Schriftsteller in Washington. Traf Offiziere der U.S. Fregatte *Constellation*. Besuchte die Katakomben an der Küste.

Dienstag, 30. Dezember. Nach Kairo, wo ich um 4 nachmittags ankam. Im Sheperd's [Hotel] abgestiegen. Ging mit Dr. Lockwood[74] um den Häuserblock herum spazieren.

Mittwoch, 31. Dezember. Zu den Pyramiden; durch die Stadt zur Zitadelle[75] & zurück zu Sheperd's bei Anbruch der Nacht. – Werde niemals diesen Tag vergessen. Es schmerzt mich, daß ich wegen dem Dampfer nur einen Tag in Kairo bleiben kann.

DONNERSTAG, 1. JANUAR 1857. Von Kairo nach Alexandria. Im Viktoria Hotel eingekehrt.

Freitag, 2. Januar. Erwartete heute nach Jaffa auszulaufen. Doch der Dampfer kam nicht an. Verbrachte den Tag mit Lesen eines Buches über Palästina.

Samstag, 3. Januar. Der Dampfer nach Jaffa wird nicht vor Morgen auslaufen, so daß ich mich zwei Tage lang in Alexandria zu Tode langweile, die ich so wundervoll in Kairo hätte verbringen können. Doch Reisende müssen mit solchen Dingen rechnen. – Ich werde meine

---

74) John Alexander Lockwood (1811–1900) war zu jener Zeit Schiffsarzt auf der weiter oben genannten Fregatte *Constellation*. Melville kannte seinen Bruder Henry Hayes Lockwood von seinem eigenen Dienst auf der Fregatte *United States*, den er in *White-Jacket* (1850) beschrieb. Lockwood trat, wie Melville in seinem Roman, gegen Prügelstrafen in der amerikanischen Marine ein. Melville traf am 15. Februar 1857 noch einmal mit Lockwood zusammen.

75) 1066 von Sultan Saladin zur Verteidigung gegen die Kreuzritter erbaute Burg.

Eindrücke von Kairo ohne jede Ordnung notieren, bevor sie verblassen. – Es macht den Eindruck einer Kirmes, wie Bartholemew Fair – ein großer Maskenball der Sterblichkeit. – Einige der Hauptverkehrsstraßen sind ziemlich dick mit alten Planken & Matten bedeckt, so daß die Straße die Helligkeit einer geschlossenen Veranda hat. An einer Stelle erstrecken sich diese Matten von Moschee zur gegenüberliegenden Moschee. Die Häuser wirken wie eine Ansammlung alter Orchesterbühnen, Orgelemporen, Theaterlogen, – oder wie Haufen alter (grotesker) Möbel, die eine Dachkammer verstopfen & mit Staub bedeckt sind. Gitterwerk der vorspringenden Fenster. Mit kleinem viereckigem Loch, das gerade ausreicht, um den Kopf hindurch zu stecken. Kurioser Anblick der Frauengesichter, die daraus nach draußen blicken. Die meisten Häuser sind aus bräunlich weißem Stein gebaut. Einige der Straßen mit Privathäusern sind tunnelartig, da die gegenüberliegenden vorspringenden Fenster sich in der Höhe treffen &c. Mittags finster wie bei Nacht. Manchmal hohe, blanke Mauern – mysteriöse Passagen – verschwommene Einblicke in durch Schatten verdunkelte Höfe & Brunnen. Sehr viele unbewohnte Häuser in den eher menschenleeren Stadtteilen. Ihr staubiger, leichenhafter, monströser Anblick. Gespenstisch & von allem Unheimlichen durchtränkt. Spukhäuser & Cock Lanes[76]. Ruinen von Moscheen, Kuppeln eingefallen wie lecke Schiffswracks. Bei anderen, Obergeschoß leer & trostlos mit geborstenen Dachsparren & ausgebauten Fenstern; darunter Abfall, das schmutzige Leichenbegängnis der Religion. Straßen führen unter den Bögen der verlassenen Moschee hin-

---

76) Die Londoner Cock Lane, wo Dr. Johnson einen falschen Geist entlarvte, wird im Tagebuch 1849, am 10. November erwähnt. Siehe dort, Anmerkung 57.

durch. Die Tore trennen einen Stadtteil von dem anderen, Judenviertel. Eindruck der Hauptstraßen ähnlich den Straßen Londons am Samstagabend. Alle Welt tratscht & feilscht, – nur in malerischer Kostümierung. Die verkrümmten Straßen – Massenweise Blinde – für Blinde, die schrecklichste Stadt der Welt. Zu Mittag Fliegen auf ihren Augen. Natur nährt sich vom Menschen. Nebeneinander von Wüste & saftigem Grün, Pracht & Verfall, Düsternis & Fröhlichkeit; Zahlreiche Blinde gehen mit Führern umher. Kinder mit Augenkrankheiten. Zu viel Licht & keinen Schutz davor. – Lebhafter Eindruck der Bevölkerung. Türken in Droschken, mit osmanischen Kutschern & Dienern; lehnen sich stolz zurück & lassen ihren Blick mit der beständigen Miene von Eroberern über die Menschen schweifen. Lakaien rennen mit an der Spitze versilberten Bambusstöcken voran. Rasante Fahrt, Geschrei des Kutschers. Kamele transportieren Wasser in ledernen Schläuchen. Sie transportieren Strohsäcke – Esel sind bepackt mit frischem Gras. – mit Steinen – mit Töpfen – mit Gartengeräten – mit Hühnern in Weidenkörben – mit Babys in Körben – lange Karawanen von Eseln. Türke auf einem Esel, seine Pfeife senkrecht auf dem Sattelknauf ruhend. Ernst & friedvoll. – Das Altertum Ägyptens ist den Menschen eingeprägt. Die Straßen sind ein feiner Ort um Bärte zu studieren – Erscheinungsbild der Frauen. Ein Ding vor dem Gesicht. Schwarzer Krepp hängt herunter wie ein Elefantenrüssel. Juwelen im Überfluß. Messing im Gesicht. Bemalte Augenlider (schwarz) & Fingernägel (gelb) – Einige in feinen Seidengewändern & auf Eseln.

Aussicht von der Zitadelle. Von Saladin erbaut. Kairo ist zwischen zwei Wüsten eingepfercht – die eine führt nach Suez & zum Roten Meer, die zweite ist die Lybische Wüste. – Staubfarbene Stadt. Der Staub der

Jahrtausende. Der Nil – das Grün – Wüste – Pyramiden. Minarette anders als jene von Konstantinopel, welche wie Leuchttürme strahlen, – diese haben die Farbe von Asche, und sind wunderbar ehrwürdig. Zitadelle thront auf Felsgestein. Im Inneren, Mauer von verfallenen Befestigungen. Man steht auf dem Fundament eines Vorhofs einer Moschee, der als Aussichtsplattform dient, und blickt 200 Fuß steil nach unten, auf die Dächer verlassener Häuser, auf einen ungeheuren Platz voller Menschen, und nahe der Stelle, wo der Mamelukke sein Leben durch einen Sprung seines Pferdes rettete[77]. Moschee (neu) prächtiger Hof & Säulengang. Im Inneren grün & golden. Rechteckig mit vier Halbkuppeln. Großartige Säulen. Alabaster. Daraus könnte man Broschen fertigen. Hassan Moschee auf dem Platz unter der Zitadelle. Die schönste in Kairo.

PYRAMIDEN. Zusammen mit Offizieren auf Eseln hingetrabt. Schnell vorüberziehende Menschenmassen auf der Straße; die jungen Eseltreiber hinterher &c. In frohgemuter Feiertagsstimmung an den ewig trauernden Pyramiden angekommen. In Booten über den Nil. Insel Roda. Pavillons & Kioske & Gärten. Auf Eseln übergesetzt, reißende Strömung, schlammige Ufer. Pyramiden scheinen aus der Entfernung purpurrot wie Berge. Wirken hoch & spitz, werden aber flacher & niedriger, wenn man näher heran kommt. Dunst unterhalb der Spitzen. Milane jagen & ziehen ihre Kreise in der Höhe, genau über der Spitze schwebend. An den Stufenkanten wie geborstene Klippen. Überhängende

---

77) Der Mamelukke Emin Bay war am 1. März 1811 einem durch Mehmed Ali angeordneten Massaker an aufständischen Söldnern durch einen Sprung von der Mauer der Zitadelle entkommen. Melville verwendete diese Geschichte auch in *Clarel* (Teil I, 21.30-39).

Felsplatten, nur durch Mörtel festgehalten. Blick zur Seite auf halber Höhe. Pyramiden auf einer großen Hügelkette aus Sand. Man verläßt die Kante und steigt kleine Hügel aus Sand & Asche & zerbröckelten Mörtel & Tonsplittern hinauf bis an einen bestimmten Punkt, & dann der Stufe entlang zu einem Pfad &c. Wege im Zickzack. So viele Routen wie zur Überquerung der Alpen – der Simplon, der große St.Bernhard &c. Maulesel in den Anden. Höhlen – Plattformen. Auf halber Höhe sieht es größer aus als von der Spitze oder von unten. Abgrund an Abgrund, Klippe an Klippe. Nichts natürliches kann solch eine Vorstellung von ungeheurer Größe vermitteln. Ein Ballon für den Aufstieg. Anblick hinaufsteigender Menschen. Arabische Führer in flatternden weißen Mänteln. Wie von Engeln himmelwärts geleitet. Sehr sorgsame Führer. Ruhepause. Schmerzen in der Brust. Erschöpfung. Schnell voran. Nur der Phlegmatiker schreitet gemächlich. Alter Mann, beseelt vom Geist der Jugend – wartete lange auf diese Chance – wagte den Aufstieg, bis zur Mitte – konnte nicht weiter – wurde heruntergebracht. Versuchte ins Innere zu gehen – fiel in Ohnmacht – wurde herausgebracht – lehnte gegen die Pyramide, nahe dem Eingang – totenbleich. Nichts könnte mehr Mitleid erregen. Zuviel für ihn; bedrückt durch Masse & Mysterium der Pyramiden. Genau wie ich. Ein Gefühl des Staunens & Schreckens kam über mich. Grauen vor den Arabern. Boten an, mich in eine Seitenhöhle zu führen. Der Staub. Langer überwölbter Gang, – dann hinunter wie in einen Kohlenschacht. Für einen Augenblick wie in der Mammuthöhle. Unterirdische Schluchten &c. Dann wie in Bergwerken, unter dem Meer. Das Bücken & Haken schlagen. Mich fröstelt beim Gedanken an die alten Ägypter. In diesen Pyramiden geschah es, daß die Vorstellung von Jehova ersonnen wurde. Furchtbare Mischung aus Geschicklichkeit & Scheußlichkeit. Moses war mit all dem Wissen der Ägypter vertraut. Die Vorstellung von Jehova wurde hier geboren. – Als ich auf der Spitze war, hielt ich es für nicht besonders hoch – setzte mich an den Rand. Blickte nach unten – langsam zunehmende Nervosität & schließlich Schwindel & Entsetzen. Eingang der Pyramiden wie eine Kohlen- oder Holzrutsche. Schrecklicher Ort um ermordet zu werden. So lange die Erde besteht, wird eine Spur der Pyramiden bleiben. Nichts als Erdbeben oder geologische Umwälzung kann sie auslöschen. Nur Menschen hinterlassen solche Spuren, sowohl durch ihre Bauwerke als auch ihre Religion (durch Moses). *Die Farbe der Pyramiden gleicht jener der Wüste.* Einige der Steine (nur wenige) sind bröckelig; die meisten sind so solide wie seit jeher. Das Klima ist für sie günstig. Pyramiden nicht in einer Reihe. Zwischenraum, wie Paß in den White Mountains. *Keine Spur von Moos darauf. Nicht die winzigste. Andere Ruinen, von Efeu überwachsen. Trocken wie Zunder. Kein Fleckchen grün.* Die Araber klettern sie hinauf wie Ziegenböcke, oder jedes andere Tier. Einer runter & der andere hoch. Immer noch sehe ich die Pyramiden vor mir aufragen – etwas Ungeheures, Unbeflecktes, Unverständliches und Schreckliches. An diesen Stufen ruhte Jakob. Die Grenze zwischen Wüste & Vegetation ist klarer als jene zwischen Gut & Böse. Eine plötzliche Kollision feindlicher Elemente. Eine große Woge aus Wüstensand schwebt, wie kurz vor dem Herabstürzen, ewig über der Vegetation Ägyptens. Gras in der Nähe der Pyramiden, doch wird es sie nie berühren – als hätte es Angst oder verspüre Ehrfurcht vor ihnen. Die Wüste ist ein noch schreckenerregender Anblick als der Ozean. Theorie über den Zweck der Pyramiden. Verteidigung gegen die Wüste. Eine Reihe davon. Absurd. Könnten zusammen mit der Schöpfung erschaffen worden sein. *Die Sphinx.* Rücken zur Wüste & Gesicht zur Vegetation. Felsgestein. – Man reitet zwischen Palmen zu den Pyramiden. Man wird über den Schlamm getragen &c. Von Arabern. Zwei schwarze Scheichs in schwarzen Gewändern. – *Der Ritt zu den Pyramiden.* Vorbei an einer Reihe von Vorstädten & Dörfern – hohe Mauern mit Dattelpalmen dahinter oder schweren Weinreben, die über die Mauer hängen. Über Brücken, die Gesellschaft zwängt sich zusammen & strebt in unordentlicher Zerstreuung wieder auseinander. Das Aquädukt. Die Tore. Vorbei an Palmenhainen, wie der Tempel der 1001 Säulen. Schönheit der Vororte Kairos. Lange Alleen von Akazien; Johannisbrotbäume &c.

Straße nach Schubra. Vorbeiziehende Menschenmengen.

Leben im Hotel. Größe des Sheperd's [Hotel], hohe Decken, Steinböden, Eisenbetten, keine Teppiche, dünne Matratze, keine Federn, Markisen, Moskitonetz. – Alles weist auf die Tropen hin. Und daß man sich im Orient befindet, beweisen die frischen Datteln, die als Nachtisch serviert werden, Wasser in Steinkrügen – (kühl) von Arabern aufgewartet – Dragomanen – Händeklatschen, um nach Bediensteten zu rufen. – Prächtige Szenerie beim Abendessen – man kann kaum glauben, daß man sich nahe den Pyramiden befindet. Doch ein wenig Ruhe in dieser anspruchsvollen Umgebung.

– *Erscheinung des großen Platzes.* Bei der Ankunft in Kairo Halbmond & Stern gesehen – Wappen des Sultans am Himmel. Große Ausdehnung des Platzes. Ein Kanal rundherum. Liegt niedriger als die Wege, die außen herumführen. Alleen aus Akazien & anderen Bäumen. Sträucher. Wie auf dem Land. Keine Zäune. Die Buden & Cafés. Artisten, Jongleure, Akrobaten, Raucher, Tänzer, Pferde, Schaukeln (mit Glöckchen), Sorbett, &c. Hübsch am Abend. Am Morgen, goldenes

Sonnenlicht durch das Laub. Sanfte, verschwenderische Pracht der Morgenstunden. Feucht von Tau. Ein Paradies, geschmolzen & in den Himmel gegossen. Sanfte Trunkenheit; kein Wunder, daß diese Menschen niemals Wein trinken. Wunderte mich über die Männer im Hotel, die Wein tranken.

Beschreibung von Esel & jungen Eseltreibern. Wundervolle Geduld der beiden. Rennt wie ein Hirsch (der Junge). Stock in der Hand, barfuß & nackte Beine. Schlägt den Esel, spricht mit ihm, macht Einwände, gibt Ratschläge. Esel schweigt. Siehe Konstantinopel. Alle stoßen ihn herum. Der Esel ist einer der feinsten Burschen auf der Welt. Die Geduld & Ehrlichkeit des Esels ist der Grund, warum man ihn so mißhandelt & verachtet. Er ist so nützlich & unentbehrlich, daß er geschmäht wird. Er ist ohne jede Widerspenstigkeit. Muster an Ehrlichkeit &c. Und was seinen Schrei angeht, der ist urägyptisch. Ihre Sättel sind ziemlich merkwürdig. Hoher, kugelförmiger Sattelknauf. Esel sind umwerfend. Ich liebe sie sehr. Mietesel.

Das Winterklima in Ägypten ist die Herrschaft des Frühlings über die Erde, & Sommer liegt in der Luft, und Ruhe in der Hitze.

Fahrt von Kairo nach Alexandria. Das Delta. Wie die Mohawk Flats[78] im Frühling. Boden wie feuchter, pulverisierter Dung. Wirkt wie umgegraben. Scheune. 4 Ernten im Jahr. Zuckerrohr, Weizen, Baumwolle – Dörfer aus ungebrannten Ziegeln. Wespennester & Schlammhaufen. Biberdämme. Taubenschläge, auf Wohnhäusern. Dächer mit Haufen von Schoten & Stroh bedeckt. Keine Zäune. – Vieh in Reihen angebunden & frißt alles kahl und trottet weiter. Büffel,

78) Melville vergleicht das Nildelta wegen seiner Fruchtbarkeit mit den Mohawk Flats, am Mohawk River nahe Schenectady im U.S. Staat New York. Es gab jedoch nur zwei Ernten im Jahr, keine vier.

Kamele, Esel. Palmen. Dörfer wie Sandbänke aus der Ferne. In der Nähe von Kairo lange Alleen (über dem Erdboden erhöht), Menschenmengen, die in weiten Entfernungen hin & zurück passieren. Militärisches Feldlager. Weiße Soldaten. Kavallerie in langer Reihe. Kanal. Boote mit Lateinsegeln, (lange) Rahe wie Ziehstange bei Brunnen. Kanal fließt zwischen Sandhügeln. Kanal durch Graben der Eisenbahnlinie. Bewässerung. Schöpfen von Hand & mit Maschinen. Passagiere 3. Klasse. Auf den Dächern der Waggons. Lärm & Durcheinander der Soldaten. Extradach auf Waggons. Ein Türke hockt mit seiner Pfeife im Gepäckwagen auf einem Teppich. Passagiere 2. Klasse. Türkisch & Ägyptisch. Klirren der Krummsäbel & Aufblitzen der Seide. Rauchen. Überquerung des Nils. Maschinen. Der Waggon (1.Klasse) wirkt genau wie in England. Alles andere ägyptisch. Ein unwirklicher Eindruck & ein Panorama, das mit der Säule des Pompeius beginnt & mit Cheops endet.

Alexandria. Scheint mit dem Schutt der Ruinen von tausend Städten bedeckt zu sein. Jede Schaufel voll Erde durchwühlt. Der Boden aus tiefem Lehm sieht geschichtsträchtig aus. Der große Platz. Belebter Eindruck. Araber an Fenstern blicken hinunter. Der Mittelpunkt der Stadt ist das Meer. Katakomben am Ufer. Erweiterung der Eisenbahnstrecke verläuft gerade hindurch. Weite Flächen. Wundervolle Erscheinung des Meeres zur Mittagszeit. Himmel & Meer verschmelzen ineinander. Säule des Pompeius, wie eine große, abgelutschte Zuckerstange. Die Nadeln der Kleopatra umgeben von Bruchbuden. Ein [Obelisk] umgestürzt & zugedeckt. Das Seufzen der Wellen. Die Schreie der Nachtwächter. Laternen. Mörder. Sonnenstiche.

Ein Kleckser aus preußisch Blau.

Die Pyramiden. Die Steinreihen wirken weniger wie Schichten von Mauerwerk als wie Gesteinsschichten.

Der lange Abhang aus Klippen & Abgründen. Die ungeheure Fläche. Keine Mauer, kein Dach. In anderen Gebäuden, wie groß sie auch sein mögen, gewöhnt sich das Auge allmählich an die Wahrnehmung der Größe, indem es von Abschnitt zu Abschnitt schweift. Doch hier gibt es kein Verweilen oder eine Unterteilung. Es heißt alles oder nichts. Es ist nicht das Gespür für Höhe, oder Breite oder Länge oder Tiefe, das geweckt wird, sondern das Gespür für Unermeßlichkeit. Nachdem man die Pyramide gesehen hat, scheint alle andere Architektur wie Backwerk. Obwohl ich nur so wenig Zeit hatte, die Pyramide anzuschauen, bezweifle ich, daß ein längeres Verweilen auf ihr zu einem präziseren Eindruck geführt hätte. So wie beim Ozean, lernt man auch bei der Pyramide in den ersten fünf Minuten, die man darauf blickt, so viel über die Ausdehnung wie in Monaten. Da der Mensch es für vergeblich hielt, es mit seiner Gesamtgröße aufzunehmen, machte er sich daran, ihn auszuloten & seine Dichte zu messen. Genauso bei den Pyramiden; man mißt das Fundament & berechnet den Umfang der einzelnen Steine. Ihre Schlichtheit ist verblüffend. Sie verweigert sich dem Forschen oder dem angemessenen Begreifen. Immer noch ragt sie in meiner Vorstellung vor mir auf, düster & unwägbar. Das Abreißen der äußeren Schicht hat ihr nichts von ihrer sichtbaren Größe genommen, obwohl die entfernten Steine ausreichen, um eine ummauerte Stadt damit zu bauen. Es hat die gegenteilige Wirkung. Würde die Pyramide eine glatte Außenfläche zeigen, würde sie sicherlich genausowenig eindrucksvoll sein wie der Ozean ohne Wellen. Eine öde Flaute aus Stein. Doch nun sorgen majestätische Furchen für Abwechslung. In den Lobreden auf die außergewöhnlichen Bauwerke der Menschheit heißt es, sie würden die Vorstellungskraft anregen wie die Werke der Natur. Die Pyramide bewegt einen jedoch kaum auf die eine, noch auf die andere Weise. In der Vorstellung hat der Mensch genauso wenig damit zu tun wie die Natur. Es war jenes übernatürliche Wesen, der Priester. Diese weisen Männer der Ägypter müssen eine unfaßbare Erfindungsgabe gehabt haben. Und man meint zu begreifen, daß genauso wie sie durch Kunstfertigkeit aus den rohen Formen der unberührten Erde das transzendente Novum der Pyramide erschaffen konnten, es ihnen durch eine analoge Kunstfertigkeit gelang, aus den ungeschliffenen Brocken unbedeutender Gedanken, die alle Menschen haben, einen transzendenten Gottesbegriff hervorzubringen. Doch die Pyramide wurde nicht errichtet, um heiligen Zwecken zu dienen.

Die meiste Zeit des Tages wirft sie keinen Schatten. Forscher beginnen 30 Meilen weit in der Wüste[79].

4. Januar, 1857. Von Alexandria nach Jaffa ausgelaufen. Passage 2. Klasse. Viele der Deckpassagiere sind Türken &c.

5. Januar. Schöner Tag & warm. Die ganze Zeit an Deck.

6. Januar. Früh am Morgen geriet Jaffa in Sichtweite. Rollende Dünung, und sah die Brandung vor der Stadt. Landung, nicht ungefährlich, – Bootsleute (Araber) spekulierten auf meine Furcht und erprobten ihre Scherze an mir. Gerissene Hunde! – Bezahlte einen jü-

---

79) Voraussetzung für die Erforschung der Pyramiden war der Ägyptenfeldzug Napoleons 1798/99. Nach der Gründung des Ägyptischen Instituts in Kairo, zu Beginn des 19. Jahrhunderts, begann die systematische Erforschung des antiken Ägypten durch Archäologen wie Jean-Francois Champollion, der die Hieroglyphenschrift entzifferte. In der Mitte des 19. Jahrhunderts leitete Auguste Mariette verschiedene Ausgrabungen in Edfu, Karnak und Der-el-Bahri.

dischen Dragoman, um mich nach Jerusalem zu führen[80]. – Durchquerte die Ebene von Saron in Sichtweite der Berge von Ephraim. Kam in Ramla an & stieg in einem angeblichen Hotel ab. Bei Tisch über zerbrochenem Geschirr & kalten Speisen, verpestet von Moskitos & Fliegen, sagte der Dragomane, »Dies Araber nix wissen wie Hotel führen«. Ich war ganz seiner Meinung. Nach einer schrecklichen Nacht, um 2 Uhr früh in den Sattel nach Jerusalem. Die drei Schatten schritten über die mondbeschienene Ebene. Mond ging unter, alles finster. Bei Tagesanbruch merkten wir, daß wir gerade die Berge erreichten. Der Morgen im blassen olivgrau. Verwitterte & wüste Landschaft. Frühstück an einer Ruine einer Moschee – Höhle. Heißer & beschwerlicher Ritt über die kahlen Hügel. – Kam gegen 2 nachmittags in Jerusalem an. Im *Mediterranean Hotel* abgestiegen. Inhaber ist ein deutscher konvertierter Jude namens Hauser. Das Hotel überblickt auf einer Seite den Teich von Hesikia (Balkone), ist nahe dem koptischen Konvent, liegt an einer Straße mit Namen Straße der Patriarchen, die von der Davidsstraße abzweigt. Von der Plattform vor meiner Kammer hat man eine beachtliche Aussicht auf die beschädigte Kuppel der Grabeskirche & den Ölberg. Gegenüber dem Haus ist ein leerer Platz, die Ruine eines alten katholischen Konvents, von irgendeinem Feind vor Jahrhunderten zerstört & seither nicht wieder aufge-

---

80) Der Ritt von Jaffa nach Jerusalem konnte zwischen zwölf und sechzehn Stunden dauern. Für Touristen war es unüblich, in arabischen Herbergen Station zu machen. Zu diesem Zweck standen in Ramla ummauerte Klöster und Hospizen zur Verfügung. Die Ebene von Saron wird von Pfeiffer (1844) als »sehr fruchtbare und bewohnte Gegend« beschrieben. Ein »Dragoman« ist im Arabischen ein einheimischer Dolmetscher. Mit Erinnerungen an die Reise von Jaffa nach Jerusalem beginnt auch Melvilles Versepos *Clarel* (Teil I, 1. Strophe).

baut. Der Hausherr bezog die beschädigte Kuppel auf den Beginn des Krieges mit Rußland[81]. Immer noch im selben Zustand wie damals. Spazierte hinaus zum Nordteil der Stadt, doch meine Augen waren von dem langen Tagesritt über die öden Hügel im gleißenden Sonnenlicht so mitgenommen, daß ich ins Hotel zurückkehren mußte.

7. Januar. Den ganzen Tag mit dem Dragoman über die Hügel gewandert.

8. Januar. Ebenso

9. Januar. Dachte, ich wäre der einzige Fremde in Jerusalem, doch diesen Nachmittag kam ein Mr. Frederick Cunningham[82] aus Boston von Jaffa herüber, ein sehr einnehmender junger Mann, der erfreut schien, einen Kameraden & Landsmann zu treffen.

10. Januar. (Einige Irrtümer in der Datierung, die ich jetzt nicht berichtigen kann.[83]) Verbrachte die verbliebenen Tage bis zum 18. Januar damit, in der Stadt umherzuwandern & den Jordan & das Tote Meer zu besuchen.

---

81) Gemeint ist der Krimkrieg, der im Oktober 1853 zwischen dem osmanischen Reich und Rußland ausgebrochen war. Palästina und Jerusalem waren Teil des osmanischen Reiches. Anlaß des Krieges war der Streit zwischen griechisch-orthodoxen und römisch-katholischen Mönchen um die Nutzung heiliger Stätten in Jerusalem.

82) Frederick Cunningham (1826–1864), Sohn einer reichen amerikanischen Kaufmannsfamilie.

83) Ab dem Eintrag vom 7. Januar ist die korrekte Datierung jeweils ein Tag später. Es ist also inzwischen der 11. Januar. Die folgenden Datierungen Melvilles sind ebenfalls nicht korrekt. Es handelt sich tatsächlich um den Zeitraum vom 18. bis zum 23. Januar (bei Melville ist es der 19. bis 25. Januar).

19. Januar. Verließ Jerusalem mit Mr. Cunningham & seinem Dragoman – der Druse, Abdallah[84] – Übernachteten im griechischen Konvent in Ramla. Nicht geschlafen. Alter Mönch wie Ratte. Behandlung gegen Schorf. Brief vom griechischen Patriarchen[85]. Gräfin übernachtet hier. – Vor der Einkehr in den Konvent, die Ruine der Moschee (?) & des Turms von Ramla besichtigt[86]. Ein kurioser Anblick.

20. Januar. Ritt von Ramla nach Lydda. Ein Raubüberfall einer Bande Araber auf eines der Dörfer in der Nähe versetzt das ganze Land in Aufregung. Die Leute reisen in Gruppen. Wir ritten in einer Kolonne des Sohns des Gouverneurs nach Lydda. Eine berittene Eskorte von ungefähr 30 Mann, alle bewaffnet. Schöner Ritt. Musketenschüsse. Kruppaden & Kapriolen der Reiter. Vorreiter. Reiter wandten sich nach einer Seite, die Gefahr verhöhnend. Ritten zu einer Gruppe Kakteen, verhörten sie & schossen mit ihren Pistolen darauf. Bei der Ankunft in Lydda entlud der Sohn des Gouverneurs alle Trommeln (der Revolver) in eine

---

84) Abdallah ist das Vorbild für den libanesischen Drusen Djalela in *Clarel* (II.1-4.), der die Pilger während ihrer Reise führt und beschützt. Die Drusen sind eine mohammedanische Sekte, die, besonders im Europa des 19. Jahrhunderts, wegen ihrer Tapferkeit und Freiheitsliebe verklärt und mystifiziert wurde. Die Religion der Drusen enthält mohammedanische, christliche und magische Elemente, wie etwa den Glauben an Seelenwanderung. Der Name der Sekte geht auf den Magier Mohammed ed Derezi zurück.

85) Für die Übernachtung im Konvent benötigte man einen Brief des griechisch-orthodoxen Patriarchen in Jerusalem. Erwähnt in *Clarel* (III.10.57), wo ein solcher Brief bei der Ankunft in Mar Saba vorgezeigt wird.

86) Die Weiße Moschee von Ramla. Der Turm, bekannt als »Turm der vierzig Märtyrer« und »Weißer Turm« wurde später, zwischen 1268 und 1318, vom Mamelukkensultan Baibars erbaut. Die Kreuzritter nutzten den Turm als Kirche (darum vielleicht das Fragezeichen Melvilles).

Pfütze – & wir gingen, die Ruine der Kirche von Lydda zu besichtigen. Eindeutig aus der Zeit der Kreuzritter. Ein wundervoller Ritt über die Ebene von Saron nach Jaffa. Jede Menge rote Mohnblumen. (Rose von Saron?[87]) Traf die Reisegesellschaft aus Petra in Jaffa. Am Nachmittag badete ich im Mittelmeer. Inspizierte einige alte Mauerruinen, an & im Meer.

22. Januar. Mr. Cunningham & die Reisegesellschaft aus Petra fuhr heute nachmittag mit dem französischen Dampfer nach Alexandria ab. Ziemlich stürmische Abreise. Nachdem sie gegangen waren, kehrte ich zu dem sogenannten »Hotel« zurück und stieg auf das Dach des Hauses – die einzige Promenade der Stadt. – Jaffa liegt auf einem Hügel, der steil aus dem Meer aufragt & sich landeinwärts zur Ebene von Saron hin abflacht. Die Stadt ist ummauert & mit einer Garnison belegt. Die Häuser, alt, dunkel, mit Bögen & Gewölben, und aus Stein. Das Haus, in dem ich logiere, krönt den höchsten Punkt des Hügels & überragt alle anderen in der Umgebung. Von seinem Dach aus sehe ich das Mittelmeer, die Ebene, die Berge von Ephraim. Eine wunderbare Landschaft. Der nächste Ort im Norden ist Beirut; im Süden Gaza – jene Stadt der Philister, deren Tore Samson auf seine Schultern nahm. – Ich bin der einzige Reisende, der sich in Japho aufhält. Ich bin einsam und alleine, & fange an, mich wie Jona zu fühlen[88]. Der Wind wird stärker, die Dünung des Meeres nimmt zu, & schlägt in Sturzwellen auf das

87) Die »Rose von Saron« wird auch am Anfang von *Clarel* (1876) erwähnt, kurz vor der Ankunft Clarels in Jerusalem (I.1.38-40); ebenso die wild um sich schießende Eskorte, welche die Pilger durch die Wildnis nach Mar Saba begleitet (II.13.47-63).

88) Der biblische Jona flieht vor Jahwe nach Japho (Jaffa), um nicht in Ninive predigen zu müssen (Jona 1,1-3). Vgl.: die Predigt von Father Mapple in *Moby-Dick* (1851), 9. Kapitel.

Felsenriff, einen Zwiebackwurf weit vom Hafendamm entfernt. Die Brandung führt eine große Fläche aus Gischt entlang des Strandes mit sich – nach Nord & Süd, so weit das Auge reicht.

23. Januar. Konnte letzte Nacht nicht schlafen, wegen der Flöhe. Früh aufgestanden & aufs Dach gestiegen. Immer noch starker Wind & hohe See. Kein Schiff kann bei diesem Wetter auslaufen.

Heute in dieses Tagebuch (Jerusalem) geschrieben. Am Nachmittag Mr. & Mrs. Saunders[89] in der amerikanischen Mission außerhalb der Stadtmauer besucht. – Die trostlose Geschichte ihrer Erfahrungen. Man könnte genausogut Ziegelsteine in Hochzeitskuchen verwandeln wie Orientalen in Christen. Es ist gegen den Willen Gottes, den Orient zum Christentum zu bekehren. Mrs. S., eine interessante Frau, nicht ohne Schönheit, und vom Schlage der Heldinnen, oder wäre es gerne. Ein Buch mit dem Titel »Buch der weiblichen Helden« lag auf ihrem Tisch. Ich war für sie der Exponent ihrer Bestrebungen. Sie sprach zwei Stunden lang, zu mir allein; ich hörte nur zu. Mr. S. kam herein. Ein Mann von schwacher Natur, & durch Krankheit noch mehr geschwächt; aber würdevoll. Ein Seventh Day Baptist – Gott helfe ihm! Eine Miss Williams, eine ältere Engländerin, eine Art Religionslehrerin, begleitete uns auf einem Spaziergang durch die Orangenhaine.

---

89) Charles Saunders (1811–1876) und seine Frau Martha (1813–1883) waren amerikanische Missionare, die gemäß der baptistischen Lehre versuchten, Juden und Araber zu bekehren, indem sie ihnen zunächst fortschrittliche landwirtschaftliche Praktiken vermittelten. Saunders war eine Zeitlang Vize-Konsul in Jaffa. 1860 kehrte das Ehepaar nach sechs Jahren in die USA zurück, ohne nennenswerte Erfolge erzielt zu haben. Das erwähnte Buch von Martha Saunders war wahrscheinlich eine populäre Sammlung mit Biographien weiblicher Missionare. Horsford (1955) nennt z.B.: *Heroines of the Missionary Enterprise*, (1850).

24. Januar. Letzte Nacht nicht geschlafen – einzige Unterhaltung ist das Schneiden von Tabak & die sechs Fenster meines Zimmers im Auge zu behalten, das einem Leuchtturm gleicht – & der Brandung lauschen & dem Wind. Das authentische Jona-Gefühl, noch dazu in Jopha, macht diese Erfahrung im selben Sinne wertvoll wie, nach Byrons Worten, das Gefühl zu Morden dem Preis einer Gerichtsverhandlung entsprechen würde[90]. – Jopha ist garantiert vorsintflutlich – ein Hafen vor der Sintflut. Es gibt keine Antiquitäten, die der Rede wert wären – die Stadt ist viel zu alt. Allerdings habe ich das angebliche Haus von Simon dem Gerber besucht[91] – »am Meer« & mit einer Mauer. Nun steht dort eine Moschee & ein Schrein. Durch die Aussicht auf einen verlängerten Aufenthalt wegen der Brandung, in diesem einsamen alten Jopha, habe ich einen solchen Groll – daß es mir nur mit eiserner Selbstkontrolle & grimmiger Verachtung gelingt, gelassen & ruhig zu bleiben. – Der Dachbalken, der über mir quer durch mein Zimmer führt, stammt garantiert aus einem Schiffswrack – die Holznägellöcher sind der Beweis. Im rechten Türsturz ist eine Phiole eingemauert, & enthält eine Rolle mit heiligen jüdischen Texten – ein Talisman. Der Inhaber dieser Herberge ist ein Jude. Alles zusammen sorgt für das alte – das echte, alte Jonah-Gefühl.

25. Januar. Freitag. Gott sei Dank, konnte ich letzte Nacht schlafen. Windstärke & Seegang haben abgenommen. Wunderschöner Tag, aber feuchter Boden.

---

90) Dieses Zitat geht wahrscheinlich auf eine der zahlreichen Byron-Biographien zurück. In den Briefen und Tagebüchern ist dieser angebliche Ausspruch Byrons nicht zu finden.

91) Nach *Apostelgeschichte* 9,43 wohnte Petrus in Jopha (Jaffa) bei einem Gerber namens Simon. Siehe auch: *Apostelgeschichte* 10.

Die Regenschauer gestern Abend waren wie unsere Junischauer. – Aufs Hausdach gestiegen. »Halsband aus Diamant« von Dumas[92] gelesen – Cagliostros Rede im Anfangskapitel, ausgezeichnet. – Spazierte hinaus & schaute mir die Felsen vor der Stadt an. Nach dem Essen ging ich mit Mr. Saunders zu Mr. Dickson[93].

26. Januar. (Samstag) – Bravo! – Diesen Augenblick, als ich mich gerade hinsetzte, um ein wenig zu kritzeln, höre ich, daß der österreichische Dampfer in Sicht ist, & gehe zum Fenster, ihn zu sehen. – So enden also beinahe sechs Tage in Jopha. – Heute Morgen sehr klar, & vom Hausdach aus, glaubte ich *Libanon zu erkennen – den Berg Hermon.* Er könnte es sein – denn sein Gipfel ist schneebedeckt. (Er ist es nicht – ein Irrtum). 11 vormittags. Kehrte gerade von einem Spaziergang zurück. Dampfer kommt näher. Wieder amüsierte ich mich über die kuriose Schule, die in einem Hühnerstall unter schattigen Bögen nahe dem Stadttor untergebracht ist. Alter türkischer Lehrer, vor sich hin rauchend, ernst wie immer. – Nahm Boot & ruderte hinaus zu den Felsen vor dem Hafen. Sie tragen keinerlei Anzeichen, um zu bestätigen, daß es sich um Ruinen eines antiken Hafenpiers handelt, oder Ruinen irgendeines Kunstwerkes. (Pier von Jona.) Es ist das Überbleibsel eines Felsenriffs, abgetragen durch den beständigen Schliff des Meeres, bis es den Anschein erweckt, die Ruine eines alten Piers zu sein. Auf einige Entfernung sehen

---

92) Alexandre Dumas d.Ä.: *Le Collier de la Reine* (1848–50; dt.: Das Halsband der Königin). Historischer Roman um die Halsband-affaire von Marie-Antoinette und Teil eines mehrbändigen Zyklus, der zur Zeit der französischen Revolution spielt und durch die Gestalt des Scharlatans Cagliostro verknüpft ist.

93) Walter Dickson aus Massachusetts versuchte, gleich dem Ehepaar Saunders, moderne Landwirtschaftsmethoden in Palästina einzuführen.

die Felsen nur noch wie Dreckhaufen aus, von derselben Farbe. Sind aber in Wirklichkeit außerordentlich hart & rauh. Einige sehen wie Vulkangestein aus. Während ich mich am Wasser aufhielt, sah ich Männer Müllsäcke in den Hafen entleeren; so ist es nun einmal. Eine enorme Verbesserung, das ist es. – Amüsierte mich mit Inschriften & Bekenntnissen von Leuten, die in diesem Hotel übernachtet haben. »Ich war *hier*, in diesem Hotel &c&c.« Aus all dem könnte man eine komische Sache machen. Gib den Bekenntnissen einen religiösen, bußfertigen & zweideutigen Ton, der eigentlich dem Gastgeber schmeichelt, in Wirklichkeit aber das Lokal schmäht. – Strahlende Sonne & leuchtendes Meer. Man scheint auf alles wie durch ein Vakuum zu blicken. Die See ist wie ein großer Kleckser preußisch Blau.

Von Jerusalem zum Toten Meer &c[94]

Über den Ölberg beim Stephanstor nach Bethanien – auf einem Hügel – elendes Araberdorf – schöne Aussicht – Grab des Lazarus, nur eine Höhle oder Zelle – weiter, in Täler hinab & über Hügel – allesamt kahl – Bach Kidron – ungeheure Tiefe – schwarz & wie ein Grab – Tal von Josaphat, wird immer diabolischer, je näher es ans Tote Meer kommt – Ebene von Jericho – wirkt grün (teilweise), ein Obstgarten, aber nur Apfelbäume von Sodom[95] – Ebene von Jericho gleicht Ebene von Saron auf der anderen Seite der Berge. Berg der

---

94) Die Stationen der Rundreise durchs Heilige Land entsprechen jenen der Pilgerfahrt in *Clarel* (1876). Die vier Teile des Versepos – »Jerusalem«, »The Wilderness«, »Mar Saba«, »Bethlehem« – nennen die wichtigsten Reiseabschnitte.

95) Eine Anspielung auf die Äpfel, die im Mund zu Staub zerfallen, in John Miltons *Paradise Lost* (Vgl. Anm. 97). In der Bibel werden keine Apfelbäume, nur die Fruchtbarkeit der Jordanebene, vor der Zerstörung von Sodom und Gomorra, erwähnt.

Versuchung – ein schwarzer, öder Berg – nichts zu sehen, außer dem Toten Meer, Mündung des Kidron – eine große Versuchung – dummer Satan – es war doch ein vorgegaukeltes Traumbild – warum ihn also auf den Berg hinauf bringen? Die *eigentliche Sache* war das Traumbild. – Wo das Kidrontal sich zur Ebene von Jericho hin öffnet, sieht es aus wie die Tore zur Hölle. – Turm mit rauchenden Scheichs & Hütten darauf – dicke Mauern – Tal von Jericho – Ruinen am Abhang des Hügels – Zelt – gutes Essen – vergnügte Zeit – am Zelteingang sitzend, mit Blick auf die Berge von Moab. – Zelt ist Zauberkreis, hält den Fluch fern.

Marsaba[96]. – Regen in der Nacht – Donner in den Bergen von Moab – Blitze – Heulen der Schakale & Wölfe. – Zeltlager abgebaut – Regen – Feuchtigkeit – auf die *schlammige* Ebene hinaus geritten – nichts wächst hier als drahtige, dornige Büsche – Schlamm – bei jedem Wesen von *menschlicher Gestalt* in Sichtweite – Eskorte alarmiert & zur Erkundung voraus galoppiert. – Begrüßungen – jedermann versteht sie – zeigt die Würde der Eingeborenen – der Begrüßung würdig – Araber auf den Hügeln über dem Jordan – Alarm – Eskorte eilt nach vorn – nach dem Regen, schlammiger & gelblicher Strom – Bäume am Flußufer – dahinter, kahle Hügel. – Araber überqueren den Fluß – Lanze – alte Kreuzritter – Pistolen – drohende Schreie – Tabak. – Räuber – plündern Jericho einmal im Jahr – &c – Ritt über schimmelfarbene Ebene zum Toten Meer – Berge auf beiden Seiten – Lake George – aber ohne die Vegetation. – Gischt am Strand & Kiesel wie der Geifer eines tollwütigen Hundes – brennende Bitterkeit des Wassers, – hatte den ganzen Tag den bitteren Ge-

96) Melville schreibt irrtümlich »Marsaba«. Gemeint ist jedoch wahrscheinlich die Festung Massada, da Mar Saba erst am folgenden Tag besucht wird.

schmack im Mund – Bitterkeit des Lebens – dachte an alle bitteren Dinge – Bitter ist es, arm zu sein & bitter, geschmäht zu werden, & Ach, wie bitter sind jene Wasser des Todes, dachte ich. Regenbogen über dem Toten Meer–der Himmel grollt ihm also doch nicht. – Alte Äste, vom Wasser angeschwemmt – Überreste eines Picknicks – nichts zu essen, außer Bergteer & Asche mit Sodomäpfeln zum Nachtisch, heruntergespült mit Wasser aus dem Toten Meer[97]. Man muß eben eigene Verpflegung mitnehmen, sowohl für den Geist als auch für den Körper – denn alles ist kahl. Trank aus dem Bach, aber brackig. – Wieder hinauf in die Berge – kahl. –

Unfruchtbarkeit von Judäa

Weißlicher Mehltau überzieht ganze Landstriche – ausgebleicht – Lepra – verkrustete Flüche – alter Käse – Knochen aus Stein – zermahlen, zerkaut & abgenagt – lediglich Ausschuß & Abfall der Schöpfung – wie der Schutt, der vor dem Jaffator liegt – ganz Judäa scheint ein Sammelplatz für solchen Schutt zu sein. – Man sieht die Anatomie – verglichen mit gewöhnlichen Gegenden, erscheint dies wie ein Gerippe gegenüber einem springlebendigen Menschen. – So schuttbedeckt, daß kein Lumpensammler irgend etwas weit und breit finden könnte. – *Kein Moos wie in anderen Ruinen – keine*

97) Möglicherweise erinnerte sich Melville (wie oben) an die passenden Zeilen aus einer seiner liebsten Lektüren, Miltons *Paradise Lost* (1667): »Sie pflückten gierig von dem schönen Obst, so schön zu sehn, wie jenes, welches einst bei Sodom wuchs, an dem asphaltnen See;« (Zehntes Buch, Zeilen 700-703; nach der Übersetzung von H. Meier, 1986). Die gefallenen Engel erliegen hier einer Täuschung Jahwes, der ihnen noch einmal die verbotenen Früchte des Paradieses zeigt, welche sich beim Hineinbeißen jedoch in Asche verwandeln. (Auf dieselbe Textstelle wird im 8. Kapitel von *Typee* angespielt.)

Gnade des Verfalls – kein Efeu – die unverhüllte Blöße der Trostlosigkeit – weißliche Asche – Kalköfen

Esquilin Tor des Universums[98]. (Zur Notiz)

St. Saba – Salzkraut sammeln – der Mönche schrecklich Handwerk[99].

Überquerte Hochebenen, mit Schnecken, die überall Schleimspuren hinterlassen – eingeschlossen von aschfarbenen Hügeln – elende Schafe & schwarze Ziegen. – Araber – Zeltlager der Beduinen in Senke der steilen Hügel – oval – wie zwei Reihen von Leichenwagen – Bach Kidron – zwei Flußarme – *St. Saba*[100] – Zickzack-

---

98) Das Esquilin Tor im antiken Rom führte zu einer Schutthalde, wo die Armen ihre Toten verscharrten. Dieser und der folgende Satz wurden von Melville nachträglich hinzugefügt.

99) Nach William Shakespeares *König Lear*, vierter Akt, sechste Szene: »[...] Fenchel sammelnd – schrecklich Handwerk!« (Nach der Übersetzung von Wolf Graf Baudissin). Viele Notizen Melvilles zu Mar Saba wurden für den dritten Teil von *Clarel* (ab III.10) verwendet.

100) Das Kloster von Mar Saba, gegründet im 5. Jahrhundert, – auch St. Saba, Sankt-Saban oder St. Sava – wurde von zahlreichen Touristen und Pilgern als Zwischenstation während der obligatorischen Rundreise von Jerusalem ans Tote Meer und zurück genutzt. Man benötigte auch hier ein Empfehlungsschreiben des Patriarchen. Frauen wurden in der Regel nicht eingelassen, bekamen aber im Bedarfsfall eine separate Kammer in einem Turm des Klosters zugewiesen. Die von Melville erwähnte Palme wurde angeblich vom Klostergründer eigenhändig gepflanzt und wird in *Clarel* (III.25.59f.) zum zentralen Symbol der Hoffnung. Melville besaß ein Bild jener Palme, gemalt von seinem Freund Peter Toft. (Vgl. auch die Palme als Symbol in *Redburn*, Kapitel 1.)

kurs entlang des Kidron, – gruftartige Schlucht, wie durch Feuer geschwärzt, *Höhlen & Zellen – ungeheure Tiefe – alles Felsen – Rätsel der Tiefe* – nur zwei oder drei Tage Regen im Jahr – Steinmauer am Rand der Schlucht – Kloster (Griechisch), mit Brief weitergeritten – in einem Korb in ein Loch hinaufgezogen – kleine Türe aus massivem Eisen in hoher Mauer – Anklopfen – geöffnet – Salaam der Mönche – Lokal für Pilger – Diwane – Wein aus St. Saba – *»Raki«* – gemütlich. – Bei Einbruch der Dunkelheit viele Steintreppen hinunter gestiegen & durch mysteriöse Durchgänge zu einer Höhle & Falltüren & Loch in der Mauer – Leiter – Stufe um Stufe – Windungen – zum Bach Kidron hinunter – *Einsiedlerhöhlen an den Abhängen der Schlucht* – Kloster ist eine Ansammlung von Horsten aus Stein, von Mauer umschlossen – Gutes Bett & Nachtruhe – In die Kapelle gegangen &c. – Kleine Einsiedeleien im Fels – Balustrade aus Eisen – einsame Mönche. Amseln – mit Brot gefüttert – zahlreiche Terrassen, Balkone – einzelne Dattelpalme, auf halber Höhe im Abgrund – Lebewohl – Über steile Hügel nach Bethlehem. Überquerten die Hügel von Bethlehem – wo Schafhirten ihre Herden hüten, (wie in alter Zeit) nur ein Moslem, der im Gebet seinen Rücken Jerusalem zuwendet (in Richtung Mekka blickend) – Auf einem Hügel – alte Kirche der Helena[101] – In der Kirche führte uns ein Mönch (katholisch) hinunter zu einer Höhle nach der anderen, – Gräber von Heiligen – brennende Lampen

101) Melville besuchte die von Konstantin erbaute Geburtskirche in Bethlehem, nach wie vor eine zentrale Pilgerstätte des Christentums. Die Geburtskapelle befindet sich in einer Grotte unter der Kirche. Die Gräber der Heiligen sind jene der heiligen Paula, ihrer Tochter Eustachia und des heiligen Hieronymus. Die damals weniger als dreitausend Einwohner Bethlehems lebten auch in der Mitte des 19. Jahrhunderts schon vom Tourismus, d.h. von der Herstellung und dem Handel mit Devotionalien.

(mit Olivenöl) bis hin zur Geburtskapelle (viele Lampen) & Krippe mit Lichtern. Aussicht vom Dach der Kirche &c. – Ritt nach Jerusalem – schnell voran, um nicht in den Regen zu kommen. – Auf dem Weg nach Bethlehem, Jerusalem in der Ferne gesehen – wenn ich es nicht gewußt hätte, ich hätte es nicht wiedererkennen können – sah genauso aus wie kahle Felsen.

Jerusalem

Dorf der Aussätzigen – Häuser der Mauer zugewandt – Zion. Ihr Park, ein Dunghaufen. – Sie sitzen an den Toren und betteln um Almosen, – dann Winseln sie – man meidet sie – Grauen.

Geisterhaftigkeit der Namen – Josaphat – Hinom &c.

Gedanken in der Via Dolorosa – Frauen die unter ihren Lasten stöhnen – Männer mit melancholischer Miene.

Spaziergang zwischen den Gräbern – bis ich mich selbst für einen der von Dämonen besessenen hielt.

Verschiedenartigkeit der Gräber – mit Treppen wie eine Kanzel &c. »Scharen auf Scharen« im Tale von Hinnom[102]. (Durch die Heilige Schrift autorisierte Tradition.) Steine um das Grab des Absalom – Grabsteine um das von Zacharias.

Grabeskirche. Eingestürzte Kuppel – Stein der Salbung – Lampen – schäbig, – seltsamer Geruch – unregelmäßig – Höhlen – Grotten – Kapelle am Fundort des Kreuzes. Pilger – plaudern – arm – ausruhend.

Armenischer Konvent – Riesig – Pilger.

---

102) Nach jüdischer und christlicher Überlieferung findet das jüngste Gericht im Tal von Josaphat statt – im Abschnitt des Kidrontales zwischen Ölberg und Tempelberg. Deswegen sind die Hügel der Umgebung bevorzugte Begräbnisstätten für Gläubige. Melville zitiert aus dem Buch *Joel*, 4,14: »Scharen auf Scharen stehen im Tal der Entscheidung, denn nahe ist der Tag Jahwes im Tal der Entscheidung.« Melville besuchte später noch einmal die hier genannten Grabmonumente.

Aussicht vom Hügel auf Zion – lose Steine & Schotter wie aus einem Karren geschüttet.

Dem Herz bleibt nichts als von der traurigen & vieldeutigen Gleichgültigkeit der Natur & des Menschen gegenüber allem, was diesen Ort dem Christen heilig macht, betroffen zu sein. Unkraut wächst auf dem Berg Zion; Seite an Seite, in unparteiischer Gleichberechtigung, erscheinen die Schatten von Kirche & Moschee, und am Ölberg steigt jeden Morgen eine gleichgültige Sonne über der Himmelfahrtskapelle empor.

Der Südostwinkel der Mauer. Omar Moschee – Tempel von Salomon. Hier erhebt sich die Mauer von Omar auf den Grundsteinen Salomons, über ihr eigenes Fundament triumphierend, Symbol des Verhältnisses beider Religionen[103].

Wie es betroffen macht, in Jerusalem betrogen zu werden.

Der Alte aus Connecticut, mit Traktaten umherwandernd &c. – kannte die Sprache nicht – die Hoffnungslosigkeit des Ganzen – sein einsames Junggesellenquartier – er behauptete, daß der Ausdruck »Oh Jerusalem!« ein Beleg war, der bewies, daß Jerusalem eine allgemeine Bedeutung hätte &c.

Warder Crisson[104] aus Philadelphia – Ein Amerikaner der sich dem Judentum anschloß – von seiner früheren

---

103) Obwohl damals die Angehörigen der drei Weltreligionen relativ friedlich in Jerusalem nebeneinander lebten, war es etwa Christen verboten, die Omar Moschee zu betreten. Christliche Besucher wären, so Pfeiffer (1844), mit Steinwürfen empfangen worden. Melville selbst erwähnt später das Verbot für Juden, die Grabeskirche zu betreten. An Ostern gab es regelmäßig Reibereien zwischen den Angehörigen der verschiedenen christlichen Religionen.

104) Warder Crisson, der aus einer wohlhabenden Quäkerfamilie stammte, wandte sich vom Christentum ab und heiratete eine Jüdin. Zwischen 1844 und 1848 war er U.S. Konsul in Jerusalem. Die 17. Strophe des ersten Teils von *Clarel*, »Nathan«, orientiert sich an seiner Geschichte.

Frau geschieden – heiratete eine Jüdin &c. – Traurig. Die seltsamen Steinbögen, Zisternen &c die man um Jerusalem herum antrifft – auf diese Art entdeckte ich jeden Tag etwas neues.

Siloah[105] – Teich, Hügel, Dorf. (Hier an der engen Schlucht, beginnt das Kidrontal &c. Dorf, umfaßt aufeinanderfolgende Terrassen mit Gräbern, die in die lotrechte Oberfläche des Felsgesteins gehauen sind. Gräber werden von Lebenden benutzt – Haushaltseinrichtungen. Eines als Ofen verwendet. Andere als Kornspeicher. –

In Josaphat liegen jüdische Grabsteine wahllos verstreut wie durch eine Sprengung in einem Steinbruch. So dicht, ein Labyrinth der Toten – so alt, daß die hebräischen Inschriften kaum von den durch die Zeit geschaffenen Furchen zu unterscheiden sind. Formloser Stein &c. – (Siehe oben) Seite an Seite liegen hier die Gräber von Absalom, Zacharias & des heiligen Jakobus[106]. Aus dem Grundgestein herausgeschnitten wie in Petra. Heiliger Jakobus, eine Veranda aus Stein, die Schlucht überblickend – Säulen. – Josaphat weist Furchen wie natürlicher Fels auf. Kapitelle der Stützpfeiler von der Zeit abgeschliffen. – Großes Loch an der Vorderseite – innen voller Steine, davor Steinhaufen

---

105) Der Teich Siloah oder Siloach sammelt das Wasser der Gihonquelle, auch Marienquelle. Der Teich ist Schauplatz der Heilung eines Blindgeborenen in: *Johannes* 9,7.

106) Das Grabmonument von Absalom ist griechisch-römischen Ursprungs und wurde später der biblischen Legende um den kinderlosen König zugeschrieben, der seinen Namen an ein steinernes Denkmal weitergab (*Das zweite Buch Samuel* 18,18). Es ist das später von Melville beschriebene Monument mit dem Loch in der Vorderseite. Die Gräber von Zacharias und Jakobus sind in den Fels gehauene Grotten, es gibt jedoch noch ein weiteres, weiter entferntes Monument: die Zacharias-Pyramide, die äußerlich dem Absalom-Monument ähnelt. Das Grab des Josaphat ist laut Pfeiffer (1844) »nichts als ein Felsblock«.

(Wagenladungen) – Der fluchbeladene Beitrag der Pilger[107]; eines der melancholischen Vergnügungen in Jerusalem. (Ursprung des Grabes in der Bibel nachschlagen.) Sein Denkmal ist, gesteinigt zu werden. – Die Grabsteine ragen aus dem Abhang hervor, als wäre bereits die Auferstehung im Gange. Aus der Ferne kann man sie kaum von natürlichem Fels unterscheiden, der massenweise hier herumliegt. Die Steine reichen bis zur Mitte des Ölbergs. Gegenüber, der Friedhof der Türken – bis nahe an die Stadtmauer heran, & versperren den Weg der geschlossenen Bögen des Schönen Tores. (Christus sitzt am Fenster) – Sowohl Juden als auch Türken ruhen in einem anderen Glauben als denjenigen an Ihn, der vom nahen Ölberg zum Himmel aufstieg. – Die Stadt wird von einer Armee der Toten belagert. – Friedhöfe rings herum. –

Das Schöne oder Goldene Tor – zwei Bögen, Steinmetzarbeit mit zahlreichen Ornamenten, zweifellos alt, aus den Tagen des Herodes – das Tor, durch welches Christus nach Bethanien & zum Ölberg ging – & außerdem dasjenige, durch welches er seinen Einzug (mit Palmenzweigen) in die Stadt hielt. Die Türken mauerten es wegen der Legende zu, daß die Stadt durch dieses Tor eingenommen werden würde. – Eines der interessantesten Dinge in Jerusalem – scheint die Endgültigkeit des Christentums auszudrücken, als wäre dies die letzte Religion auf Erden, – keine andere; wahrscheinlich.

In der Verfolgung meiner Absicht, meinen Geist mit der Atmosphäre Jerusalems zu sättigen, mich, nicht unfreiwillig, seinen verwirrenden Eindrücken als passi-

---

107) Die Steinigung als Strafe für böse Taten geht auf das Buch *Josua* zurück: »Und ganz Israel steinigte ihn. Sie errichteten über ihm einen großen Steinhaufen, der noch da ist bis auf den heutigen Tag.« (7,25-26).

ves Wesen darzubieten, stand ich immer bei Sonnenaufgang auf & wanderte jenseits der Mauern; doch ich war nicht der einzige, der vor der stickigen Luft in der Innenstadt floh. Denn Tag für Tag war ich aufs neue über die Scharen von Stadtleuten erstaunt, die sich entlang der Bögen nahe dem Jaffa-Tor, wo man hinab in das Gihontal schauen kann, erholten und über die vielen Menschen, die stets die Brunnen, Täler & Hügel der Nachbarschaft heimsuchten. Sie schienen auch zu spüren, daß es ungesund sei, in einer so kleinen Stadt zu verweilen, eingepfercht von hohen Mauern, welche die Luftzufuhr behindern, den Einfall des Morgenlichts verzögern & die unangenehme Abenddämmerung beschleunigen. Zudem schienen sie meinen Unwillen zu teilen, wenn auch nur in bezug auf diese willkürliche Einschränkung & Bevormundung der Verhältnisse. – So spazierte ich zum Berg Zion, entlang der terrassenförmigen Pfade, & betrachtete die Grabsteine der verfeindeten Armenier, Katholiken, Griechen, die hier gemeinsam ruhten. – Ich ließ meinen Blick entlang der mir gegenüberliegenden Hänge des Gihontales schweifen und beobachtete den jähen Fall der düsteren Schatten der Stadttürme, die weit in den verwunschenen Grund des verborgenen Gihonteiches hineinwuchsen, und, tiefer in dem verdunkelten Tal, ruhte mein Auge auf dem von Klippen und hageren, geborstenen alten Olivenbäumen umgebenen Teich, wo der Engel des Herrn das Heer des Sanherib vernichtete[108]. Und in den Fängen des Morgenlichts sah ich die

108) Nach biblischer Überlieferung vernichtete der Engel des Herrn das an jenem Teich lagernde Heer der Assyrer. Sanherib, der König der Assyrer, wurde nach seiner Heimkehr von seinen Söhnen erschlagen (*Das zweite Buch der Könige*, 19,35-37). Die historische Belagerung Jerusalems durch Sanherib fand 701 v. Chr. statt.

rötliche Erde von Hakeldamah, seine unsühnbare Schuld durch dunklere Färbung bekennend[109]. Auf dem Berg des Bösen Rates sah ich die Ruinen des Hauses des Hohenpriesters, wo der Legende nach der Plan von Jesu Tod geschmiedet wurde und den Acker, wo der Verräter Judas sich am Ende selbst erhängte.

Und nachmittags stand ich vor dem Stephanstor, nah dem Teich der gleichfalls seinen Namen trägt, an jenem Ort wo man ihn steinigte, und sah die Schatten (wie Schlitten) langsam an den Bergen Betzeta & Zion abwärts in das Tal von Josaphat gleiten, dann, nachdem sie eine Weile am Grund der Schlucht geruht hatten, begannen sie langsam auf der gegenüberliegenden Seite des Ölberges hinaufzukriechen, in *ein Grab nach dem anderen & eine Höhle nach der anderen eindringend &c.* – Pilger, ihr ernsthafter Gesichtsausdruck, während sie über die Hügel wandern &c. –

Das Heilige Grab. Kein Jude darf die Grabeskirche betreten. – Eingestürzte Kuppel – ein Haufen, ein Durcheinander & fast eine Ruine. – Labyrinthe & Terrassen mit öden Grotten, Gräbern & Schreinen. Riecht wie ein Beinhaus, schummriges Licht. – Am Eingang, in einer Art Grotte in der Mauer, steht ein Diwan für die türkischen Polizisten, die dort mit gekreuzten Beinen sitzen & rauchen, verächtlich den unablässigen Strom von Pilgern beobachtend, die eintreten & sich vor dem Salbungsstein Christi niederwerfen, welcher, mit bläßlich roten Adern durchzogen ist und aussieht wie eine Schlachterplatte. Nahebei ist eine Geheimtreppe aus abgeschliffenem Marmor, die hinauf zur angeblichen Schädelstätte führt, wo ein Vorführer im Licht einer qualmenden Pfandleiherlampe aus

109) Es handelt sich um den sogenannten »Blutacker«, der für die dreißig Silberlinge des Judas erstanden wurde (*Apostelgeschichte* 1,18-19). Die nahegelegenen Ruinen werden traditionell als Überreste vom Haus des Hohenpriesters Kaiphas angesehen.

schmutzigem Gold, neben anderen Dingen, das Loch zeigt, in dem das Kreuz befestigt war & durch ein schmales Gitter, wie über einem Kohlenkeller, sieht man den Riß im Fels[110]! Auf derselben Ebene, in der Nähe, befindet sich eine Art Galerie mit einer marmornen Balustrade, von der aus man den Eingang der Kirche sieht; und hier lehnte ich fast jeden Tag, schaute hinab auf das Spektakel der spottenden Türken auf ihrem Diwan & der verspotteten Pilger, die den Stein der Salbung küßten. – Das Kirchentor gleicht dem eines Gefängnisses – mit einem vergitterten Fenster darin. – Der Hauptbereich der Kirche ist jener, der von der hohen & verfallenen Kuppel überdacht wird, deren abgeblätterter Verputz ein dürres Gerippe aus Balken & Leisten enthüllt[111]. Eine Art pestbefallene Pracht herrscht in den bemalten & modernden Mauern ringsum. Mittendrin steht das Heilige Grab; eine Kirche in

---

110) Die Stelle, wo angeblich das Kreuz stand, ist mit Marmorplatten bedeckt. Ein Marmorkreuz auf dem Fußboden markiert die Stelle der Kreuzigung. Der Riß, der zur Stunde des Todes Jesu den Fels spaltete, ist mit einer Silberplatte eingefaßt, welche die Pilger berühren und küssen. Die Öffnung wird mit einer Lampe erhellt, um die Tiefe des Risses zu zeigen.

111) Das Kuppeldach war 1808 durch ein Feuer beschädigt worden. Die Grabeskapelle in der Mitte des Kirchenschiffs besteht aus zwei Abteilungen. Die erste enthält den Salbungsstein, eine Marmorplatte, auf welcher der Engel saß, der den Frauen, welche Jesu Leichnam suchten, um ihn einzubalsamieren, die Auferstehung verkündete. Die zweite Abteilung ist das Grabmal Christi aus weißem Marmor, eine winzige Kapelle, die abwechselnd von Griechisch-Orthodoxen und Katholiken genutzt wurde. Aufgrund der zahlreichen, oft blutig verlaufenden Streitereien zwischen den christlichen Konfessionen um die Nutzung der Kapelle und der unklaren Besitzverhältnisse wurde 1852 von der osmanischen Regierung ein Erlaß ausgegeben, der u.a. auch den Zeitpunkt der jeweiligen Liturgiefeiern bestimmte. Dies sollte Tumulte wie jenen von 1834, bei dem dreihundert Menschen zu Tode kamen, unterbinden. Das Prinzip der abwechselnden Nutzung gilt bis heute.

einer Kirche. Es ist aus Marmor, teilweise reich verziert & mit der verblassenden Erscheinung des Alters behaftet. Aus seinem Portal strömt ein greller Lichtstrahl auf die Gesichter der Pilger, die Schlange stehen, um an eine Stelle zu kommen, wo nur vier oder fünf auf einmal Platz finden. Zunächst kommt man an einem kleinen Vorraum vorbei, wo der Stein ausgestellt ist, auf dem der Engel saß, dann betritt man das Grab. Es ist als betrete man eine angezündete Laterne. Beengt & halbbetäubt starrt man für einen Augenblick auf die nichtssagende, herausgeputzte Platte, und froh, wieder nach draußen zu kommen, wischt man sich die Stirn, glücklich, der Hitze & Enge dieses Schaukastens entkommen zu sein. Alles glänzt & nichts ist Gold. Ein Übelkeit erregender Schwindel. Die Mienen der ärmsten & unwissendsten Pilger würden es genauso stillschweigend bezeugen wie deine eigene.

Nach nur kurzer Zeit in der Kirche, einer schnellen Runde durch die Kapellen & Schreine, stehen sie entweder in matter Enttäuschung still, oder setzen sich scharenweise auf die zahlreichen Treppenstufen, den sektiererischen Tratsch des Tages austauschend. Die Grabeskirche ist die überlaufene Nachrichten- & Theologenbörse von Jerusalem, und macht, durch die verschiedenen kleinen Kapellen, um so mehr diesen Eindruck[112]; sie gehören speziell den untergeordneten Sekten der Kopten, der Syrer & anderen, welche hier & da unter der Kuppel ins Auge fallen, und sind den Ständen der Aktienhändler, welche man in einer komerziellen Börse antrifft, ziemlich ähnlich. – – Die Kapelle der Kreuzesauffindung. – Weinkeller &c.

---

112) An der Rückseite der Grabeskapelle befand sich ein hölzerner Altar der Kopten. Rings um die Kapelle befanden sich kleine Nischen und Bereiche, die jeweils den Griechisch-Orthodoxen, den Katholiken bzw. Lateinern, Armeniern, Kopten, Syrern und Äthiopiern gehörten.

– Wenn man sich der Kirche durch die schmutzige Gasse nähert, die von der Via Dolorosa aus zu ihr hinführt, geht man an einer langen, alten, hoch aufragenden & schäbigen Mauer vorbei, die an allen Ecken massive Strebepfeiler aufweist, an deren Fundamenten sich, sichtbar für jedermann, der unsäglichste & unbeschreiblichste Dreck einer barbarischen Stadt ansammelt. Doch in diesem Moment kann man sich kaum mehr vorstellen, daß jene Mauer, die mit so offensichtlicher Unverschämtheit behandelt wird (hoffentlich nur von den Türken), die Hauptmauer des Gebäudes ist, welches das Grab einer der Verkörperungen der Gottheit enthält.

Hat man diese Mauer hinter sich gebracht, taucht man in steile Windungen ein, wie jene in Edinborough, und kommt alsbald an einer weniger beengten Stelle heraus, wo man auf eine dicke Mauer trifft, die von einem Torbogen mit einem alten hölzernen Tor durchbrochen wird, welches niedrig & schmutzig genug ist, um ein Eingang zu einem Schweinestall zu sein. Dieser führt unmittelbar in den von Mauerwerk umschlossenen Hof der Kirche. Ein ziemlich großer Bereich, mit altehrwürdigen Steinen gepflastert, in dem Scharen von Straßenhändlern & Hausierern Rosenkränze, Kruzifixe, Spielzeug aus Olivenbaumholz und Steine aus dem Toten Meer & verschiedene andere Amulette & Zaubermittel feilbieten. Die Vorderseite der Kirche ist sehr unregelmäßig gefertigt, durch das achtlose Anfügen späterer Bauten auf den ursprünglichen. Zur Linken steht ein hoher & ehrwürdiger Turm, der wie eine gealterte Kiefer unten abgewetzt & oben schon ganz verfallen ist. Viele kunstfertige Steinmetzarbeiten zierten einst das, was jetzt noch von der ursprünglichen Fassade zu sehen ist; doch die Zeit hat es so lange abgenagt, daß es nun schon eher wie verdorbenes Gebäck aussieht, an dem die Mäuse gearbeitet haben.

DIE INNENSTADT VON JERUSALEM. Führt vom Stephanstor bis hinauf zum Kalvarienberg. Die Stille & Verlassenheit. Der Steinbogen – der Stein an den er sich anlehnte – der Stein des Lazarus &c. Stadt wie ein Steinbruch – alles aus Stein. – Überwölbte Wege – Strebepfeiler (fliehend). Bogen (ECCE HOMO[113]). Jemand hat eine kleine Junggesellenwohnung obenauf gebaut.

Gerede der Reiseführer. »Hier ist der Stein, an dem Christus sich anlehnte, & hier ist das Englische Hotel.« Dort drüben ist der Bogen, wo Christus dem Volk vorgeführt wurde, & gerade dort, bei dem offenen Fenster, verkauft man den besten Kaffee in Jerusalem &c &c &c.

Auch wenn Jerusalem keine besonderen geschichtlichen Assoziationen hätte, würde es trotzdem, durch seine außergewöhnliche physische Erscheinung, besondere Gefühle im Reisenden wecken. So wie der Anblick des Spukhauses Haddon Hall Mrs. Radcliffe[114] zu ihren haarsträubenden Romanen anregte, so habe ich nur geringen Zweifel, daß die diabolischen Landschaften eines Großteils von Judäa die jüdischen Propheten zu ihrer gespenstischen Religion anregten.

---

113) Der Steinbogen mit der Bezeichnung Ecce-Homo (»Sehet den Menschen!« *Johannes* 19,5) überwölbt die Via Dolorosa und gilt traditionell als die Stelle, wo Pontius Pilatus Jesus dem Volk vorführte. Er handelt sich jedoch um einen Triumphbogen aus der Zeit des römischen Kaisers Hadrian, ca. ein Jahrhundert nach Christus.

114) Anne Radcliffe (1764–1823) war eine der beliebtesten und bekanntesten Autorinnen der englischen Gothic Novel bzw. Schauerromantik. Einige Szenen des Romans *The Mysteries of Udolpho* (1794) spielen in Haddon Hall, einem Anwesen aus dem 15. Jahrhundert, welches den Dukes of Rutland gehörte – einer Familie, deren Bekanntschaft Melville auf seiner Reise von 1849 machte (siehe dort). Das angebliche Spukhaus wurde durch den Roman zur Touristenattraktion.

Als ich eines Mittags müde die Via Dolorosa hinaufstieg, hörte ich den Muezzin vom Minarett der Omar-Moschee zum Gebet rufen. Er macht dasselbe von dem auf dem Ölberg aus.

Der Olivenbaum ähnelt in seinen grotesken Verkrümmungen dem Apfelbaum – er ist nur viel knorriger & hat ein weniger kräftiges Grün. Normalerweise wird er in Obstgärten angepflanzt, was die Ähnlichkeit noch bekräftigt. Es ist ein Baum, der wirkt als würde er von Schwermut heimgesucht (nüchtern & bußfertig), ziemlich in Einklang mit Jerusalem & ihren Assoziationen. Es gibt viele Olivenbäume auf der Ebene nördlich der Mauern. In dieser Gegend liegt die Höhle des Jeremias. In ihren beklagenswerten Winkeln komponierte er seine kläglichen Klagelieder[115].

In den Mauern sind viele leere Stellen, mit den fürchterlichen Kakteen überwachsen.

Die Farbe der ganzen Stadt ist grau & sieht dich mit dem eisgrauen Auge eines kaltblütigen alten Mannes an. – Ihr seltsamer Eindruck im blassen olivgrauen Licht des Morgens.

Unter der gegenwärtigen Oberfläche Jerusalems sind *Schichten* von Städten begraben[116]. Säulenfragmente liegen vierzig Fuß tief &c.

---

115) Das biblische *Buch der Klagelieder* über die Zerstörung Jerusalems und des Tempels (587 v. Chr.) wird in griechischen und lateinischen Ausgaben fälschlicherweise Jeremia zugeschrieben. Der Autor der Lieder ist jedoch nicht bekannt.

116) Die erste urkundliche Erwähnung Jerusalems stammt aus dem 19. Jahrhundert vor Christus. Die Städte auf bzw. »unter« dem Gelände des heutigen Jerusalem stammen aus der Zeit des König David (ca. 1000 v. Chr.), des Wiederaufbaus während der Perserzeit durch Nehemia (445), aus der Zeit der Rückeroberung durch die Makkabäer (164 v. Chr.), der Regierungszeit des Herodes (37 bis 4 v. Chr.), der Zerstörung und des Wiederaufbaus unter Hadrian (135 n. Chr.) und aus der byzantinischen Epoche (324–638 n. Chr.) unter Konstantin.

Die Steine von Judäa. Wir lesen in der Heiligen Schrift eine Menge über Steine. Steine haufenweise. Monumente & Denkmäler sind aus Stein gebaut; Menschen werden zu Tode gesteinigt; der sprichwörtliche Same fällt auf steinigen Boden; und es ist nicht verwunderlich, daß Steine in solchen Mengen in der Bibel erwähnt werden. Judäa ist eine einzige Ansammlung von Steinen – steinige Berge & steinige Ebenen; steinige Flußbette & steinige Straßen; steinerne Mauern & steinige Felder, steinerne Häuser & steinerne Gräber; steinerne Augen & steinerne Herzen. Vor dir & hinter dir sind Steine. Steine zur Rechten & Steine zur Linken. Vielerorts hat man voller Fleiß den Versuch unternommen, die Oberfläche von jenen Steinen zu befreien. Hier & da sieht man Steinhaufen; und man hat Steinmauern von ungeheurer Dicke aufgetürmt, weniger als Begrenzung, sondern um sie aus dem Weg zu bekommen. Doch vergeblich; die Entfernung eines einzigen Steines dient nur dazu, noch größere Steine darunter freizulegen. Es ist wie eine alte Scheune auszubessern; je mehr man freilegt, desto größer der Schaden. – Jedermanns Schuhspitzen gehen wegen der Steine in Fetzen. Die Steine sind selten rund wie bei uns; sondern scharfkantig, kieselhart & kratzig. Nur auf den Straßen, wie jener nach Jaffa, sind sie durch den unablässigen Reiseverkehr glattgeschliffen. – Um diesen Überfluß an Steinen zu erklären, wurden viele Theorien aufgestellt; *meine* Theorie ist, daß vor langer Zeit irgendein schrulliger König dieses Landes sich in den Kopf setzte, ganz Judäa zu bepflastern und zu diesem Zweck Verträge abschloß; doch da der Unternehmer nach nur zur Hälfte erledigter Arbeit bankrott ging, wurden die Steine einfach auf den Boden gekippt & dort liegen sie nun bis zum heutigen Tag.

Die Hügel. Sind zusammengepackte Steine. Richtiggehende Felsschichten; einige Amphitheater aus Sitzstufen & Terrassen angeordnet. Die Steinmauern (lose) scheinen keine künstlich angelegten Gebilde zu sein, sondern lediglich Variationen der steinigen Landschaft. Auf manchen Feldern liegen große, groteske Felsen – alle durchlöchert & löchrig – wie verrottende Knochen eines Mastodons. – Alles wirkt alt. Verglichen mit diesen Felsen, schauen jene in Europa oder Amerika jugendlich aus.

Höhlen. Judäa ist von ihnen durchlöchert. Kein Wunder, daß die düsteren Höhlen zur Zuflucht für zehntausende düsterer Einsiedler wurden.

Zu jeder Zeit liegt der Geruch brennenden Abfalls in der Luft von Jerusalem.

Der sogenannte Teich von Betesda ist voller Abfall – sieht schwärzlich aus & riecht rußig.

Drei Sonntage in einer Woche in Jerusalem – Juden, Christen, Türken. (Am Samstag – die Juden.) Und jetzt kommen noch die Missionare der Seventh Day Baptists dazu, & es wird ein vierter hinzugefügt. Wie das die Konvertierten verwirren muß!

Die Straße von Jaffa nach Jerusalem ist teilweise sehr breit & weist zahlreiche abweichende Fußpfade auf, die von den Pilgerscharen der voneinander abweichenden Glaubensrichtungen ausgetreten wurden. Araber pflügen mit bloßem Oberkörper. Einige unter ihnen sind alte Männer. Hohes Alter ist ehrwürdig, – aber kaum ohne Oberbekleidung.

Ein Teil Jerusalems ist auf Steinbrüchen erbaut – Eingang von der nördlichen Mauer.

Kein Land kann schneller romantische Vorstellungen zerstreuen als Palästina – insbesondere Jerusalem. Einige macht diese Enttäuschung todunglücklich. &c.

Ist die Trostlosigkeit des Landes das Ergebnis der tödlichen Umarmung durch die Gottheit? Glücklos sind die Günstlinge des Himmels.

In der Leere der leblosen Antiquität Jerusalem leben die jüdischen Emigranten wie Fliegen, die sich in einem Totenschädel niedergelassen haben.

Es gibt eine Prophezeiung darüber, daß die Straßen für die Ankunft der Juden bereitet würden, und als die »Abordnung der Kirche von Schottland« in Judäa war, schlugen sie Sir Moses Montefiore[117] vor, daß es zweckdienlich wäre, die ärmeren Juden für den Straßenbau einzustellen – so würde gleichzeitig die Prophezeiung erfüllt und die Steine aus dem Weg geschafft.

Christliche Missionen &c in Palästina & Syrien

Von der *Englischen Mission in Jerusalem* wurde ein Haufen Geld ausgegeben. Die Kirche auf dem Berg Zion hat schätzungsweise $ 75.000 gekostet. Es ist ein schönes Gebäude. Der gegenwärtige Bischof (Gobat[118], ein gebürtiger Schweizer) scheint ein sehr ernsthafter Mann zu sein, und gibt zweifellos sein Bestes. (Vor langer Zeit war er 3 Jahre in Abessinien. Sein Tagebuch ist veröffentlicht. Geschrieben in einem bemerkenswert ungekünsteltem Stil – apostolisch kurz & einfach.) Doch die Arbeit, über welche er in Jerusalem wacht, ist ein Fehlschlag – augenscheinlich. Einer der Missionare

---

117) Sir Moses Montefiore (1784–1895), ein wohlhabender Londoner Kaufmann italienisch-jüdischer Abstammung, zog sich 1824 aus dem Geschäftsleben zurück, um sich der Förderung der in Palästina lebenden Juden zu widmen. Durch seine politischen Verbindungen – er kannte den russischen Zaren, den türkischen Sultan und Napoleon III. – gelang es ihm 1855, bei der osmanischen Regierung, die Gründung jüdischer Ansiedlungen jenseits der Mauern von Jerusalem durchzusetzen.
Das Treffen mit den schottischen Abgeordneten wird in den veröffentlichten Tagebücher der Montefiores erwähnt: *Diaries of Sir Moses and Lady Montefiore* (London, 1890).

118) Samuel Gobat (1799–1879): zweiter Bischof der englischen Episkopal Kirche in Jerusalem. Seine Missionsarbeit in Abessinien, zwischen 1829 und 1832, beschrieb er in seinem Tagebuch: *Journal of Three Years Residence in Abyssinia* (New York, 1850).

unter Gobat beichtete Mrs. Saunders, daß er, unter all den konvertierten Juden, nur einen für einen wahren Christen hielt, – und noch viel mehr. Es bestünden alle möglichen unterschiedliche Meinungen & Eifersüchteleien. Derselbe, oben erwähnte Mann teilte außerdem Mrs. S. mit, daß viele Anzeichen darauf hindeuteten, daß die Mission so voller Intrigen stecke wie eine Wahlversammlung oder eine Parteikonferenz in der Heimat.

Ich ging oft an der Protestantischen Schule &c. auf dem Berg Zion vorbei, aber es schien nicht viel los zu sein. Das einzig Interessante dort war der Friedhof. Ich besuchte eine Missionskonferenz in Jerusalem (zum Spenden sammeln für irgendeinen anderen abgelegenen Ort), war aber nicht besonders erbaut. Innerhalb eines Jahres hatten sie für »Missionen im Ausland« ungefähr £ 3,10 gesammelt, oder etwa in diesem Umfang.

In Smyrna hat die Amerikanische Mission ihre Tätigkeit eingestellt. Dort hat man mir die bedauernswertesten Dinge berichtet. Niemand ließ sich bekehren, es sei denn, der Bekehrte versprach sich davon weltlichen Nutzen.

In Jopha, Mr. & Mrs. Saunders aus Rhode-Island. Mr. Saunders ein abgewrackter Maschinist, der völlig ruiniert aus Kalifornien zurückkehrte. Mrs. S. in vielerlei Hinsicht eine überragende Frau. Man hat sie ausgeschickt, um eine Landwirtschaftsschule für Juden zu gründen. Sie versuchten es, scheiterten aber kläglich. Die Juden erschienen, gaben vor, ergriffen zu sein & all das, bekamen Kleidung & dann – verschwanden sie. Mrs. S. sagte, sie wären ziemlich »hinterlistig«. Mr. S. macht jetzt gar nichts mehr – das Klima ruinierte seine Gesundheit. Mrs. S. lernt bei einem Scheich Arabisch, & arbeitet nun als Ärztin für die Armen. Sie wartet auf die Stunde des Herrn, sagt sie. Ihre kleine Tochter wirkt kränklich & sehnt sich nach der Heimat – doch das Werk des Herrn muß getan werden.

Mrs. Minot aus Philadelphia[119] – kam vor ungefähr 3 oder vier Jahren, um eine Art Landwirtschaftshochschule für Juden zu gründen. Sie scheint die erste Person gewesen zu sein, die sich aktiv für dieses Programm einsetzte, und durch ihre Briefe wurden andere ermuntert. Eine Frau von fanatischer Energie & Geisteskraft. Nach einem kurzen Aufenthalt in Jopha, kehrte sie nach Amerika zurück, um Fördermittel zu sammeln; ihre Versuche waren erfolgreich & sie kam mit Werkzeugen, Geld, &c zurück. Kaufte einen Landstrich, ungefähr ein & ein halbe Meile von Jopha entfernt. Zwei junge Damen aus Amerika begleiteten sie. Sie hatten Schwierigkeiten. Nicht ein einziger Jude wurde bekehrt, weder zum Christentum noch zur Landwirtschaft. Die jungen Damen wurden krank & fuhren nach Hause. Einen Monat später starb Mrs. Minot, – ich kam an ihrem Anwesen vorüber.

Diakon Dickson aus Groton, Massachussetts[120]. Dieser Mann wurde durch die veröffentlichten Briefe der Mrs. Minot infiziert. Verkaufte seine heimatliche Farm & kam vor ungefähr zwei Jahren mit Frau, Sohn & drei Töchtern herüber. Landwirtschaft & Religion in bezug auf Palästina basieren auf der Vorstellung (von Mrs. Minot & anderen), daß die Stunde der prophezeiten Rückkehr der Juden nach Judäa kurz bevorsteht, und

---

119) Mrs. C. S. Minot war 1849 zusammen mit gleichgesinnten Amerikanern nach Palästina gekommen, um – ähnlich den vorher erwähnten Mr. und Mrs. Saunders sowie den weiter unten erwähnten Dicksons, aber ohne direkten Auftrag der Baptisten-Kirche – Juden über die Landwirtschaftshilfe zum Christentum zu bekehren. Ihre Briefe wurden in Zeitungen in Philadelphia und New York abgedruckt. Sie starb 1855 an Krebs.

120) Walter Dickson (1799–1860) und seine Frau Sarah Eldrege (1800–1878) waren mit ihren Kindern 1853 nach Palästina gereist, um Missionierungsarbeit zu leisten. Sie kehrten nach einem Überfall durch Araber, bei dem ein Schwiegersohn ums Leben kam, 1858 in die Vereinigten Staaten zurück.

aus diesem Grund müsse der Weg für sie von Christen bereitet werden, welche sie in Glaubensdingen & Landwirtschaft auf den richtigen Kurs brächten – mit anderen Worten, wörtlich & sprichwörtlich den Boden bereiteten.

Ich ging mit Mr. Saunders aus, um Mr. Dicksons Anwesen anzuschauen. Ungefähr eine Stunde vom Stadttor von Jopha entfernt. Das Haus & die Mauer glichen den gewöhnlichen Behausungen der bessergestellten Araber. Ungefähr zwölf Acres waren bebaut. Maulbeerbäume, Orangen, Granatäpfel, – Weizen, Gerste, Tomaten &c. Auf der Ebene von Saron, in Sichtweite der Berge von Ephraim. – Mr. Dickson ist ein Yankee durch und durch, um die 60, mit langem orientalischem Bart, blauem Yankeerock & Shakerweste. – Am Haus angelangt, wurden wir in ein scheunenhofartiges Zimmer ohne jeden Komfort gebeten & einer Mrs. D. vorgestellt, einer ansehnlichen älteren Frau. Wir nahmen Platz. Nach ein paar einleitenden Bemerkungen, ergab sich folgendes Gespräch –

H.M.: »Haben Sie sich hier auf Dauer niedergelassen, Mr. Dickson?«

Mr. D.: »Auf Dauer auf dem Boden Zions angesiedelt, Sir.« Mit einer Art verbissenem Nachdruck.

Mrs. D.: (als ob sie die Ausführungen ihres Mannes über sein Steckenpferd fürchtete & es für sie eine Qual war) – »Der Pfad ist ein wenig schlammig, nicht war?« – (Dies an Mr. S.)

H.M. an Mr. D.: »Arbeiten irgendwelche Juden für Sie?«

Mr. D.: »Nein. Kann sie mir nicht leisten. Mach meine Arbeit mit meinem Sohn. Übrigens sind die Juden faul & mögen keine Arbeit.«

H.M.: »Und denken Sie nicht, daß dies ein Hindernis dafür ist, aus ihnen Landwirte zu machen?«

Mr. D.: »Genau. Die Christenmenschen müssen sie

eines Besseren belehren. Tatsache ist, die Zeit ist gekommen. Die Christenmenschen müssen den Weg bereiten.«

Mrs. D.: (an mich) »Sir, spricht man in Amerika häufig über die hiesigen Bemühungen von Mr. D.?«

Mr. D.: »Ja, glauben sie im Grunde an die Heimkehr des jüdischen Volkes?«

H.M.: »Das kann ich wirklich nicht beantworten.«

Mrs. D.: »Ich nehme an, die meisten Menschen verstehen die diesbezüglichen Prophezeiungen in einem übertragenen Sinn – nicht wahr?«

H.M.: »Das ist nicht unwahrscheinlich.« &C &C &C.

Sie haben zwei Töchter, die hier Deutsche heirateten & in der Nähe wohnen, vom Schicksal dazu bestimmt, eine Nachkommenschaft aus heimatlosen Mischlingen zu zeugen. – Der alte Dickson scheint ein Mann mit puritanischer Energie zu sein, und da er mit dieser absurden Judenmanie geimpft ist, ist er fest entschlossen, seine Donquijotterie bis zum Ende durchzuhalten. Mrs. D. scheint das nicht zu gefallen, fügt sich aber. – Das Alles ist halb Trübsinn, halb Possenspiel – wie der ganze Rest der Welt.

Dr. Kayok (?) Englischer Konsul[121]. Dieser Herr, gebürtiger Levantiner, verbrachte einige Zeit in England. Dort weckte er großes Interesse für die Sache der Juden und kam schließlich nach Jopha, um irgendein Missionsprojekt zu beginnen, und er war nicht ohne Mittel, beigesteuert von den Gottesfürchtigen Englands. – Seit langem hat er das Projekt aufgegeben, in den Handel investiert, und ist nun ein gemachter Mann & englischer Konsul. Bei jeder Anspielung in Richtung

121) Assaad J. Kayat wurde 1849 zum britischen Konsul in Jaffa ernannt. Dort sorgte er für die Modernisierung der Landwirtschaft und führte u.a. den Anbau von Wein und Kartoffeln ein.

Missionen, offenbart er eine Abneigung, darüber zu sprechen. Es geht das Gerücht um, er sei irgendwie raffiniert mit den Spenden umgegangen.

Sir Joseph Montefiore. Dieser Krösus besuchte letztes Jahr Palästina, kaufte ein großes Grundstück auf dem Hügel von Gihon & umgab es mit einer Mauer, um ein Hospital darauf zu errichten.

Als ein großer Mann von 75 Jahren, wurde er auf einer von Mauleseln getragenen Sänfte von Jopha nach Jerusalem transportiert. Sie schröpften ihn arg, berechneten ungeheure Preise für alles, was er kaufte. Sir J. scheint das Wohlergehen seiner armen Landsleute am Herzen zu liegen, und man sagt, er beabsichtigt für immer hierher zurückzukehren. –

Der Plan aus Juden Landwirte zu machen ist vergebens. Erstens ist Judäa mit wenigen Ausnahmen eine Wüste. Zweitens hassen die Juden die Landwirtschaft. Alle, die in Palästina Land bebauen, sind Araber. Die Juden wagen es nicht, sich außerhalb der ummauerten Städte oder Dörfer niederzulassen, aus Angst vor der bösartigen Verfolgung durch Araber & Türken. – Außerdem ist die Anzahl der Juden in Palästina vergleichsweise niedrig. Und wie könnte man die unzähligen, in alle Welt verstreuten, hierher bringen? Nur durch ein Wunder.

Mr. Wood[122] (aus Concord, New Hampshire), Amerikanischer Konsul in Beirut, machte mir gegenüber eine seltsame Offenbarung betreffend dem verborgenen Leben der Mrs. Minot. Sie wird von ihm & L.

---

122) Reverend Henry Wood (1806–1873) war zwischen 1854 und 1856 U.S. Konsul in Beirut, danach Kaplan in der U.S. Marine. Das Gerücht um Mrs. Minor betraf den eigennützigen Umgang mit amerikanischen Spendengeldern.

Napier[123] für eine Wahnsinnige gehalten. Ebenso Miss Williams – Campelliten[124] &c.

Mr. Wood sah Mr. Dickson mit aufgeschlagener Bibel in Jerusalem umherwandern, in Erwartung, daß der Ölberg entzwei bersten und den Weg für die Juden bereiten würde &c.

27. Januar. Gestern, um 1 nachmittags, an Bord des österreichischen Dampfers »Acquila Imperiale« gegangen, aber bis spät am Abend nicht ausgelaufen. Starker Wind & Seegang die ganze Nacht. Am Morgen, Küste in Sicht, – Berge von Libanon – schneebedeckte Gipfel – Berg Hernom in Sicht – im Landesinneren. – Um 2 nachmittags in Beirut vor Anker gegangen. – Hotel Bel View – Dragoman nach Warburton – der Schirokko bläst. Die Stadt liegt auf der Landzunge, die vom Fuße des Libanon aufs Meer ragt. Hohe Berge ringsumher. Ummauerte Stadt. Alte Ruinen von Kreuzritterburgen. *Stadt zwischen Wüste & Meer – von beiden angefressen – verschüttete Bäume & Häuser – prächtige Gärten. – Pier von der Dünung überschwemmt – als ob man auf einem Riff spazieren geht.* – Hübsche Lage des Hotels.

Montag, (26.) Januar. Schöner Tag – warm. Umhergewandert. *Gemächliches Heben & Senken der Wellen an den Felsen.* Wunderschöner Spaziergang in die Stadt. Bücher des Konsuls. Interessanter Mann. Glücklose Diskussion beim Essen. Junger Preuße.

---

123) Möglicherweise Lord Francis Napier (1819–1898), Legationssekretär der britischen Gesandtschaft in Konstantinopel.

124) Eine der zahlreichen amerikanischen Sekten, die im Heiligen Land aktiv waren. Hier nach ihrem Gründer Alexander Campell (1788–1866) benannt, eigentlich »Jünger Christi«.

27., 28., 29., 30., 31. Januar – Im Hotel. Berge von Libanon – Schnee – Sonne – Wendekreis & Pol fallen am Horizont zusammen. *Das Tor.* Tartarenkuriere stürmten herein mit den Neuigkeiten vom Krieg. – Stille Tage – Spaziergang zur Meeresküste – schäumende Brandung – warum die ganze Aufregung? &c. – Orientalen haben kein Heim – kein Bett. – Erröten niemals. – Der Ball des Pascha – die Bedeutung von Baschi Bazuk[125] &c. – Sannin Berg – Adonis Fluß – stilles Verzagen – Begräbnis eines Janitscharen – Koran in den Händen – Gesellschaft des Pascha – Bedeutung von Baschi Bazuk. Die zwölf Richter. Mr. Wood aus Concord – der Konsul.

SONNTAG, 1. FEBRUAR 1857. Schöner Tag – Seegang & Wind ließen nach. Überfahrt nach Smyrna im Dampfer »Smirne« der Österreichischen Lloyd bezahlt (betrogen). Ging um 3 nachmittags an Bord. Hatte keine Gelegenheit, um Mr. Wood Lebewohl zu sagen. Bei Sonnenuntergang ausgelaufen. Eine Woche in Beirut. – Sehr langsames Boot – fauliger Kiel, schlechte Quartiere. – Rüpelhafter Kapitän – Szene bei Tisch. – Kapitän ist in Amerika gewesen.

Montag, 2. Februar. Um 10 vormittags Zypern an Steuerbord gesichtet. Kamen in die Nähe einer sich lange hinziehenden, weißlichen & gelblichen Küste mit hohen Bergen im Landesinneren. Aus diesen Wassern erhob sich Venus schaumgeboren. Fand es ebenso schwer, sich so etwas vorzustellen wie die Himmelfahrt Christi am Ölberg. – Ungefähr um 5 nachmittags ankerten wir vor Larnaka, dem Hafen von Zypern. Konnte nicht lange an Land gehen. Aber sah ziemlich

---

125) Die Baschi Bazuk (im Türkischen für »irregulär«) waren eine Freischärlertruppe aus Tscherkessen, Albanern und Kurden, die während des Krimkrieges (zwischen 1853 und 1856) u.a. von den Briten rekrutiert wurde. Die Truppe wurde 1878/1888 aufgelöst.

viel des Sehenswerten von Deck aus. Um die Stadt herum Flachland. Türkisches Aussehen. Palmen & Minarette – Häuser entlang der Küste. Exportieren Wein hier. Ziemliches Theater zwischen den Bootsleuten längsseits. Wettstreit von fünf Bootsleuten um einen Passagier. Sonnenuntergang.

Dienstag, 3. Februar. Günstige Brise letzte Nacht. Um 11 vormittags Gegenwind aufgekommen mit sehr kräftigen Böen. Hielt für den Rest des Tages an, Schiff stampft & rollt fürchterlich. Hohe Wellen aus allen Richtungen. Pilger seekrank, arme Teufel.

Mittwoch, 4. Februar. Plötzlicher Wechsel zu schönem Wetter. Die Küste von Karamania den ganzen Tag über in Sicht. Hohe Berge – 7000 Fuß nach der Karte. Gestern, während der Sturmböe, amüsantes Benehmen eines Griechen, so wie *Panurg*[126] – dachte, sein letztes Stündlein hätte geschlagen. Ebenso, amüsante Szene in der Kabine beim Essen. Demokratie des Kapitäns & der Offiziere. Maschinist kam herein – setzte sich – trank auf die »Königin!« – alle Schiffe von Lloyds & Messageries Imperiales in England gebaut. Große Quelle von Reichtum. – Wunderschöner Abend – Mondlicht. Erreichten Rhodos, legten aber nicht an (obwohl wir ein paar türkische Passiere hatten, die dorthin wollten), wegen dem Wunsch des Kapitäns, das Mondlicht für den schwierigen Teil der Durchfahrt

---

126) Panurg ist ein komischer Held aus *Gargantua und Pantagruel* von Rabelais. Melville lieh zwischen 1847 und 1848 eine englische Übersetzung von seinem Freund Evert Duyckinck. Im 19. Kapitel des vierten Buches (1552) sitzt Panurg während eines Sturmes an Deck und jammert pausenlos. »[...] weh, unser Schiff zieht Wasser, ich ersaufe, ach, ach, be-be-be-be-be-bu-bu-bu-bu. Sind wir schon unter? [...]« (Nach der Edition von Heintze, 1974). Nach dem Ende des Sturmes prahlt Panurg, wie heldenhaft und vorbildlich er sich verhalten habe.

bei den Sporaden zu nutzen. Rhodos ist eine große & hochaufragende Insel mit ein paar hohen Bergen landeinwärts. Kürzlich zerstörte die Explosion eines Pulverlagers einen Großteil der »Chevalierstraße«[127]. – Man sieht letztendlich doch, daß die bemerkenswertesten Orte aus den natürlichen Elementen Erde, Luft & Wasser gemacht sind. – Englischer Maschinist (aus Cornwall) lud mich in seine Kajüte ein und dann zum Abendessen in die Messe. Er war ein wenig angetrunken. Sagte (auf seine Maschinen deutend) »Ein hübsches Paar Apparate, Sir.« Ziemlich verliebt in seine Maschine. – Wunderschönes Mondlicht hielt mich bis spät an Deck, genauso wie das Grauen vor meiner Koje. Ging um ungefähr 11 schlafen, wurde aber um 2 Uhr früh durch die unerträgliche Plage der Bettwanzen regelrecht wieder an Deck getrieben. Sie sind die Ursache unsagbarer Qualen. Für vier Nächte nun kein Auge zugetan & bis Smyrna keine Hoffnung auf Schlaf. Diese Plage durch Wanzen & Flöhe & Moskitos wiegt für mich alle Vorzüge der Orientreise auf.

Donnerstag, 5. Februar. Die ganze Nacht zwischen den Sporaden. Auf dem stolzen Vorderdeck im hellen Mondlicht stehend, steuerten uns der Kapitän & seine Offiziere durch ein Labyrinth aus Kanälen. Bei Sonnenaufgang waren wir gänzlich von Inseln & Inselchen eingeschlossen. Cos, eine große Insel, ist eine von ihnen. An einigen fuhren wir nah vorbei. Fast konnte man an Land springen. Tiefes Wasser. So dicht, daß man kaum sagen kann wie man hineinkommt, oder wieder hinaus. Alle Inseln felsig, kahl & öde. Auf einigen

127) Die Explosion eines Pulverlagers unter der Kirche des Johanniterordens fand am 6. November 1856 statt. Die Kirche und der anschließende Palast wurden gänzlich zerstört, bis zu sechshundert Menschen fanden den Tod.

sind Flecken von Grün. Auf einer brannte ein Feuer. – Könnte vermuten, dies wäre Navigation für ein Ruderboot. Vorbei an zwei oder drei malerischen griechischen Schiffen. – Insgesamt eine schöne Fahrt. Doch die Szenerie besteht nur aus Umrissen. Ohne Füllung. Machte den Eindruck einer Fahrt entlang gigantischer Silhouetten. Schatten verbessern jedoch das Gesamtbild. Vollständiges Schwarz der nahen Insel hob sich gegen den matteren Farbton der hinter ihr liegenden ab. Oder: stufenförmige, starke Kontraste – dunkles Grau – tiefes Purpur – entsprechend der aufeinanderfolgenden Entfernungen. – Klarer Morgen. Blaßblauer Himmel. – Aus den schwierigen Gewässern gesteuert & Samos voraus gesichtet, & Patmos – wirkt ziemlich verlassen. Tatsächlich liegt Patmos recht isoliert – dieser Eindruck wird durch das so plötzliche Herannahen scheinbar noch verstärkt, nachdem die anderen Inseln so eng beieinander lagen wie Äpfel [im Korb]. Patmos ist ziemlich hoch & sieht besonders verödet aus. Keine Bewohner. – Wurde hier wieder vom großen Fluch modernen Reisens verfolgt – dem Skeptizismus. Konnte mir genauso wenig vorstellen, daß der Heilige Johannes hier seine Offenbarungen hatte, wie ich vor Juan Fernandez nicht an den Robinson Crusoe von Defoe glauben konnte[128]. Als mein Auge auf den kahlen

---

128) Melville hatte im November 1843, während seiner Heimreise auf der Fregatte *United States*, die Insel vor der Küste von Chile gesehen, die Alexander Selkirk vier Jahre lang als Heimat gedient hatte. Selkirk diente als Vorbild für die literarische Figur Robinson Crusoe in Daniel Defoes Roman.
Die letzte Schrift des Neuen Testaments, *Die Offenbarung des Johannes*, wurde im Jahre 94/95 während der Verbannung des Autors auf der Insel Patmos geschrieben. Auf Melvilles wiederholte Enttäuschung über den Anblick von Patmos wird auch in *Clarel* angespielt (IV.2.21-22): »Können Visionen bis nach Patmos reisen? / Einsamer Fels, wo einsam Adler kreisen!«

Höhen ruhte, ergriff mein Gemüt dieselbe Öde. – Wünsche Niebuhr & Strauss[129] zum Teufel. – Der Leibhaftige möge ihre Geisteskraft & ihren Scharfsinn holen. Sie haben uns der Blüte beraubt. Falls sie irgend jemanden aufgeklärt haben – gebührt ihnen kein Dank. – Schade, daß die Länder der Kirchengeschichte von Natur aus so wenig anziehend sind. – Geschichte des Kapitäns über griechische Pilger – ein großer Anteil des Profits der Österreichischen Lloyd stammt aus dieser Quelle. – Manchmal stehen sie so dicht an dicht wie das Vieh im Stall. Sparen jahrelang ihr Geld. Wie die Moslems nach Mekka. – Priester in Jerusalem verkaufen ihnen Eintrittskarten fürs Himmelreich. Bedrucktes Papier mit Taube in der Mitte & Vater & Sohn an den Seiten. Unterteilt in Ränge wie Theaterplätze bei einer Wohltätigkeitsveranstaltung. *Diesen* Platz können Sie nicht haben – besetzt. *Diesen* auch nicht, aber wenn *der hier* in der Ecke genehm wäre – sehr schön – das wären dann 500 Piaster &c. – Maschinist erzählte mir, wie er, letztes Jahr an Bord dieses Schiffes, Bekanntschaft mit Mike Walsh[130] machte. Reiste in die

129) Barthold Georg Niebuhr (1776–1831): deutscher Staatsmann und Historiker, Autor der auf seinen Berliner Vorlesungen basierenden *Römischen Geschichte* (1827/28). Er war der erste, der den Wahrheitsgehalt römischer Überlieferung kritisch überprüfte. Eine Übersetzung ins Englische lag vor. Melville kannte möglicherweise die Attacken gegen Niebuhrs Skeptizismus in der *Quarterly Review*. In *Clarel* (I.34.19) findet sich eine Anspielung auf Niebuhr: »Zion, wie Rom, ist Niebuhrisiert.«
David Friedrich Strauß (1808–1874): deutscher kritischer Theologe aus Tübingen, dessen Werke *Das Leben Jesu* (1835/36) und *Die christliche Glaubenslehre* (1840/41) den Großteil der biblischen Überlieferung als Wunschvorstellung darstellte. George Eliot übersetzte *Das Leben Jesu* 1846 ins Englische.

130) Michael Walsh (1815–1859), New Yorker Zeitungsverleger, Arbeiterführer und Politiker, bereiste nach einer verlorenen Senatswahl 1852 Europa und Mexiko. Er endete in Armut und Alkoholismus und starb unter ungeklärten Umständen bzw. wurde nach einer Sauftour tot aufgefunden.

Krim. In Triest hielt er in einer Bierstube eine Rede vor englischen Maschinisten. Erweckte das Mißtrauen eines österreichischen Spions &c. Der Mann aus Cornwall war vollauf begeistert über das edelmütige Wesen des gewaltigen Mike. – Er war abgebrannt & borgte Geld. Der Maschinist hält ihn für den »hervorragendsten« Menschen.

Freitag, 6. Februar. Eine kalte, regnerische Nacht. Freie Wahl zwischen frösteln & kratzen. Nahm beides. Schreckliche Nacht. – Schlief eine Weile auf der Polsterbank, erwachte durchgefroren. – Ein anderes Mal wegen der Flöhe fast wahnsinnig geworden. – Das Schiff des Kratzens. Kapitän mit Rückenkratzer. – Zwei Mann lehnten sich aneinander & rieben sich gegenseitig &c. Der hauptsächliche Zeitvertreib. – Im Regen fuhren wir bei Tagesanbruch in die Bucht von Smyrna ein. Fast zwei Monate sind vergangen, seit ich hier war. Hügel wirkten unten grün, aber die Berge schneebedeckt. – An Land ins Hotel & Frühstück. Niederträchtiger Kellner. – Auf den Bazar gegangen. Bekam Wechsel ausgezahlt. – Während des Frühstücks bekam ich sehr schlimme Nervenschmerzen an der Stirn – aufgrund der völligen Schlaflosigkeit der letzten fünf Nächte. – Um 5 nachmittags im Schaufelraddampfer »Italia« der Lloyd Austriaco nach Piräus ausgelaufen. – Ein österreichisches Kriegsschiff im Hafen. Seekadetten in kuriosen kleinen Ruderbooten – stehend. Einer – Ruderer in Wartestellung. – Rauchend. Echter Stutzer – angeheitert. Vergnügt. Ruderten im Fahrwasser des Dampfers. – In der Nacht gut geschlafen. Italienischer Kaufmann aus Ancona. – Ausgenüchtert aber fröhlich. Rauchte. »Kirchenbesitz – Teufelsbesitz!« – Sein Schiff in Konstantinopel im Zoll. – Venezianer & Frau & Kind. – Zugiges Boot. Tempel der Winde. – Keinerlei Komfort an Deck. –

Albaner beim Weintrinken – griechischer Priester. – (Kleines Geschenk)

Samstag, 7. Februar. Bei Syros vor Anker gegangen – nach Halt in Scio – heute Nachmittag. Starker Wind & gleichbleibend während der Nacht.

Zum drittenmal in Syrus. Sehr kalt im Vergleich zu früher. (8. Februar, Sonntag) Bei Morgengrauen ausgelaufen. Gegenwind, Gegenströmung – kalt, unbequem. Bis um vier Uhr in die Koje. Konnte keine Inseln sichten, obwohl wir an vielen vorbeifuhren. – Gegen Sonnenuntergang Piräus erreicht. – Karger & kahler Eindruck der Küsten & Inseln. – Um 7 abends vor Anker gegangen. Strahlendes Mondlicht, mit Spuren der kürzlichen Stürme. – Kriegsschiff vor Anker. Ins Boot gestiegen & an Land gegangen, & in einer alten Droschke durch eine Ansiedlung wie an einem Treidelpfad eines Kanals, zu einer Schotterstraße, schnurgerade, – & nach Athen. Vorbei an Kavallerie- & Infanteriepatrouille. – Griechen in Cafés, rauchend. Morgen geht's zur Akropolis. – Sah sie von der Straße aus im Mondlicht.

Versuchte mich ernsthaft auf den Heiligen Johannes zu besinnen als, dort wo ich gerade stand, die Gestalt eines Santon, eines heiligen Mannes der Araber, zwischen mir & der Insel auftauchte – fast nackt – vertrieb auf lächerliche Weise die Feierlichkeit – ernster Fall von Schwachsinn – Verrückter – Opiumesser – Träumer – dennoch mit höchstem Respekt & Ehrfurcht behandelt – durfte überall eintreten. – Erbärmlicher Narr! Nackter & armseliger Santon[131], elender Stolperstein auf dem Pfad der Prophezeiungen, obwohl ein Heiliger, bist du so weit davon entfernt die Erde zu besitzen, daß du nicht einmal ein Hemd besitzt, deine Blöße zu bedecken!

Sonntag, 8. Februar. Nach stürmischer, kalter Überfahrt bei Piräus vor Anker gegangen und im Mondschein nach Athen. Hotel d'Angleterre. Alexander[132], Fremdenführer – von Boyd, der Murrays Reiseführer schrieb – *Akropolis* – Marmorblöcke wie Eisblöcke aus Wenham[133] – oder wie große Wachskuchen. – Parthenon steht erhöht wie das Kreuz des Konstantin. Seltsamer Kontrast der zerklüfteten Felsen mit dem glattgeschliffenen Tempel. In Stirling entsprechen sich Kunsthandwerk & Natur[134]. Nicht bei der Akropolis. Unsichtbare Fugen – aneinander festgefroren. – Brechen wie Schneekrusten. –

Jupiter Olympus. Wie eine Waldlichtung. Säulengruppe. – Zwei separate am hinteren Ende. – Aus Stein

---

131) »Santon« ist ein aus dem Spanischen entlehnter Begriff und bedeutet »Derwisch«. Die Derwischorden hatten keine mit christlichen Orden vergleichbare Organisation, so daß viele Derwische ohne feste Bleibe als Bettlermönche umherzogen. Zudem führte die Askese des Noviziats nicht selten zu einer physischen und psychischen Erschöpfung, die in wahnhaften Zuständen enden konnte. Im Volksislam – wie auch in vielen anderen traditionellen Religionen – galten psychisch Kranke und Wahnsinnige, die als Bettler ihr Leben fristeten, als heilig. Andererseits galt Epilepsie als Zeichen von Besessenheit durch Satan.
Melville verknüpft die Situation des Santon mit einer Anspielung auf die Bergpredigt (*Matthäus* 5,1f.). Der Santon wird auch in *Clarel* erwähnt (I. Teil, 8. und 9. Strophe), wo er sich dem Pilger als ortskundiger Führer durch Jerusalem anbietet.

132) Melville besaß mehrere der populären Reiseführer, die von John Murray herausgegeben, zum Teil aber auch von anderen anonymen Autoren geschrieben waren. Boyd ist vermutlich der Autor des Bandes über Griechenland. In diesem Band wird ein gewisser Alexander als einer der besten Fremdenführer in Athen genannt.

133) Das Eis aus dem Wenham Pond, Massachussetts war wegen seiner Klarheit und Reinheit berühmt. Es wurde im Winter geschnitten und in Blöcken verkauft.

134) Gemeint ist das schottische Stirling Castle, welches Melville während seiner Reise von Glasgow nach Liverpool besuchte.

gemeißeltes Laubbüschel an der Spitze. – Palme – das Hängen der Laubverzierung ähnelt einer Palme &c. Umgefallene Säule von Geländer umgeben, wie ein Grab. Eine Rolle Guineas – massiv – Fundament schief – gefällte Föhre – fiel gerade – immer noch symmetrisch, sogar im Sturz. Stand länger als 2000 Jahre – schließlich doch umgefallen. In derselben Nacht stürzte die Säule des Erechtheion[135].

Montag, 9. Februar. Besichtigte die Ruinen mit Alexander – warf einen Blick in sein Geschäft (Honig aus Hymettos, Parnassus Spazierstöcke, Marathon Halsketten aus Muscheln, Ansichten von Athen – Kleid &c.) – Mr. Marshall[136] aus Boston oder New York im Hotel. Den ganzen Mittelmeerraum wegen Eishandel bereist. Eis schneiden am Schwarzen Meer. – Ich stellte mir seine Lebensgeschichte vor. Besuchte Dr. King, Konsul[137]. Griechische Ehefrau. Zum Tee eingeladen. Seine Tochter ist in Amerika gewesen. Angenehmer Abend. – Kalt, mit abwechselnd Schneeschauern & Sonne im Tagesverlauf.

---

135) Das dem Zeus geweihte Olympeion war einer der größten Tempel der Antike (108 m lang, 41 m breit). Der Tempel befindet sich am südöstlichen Rand der Altstadt. Zur Zeit von Melvilles Besuch in Athen waren ein Großteil der korinthischen Säulen bereits abgetragen und für andere Gebäude verwendet worden. Von den ursprünglich 126 Säulen waren nur 16 verblieben. Die erwähnte umgestürzte Säule fiel durch einen Sturm im 26. Oktober 1852. Durch denselben Sturm wurde ein Mauerabschnitt des Erechtheions, eines ionischen Tempels auf der Akropolis, beschädigt.

136) Mr. Marshall: nicht ermittelt. Horsford (1955) verweist spekulativ auf den Kaufmann, Kapitän und Präsident der »Black Ball Line«, einer amerikanischen Schiffahrtsgesellschaft, C. H. Marshall.

137) Jonas King (1792–1869), ehemaliger Missionar in Palästina, war zwischen 1851 und 1857 U.S. Konsul in Athen. King, der sich für soziale Ziele einsetzte, sowohl Griechisch als auch Arabisch beherrschte und auch in diesen Sprachen publizierte, übte sehr großen Einfluß auf die griechisch-amerikanischen Beziehungen aus.

10. Februar. Unter Ruinen – noch einmal alle besichtigt. Tempel des Theseus gut erhalten. Gelbliches Aussehen – Safran – im schleichenden Feuer der Zeit gebrannt.

Siegestempel – wiederaufgebaut – Statue der Siegesgöttin schnürt ihre Sandale – Eleganz & Schönheit des ganzen Entwurfs. – Genueser Turm enthält Säulen der Propyläen. – Pflaster des Parthenon – quadratisch – Eisblöcke. (aneinandergefroren.) – Kein Mörtel: – Zartheit von Eisblumen.[138]

Verbrachte den Abend im Gespräch mit jungem englischen Offizier aus Kephalonien – Erzählte die Geschichte des Sohnes von Lindy Foote[139]. &c.

– sah den Sonnenuntergang vom Lykabettus aus. Schöner Aufstieg.

Mittwoch, 11. Februar. Klarer & wunderschöner Tag. Schöne Fahrt auf dem Kutschbock nach Piräus. Akropolis fast die ganze Strecke über sichtbar. Gerade Straße. In deutlichem Kontrast zum Himmel – zwi-

---

138) Der Tempel der Athena Nike (der Siegesgöttin Athena) auf der Akropolis war erst 1835 aus gefundenen Bruchstücken rekonstruiert worden. Die von Melville erwähnte Statue ist Teil eines Reliefs aus dem 4. Jahrhundert v. Chr. und steht heute im Akropolis-Museum, Athen. Der Genueser Turm aus dem Mittelalter, der nur noch als Ruine erhalten war, enthielt zwei Säulen der Propyläen, dem Eingangstor zur Akropolis.
Die scheinbar fugenlos zusammengefügten Marmorblöcke des Haupttempels von Athen, des Parthenon auf der Akropolis, die Melville hier wiederholt erwähnt, sowie andere Beobachtungen zur Architektur, wurden später in dem Gedicht »Greek Masonry« (in: *Timoleon*) verarbeitet.

139) Die hier erwähnte Geschichte bezieht sich möglicherweise auf Andrew Hull Foote (1806–1863), Admiral der U.S. Marine, der vehement gegen Sklavenhandel und gegen Alkoholmißbrauch eintrat. Als 1. Offizier der *Cumberland*, war er der Erste, der Abstinenz auf einem Schiff der U.S. Marine durchsetzte.

schen Imittos & Pentelikon. Gipfel des Pentelikon schneebedeckt – auf seinen Sohn, den Parthenon, herabblickend. – Ruine des Parthenon wie Aufbrechen [des Packeises] auf dem North River &c. – Um 2 nachmittags an Bord des französischen Dampfers »Cydnus« nach Messina gegangen. Edler Kahn & in Frankreich gebaut. Zwei oder drei Engländer an Bord – junge Männer. Mit ihnen gesprochen. Mysseri (aus Eothen[140]) an Bord, auf dem Weg nach England. Mit ihm gesprochen. – Entlang der Küste von Morea gefahren – gebirgig. Ordentliches Bett & gut geschlafen.

Donnerstag, 12. Februar. Gegenwind & bewölkter Himmel. Aber schneller Dampfer. Ziemlich viele Passagiere in der zweiten Klasse. Heute kein Land in Sicht.

Freitag, 13. Februar. Küsten von Kalabrien & Sizilien voraus bei Tagesanbruch. Näherten uns ihnen um 10 Uhr. Beide sehr hoch & zerklüftet – malerisch. Viele Häuser. Schnee auf den Gipfeln der höchsten Berge. Schöne Fahrt in der Meerenge. Um 1 nachmittags im Hafen von Messina vor Anker gegangen. Schöner Hafen. Wie eine Lagune. Regnerischer Tag. Bei der Polizeistation an Land. Nach Papieren durchsucht &c. Hotel in vornehmer Straße. Große Kirche. Mantel gereinigt.

Samstag, 14. Februar. Letzte Nacht in ein Café in der Nähe der Oper gegangen, um, wenn möglich, Dr.

140) Mysseri war der Fremdenführer und Übersetzer von Alexander William Kinglake (1809–1891), welcher ihn in seinem einflußreichen Reisebuch *Eothen, or Traces of Travel brought Home from the East* (1844) lobend erwähnte. Melville kannte das Buch und hatte Kinglake während dem Londonaufenthalt im Winter 1849/50 persönlich kennengelernt.

Lockwood von der Fregatte zu treffen. Traf ihn nicht. Diesen Morgen angenehmes Wetter. Viele amerikanische Schiffe im Hafen, wegen Obsthandel. Es ist gerade Saison. Bei einem ging ich an Bord. Besuchte Kapitän Bell, traf Dr. Lockwood[141]. Machten zusammen einen Ausflug auf Eseln zu einem hohen Hügel in vier Meilen Entfernung. Der Telegraph.

Zusammen mit ihm & Offizieren in der Offiziersmesse der Fregatte gespeist. Verabschiedete mich gut gelaunt. Dann spazierte ich mit dem Dr. durch die Stadt, und am Abend sahen wir uns Macbeth[142] in der Oper an. Zu Bett um 11 Uhr nachts. – Die Offiziere der U.S. Fregatte *Constellation* sind

Kapitän Bell	Leutnant Faunteleroy (aus Virginia)
1. Offizier Porter	Kadett Buchanan
2. Offizier Bankhead	Sekretär d. Kap. Bell
– Offizier Spicer	

Die Festungen von Messina wachen über die Stadt, nicht über das Meer. Großer Teil der Stadt zerstört, um den Rest unter der Kontrolle der Festung zu halten[143]. Zifferblatt in Kirche. Aus den Bergen herabströmende Bäche durchqueren die Stadt.

141) Melville war Dr. Lockwood und den Offizieren der *Constellation* bereits am 29. Dezember 1856 begegnet (siehe dort). Kapitän C.H. Bell (1798–1875) aus New York wurde 1866 zum Admiral der U.S. Marine befördert. Die später erwähnten Offiziere waren: William C.B.S. Porter aus Columbia, John Pine Bankhead aus Virginia, William F. Spicer aus New York, Charles M. Fauntleroy aus Virginia und Thomas McKean Buchanan aus Pennsylvania. Der »Sekretär« war vermutlich der Sohn von Kapitän Bell.

142) Die Erstaufführung von Verdis Oper *Macbeth* hatte 1847 stattgefunden. Nach Leyda (1951) wurde die von Melville gesehene Aufführung von Guiseppe Verdi persönlich dirigiert.

143) Ein großer Teil von Messina war während eines Aufstandes zwischen 1672 und 1678 zerstört worden. 1848 hatte die Stadt durch Bombardement der Neapolitaner erneut schwere Schäden erlitten.

Sonntag, 15. Februar. Dr. Lockwood besuchte mich im Hotel, saßen beisammen, dann schlug er einen langen Spaziergang vor. Spazierten zu den großen Vororten hinaus, die sich die Küste entlangziehen. Die Berge Kalabriens in Sicht. Sehen aus wie bei Salvator Rosa[144]. Trafen Maskierte auf der Straße. Karneval. Wanderten 7 oder 8 Meilen, setzten uns auf Steine, sprachen viel. Schöner Tag. Habe ihn beträchtlich genossen. Abends um 6 zum Essen zurück im Hotel. Straßen am Abend sehr belebt. Spazierte bis 10 Uhr mit dem Doktor umher. Café – Stammgäste.

Montag & Dienstag, 16. & 17. Februar. Neapolitanischer Dampfer nach Neapel heute um 1 mittags ausgelaufen. Buchte Passage 2. Klasse. Bereute es am Ende bitterlich. Durchquerte die Meerenge nach Reggio (Paulus[145]) wo wir bis Mitternacht vor Anker lagen. Bei Tagesanbruch hielten wir an einer weiteren Ortschaft, hoch oben am Hügel, (hier wurde Murat erschossen[146]) und zu Mittag an einer dritten Ortschaft an der Küste. Schönes Wetter. Windstill & wunderschön. Reich bevölkerte Küsten & sehr gebirgig & hoch. Sehr schöne Landschaft. Nah an der Küste vorbeigefahren. Litt wieder fürchterlich an Schlaflosigkeit. (sah den Ätna von Reggio aus).

Mittwoch, 18. Februar. Bevor Tagesanbruch fuhren wir zwischen Capri & dem Festland durch & kamen in

144) Anspielung auf den für seine Landschafts-, Schlachten-, und Sittengemälde berühmten Maler Salvator Rosa (1615–1675). Einige Erzählungen Melvilles erschienen unter dem Pseusonym Salvator R. Tarnmoor.

145) Apostel Paulus besuchte Reggio auf seinem Weg nach Rom (*Apostelgeschichte* 28,13).

146) Joachim Murat (1767–1815), von Napoleon eingesetzter König von Neapel, wurde am 13. Oktober 1815 in der Nähe von Pizzo erschossen. Die erwähnte dritte Ortschaft ist Paola.

die Bucht von Neapel. Ich befand mich an Deck. Bald kam die düstere Masse des Vesuv in Sicht. Erkannte ihn vom Bild meiner Mutter. Schon konnte man die Stadt riechen. Helle Lichter. – Blieb wegen der Saumseligkeit der Polizei bis 9 vormittags an Bord. Ging mit einigen anderen [Passagieren] zum *Hôtel de Genève*. Der erste Eindruck von Neapel verblüffte mich. Große Menschenmassen, vornehme Straßen, stolze Häuser. – Beim Frühstück sagten Rhinelander & Friedman[147], sie würden nach Pompeij fahren. Schloß mich ihnen an. Eisenbahn überall auf der Welt dasselbe. Vorbei an Portici, Resina, Torre del Greco. – Pompeji[148] ist wie jede andere Stadt. Dieselbe alte Menschheit. Immer das Gleiche, ob man tot ist oder lebendig. Pompeji spendet Trost. Mir gefällt Pompeji besser als Paris. – Wachleute. So still wie das Tote Meer. – Zum Vesuv auf Pferderücken[149]. Weingärten am Fuß des Berges. Weg hinauf voller Asche. Dem Fremdenführer dicht auf den Fersen. Feilschen. Alter Krater von Pompeji. Neuer Krater wie ein alter, verlassener Steinbruch –

---

147) Horsford (1955) identifiziert die genannten Personen als die beiden amerikanischen Handelsreisenden Charles F. Rhinelander und Arnold Friedman.

148) Die Eisenbahnstrecke von Neapel nach Pompeji führte der Küste entlang, vorbei an den von Melville genannten Orten. Das antike Pompeji war bereits zu ungefähr einem Viertel freigelegt und für Touristen gegen Eintrittsgeld und in Begleitung eines offiziellen Fremdenführers zugänglich. Eine Anspielung in *Redburn* (Kapitel 49) weist auf erotische Fresken im Haus des Pansa in Pompeji hin. 1857 gab es für Melville keine Möglichkeit die antiken Erotika aus Pompeji und Herculaneum zu besichtigen, da der entsprechende Ausstellungsraum in Neapel – das »Gabinetto segreto« – zwischen 1849 und 1860 zugemauert war.

149) Der drei- bis vierstündige Aufstieg auf den Vesuv mit bezahlten Fremdenführern begann und endete wahrscheinlich in Torre dell'Annunziata. Der Krater des Vulkanausbruchs, der 79 n. Chr. das antike Pompeji zerstörte, war relativ aktiv. 1855 und 1858 kam es zu Ausbrüchen des Vesuv.

glühende Schlacke – rot & gelb. Brüllen. Blasebalg. Lodernde Flamme. Ging in den Krater hinein. Gefrorene Lakritze. – In Eile den Berg hinab. Dämmerung. Ritt im Dunkeln. Ab Annunziata im Vetturino nach Neapel. Eisige Fahrt, keinen Mantel, – um Mitternacht zurück im Hotel. Stilles Land & stille Straßen. Ein Vorort. Gegessen & zu Bett.

Donnerstag, 19. Februar. Brach alleine zu einem Spaziergang auf. Strada de Toledo. Prächtige Straße. Broadway. Menschenmassen. Pracht der Stadt. Palast – Soldaten – Musik – Säbelgerassel in der ganzen Stadt. Truppen stürmten aus einem Bogengang hervor. Kanone auf die Stadt gerichtet[150]. Königliche Karossen im Palast – königliche Dampfschiffe. Nach Capo di Monte in Droschke. Palast, Straßen, Gärten & Aussicht wundervoll. St. Januarius der Armen[151]. Katakomben – alter Mann mit Laterne. Große Ausdehnung. Alte Gräber. Schmutzig. Konnte mich nicht davon trennen. Man hielt mich für verrückt. – Ging noch einmal herum. Kaufte guten Mantel für $ 9. – Wenig Handel auf den Kais. Frage mich, von was sie hier leben. Herrlichkeit der Stadt. Vom Marktplatz aus sieht man den Vesuv. Rauchend. – Ging zur Villa Reale – Hotels – im Britannique bemerkte ich zufällig den Namen Townsend.

---

150) Die von Melville beschriebene Militärpräsenz ist auf die repressive Herrschaft des Königs beider Sizilien, Ferdinand II. – »Re Bomba« – zurückzuführen.
Die Eindrücke von Neapel erscheinen in Melvilles Gedichten »At the Hostelry« und »Napels in the Time of Bomba« (beide zu Lebzeiten unveröffentlicht).

151) Die Kirche San Gennaro de' Poveri stammt aus dem 8. Jahrhundert und bezeichnete die Grabstätte des Schutzheiligen der Stadt, der im Jahre 432 in Pozzuoli als Märtyrer gestorben war. Die Gebeine wurden 831 nach Benevento überführt. Der Eingang in die Katakomben – den größten und bedeutensten von Neapel – ist in der Kirche.

– Dort gegessen. War erleichtert, Nachrichten von Zuhause zu bekommen (obwohl nur aus zweiter Hand). Um 10 Uhr nach San Carlo. Schönes Haus. Traf Bankier aus England. Wachposten auf der Bühne &c.[152]

Freitag, 20. Februar. Ging mit Briefen zum Postamt. Nahm eine Kutsche zum westlichen Teil der Bucht. Posilipo – wunderschönes Vorgebirge mit Villen – entlang der Küste – neue Straße – bis in Sichtweite der Bucht von Pozzuoli. Spazierte von der Grotte des Seianus zu den Überresten der Schule des Vergil & anderen Ruinen von Villen[153]. Zerstörter Steinbalkon überragt tiefe Höhle & Klippe. Insel Nisida. Baia gesehen – am anderen Ende der Bucht. Besuchte den Solfatara[154] – Rauch – keine besonders schöne Landschaft. – Schwefelhaltig & Unfruchtbar, das Ende des Weges. (In Posilipo konnte ich nicht die Sorglosigkeit finden, die im Namen zum Ausdruck kommt[155].) Vorbei am

152) Villa Reale war die Küstenpromenade mit den exklusivsten Hotels von Neapel. Melville stieß auf ein Schreiben eines Bekannten der Familie, Howard Townsend, der sich beim Gouverneur nach einer Möglichkeit erkundigte, Pässe für eine Europareise zu erhalten. Das später erwähnte Haus ist das Teatro Reale di San Carlo, damals eines der größten und schönsten Opernhäuser der Welt.

153) Melville besuchte Posilipo, das Vorgebirge südwestlich von Neapel, mit seinen touristischen Attraktionen. Die Strada Nuova de Posilipo führte um das Vorgebirge herum zur Bucht von Baia/Baiae und nach Pozzuoli, dem antiken Puteoli, welches den Schauplatz vieler griechischer Mythen darstellt. Die Grotta de Seiano ist eine der zahlreichen Tunnel der Umgebung. Die verschiedenen Ruinen stammen von römischen Villen der Kaiserzeit, die Schule des Vergil, benannt nach dem Dichter der *Aeneis*, ist eigentlich eine römische Tempelruine.

154) Der Vulkan Solfatara ist der Hades und Tartarus in der Mythologie der Antike.

155) Der dem griechischen entlehnte Name Posilipo bedeutet »Ende der Sorgen«. Melville übernimmt das Wortspiel in seinem Gedicht »Naples in the Time of Bomba« (Nachlaß).

Agnanosee (salzhaltiger Boden). (Avernus nicht besucht – ziemlich ähnlich, nehme ich an.) Besuchte Grotto del Cane. Alter Mann führte armen, duldsamen kleinen Hund. Schloß ein Tor auf. – Hund kippte um, keuchte, bewußtlos. Herausgezogen & kam zu sich – lag im Gras, rollte sich & spazierte seelenruhig von dannen. – Armes Opfer. – Zurück nach Neapel über die Grotte von Posilipo. Sehr hochgelegen. In der Grotte, ein Schauspiel wie auf einer Hauptverkehrsstraße. Peitschenknallen, Ziegen, Zwielicht, – Bei Sonnenuntergang von Sonnenlicht durchströmt. – Villa Reale – prächtige Karossen. Vergils Grab besucht – nur eine Ruine – hoch oben. Großartige Aussicht auf die Bucht & Neapel & Vomero, Berg & Kastell San Elmo[156]. Zum Kastell San Elmo hinaufgefahren. Lange Straße. Vom Balkon über dem Garten der Kirche von San Martino hatte ich eine herrliche Aussicht auf Bucht & Stadt. Sonnenuntergang. Weiße Mönche. – Fuhr zum Café de la Europe für eine billige Mahlzeit. Streit mit dem Kutscher. Gegessen & für eine Stunde auf der Strada de Toledo spazierengegangen. Große Menschenmassen. Konnte kaum einen Unterschied vom Broadway ausmachen. Dachte, ich wäre dort. – Cafés voll besetzt. – Viele Lotteriestände, alle mit kleinem Schrein von der Jungfrau & dem Kinde, beleuchtet – billige Dekora-

---

156) Nach dem Besuch des Kratersees Agnano, der immer noch giftige Dämpfe verströmte, kam Melville an die »Höhle des Hundes«, in der Nähe des Seeufers. Die Wände dieser Höhle sondern Kohlendioxyd ab, was die Bewußtlosigkeit des Hundes erklärt. Die Grotto de Posilipo ist ein langer, künstlich angelegter Tunnel, der durch den Fels zurück nach Neapel führt. Das Grab des Vergil – eine kleine, von einer Kuppel bedeckte Kammer aus der Zeit des Kaiser Augustus – wird traditionell mit dem Dichter in Verbindung gebracht, der 19 v. Chr. hier beerdigt worden war. Vomero und Elmo überragen das südwestliche Neapel. Das Kastell San Elmo stammt, wie die darunter liegende Kirche San Martino und das anschließende Karmeliterkloster, aus dem 14. Jahrhundert.

tion. Kuriose Gedankengänge. Religiöse Verführung zur Gottlosigkeit. – Um 9 Zuhause & zu Bett.

Samstag, 21. Februar. Als ich morgens aus meinem Zimmer kam, begegnete ich einem plappernden Mann mit einem Dokument. Vertreter. Ins Frühstückszimmer – Leute bei Tisch – »Spricht jemand von Ihnen französisch?« Woraufhin Mr. Rowse[157] (?) sich meldete. Pässe &c. – Ging zu Rothschild um £ 20 zu holen. Keine prüfende Blicke wie anderswo. Ins Museum gegangen[158]. Es gibt eine ganze Menge. *Bronzeutensilien aus Pompeji & Herculaneum.* – Helm & Totenschädel. – Zahnarztinstrumente – Chirurgenbesteck – Öfen – Mosaiktafeln & Fußböden – Angelhaken – Toilettenspiegel – Vitrine mit Münzen.

Terrakottasammlung – mythologische Darstellungen.

---

157) Peter Warren Rousse (1832–1887), New Yorker Anwalt und Zeitungsverleger, befand sich mit seiner Schwester Anne M. Rousse auf einer drei Jahre dauernden Europareise. Melville begegnete den beiden mehrere Male; in Rom hatten sie Zimmer im selben Hotel.

158) Heute »Nationalmuseum«, damals das »Königliche Museum«, ist nach wie vor eines der bedeutendsten archäologischen Museen der Welt. Wie Melville schreibt, werden hier Funde aus Pompeji und Herculaneum ausgestellt. So auch Arztinstrumente aus dem »Haus des Chirurgen«. Kernstück des Museums ist die Statuensammlung, des neben den erwähnten Portraits, den »Farnesischen Herkules« und die »Gruppe des Farnesischen Stiers« enthält (Farnese ist Papst Paul III., auf dessen Anordnung die Ausgrabungen bei Caracella stattgefunden hatten, bei denen die Statuen entdeckt worden waren). Unter den ausgestellten Mosaiken findet sich eine Darstellung der Schlacht bei Issos sowie eines der größten aus dem »Haus des Fauns« in Pompeji. Das erwähnte Haus des Diomedes ist ebenfalls ein Gebäude in Pompeji. Die Madonna von Raffael ist wahrscheinlich das Gemälde *Madonna del Divino Amore.* Weitere Gemälde stammen von Corregio (1489–1534) und Domenichino (Domenico Zampieri, 1581–1641).

Saal mit Bronzestatuen. Plato (Haar & Bart & kaiserlich), Nero (schurkisch), Seneca (Karikatur). Betrunkener Faun auf Weinschlauch. Augustus. Pferd – kolossaler Pferdekopf – &c&c.

Gemälde. Madonna von Raffael – ein Domenichino. Zwei kleine Corregios – (Konnte an letzteren nichts besonderes entdecken). Doch das Gesicht der Madonna von Raffael ist anrührend mütterlich. Eine riesige Sammlung anderer Gemälde, auf die ich nur einen kurzen Blick warf.

Fresken – vom Haus des Diomedes – Stilleben &c aus dem Speisezimmer.

Marmor. Farnesischer Herkules – kolossal. Gesicht von ernster Güte. Gruppe mit Stier; herrlich. – Grabsteine &c mit Inschriften, genau wie bei uns. –

– Mußte das Museum verlassen, bevor ich alles gesehen hatte.

Fuhr mit einer Droschke zur Kathedrale des Heiligen Jannuarius[159]. Sehr schön. Von dort eine Kreuz- & Querfahrt durch die älteren & weniger eleganten Stadtteile. Lange, schmale Gassen. Bögen, Menschenmengen. –

Akrobaten in schmaler Straße. Versperrten den Weg. Frauen auf den Balkonen. Tücher am Boden. Sie machten den Weg frei, nach natürlichem Widerstreben. Fröhlichkeit. Wandte mich um & verbeugte mich so gefällig & graziös wie ich nur konnte. Winkende Taschentücher auf den Balkonen, freundlich spaßende Zurufe &c. – Fühlte mehr Stolz als ein Kaiser. Schäbige alte Droschke, aber der Kutscher ist ein feiner Kerl. – Eine Reihe wundervoller Geschäfte

159) Die Kathedrale des Schutzheiligen von Neapel, San Gennaro, ist für das sogenannte »Blutwunder« bekannt. Das in einer Ampulle aufbewahrte »Blut« des Heiligen verflüssigt sich jedes Jahr am 19. September.

&c. Scharen von Müßiggängern. Lazzaroni unangenehm. Besuchte eine seltsame kleine alte Kapelle. Statue von Netz bedeckt[160]. – Entließ die Droschke beim Hotel. – Spazierte auf die Hafenmole. Ständig Militär auf den Straßen. – Seltsame Glocken in der Nähe meines Zimmers. Schlagen alle zehn Minuten. Wiederholen einander. Konversation zwischen Glocken. Tête-à-tête. – Um 5 nachmittags im Hôtel de Genève gegessen. – Nicht sicher, ob ich mit der Postkutsche oder im Vetturino nach Rom fahren soll. Zahlte einen Napoleon, um die Paßangelegenheiten zu regeln.

Sonntag, 22. Februar. Frühstückte zeitig und nahm den 9 Uhr Zug nach Castellamare (Eckplatz) mit Mr. Rousse aus Brunswick (N.Y.) und einem jungen Engländer. – Vulkanische Formation entlang der Strecke. Scharen von Droschkenkutschern &c. Feilschen um Vetturinos. Drei Pferde mit Federschmuck, mindestens. Nach Sorrento für ungefähr einen Dollar. – Herrliche Fahrt. Straße. Windungen, weite Bögen & Kurven – Schluchten – Brücke – Terrasse – Felsen – Abhang – Höhe – Meer – Sorrento. Haus von Tasso, Hotel[161]. Schönheit der Aussicht von der Klippe, die das Meer überragt. – &c. – Enttäuschung über Vetturino. Irgendein Rätsel der gebräuchlichen Vorgehensweise. – Erwischte jemanden, der Englisch konnte & belegte einen Platz im Coupé für 24. Februar. – Mr. R. war

160) Gemeint ist die Kapelle des San Severo. Sie enthält eine allegorische Darstellung der Lasterhaftigkeit, die mit einem Netz bedeckt ist.

161) Das Geburtshaus des Dichters Torquato Tasso (1544–1595), dessen Leben zahlreiche spätere Autoren (u.a. Byron und Goethe) inspirierte. Seine Lyrik übte einigen Einfluß auf die Englische Literatur des 16. Und 17. Jahrhunderts aus. Castellamare und Sorrento waren wegen des Klimas und der schönen Aussicht beliebte Ausflugziele.

beim Essen ein wenig sonderbar. Seine Schwester umgänglich.

Montag, 23. Februar. Nach dem Frühstück zum Museum gegangen. Geschlossen. Nahm Droschke und fuhr auf die Posilipo Straße. Schöner Morgen. Erneut an derselben Landschaft vorbei wie beim letzten Mal, bis zu dem Hügel (halbkreisförmige Abzweigung), von welchem man die Bucht von Pozzuoli sehen kann. Fuhr zum gleichnamigen Dorf. Von dort zum Avernus See. In einem Krater. Wirkt verlassen. Flaggen am Ufer. Melancholischer alter Tempel. Seltsam, daß sie ihre Hölle diesem Ort angedichtet haben. Höhle der Sibylle[162]. Tor. (Ziemlich schmaler Eingang zur Hölle.) Fackeln. Tiefe Grotte, viele hundert Fuß, schnell gegangen. Kam plötzlich an eine Vertiefung – sehr schmal – Abstieg zu den Gefilden der Unterwelt, meinte der Führer. – kam an einen Teich – trug mich auf seinen Schultern hinüber – Bad & Bett der Sibylle – Orakelstätte – landete an einem Felsvorsprung. – Viele andere Höhlen zur Rechten & Linken. Unterwelt im Überfluß. – Für was in Gottes Namen wurden solche Stätten angelegt & warum? Der Mensch ist wahrhaftig ein seltsam Tier. Gräbt sich lieber hinunter in die Eingeweide der Erde, als hinauf zu den Wolken zu bauen. Was für ein deutlicher Hinweis darauf, daß er eher die Dunkelheit als das Licht sucht. – Bevor man zum Lucrinosee kommt (nah am Meer, durch einen Damm geteilt; sehr abgestandener & schlechter Geruch – von »Hotel« überragt) sieht man den Neuen Berg. Kurioser Anblick

---

162) Die Höhle wurde mit dem Orakel von Cumae in Verbindung gebracht, welches in Vergils *Aeneis* (Buch VI) und Homers *Odyssee* (Buch XI) erwähnt wird. Die Sybillen waren als übernatürliche Wesen und Göttinnen verehrte Frauen mit prophetischen Kräften, die nach Ovid (*Metamorphosen*, Buch XIV) tausend Jahre alt wurden.

dieses Fremden (Emporkömmling) aus den Tiefen, der seinen Platz zwischen den älteren Bergen einnimmt. Aber *so* neu ist er auch wieder nicht. Könnte wunderliche Geschichten erzählen. »Das Innre seines Kerkers zu enthüllen &c.«[163]

Vergleich zwischen Avernus & Hinnom.

Monte Nuovo bis zum Gipfel bebaut. Gebäude darauf. – Pozzuoli ist eine große Bucht in der Bucht. Fahrt nach Baiae. Der Küste entlang. Straße mitten durch Ruinen alter römischer Villen. Einzigartiges Verschmelzen von verfallenen Bauwerken und Natur in voller Pracht. Kletterpflanzen bedecken Ruinen. Ruinen nehmen hier die Stelle von Felsen ein. Bögen, Fundamente, Strebepfeiler &c &c &c.

Tempel der Venus[164]. Rund. Oben von wogendem Grün bedeckt. – Leichen, geschmückt für den Ballsaal. Tempel des Merkur. Niedere Kuppel. Abschnitt eingestürzt & darunter. Ranken hängen herab. Echo. Wo seid Ihr, Mercurius – Wo? –

An der Westküste von Italien liegt eine Bucht &c. – Ein brennender Berg – die ungeheure Gnadenlosigkeit der Natur bemessen – die Verheerungen des Krieges &c – verbrannte Stadt. Solfatara &c. – Jetzt könnte man sich vorstellen, daß man bei einer *modernen*, hier errichteten Stadt &c, diese Dinge nüchtern betrachten würde. Keineswegs. Fröhlichste Stadt der Welt. Nirgends flitzen die Kutschen so schnell; noch gibt es hochnäsigere Schönheiten. Nirgendwo haben die

163) Anspielung auf die Rede des Geistes von Hamlets Vater in Shakespeares *Hamlet*, Erster Akt, fünfte Szene: »Wär mirs nicht untersagt, das Innre meines Kerkers zu enthüllen [...]« (Nach der Übersetzung von August Wilhelm von Schlegel).

164) Die beiden hier erwähnten Tempel waren eigentlich römische Bäder. Der ursprüngliche Zweck solcher antiker Ruinen wurde während der ersten Blütezeit der Archäologie, Ende des 17. Jahrhunderts, häufig falsch interpretiert.

Kavaliere mehr Stolz, sind Paläste so prächtig &c &c. – Treffendes Abbild jener gnädig verfügten Arglosigkeit des Menschen, die ihn daran hindert, von vergangenen Generationen zu lernen. – »Laßt uns essen, trinken & fröhlich sein, denn morgen schon ist das Leben vorbei.« Das scheint die Lehre der Neapolitaner zu sein, welche sie aus ihrer Umgebung ableiten. – Die Schönheit des Ortes in Verbindung mit seiner Gefährlichkeit. – Schlittschuhläufer. – Außerdem randvoll mit den Monumenten der verschiedenen antiken Religionen (Sibyllenhöhle) und noch dazu der Aberglaube Roms.

Um 4 nachmittags zurück im Hotel & angefangen Reisetasche zu packen, um sie, nachdem dieses gekritzelte Memorandum geschrieben ist, an der Poststation über Nacht zu deponieren – und jetzt nach

ROM

P.S.: Wundervolle alte Palastruinen in Posilipo. Palast am Meer. – Die Straße. Villen, Grotten, Sommerresidenzen – Schluchten – Türme &c &c &c.

Solch ein Überfluß & Gewirr von Grotte, Hain, Schlucht, Villa, Hügel, daß es Zeit & Geduld braucht, um das Durcheinander an Schönheiten zu entwirren. – Von der Fahrt nach Posilipo. – Szene bei Tisch zum Abendessen. Gerede &c. Der junge Mann aus Paris, die hübsche junge Dame, der französische Richter mit der schwarzen Kappe. (Verurteilungskappe)

Dienstag, 24. Februar. Um 8 morgens mit der Postkutsche von der Poststation in Neapel nach Rom aufgebrochen. Nur Franzose & ich im Coupé. Wie vom Balkon aus auf die Umgebung herunterblickend. Behaglich. Viel angenehmer als im Dampfer &c. – Schöne, flache Landschaft in der Gegend um Neapel. Reichlich Weinbau. Flinker Postillion – im ständigen

Gallopp & mit Peitschenknall von Post zu Post. Alle 8 Meilen Pferdewechsel. Mindestens 100 Pferde an der Postkutsche. Bei Fondi überholten wir unseren Freund, den Vetturino. Sah gelegentlich verschiedene Ruinen. Bei Einbruch der Nacht kamen wir in die Berge. Der Turm & das Meer in Terracina[165]. Nacht. Bei Tagesanbruch waren wir im Albanergebirge. Um 10 vormittags in Rom angekommen. Der erste Brief von Zuhause.

Mittwoch, 25. Februar. Im Hotel de Minerva eingekehrt. Auf dem Platz steht ein Obelisk auf einem Elefant[166]. Spazierte zum Kapitol. Vom Turm aus Ausschau gehalten. Ob es daran lag, daß ich aus dem Orient kam, oder wegen meiner gereizten Stimmung, oder warum auch immer, aber Rom konnte mich nicht beeindrucken. Bedrückte mich eher. – Fand letzte Nacht dennoch keinen Schlaf. – Der Tiber ist ein Abflußgraben, gelb wie Safran. In der ganzen Umgebung gibt es nichts, das frei von Assoziationen wäre. Sankt Peter wirkt klein vom Turm des Kapitol aus. Vorderansicht enttäuschend. Aber großartiger Zugang. Die Innenräume entsprechen den Erwartungen. Aber die Kuppel ist nicht so wundervoll wie die der Hagia Sophia. – Erschöpft um 3 nachmittags. Um 6 gegessen & zu Bett.

---

165) Die Fahrt von Neapel nach Rom dauerte ungefähr zwanzig Stunden. Bei Terracina befinden sich die Ruinen des Palastes des ostgotischen Königs Theoderich.

166) Das Hotel befand sich auf der Piazza südöstlich des Pantheon. Der bei Ausgrabungen entdeckte, auf einem Marmorelefant (von Ercole Ferrate nach dem Modell Berninis) stehende Obelisk war 1667 auf der Piazza della Minerva vor der Kirche Santa Maria sopra Minerva aufgestellt worden. Die Kirche stammt aus dem 13. Jahrhundert und ist die einzige in Rom im rein gotischen Stil.

Donnerstag, 26. Februar. Zu Tortoni, Bankier, um nach S. Shaw oder Briefen zu fragen[167]. Nichts erfahren. Zum Kapitol & Kolosseum. – Kolosseum wie eine große, von Hügeln umgebene Mulde. Hopper vom Greylock[168]. Abhang aus konzentrischen Ruinen. Überwuchert. Gewaltig. Kapitolinisches Museum. Kaisersaal[169]. »Der da ist Tiberius? So schlecht sieht er gar nicht aus!« – Er war es. Ein krankhaft bösartiger Gesichtsausdruck, – Intellekt ohne Männlichkeit & Trauer ohne Güte. Enormer Verstand, überkultiviert.

---

167) Melvilles Schwager Samuel Shaw (1833–1915) befand sich schon seit seinem Abschluß in Harvard, im Frühjahr 1856, auf einer ausgedehnten Europareise. Die beiden trafen sich erst am 21. März, kurz vor der Weiterreise Herman Melvilles.

168) Melville vergleicht das Kolosseum mit einer steil abfallenden Mulde auf dem Greylock, einem Berg in seiner Heimat Massachussetts. Der Roman *Pierre* (1852) ist dem Greylock gewidmet. Die natürliche Vertiefung erinnert in ihrer Form an ein Amphitheater. Das Kolosseum in Rom, ein Flavisches Amphitheater aus dem 1. Jahrhundert n. Chr., war durch Erdbeben und der Nutzung des Mauerwerks als Steinbruch stark beschädigt und dem allgemeinen Verfall preisgegeben. Die letzte große Aufführung hatte 1322 stattgefunden. In der Mitte des 19. Jahrhunderts diente es noch zahllosen Gaunern und Bettlern als Schlupfwinkel, so daß ein Betreten der Anlage, besonders nachts, als gefährlich galt.

169) Die Galerie im Kaisersaal umfaßt 83 Büsten römischer Kaiser in chronologischer Ordnung. Die Bemerkungen über Tiberius hat Melville – im November 1857 – in seinen Vortrag über römische Statuen aufgenommen. Ebenso jene über den sterbenden Gladiator (heute als sterbender Gallier bekannt), dem ein längerer Abschnitt des Vortrags gewidmet ist. Die Statue von Hadrians Günstling Antinous – der den Kaiser sechs Jahre lang, bis zu seinem rätselhaften Tod 130 n. Chr., begleitete – hat Melville so nachhaltig beeindruckt, daß er sich später eine Nachbildung der Büste des Knaben kaufte. Um so merkwürdiger ist, daß er die Statue, die Antinous als Hermes darstellt, in seinem Vortrag nicht erwähnt. Dort wird lediglich ein »Medaillon« (eigentlich handelt es sich um ein Basrelief) mit dem Portrait des Antinous aus der Villa Albani angeführt. Allerdings gab es zahlreiche verschiedene Darstellungen des Antinous.

Einsamkeit. – Sterbender Gladiator. Zeigt, daß inmitten der Barbaren aus römischer Zeit Menschlichkeit existierte, so wie heute Barbaren unter Christen leben. Antinous, wunderschön. – Zum Monte Pincio spaziert – Gärten & Statuen – über der Piazza del Popolo. – Die vornehme Welt. – Lächerliche Pose, einen Katzensprung von Antinous entfernt. Wie wenig Einfluß hat die Wahrheit in der Welt! – Mode ist überall lächerlich, doch am lächerlichsten in Rom. Es gibt keinen Ort, wo ein einsamer Mann sich noch einsamer fühlte als in Rom (oder Jerusalem). Schöne Aussicht auf Sankt Peter vom Pincius aus. (Musik auf dem Pincius.) – Am Abend zum Café Greco[170] in der Via Condotti gegangen. »Englischer Bildhauer« mit schmutzigen Händen &c. Dichter Qualm. Wüst aussehende Kerle &c. – Heim & zu Bett. (Besuchte am Abend einen Galeristen; bot eine Cenci für $ 4 an[171]. Überraschend billig.) Schöner Bummel über die Piazza di Espagna zwischen Galerien & Kuriositätenläden, & ebenso in der Via Condotti.

---

170) Das Caffè Greco war der Mittelpunkt der römischen Bohème.

171) Das Portrait der Cenci war für Melville von besonderem Interesse. Sowohl im Zusammenhang mit Percy B. Shelleys Drama *The Cenci* (1819) als auch in bezug auf sein eigenes Werk. Am Ende des Romans *Pierre* (Buch XXVI, Kapitel 1) wird das Portrait der 1599 wegen Vatermord verurteilten Beatrice Cenci von Guido Reni zum Schlüssel der »zweideutigen« Beziehungen der Romanfiguren und zum Hinweis auf Inzest. In *Clarel* (1876) ist der Gesichtsausdruck im Portrait der Cenci ein Symbol für die Unwägbarkeit des Charakters von Vine (Teil III.7.16-24), einer zentralen Figur des Versepos, die Macht und Mysterium des Geistes repräsentiert und an Melvilles Wahrnehmung von Nathaniel Hawthorne orientiert ist.

Freitag, 27. Februar. Versuchte den amerikanischen Konsul zu finden. Page & Jarves[172]. Fand beide nicht. – Besuchte die Bäder von Caracalla[173]. – Wundervoll. Riesig. Die Ruinen bilden sozusagen natürliche Brükken mit tausenden Bögen. Zwischen den Ruinen gibt es Lichtungen & Dickichte – bis hoch hinauf. – Dachte an Shelley. Seine Inspiration bekam er genau von dieser Stelle. Entspricht seinem Drama & seinem Wesen. Immer noch majestätisch & von trostloser Pracht. – Nach vielen Schwierigkeiten & beschwerlichem Wandern ohne Führer gelang es mir zum Protestantischen Friedhof & zur Cestiuspyramide an der Mauer zu finden[174]. Las das Epitaph von Keats[175]. Durch Graben vom

---

172) William Page (1811–1885): ein amerikanischer Maler, der für seine Portraits berühmt war. James Jackson Jarves (1818–1888): amerikanischer Zeitungsverleger, Kunstsammler und Diplomat in der Südsee. Weder der eine, noch der andere waren Konsul in Rom. 1857 war dieser Posten nicht besetzt.

173) Die Ruinen der zwischen 211 und 217 n. Chr. errichteten Thermen von Caracalla, die zur Mitte des 19. Jahrhunderts erst teilweise freigelegt waren, inspirierten Percy B. Shelley bei seiner Arbeit an dem Versdrama *Prometheus Unbound* (1820). Shelley kombinierte seine Interpretation der Gestalt des Luzifer in John Miltons *Paradise Lost* mit der Prometheussage. Das geschilderte Aufbegehren des Prometheus gegen die Tyrannei des Jupiter, stellvertretend für das Aufbegehren einer freien Menschheit gegen göttliche Vorbestimmung, übte große Faszination auf Herman Melville aus.

174) Die Pyramide des Gaius Cestius aus der Zeit des Kaiser Augustus ist das einzige Grab dieser Art in Rom. Die Spitze der Pyramide ist vom Protestantischen Friedhof aus sichtbar.

175) Die Gräber der beiden englischen Poeten liegen Seite an Seite, getrennt durch einen Graben, der den älteren Teil des Friedhofs umgibt. John Keats (1795–1821) war 1820 einer Einladung Shelleys nach Italien gefolgt und hatte sich in Rom niedergelassen, wo er wenige Monate später an Tuberkolose starb. Das Epitaph auf seinem Grab lautet: »Dieses Grab enthält die sterblichen Überreste eines jungen englischen Poeten, der wünschte, auf seinem Totenbett und in der Bitterkeit seines Herzens über die böswillige Macht seiner Feinde, diese Worte auf seinem Grabstein eingemeißelt zu haben: ‚Hier ruht jemand, dessen Name auf Wasser geschrieben wurde.' 24. Februar, 1821.«

anschließenden Bereich getrennt. – Shelley ruht daneben. Schlichter Stein. – (Kam unbeabsichtigt aber folgerichtig von Caracella zu Shelleys Grab.) Von dort zum Cenci Palast, über die Hängebrücke, die Tiberinsel, das Marcellus-Theater (Hufschmiede &c unter den Bögen – geschwärzt von Jahrhunderten an Ruß & Schmutz – oben bebaut & bewohnt) – Orsini Palast & Ghetto[176]. Ziemlich tragisch wirkender Ort. Der große, schiefe Torbogen. – Teils bewohnt, teils verlassen. – Von dort zum Farnese Palast – von allen Palästen (in Privatbesitz) die herrlichste Architektur. Früher waren hier der Farnesische Herkules & der Farnesische Stier[177]. Jetzt im Königlichen Museum in Neapel. Von dort zu St. Angelo Brücke & Sankt Peter. Und zum Essen & zu Bett. – Die Ufer des Tiber bei St. Angelo fielen mir auf – nahe den Befestigungen wirken sie wie frisches Schwemmland – urzeitlich wie der Ohio inmitten all dieser Monumente aus Jahrhunderten.

Percy Bysshe Shelley (1792–1822) ertrank bei einem Bootsunglück bei Livorno. Nach einer Feuerbestattung am Strand von Livorno wurden seine Überreste, entsprechend dem Wunsch von Mary Shelley, in Rom beerdigt.

176) Der Cenci Palast war seit Jahren unbewohnt und ohne Attraktionen, außer dem Namen und dem Interesse Melvilles für die Geschichte der Beatrice Cenci (Siehe oben). Die Hängebrücke war ein Neubau, südlich der Tiberinsel, in der Nähe des Kapitol. Das Marcellus-Theater, 12 v. Chr. erbaut, wurde im Mittelalter durch Aufstockung und Umbau bewohnbar gemacht. Der Orsini Palast steht ebenfalls auf den Ruinen des Theaters. Das ummauerte Ghetto, damals das heruntergekommenste Viertel von Rom, lag zwischen Kapitol und Tiber. Bei dem erwähnten Torbogen handelt es sich möglicherweise um die Ruine eines Pavillons für Theaterbesuche, den Kaiser Augustus für seine Schwester Oktavia erbauen ließ.

177) Der Farnese Palast war zu einem guten Teil aus Material erbaut, das ursprünglich vom Kolosseum stammte. Früher war hier eine große Sammlung Marmorstatuen untergebracht. Die später erwähnte Brücke stammt aus der Zeit Hadrians und führt direkt zu seinem Mausoleum.

Samstag, 28. Februar. Durch die Suche nach dem Konsul Zeit verloren &c. Um 12 mittags bei der Villa Borghese[178]. Größe des Anwesens – eigenartiger Duft italienischer Gärten – tiefe Haine – kalte Pracht der Villa – Venus & Cupido – schelmischer Blick des Cupido. – Von dort zur Villa Albani[179] – entlang der Mauer – Antinous – Kopf wie Moosrose mit Locken & Knospen – alles übrige ganz schlicht – Stirnband fällt auf Schulter – Faltenwurf, Schulter von Umhang bedeckt – Hand voller Blumen & betrachtet sie – das Profil &c. Kleiner Apollo aus Bronze, erstaunlich wie ein solches Metall zu so lebendig wirkenden Formen geschmolzen werden kann. Gemälde einer italienischen Dame. – Danach zu Porta Pia & Mosesbrunnen[180]. Nicht übel – trinkender Ochse – Gefäße &c

---

178) Die umfangreiche Skulpturensammlung der Villa Borghese, außerhalb der nördlichen Stadtmauern, war von Napoleon nach Paris überführt worden. Das Anwesen und die anschließenden Gärten waren nur Samstags zur Besichtigung freigegeben. »Venus und Cupido« ist möglicherweise ein Basrelief von Bernardo Pocetti (1547–1612).

179) Auch aus der Villa Albani hatten die Franzosen unter Napoleon einen Großteil der dortigen Antikensammlung (fast dreihundert Exemplare) fortgeschafft. Das Antinous darstellende Basrelief, ursprünglich aus Hadrians Villa in Tivoli, wurde zurückgegeben. In Melvilles Vortrag »Statues in Rome« (1857) wird es als »Medaillon« beschrieben. Die Apollostatue in halber Lebensgröße wird Praxiteles (3. Jahrhundert v. Chr.) zugeschrieben.

180) Die Porta Pia ist, von der Villa Albani aus, das nächstgelegene Stadttor. Der »Mosesbrunnen« – Fontana de' Termini – zeigt Moses, der mit seinem Stab den Fels spaltet, zusammen mit Aaron und Gideon. In der Nähe des Brunnens liegen die Ruinen der Thermen des Diokletian (ca. 300 n. Chr.). Ein Teil des ursprünglichen Gebäudes wurde von Michelangelo zwischen 1561 und 1564 im Auftrag von Papst Pius IV. zu einer Kirche – Santa Maria degli Angeli – umgestaltet. Innerhalb der Kirche kennzeichnet eine Inschrift das Grab des 1673 verstorbenen Malers Salvator Rosa. Die erwähnten Säulen sind monumentale Granitpfeiler ägyptischen Ursprungs.

rundherum. – Von dort zu den Bädern des Diokletian – Kirche – Monument aus 8 Säulen. – Grab des Salvator Rosa. Die vier Brunnen – Monte Cavallo – kolossale Pferde aus den Ruinen der Bäder – als stoße man auf die Knochen des Mastodons – gigantische Figuren sind bezeichnend für das gigantische Rom. Hügel von Monte Cavallo[181]. Aussicht auf die Kuppel des Petersdoms. – Von dort über das Forum des Trajan, um 6 abends Zuhause. Gegessen & zu Bett. – Ausmaß der unbebauten Flächen innerhalb der Mauern Roms. Stille & Verlassenheit der langen Straßen entlang der kahlen Gartenmauern.

Sonntag, 1. März 1857. Zum Monte Cavallo – kolossale Reitergruppe, in den Bädern entdeckt, außerdem Becken, Obelisk – eindrucksvollste antike Statuengruppe in Rom. – Mit diesen kolossalen Figuren könnte man die Bäder von Caracalla neu bevölkern – gigantisches Rom. – Sankt Peter in seiner Herrlichkeit & seinen kolossalen Statuen scheint diese Fragmente zu imitieren. – das Gras, das auf dem Platz wächst. Die 4 Brunnen. 4 Blickrichtungen – enden an Obelisken &c. – Die alten Privatpaläste – der verfallene Felsenbrunnen, die Ranken &c, die in das Becken hängen. Die bemoosten Säulen & der grüne Schlick der Einsamkeit.

---

181) Monte Cavallo bezeichnet den höchsten Punkt auf dem Quirinal. Unter Papst Sixtus V. wurden an den vier Ecken des Quirinal Palastes Brunnen errichtet. Am Monte Cavallo befindet sich der von Melville beschriebene Brunnen mit den riesenhaften Pferdestatuen, welche ursprünglich aus den Thermen des Konstantin stammen. Das später erwähnte Trajans-Forum war 1812 freigelegt worden. Auf dem Forum befindet sich die 33 Meter hohe Trajanssäule von 113 n. Chr., auf welcher in Reliefs der Sieg Trajans über die Daker dargestellt ist. Die Säule wird in *Typee*, 1. Kapitel, in bezug auf spiralenförmige Tätowierungen an den Beinen eines Eingeborenenkönigs erwähnt.

– Die armen alten Statuen in ihren Nischen – die Gärten. – Santa Maria Maggiore. – (Das Bild zu Hause) Gold aus Peru. – Trophäen des Marius & verschiedene andere Ruinen[182]. Porta Maggiore. Schönstes antikes Tor in Rom. Grab des Bäckers. Aquädukt – Masse aus Ziegelsteinen. Zur Basilika des Heiligen Johannes in Lateran. Verlassenheit des Platzes bei der Porta Giovanni (nach Neapel)[183]. Von der Höhe der Mauern herunterblickend. – Pracht einer dortigen privaten Grabstätte. 12 Apostel, riesenhaft – Faltenwurf. – Ging nicht zu den Stufen &c. – spazierte außen an der Mauer entlang. – Einsamkeit & Stille – vorbei an zugemauerten Toren – vorbei an dem Tor, durch das Totila einmarschierte – vollständiges Ruhen aller Dinge – Die Gärten außerhalb der Mauern – Zum Tor von San Sebastian – uralt. Bogen des Drusus – Columbarien – Taubenschläge – kleine Büsten. Darby & Joan, Hand in

---

182) Die »Trophäen des Marius« sind eigentlich Ruinen eines Wasserreservoirs. Der Name verweist auf in der Nähe gefundene Trophäen, die dem römischen General und Konsul Gaius Marius (156–86 v. Chr.) zugeschrieben wurden. Die Basilika Santa Maria Maggiore aus dem 4. Jahrhundert n. Chr. wurde wiederholt erweitert und umgestaltet. Die Kasettendecke aus dem 15. Jahrhundert ist mit Gold aus Südamerika geschmückt, welches Ferdinand und Isabella von Spanien Papst Alexander VI. zum Geschenk machten. Die Porta Maggiore besteht aus zwei Bögen eines antiken Aquädukts. Vor dem Tor befindet sich die Ausgrabung des »Grabes des Bäckers«, welches mit von römischen Bäckern benutzten Mörsern dekoriert ist.

183) Durch die Porta San Giovanni führt die Straße von Rom nach Neapel. Die Basilika San Giovanni in Laterano stammt aus der Zeit Konstantins (4. Jahrhundert n. Chr.). Die »Laterani« waren eine Senatorenfamilie, denen das Grundstück ursprünglich gehörte. Die Grabstätte ist vermutlich jene von Papst Clemens XII., der größten Grabeskapelle innerhalb der Kirche. Die Apostelstatuen stammen aus dem 18. Jahrhundert. Gegenüber dem Lateranpalast befindet sich eine kleine Kirche, deren Aufgang, 28 holzverkleidete Marmorstufen (Scala Sancta – Heilige Stiege), angeblich vom Haus des Pontius Pilatus stammen.

Hand – häusliche Erscheinung – der Mann genauso –. Grab des Scipio[184]. Sein Ausmaß – Inschriften – Kerzen. – Ankündigung über dem Tor – Flohmarkt. – Palast der Caesaren – hineingegangen – großer Bogen über kleineren – Stufen – Vögel – Ställe. – Janusbogen. – Cloaca Maxima[185] – düsteres Loch – Ranken hängen in den Abfluß. – Verirrte mich auf dem Rückweg. In eine Kirche gegangen. Lebhafter Prediger. Heim um 5 nachmittags. Gegessen & zu Bett.

2. März 1857. Vatikantag (Montag) Von 12 bis 3 im Museum; zuvor die Loggien des Raffael & die Sixtinische Kapelle besucht. Die Loggia – Piazza – zwischen den Säulen war der Himmel zu sehen – Adam & Eva – die Eva – verblichene Farbenpracht der Gemälde. – Blieb bis zur Schließung im Vatikan. Völlig erschöpft, & saß lange Zeit beim Obelisken und erholte mich von

---

184) Melvilles Weg führte durch die Porta San Giovanni hinaus, entlang der Stadtmauer nach Westen bis zur Porta San Sebastiano an der Via Appia. Die zugemauerten Tore sind: Porta Asinaria, durch welches dem Ostgotenkönig Totila 545 n. Chr. von einem Verräter Eintritt gewährt wurde, Porta Metronia und Porta Latina. Bei der Rückkehr in die Stadt kam er am Drususbogen vorbei, einem Triumphbogen zu Ehren des Feldherrn und Bruder des Tiberius (1. Jahrhundert v. Chr.). Entlang der Via Appia befinden sich zahlreiche Grabkammern und Columbarien, d.h. Mauern mit kleinen, halbkreisförmigen Grabnischen für Urnen, die an Taubenschläge erinnern. »Darby und Joan« sind ein mit Philemon und Baucis vergleichbares Paar aus dem anonymen Gedicht »The Joys of Love Never Forgot« (1736) – siehe auch Melvilles *Mardi* (1849; 23. Kapitel). Das Grab des Scipio, des römischen Feldherrn (235–183), der Hannibal im zweiten Punischen Krieg besiegte, war 1780 entdeckt worden.

185) Von den Caesarenpalästen auf dem Palatin waren nur noch Ruinen erhalten. Der Janus Quadrifons mit seinen vier Torbogen, zwischen dem Palatin und dem Tiber, stammt aus dem 3. Jahrhundert n. Chr. Der Entwässerungsgraben »Cloaca Maxima« stammt noch aus der Zeit der Etrusker, dem 7.-6. Jahrhundert vor Christus. Der Ausfluß in den Tiber ist in der Nähe der Tiberinsel sichtbar.

der erstaunlichen Wirkung eines ersten Besuches im Vatikan. – Ging zur Piazza di Espagna & heim. – Besuchte kurz die Rousses in ihrem Zimmer, bevor ich schlafen ging. – Saal der Tiere – Wolf & Schaf[186].

Dienstag, 3. März. Brach mit Mr. & Miss Rousse auf, um zum Petersdom hinaufzusteigen. Verpaßten die Öffnungszeiten. – Besuchten das Mosaikenmuseum im Vatikan. Papstköpfe für Sankt Paul. Zum Palazzo Barberini gefahren, um Cenci zu sehen. – Ausdruck des Leidens um die Mundwinkel – (einnehmend unschuldiges Aussehen) kommt weder in Kopien noch in Kupferstichen zum Ausdruck. – Hübsches kleines Gemälde der Galatea im Wagen – zwei Schwimmer in dunkelblauem, schattigem Wasser. – Leuchten der Glieder. – Ein Holbein (Christus, der mit Gelehrten spricht). Zur Santa Maria Maggiore. Zu San Giovanni in Laterano – Corsini Kapelle – Krone mit Edelsteinen – darunter Gewölbe mit Statue – »Die Pietà« – Scala Santa – (5 Stufen) Pilger auf dem Weg hinauf – Büßer[187]. – Zum Trevi Brunnen. – Sehr schön. – Ein

---

186) Offiziell war der Vatikan nur an Montagen für die Öffentlichkeit zugänglich. Die Loggien des Raffael (1483–1520) befinden sich im zweiten Stock der dreistöckigen Loggien und wurden für Papst Leo X. gefertigt. Es handelt sich um einen Korridor, der in dreizehn Abschnitte mit Kuppeln unterteilt ist, die 48 Darstellungen aus dem neuen und alten Testament enthalten. Die Figur der Eva im Sündenfall ist von Raffael selbst ausgeführt, die übrigen Darstellungen stammen von seinen Schülern.
Die Sixtinische Kapelle wurde zwischen 1473 und 1481 für Papst Sixtus IV. erbaut. Sie enthält die berühmten Fresken Michelangelos (1475–1564) mit Darstellungen aus der biblischen Geschichte.
Der Saal der Tiere – Sagla degli Animali – im Vatikanmuseum enthält moderne Nachbildungen und Rekonstruktionen von Einzel- und Gruppendarstellungen mit Tieren, meist in Zusammenhang mit der Sagenwelt der Antike und des römischen Mithraskultes.

187) Mosaiken im Vatikanmuseum befinden sich im Sala a Groce Greca, Sala Rotonda und im Sala delle Muse.

kalter Regenschauer, windig, miserabler & schrecklich unangenehmer Tag. Gegessen & zu Bett. – Der Peruaner & der Pole. – Der irische Priester.

Mittwoch, 4. März. Sankt Peter hinaufgestiegen. Oben Wiesen & Koppeln – Heiligenfiguren. – Traf Mr. & Mrs. C. & Bruder an der Kirche. – Zum Corsini Palast – Gemälde – große Galerie – & sehr viele erstklassige Werke. Luther & seine Frau von Holbein – Magdalena von Carlo Dolci. – Schlachtengemälde von Salvator Rosa & eine Landschaft aus Kalabrien. Zur Kirche San Pietro in Montorino – Geißelung von Piombo – Ansicht von Rom. Zum Paolino Brunnen – größter der Stadt. Noch eine herrliche Aussicht. – Über die Janiculus Brücke zur San Andrea della Valle – Halbkuppel mit Fresken – Früh zu Bett.[188]

Im Palazzo Barberini sah Melville zum erstenmal das Orginalportrait der Beatrice Cenci, welches Guido Reni angeblich kurz vor ihrer Hinrichtung 1599 anfertigte. Die *Galatea mit Tritonen* wird Francesco Albani (1578–1660) zugeschrieben. Der *Christus unter den Schriftgelehrten* (1509) stammt von Albrecht Dürer, nicht von Holbein.

Die *Pietà* (1732) in dem Gewölbe unter der Corsini Kapelle ist eine Statue aus weißem Marmor von Antonio Montauti – die viel berühmtere Darstellung, die Pietà von Michelangelo im Vatikan, erwähnt Melville nicht. Die Scala Sancta (siehe oben) wird von bußfertigen Christen auf Knien erstiegen, um Vergebung für ihre Sünden zu erlangen. Offenbar hat Melville seine Buße bei der 5. Stufe aufgegeben.

188) Die Galerie im Corsini Palast, am Westufer des Tiber, enthielt Gemälde von unterschiedlicher Qualität. »Holbeins« Lutherportrait und das Portrait der Ehefrau Luthers sind zwei separate Gemälde von Lucas Cranach (1472–1553). Carlo Dolci (1616–1686): *Magdalena*. Von Salvator Rosa (siehe oben) waren mehrere Gemälde ausgestellt.

Donnerstag, 5. März. Zum Kolosseum. Zur Villa, die auf den Bögen des Caesarenpalastes erbaut ist. Zum Kapitol. Noch einmal durch die Galerie. Bronzewolf. Zur Borghese Galerie. Danae. C. Borgia. Zum Pincius. Kalter, grauer, windiger Tag. Auge so entzündet, daß ich um 5 nachmittags in mein Zimmer zurückkehrte & ohne Essen zu Bett.[189]

Freitag, 6. März. Mein Auge hielt mich davon ab, heute viel zu unternehmen oder anzusehen. Zu Sankt Peter – Borghese Galerie. Pincius – Sah den Papst in der Kutsche[190] – Beerdigung eines französischen Offiziers – Straße entlang der hohen Mauern, auf denen Grünzeug wuchert – Gespräch mit Mr. R. in seinem Zimmer.

Samstag, 7. März. Zur Sciarra Galerie. Verblichene Pracht – Balkon über Corso – geschlossenes Geheim-

---

Die Kirche San Pietro in Montorio wurde ursprünglich (im 9. Jahrhundert) aufgrund der Annahme errichtet, daß an dieser Stelle der Heilige Petrus gekreuzigt worden war. Montorio ist die mittelalterliche Bezeichnung für den Janiculus. In einer Seitenkapelle befindet sich das Gemälde *Die Geißelung Christi* von Sebastiano del Piombo (1485–1547). Die Kirche San Andrea della Valle aus dem 16. Jahrhundert besitzt Kuppelfresken von Giovanni Lanfranco (1582–1647), mit biblischen Szenen (*Das Paradies*) und weitere Fresken von Mattia Preti (1613–1699) mit Szenen aus dem Leben des Heiligen Andreas.

189) Die erwähnte Villa aus neuerer Zeit gehörte einem Engländer namens Mills und verfügt über keine nennenswerten Attraktionen. Der Wolf im kapitolinischen Museum ist wahrscheinlich eine Darstellung von Romulus und Remus, die von einer Wölfin gesäugt werden.
Der Borghese Palast wurde 1590 erbaut und enthielt die umfangreiche Kunstsammlung der Familie: Melville erwähnt das Portrait Cesare Borgia von Raffael sowie die *Danae* (1530-34), ein Gemälde von Corregio aus seiner letzten Schaffensperiode.

190) Kardinal Giovanni Maria Mastai-Feretti war 1846 zum Papst gewählt worden. Das Pontifikat von Pius IX. endete 1878.

zimmer – Die betrügenden Spieler (Ehrlichkeit & Gaunerei – die Selbstbeherrschung & das Selbstvertrauen der Gaunerei – die Unentschlossenheit & Verwirrung der Ehrlichkeit) – Die Schummerstunde (um ein schottisches Wort zu verwenden) zwischen Dämmerung & Dunkelheit auf einem Landschaftsgemälde von Claude. Weitere Claudes (in seinem früheren Stil). Ihre ganze Wirkung besteht in ihrer Atmosphäre. Er malt die Luft. Kuriose Heilige Familie von Albert Dürer (die alte Amme). Eine Dame von Tizian – die karmesinroten & weißen Ärmel. – Das goldene Leuchten seiner Bilder (Danae). Die Sciarra Galerie ist unter gerichtliche Verwaltung gestellt worden.[191]

Zur Rospiglioso Galerie – der terrassenförmige Garten – 200 Jahre alt – die Gartentreppe in einer Höhle – bemooste Balustraden – der Weg zwischen Zitronenbäumen, mit Ziegeln gepflastert – der Fischteich & Brunnen & Veilchen, feucht vom Sprühwasser – das Casino – Basreliefs – Aurora – treibt oben vorüber wie Wolken im Sonnenlicht – der Spiegel – die hier sitzenden Liebenden. Samson, den Tempel niederreißend – riesenhaft – unglücklicher Hinweis auf Sturz der Aurora – die Kanonenkugel. –[192]

---

191) Die Galerie im Sciarra Palast am Corso enthielt u.a.: *Die Spieler*, eine Kopie der berühmten Gemäldes von Caravaggio (1570–1610), mehrere Werke von Claude (ca. 1602–1682) – z.B. *Der Sonnenuntergang* und *Flucht nach Ägypten* – sowie eine »Heilige Familie«, allerdings nicht von Albrecht Dürer, von dem lediglich Tod einer Jungfrau ausgestellt war. »Danae« ist wahrscheinlich ein Hinweis auf das Tags zuvor gesehene Gemälde von Corregio, welches mit Tizians *La Bella* (ca. 1515) verglichen wird. La Bella befindet sich heute in Florenz. Die porträtierte Dame ist identisch mit der *Venus von Urbino*, die Melville später in Florenz bewunderte.

192) Der Palast war vor allem für seine prachtvollen Gärten berühmt. Melville erwähnt das Fresko *Aurora* (1613-14) von Guido Reni sowie *Tod des Samson* von Annibale Caracci (1560–1609). Die Kanonenkugel stammt von der Belagerung durch die Franzosen 1848.

Zum Quirinalspalast des Papstes. Riesiger Saal – kalte Pracht – Marmorstatuen, Gemälde, &c &c &c Wandteppiche – die Palme – Sèvres Porzellan – Mariä Verkündigung von Guido (von Raffael). Fresko mit herabblickenden Schweizergarden – Kästchen mit Zierbändern –[193]

Die Gärten – Ein freudloses Paradies – Launen & Kaprizen unerschöpflichen Reichtums – rheumatischer Gärtner – So wie man Stein zu Pflanzenformen meißelt, werden hier die Bäume & Sträucher zu Skulpturen geformt – Mauern, Nischen, Bögen, Flügelfenster, Säulen, Fundamente, Kammern (ins Grünzeug gehämmert) – die Arkaden – belaubte Säulengänge – die Wasserorgel – die Schmiede Vulkans – die Brunnen.

– Zur Kirche in den Bädern[194] – Monumentale Säulen – Griechisches Kreuz. – Zu einem kleinen Juwel einer Kirche in der Straße, die zur Porta Pia führt – der Edelstein – Cherubim blicken von Kuppel herab – die kostbaren Marmorstatuen[195]. – Für 19 Cent bei Lepri in Via Condotti gegessen & heim & zu Bett. Starke Augenbeschwerden. Hoffentlich wird es sich bessern.

---

193) Im großen Saal des Quirinalpalastes waren Marmorstatuen von Petrus, Paulus und der Jungfrau Maria aufgestellt. Die Wandteppiche im Nebensaal stellten zum Großteil Szenen aus dem Neuen Testament dar. Die Gärten des Palastes waren im italienischen Stil angelegt und enthielten eine Grotte mit Marmorfiguren (Satyrn, Faune, Vulkan mit Hammer und Amboß) sowie Wasserspiele.

194) Melville besuchte noch einmal die Kirche Santa Maria degli Angeli, den früheren Thermen Diokletians.

195) Gemeint ist die 1658 von Lorenzo Bernini (1598–1680) erbaute Kirche San Andrea al Quirinale. Sie hat einen ovalen Grundriß und zehn Seitenkapellen, reich geschmückt mit Marmor und Gold.

Sonntag, 8. März. Zur Jesuitenkirche – zur Kirche von Gibbon in der Nähe des Kapitol – verschiedene Säulen aus antiken Gebäuden entwendet – Andachtsbuch Gibbons – Christentum. – Zu den Bädern des Titus – überwuchert – dunkel & labyrinthisch – einst ein Schlupfwinkel für Banditen. Zum Mamertinischen Kerker. Zum Tarpeischen Felsen[196] – am Fuße ein schmutziger Hof – würdevoller römischer Fremdenführer – »*Jämmerlich!*« – erbärmliche Sehenswürdigkeit. – Zum Petersdom – Rundgang durch Innenräume – Stuarts Grabmal[197]. Die Papstgrabmäler. Zum Pincius – beliebtes Ausflugsziel am Sonntag. – Für 17 Cent gegessen & zu Bett um 11 abends, nach einem Gespräch mit Mr. R. in seinem Zimmer.

Montag, 9. März. Vatikantag. – Gemächlicher Spaziergang durch die Galerien. – Saal der Tiere – Wolf & Schaf, erhobene Pfote, Zunge – Schafspelz. Hund auf der Pirsch, beobachtet ihn. Löwe auf Pferd. Aber auch springende Ziegen – Ziege & Kind – zeigen eine

---

196) Nach dem Besuch der Jesuitenkirche Il Gesù, die erst im 19. Jahrhundert gänzlich fertiggestellt war, besichtigte Melville Santa Maria in Aracoeli. Einzelne Säulen stammen aus antiken Tempeln und Palästen, die Kirche selbst aus dem 14. Jahrhundert. Angeblich hatte Edward Gibbon (1737–1794) in dieser Kirche die Eingebung, sein maßgebliches Geschichtswerk *The History of the Decline and Fall of the Roman Empire* (1776-88) zu verfassen.
Der Mamertinische Kerker war Gefängnis und Hinrichtungsstätte am Forum Romanum, in dem u.a. auch Apostel Petrus inhaftiert gewesen sein soll. Der Tarpeische Felsen ist der Südabhang des Kapitol, der als Hinrichtungsort (durch Hinabstürzen) für Staatsverbrecher diente. Er ist nach der Verräterin Tarpeia benannt, die, der Sage nach, den Sabinern den Zugang zum Kapitol verriet.

197) Gemeint ist das Grabdenkmal der Maria Clementina Sobiesky, Ehefrau von James III., mit dem Familiengrabmal der Stuarts gegenüber, zwischen der Taufkapelle und der Capella della Presentatione, in der Peterskirche.

Würdigung des Sanften in der Natur wie bei Wordsworth[198]. – Decken mit Fresken, die wie der Sternenhimmel von Niemandem beachtet werden – solch ein Überfluß an Schätzen. – Krönung der Heiligen Jungfrau – Raffael – die Gesichter ähneln so sehr denen seines Lehrers Perugino im nächsten Raum. – Truppeninspektion auf dem Petersplatz. – Mit Mr. & Miss Rousse zu San Onofrio, Kirche & Kloster, wo Tasso starb[199]. Auf dem Janiculus, schöne Aussicht auf Rom. Traurige Korridore, Säulengänge & kein Gras. Trübselige alte Kammer – Wachsabguß. – Kleiner trauriger Garten, vermoderte Tore. – Kuriose Kirche – trostlos & trübselig. – Neues Monument für schlechten Geschmack. – Besichtigte einige Kirchen & zu Lepri, zu Speis' & Trank.

Dienstag, 10. März. Nach mehr als einer Woche Pause, wegen des Zustandes meiner Augen und generellem Unvermögen, beginne ich hier zu schreiben. An dem Tag mit diesem Datum ging ich morgens zum Doria Pamfili Palast[200]. Vielleicht der eleganteste in Rom. Zwei Portraits von Raffael. Eines der Frauenportraits

---

198) Den Saal der Tiere hatte Melville schon einmal, am 2. März, besucht. Naturbeschreibungen waren im Spätwerk des englischen Dichters William Wordsworth (1770–1850) von zunehmender Bedeutung.

199) In dem Kloster, in welchem Tasso 1591 gestorben war, waren verschiedene Erinnerungsstücke an den Dichter ausgestellt. Seine Zelle war erst kürzlich restauriert worden und es gab ein neues Denkmal.

200) Der Palast am Corso enthielt eine umfangreiche Galerie mit fast achthundert Gemälden; u.a. die beiden Portraits *Baldo und Bartolo* von Raffael, Portraits von Tizian, Andrea del Sartos Portrait von Machiavelli, Landschaftsgemälde von Claude, *Die Elemente* (1650–60) von Jan Brueghel d.J. – allegorische Gemälde, die Luft, Erde, Feuer und Wasser darstellen – und *Lukrezia Borgia* von Veronese (1528–1588).

von Tizian – Magdalena mit üppigem brauen Haar – dachte, ich hätte eine Ähnlichkeit zwischen ihr & dem Portrait seiner Frau entdeckt – nur ist die Magdalena idealisiert dargestellt. Das Portrait des Machiavelli enttäuschte mich. Häßliches Profil &c. Hat mir nicht gefallen. Zwei große Landschaften von Claude ließen mich kalt. Der »Sonnenuntergang« ist das beste. Brueghels Gemälde gefielen mir sehr. Die Elemente & Tiere. – Lukrezia Borgia – keine so schreckliche Ausstrahlung. Gutaussehende Dame – eher üppig. – Zum drittenmal in die Borghese Galerie. – Der Schlangentisch dort – der Tunnel, der zur Straße & zum Brunnen führt. Habe mich schon vorher zu den Bildern hier geäußert. – Zu den Ateliers. Der englische Bildhauer, Gibson[201]. Seine farbige Venus. Sprach mit ihm. Der siebenarmige Leuchter &c. Die Kunst der Griechen ist perfekt. Grenze der menschlichen Fähigkeiten, – Perfektion. – Zu Bartholomew. Seine Eva. Büste des jungen Augustus – (Bearbeitung). Zu Page. Dünne Socken[202]. Tizian – das Formen des Fleisches – mittlere Färbung. Langer Vortrag. – Heim, Essen, Bett.

Mittwoch, 11. März. Zur Via Appia aufgebrochen. Schmal, – nicht wie die Straße bei Milton – paßt nicht

---

201) Melville folgte der Empfehlung seines Reiseführers von John Murray, die Ateliers der in Rom arbeitenden Künstler zu besuchen. John Gibson (1790–1866): Bildhauer im Stil des Neoklassizismus. Den amerikanischen Maler William Page hatte Melville zu Beginn seines Romaufenthalts bereits vergeblich gesucht und er besuchte ihn später ein zweites Mal.

202) Die Biographen Melvilles haben lange über die Bedeutung der »dünnen Socken« gerätselt. Horsford (1989) interpretiert sie als Umschreibung einer Maltechnik von Page, der dünne Farbschichten übereinander auftrug, um einen besonders realistischen Effekt zu erzielen.

zu Ruhmesmal &c[203]. Altes Pflaster. Grab mit Olivenbäumen darauf. Gesät in Verweslichkeit, auferweckt in Oliven[204]. Am selben Tag, Grotte von Ergia. Nichts, was daran besonders schön oder bemerkenswert wäre. Keine Vegetation, nur ein Klumpen. – Zu San Paolo[205], Außenmauern. Wundervoll. Malaria zwischen all der Vergoldung. Gebäude gegen die Natur. Steckenpferd von Pius. Die Katakomben – bilden ein Labyrinth. – Heim um 3, Zimmer gewechselt, ließ mir ein Feuer anfachen und war darauf gefaßt, eine Grippe zu bekommen. Kein Essen.

Donnerstag, 12. März. Kroch um 12 mittags heraus und zum Kolosseum. Es wieder zu bevölkern, &c. Der Torbogen. Mahlzeit aus Feigen & Brot.

Freitag, 13. März. Schöner Tag. Zu den Gärten der Villa Borghese. Sie sind wunderschön. Herrlich kräftiger Wohlgeruch der Büsche & Bäume. Der Lorbeer-

---

203) Eine erneute Anspielung auf eines der liebsten Bücher Melvilles, John Miltons *Paradise Lost* (1667). Im zehnten Buch planen Sünde und Tod, eine Straße zur Hölle zur errichten, »Ein Ruhmesmal der ganzen Höllenschar [...]« (Zeile 320 ff. – nach der Übertragung von H. Meier).

204) Eine erneute Anspielung auf: *Erster Korintherbrief* 15,42.

205) Die Kirche San Paolo fuori le Mura wurde Ende des 4. Jahrhunderts in eine Basilika umgewandelt und im 13. Jahrhundert um einen Kreuzgang erweitert. Im Juli 1823 fiel das Gebäude einem Brand zum Opfer – eine Katastrophe, die dem damaligen, schwerkranken Papst Pius VII. verschwiegen wurde. 1854 wurde der rekonstruierte Neubau eingesegnet.

206) Melville zitiert Goethes Mignon (»Kennst du das Land, wo die Zitronen blühn« – aus *Wilhelm Meisters Lehrjahre*, Buch III., 1. Kapitel) aus dem Gedächtnis und vermischt zwei Zeilen des Gedichtes, welches er in der englischen Übersetzung von 1824 kannte: »Die Myrte still und hoch der Lorbeer steht [...]« und »Es glänzt der Saal, es schimmert das Gemach, [...]«.(Vgl. auch: Liste der in London gekauften Bücher 1849.)

baum &c. Die Villa geschlossen, Statuen durch Gitter gesehen. Stille & Verzauberung. »Es glänzt der Saal und hoch der Lorbeer steht«[206] &c. – Dem Anblick einer italienischen Villa nachempfunden. – Page besucht. Langer Vortrag. Swedenborg[207]. Spiritualist. Dünne Socken. Aß ein Tellergericht bei Lepri.

Samstag, 14. März. Umhergewandert, zur Trinità dei Monti. Zweiter Besuch der Villa Albani. Pater Murphy. Mrs. S. Karyatide. Lange Reihen von Büschen – Architektur der Villa, Reichhaltigkeit der Landschaft. Schöne Lage. – Zur Kirche in den Bädern des Diokletian. Sturz des Simon Magus. Meridianlinie, – Moslems in Hagia Sophia: umgekehrt.[208]

---

207) Melville kannte Imanuel Swedenborg (1688–1772) zumindest aus seinen Gesprächen mit Adler (Siehe: Tagebuch 1849). Hier scheint sein Interesse an dem Philosophen und Mystiker nicht besonders groß zu sein. Swedenborg hatte einigen Einfluß auf die Philosophie des amerikanischen Transzendentialismus (dessen Vertreter Melville zwar lobte, sich jedoch gleichzeitig von ihren Aussagen distanzierte). »Und Swedenborg – wenn auch sein eines Auge ins Unsichtbare blickte, hat er nicht mit dem anderen nach dem Geld geschielt?« (Melvilles *The Confidence-Man*, 37. Kapitel).

208) Die Kirche Santissima Trinità dei Monti bzw. Trinità al Monte Pincio ist eine französische Klosterkirche aus dem 15. Jahrhundert. »Murphy« ist wohl der früher erwähnte »irische Priester«. Mrs. S.: nicht ermittelt. Die »Karyatide«, eine weibliche Säulenfigur aus einem griechischem Tempel, stand im Vorhof des Kasino der Villa Albani. Beim dritten Besuch der Kirche Santa Maria degli Angeli entdeckt Melville Pompeo Battonis *Sturz des Simon Magus*, ein Fresko, das eine Episode aus der *Apostelgeschichte* darstellt (8,9-24). Der Magier, der den Aposteln ihre »Gottesgaben« abkaufen wollte, wird auch in *Clarel* (Teil II.37.76-81) erwähnt. Im rechten Querschiff befindet sich der in den Boden eingelassene Meridian, der »Gnomon Clementino«, welcher 1702 auf Veranlassung von Papst Clemens XI. angelegt wurde. Die letzten Worte dieses Eintrags deuten auf eine ironische Gegenüberstellung der ursprünglich »heidnischen« Nutzung der Thermen, auf denen die Kirche errichtet wurde, mit der ursprünglich christlichen Hagia Sophia.

Sonntag, 15. März. Von einem seltsamen Schmerz über Brust & Rücken angegriffen. In meinem Zimmer bis ½ 6 nachmittags. Am table d'hôte gegessen. Heute nichts gesehen, nichts gelernt, nichts genossen, sondern einiges erlitten.

Montag, 16. März. Vatikantag. – Danach zum Pincius. Konnte keinen Platz im Coupé der Postkutsche bekommen. Muß über Civita Vecchia nach Florenz. Nebel. Sixtinische Kapelle – blaue Wolken, Körperteile.

Dienstag, 17. März. Mit der Eisenbahn nach Frascati. Durch die Campagna mit der Bahn. – Villa Aldobrandini. Zauberhafter Tag & Gärten. Allee. Lorbeerbaum, Zypresse, Föhre, Olive. Überaus üppiges Laubwerk. Steinbänke an den Ecken. Aussicht auf Tusculum (Cicero) vom Gipfel des Hügels, am Ende einer langen Allee aus Olivenbäumen. Die Höhle – Totenschädel. Der Brunnen, durch Saal der Villa gesehen. Karten. Heiterer Gesamteindruck. Weiden sprießen schon so wie bei uns erst Mitte Mai. Spürte die belebende, erfrischende Luft dieser Hügel sehr intensiv. Luft in Rom ist hypochondrisch. – Schöne Verwahrlosung der Gärten der Villa. Omnibusfahrt durch Rom, zum Bahnhof & heim.[209]

Mittwoch, 18. März. Für 16 Penny im Caffè Nuovo gefrühstückt. Zur Villa Torlonia – kleine Kammern – Theater – Laube als Teezimmer – Kolonnade & Meer –

209) Frascati, das antike Tusculum, liegt südlich von Rom in den Monti Albani. Die Villa Aldobrandini gehörte mittlerweile der Borghese Familie. Auf den erwähnten, ausgestellten Karten waren die Güter der Familie verzeichnet. In Tusculum lag eine Villa des römischen Philosophen und Rhetorikers Cicero (106–43 v. Chr.).

reiche Verzierung. – Gärten. Die Höhle – das Turnier – die künstlichen Ruinen – der Circus &c &c. Kleine Gärten. Schöne Aussichten. – Crawfords Atelier – kolossale America & verschiedene Statuen. Größe des Ateliers. Indianer, Trapper &c &c.[210]

Donnerstag, 19. März. Mietete Vetturino nach Civita Vecchia. Alter Stall &c. – Zur Villa Doria Pamfili[211]. Große Ausdehnung. – Üppiges Grün – Paradies innerhalb eines Paradieses. Gelbe Villa. – Weiter Ausblick auf Grün & grünes Wasser. Die Zedern & Pinien. Alleen von Olivenbäumen. Aussicht auf Sankt Peter. Der terrassenförmige Garten – die Form der einzelnen Stufen – blühende Kastanien. Schöner als die Parks in England – dichteres Laubwerk & lieblichere Atmosphäre. Leuchtende & sanfte Farben. – Das Ghetto. Der Markt (Metzger) in alter Tempelgasse, die zwischen Säulen hindurch führt. Schmutz & Menschenmassen. Alte Kleider – Babys in Körben & Babys in Tüchern. Brunnen des siebenarmigen Leuchters. Die Art wie alte Tempel genutzt werden – Kirchen – Geschäfte – Gassen – Schmieden – Märkte &c &c &c. Aussicht von der Piazza von San Pietro in Montorio. Beste in Rom. Am Abend ins Caffè Nuovo – alter Palast. Große Vertiefung der Fenster. Sehr viele ordentlich, gut angezogene Menschen. Zauberhafter Gitarrenspieler. Stille & Applaus.

---

210) Die Villa Torlonia war ein Neubau im Besitz eines römischen Bankiers. Thomas Crawford (ca.1813–1857), ein amerikanischer Bildhauer, der seit 1835 in Italien lebte, war in London gestorben, sein Atelier blieb jedoch zur Besichtigung geöffnet. Sein Werk *America* war für das Capitol in Washington bestimmt.

211) Die Villa westlich von Rom war wegen der ausgedehnten Gartenanlagen und der Aussicht ein beliebtes Ausflugsziel und durchgehend für Besucher geöffnet.

Freitag, 20. März. Um 6 morgens nach Tivoli aufgebrochen. Eisige, graue Fahrt über die Campagna. Tartarus See. Travertin. – Villa des Hadrian – ehrwürdiger Anblick & feierlicher Fremdenführer – Ausmaß der Ruine – schöner Ort. Fremdenführer philosophierte. – Tivoli auf Hügel. Tempel der Nymphe darüber hinausragend – Pfade – Galerie im Fels – Claude – nicht ins Paradies, nur nach Tivoli. – Schattierung – mittlere Tönung – Villa des Maecenas. – Am Abend, eisige Fahrt nach Hause.[212]

Samstag, 21. März. Regnerisch. Umhergelaufen, um meine Visa zu bekommen. Sam hinterließ seine Karte. Traf ihn[213]. Bekam Brief von Zuhause vom 20. Februar. Alle wohlauf. Trafen uns, um Abschied zu nehmen. – Um 4 nachmittags im Vetturino nach Civita Vecchia aufgebrochen, in Gesellschaft von Mr. & Miss R. aus New Jersey und einer italienischen Dame. Trostlose Fahrt durch eine trostlose Landschaft. (Letzter Ausblick auf Sankt Peter. Verließen die Stadt durch ein Tor in der Nähe.) Um Mitternacht hielten wir für drei Stunden an einem einsamen Gasthof. Konnte das nahe Mittelmeer hören. Weitergefahren.

---

212) Tivoli im Nordosten Roms konnte in einer vierstündigen Kutschenfahrt erreicht werden. Der Tartarus See hatte einen überdurchschnittlich hohen Kalziumgehalt, der sich an den Ufern als Travertin ablagerte. Wenige Jahre später war der See völlig ausgetrocknet. Die Ruinen der Villa des Hadrian waren Fundort zahlreicher Kunstschätze, die in den Museen Roms ausgestellt wurden. Melville verarbeitete seine Eindrücke später in dem Gedicht »The Ravagged Villa«. Die Ruinen des Tempels der Sibylle waren ein beliebtes Motiv italienischer Landschaftsgemälde, von Claude existiert jedoch keine Darstellung dieser Szenerie. Die Villa des Maecenas war in eine Eisenmanufaktur umgebaut worden. Es ist unklar, ob sie tatsächlich einst jenem Förderer römischer Dichter wie Vergil, Horaz und Properz gehört hatte.

213) Die Beschreibung des Treffens mit Melville, von seinem Schwager Samuel Shaw, findet sich im Anhang (Briefe & Dokumente 1856/57).

Sonntag, 22. März. Um 6 morgens in Civita Vecchia angekommen. Straßen voller Menschen. Überhosen aus Schaffellen &c. Um 3 nachmittags an Bord des französischen Dampfers »Avertine« gegangen, kleines Schiff. Großes Gedränge. Türkische Flagge zu Ehren des türkischen Gesandten für Sardinien gehißt. Mit ihm gesprochen. Seine Ansichten über Mohammedanischen Glauben &c. Die höheren Gesellschaftsschichten der Türkei neigen zu einer gleichmütigen Einstellung gegenüber Religion. &c. Wiederholte Berichte vom Brand bei Abbots in Saloniki. Dieselben, die ich schon von Abbot selber hörte. – Schlief auf Polsterbank (keine Koje).

Montag, 23. März. Bei Tagesanbruch in Livorno. Angenehmer Morgen, trotz der Feuchtigkeit. Pässe. Nichts besonderes an Livorno. Um ½ 11 im Wagen zweiter Klasse nach Pisa. Sofort zum Duomo gegangen. An einem Ende sieht er aus wie Korallengrotten im Meer, – Perlentaucher, abgestufte Pfeiler. – Der erhobene Arm von Petrus als Griff des Bronzeportals. – *Baptisterium* wie auf den Boden gestellte Kuppel. Wundervolle Kanzel aus Marmor. – Campanile wie eine Föhre, verharrend im Moment bevor sie stürzt. Man wartet darauf, ihn fallen zu hören. Wie die Wolke über dem Mond bei Wordsworth[214], wird er sich nur als Ganzes bewegen, wenn er sich überhaupt bewegt, denn die Säulen neigen sich ebenfalls. Ungefähr 150 Säulen. Im Fallbereich stehen Häuser. –

Campo Santo. Schönheit der schattigen Steinwege. Fresken. Von Witzbolden gemalt. Tartarus – Zähne

---

214) Die Wolke in »Resolution and Independence« (1802) von William Wordsworth (in *Poems in two Volumes*, 1807) schwebt über dem Moor, nicht über dem Mond. Melville nutzte das Bild des Verharrens zwischen zwei Zuständen in seinem Gedicht »Pisa's leaning Tower« (in: *Timoleon*).

ziehend – ins Auge der Schlange blickend. Unverschämt – Mund. Hätte von Aesop entworfen sein können. Die drei Könige. – Die vier Monumente stehen im Stadtpark – Gras. Aus dem Boden gewachsen. Man stößt darauf wie auf einen Blumenstrauß aus Architektur[215].

Innenraum des Duomo wundervoll. Sankt Agnes &c. Seekapelle am Flußufer. Straße mit Kolonnaden. Stille des Stadtparks & Flußufers. Um ½ 6 nachmittags in den Zug nach Florenz gestiegen. Flache Ebene, reichhaltig bebaut. Berge. Um 8 abends in Florenz angekommen. Hôtel du Nord. Caffè Doney in der Nähe. Früh zu Bett, seit zwei Nächten ohne Schlaf.

Dienstag, 24. März. Den ganzen Tag über kalt & regnerisch. Zum Palazzo Pitti – »Es ist so schlimm wie zuviel Schmerz: es wird schließlich wirklich zur Pein.« Hörte diesen bruchstückhaften zweiten Teil des Satzes von einer erschöpften Dame, die aus dem Uffizienpalast kam. – Zweifellos sprach sie über die Überfülle

215) Gemeint sind hier die nahe beieinander liegenden Sehenswürdigkeiten von Pisa: Die Kathedrale, der »schiefe Turm« bzw. Campanile, die Taufkapelle bzw. Baptisterium und der Friedhof Camposanto, der auf etlichen Schiffsladungen Erde aus dem Heiligen Land liegt, die zum Ende der Kreuzzüge 1188 hierher gebracht wurden. *Sankt Agnes* ist ein Gemälde von Andrea del Sarto in der Kathedrale. Die erwähnten Fresken stammen aus der Mitte des 14. Jahrhunderts. Das Wandgemälde *Triumph des Todes* (»Die drei Könige«) wurde Andrea Orcagna zugeschrieben. Inspiriert von der Pestzeit um 1348 zeigt es eine an Sagen anknüpfende Allegorie auf die Allmacht des Todes. Dargestellt ist eine höfische Jagdgesellschaft, deren Weg durch drei offene Särge versperrt wird. Die »Seekapelle« ist Santa Maria della Spina am Südufer des Arno, die 1230 den Seefahrern gewidmet worden war.

an Genuß in diesen Galerien[216]. – Florenz ist eine wunderschöne Stadt, sogar an einem kalten Regentag. Uffizienpalast. Der Perseus von Cellini. Umhergewandert, nachdem ich die Galerie Pitti verlassen hatte. Zum Duomo & Campanile. Stieß völlig unerwartet darauf. Von ihrer Pracht überwältigt. Konnte nicht hinein. Kaufte schönes Mosaik für einen Napoleon. – Heute im Caffè Doney gefrühstückt.

Mittwoch, 25. März. Feiertag, Galerien geschlossen. Zu den Gärten des Pitti, oder vielmehr Boboli. Herrliche Aussicht auf Florenz & Umgebung. Ziellos umhergeschlendert, zu Kirchen, Piazzi &c. In Santa Croce die Gräber von Dante, Michelangelo, Alfieri und Macciavelli gesehen[217]. Prediger nahe dem Grab von M. Keinerlei Antwort von M. Kruzifix wurde in seine Richtung gehalten. Hier Campo Santo. – bei Annunziata schöne Fresken von Andrea del Sarto gesehen.

---

216) Melville besuchte in den folgenden Tagen immer wieder die beiden berühmten Kunstsammlungen der Medici in der Uffiziengalerie und der Galerie Pitti (auch: Galeria Palatina). Der Palazzo Pitti diente damals noch als Residenz des Großherzogs. Der im Folgenden erwähnte *Perseus* (1553) von Cellini ist ein Bronzeguß in der Bronzesammlung der Uffiziengalerie. Perseus hält den Kopf der Medusa empor, deren Körper ihm zu Füßen liegt. Am Sockel der Statue befindet sich ein Basrelief, das die Befreiung der Andromeda darstellt.

217) Melville sah ein 1829 im Schiff der Franziskaner-Ordenskirche Santa Croce errichtetes Monument für Dante Alighieri (1265–1321), dessen eigentliches Grab in Ravenna liegt – ein weiteres Dantedenkmal steht vor der Kirche. Das Grabmal von Michelangelo wurde von Giorgio Vasari gestaltet. »Alfieri« ist möglicherweise eine Verwechslung mit Leon Batista Alberti, dessen Grab sich innerhalb der Kirche befindet.

Glücksspieler vom Blitz getroffen[218]. – Lebhafter Eindruck der Straßen. Zur Porta Romana gegangen & hindurch zum Bellosguardo. Erstaunliche Aussicht vom Hügel auf die Stadt & das Vale d'Arno. Umweg gegangen, um hinzukommen. Stand plötzlich davor, an einem schmalen Pfad zwischen hohen Gartenmauern. Der Turm am Palazzo Vecchio ist die größte Attraktion. – Kam in einen heftigen Regenschauer; & spazierte im Regen nach Hause.

Donnerstag, 26. März. Sonnte mich nach dem Frühstück auf der Piazza del Gran Duca. Zur Uffiziengalerie. Zu faul, um alles aufzuzählen. Großartige Aussicht von der Vorderseite der Galerie auf Turm des Palazzo Vecchio. Aussicht auf den überdachten Steg, der über die Vecchio Brücke führt. – Die Venus der Medici gefiel mir nicht, doch von den Ringern war ich erstaunt & verzaubert von Tizians Venus[219]. Die Malerportraits sind interessant. – Zur Accademia de belle

---

218) Der Kreuzgang der Kirche La Santissima Annunziata enthält Fresken mehrerer Künstler, u.a. auch *Szenen aus dem Leben des Heiligen Filippo Benizzi* (1509-10) von Andrea del Sarto in der Vorhalle. Das von Melville beschriebene Fresko stellt jugendliche Kartenspieler dar, die einen betenden Heiligen verspotten und durch einen Blitzschlag abgestraft werden.

219) Unter Ferdinando I. wurde die Kunstsammlung durch zahlreiche antike Skulpturen erweitert. Sowohl die *Venus der Medici* als auch die *Ringer* waren bei Ausgrabungen in Rom entdeckt und aus Bruchstücken rekonstruiert worden. Das Gemälde von Tizian ist *Die Venus von Urbino* (ca. 1538), auf die auch in *Clarel* angespielt wird (Teil IV. 26, 228-235): »[...] das lieblichste Portrait auf Erden«. Die »Selbstportraits« stammen u.a. von Raffael, da Vinci, Tizian und del Sarto.

Arti[220]. – Gemälde von Giotto. Großartige Wirkung der Vergoldung & Hervorhebung. Hier sind die Vorläufer eines Peruguino & Raffael. Sah ein großes Gemälde, das nicht in meinem Handbuch erwähnt wird, welches viele Gesichter, Gebärden, Ausdrücke & Zusammenstellungen enthielt, die mir in Rom bei Raffael aufgefallen waren. Zweifellos hat Raffael von diesem hier gelernt, oder von einem noch älteren Gemälde. Aber darüber hinaus, war es genau im *selben Geiste.* – Bekam nicht zu allen Bereichen der Accademia Zutritt – sah aber die Statuen, – so wie sie sind. Auf dem Rückweg am Ricardi Palast vorbei[221] – Ungeheure Bögen & Stützpfeiler, mit massivem und bedrohlichem Sims. – Den ganzen Tag über ziemlich viel Regen, manchmal heftig. – Bei Tisch von einem jungen Mann angesprochen, der 6 oder 8 Sprachen beherrschte. Er überreichte mir eine Blume und sprach wie jemand, für den die Welt voller Wunder ist. So möge es sich erweisen.

Freitag, 27. März. Nach dem Frühstück im Caffè, machte ich mir meine Gedanken über Kaffeehäuser im allgemeinen & die jungen Männer, die sie besuchen. Man könnte etwas gutes über das »Caffè Doney«

---

220) Die Galleria dell'Accademia geht auf eine Stiftung des Großherzogs Pietro Leopoldo von 1784 zurück. Sie enthielt eine umfangreiche Sammlung Florentiner Malerei des 15. Und 16. Jahrhunderts. Das Gemälde von Giotto (1267–1337) ist möglicherweise die *Thronende Madonna* (Heute in den Uffizien). Perugino: eigentl. Pietro Vanucci (1446–1523). Welches Gemälde Melville mit den in Rom gesehenen Werken Raffaels vergleicht, ist nicht zu ermitteln. Horsford nennt spekulativ Fra Angelico (1400–1455). Die »Statuen« sind verschiedene Skulpturen Michelangelos.

221) Der Palazzo Medici-Ricardi wurde zwischen 1444 und 1464 als Stadtresidenz der Medici errichtet. Im Innenhof waren antike Artefakte ausgestellt.

schreiben, einschließlich jenem »Henry« & die Blumenmädchen. – Zum naturhistorischen Museum[222]. Riesige Sammlung. Lapislazuli – Kristallgefäße, Krüge, Duftfläschchen &c &c. Wachspflanzen, Samen & Sprößlinge. Anatomische Präparate. Schreckliche Vitrinen & ein Labyrinth an Räumen voll davon. – Das Werk des Sizilianers. Nr.1. Inhalt der Vitrine, zerbrochene Bögen, Skelett unter den Trümmern – Kopf einer Statue – Ausdruck des Todes – Krone & Zepter zwischen Knochen – Medaillon – Tod & Sense – deutend – verstreute Skelette & Werkzeuge. Schreckliche Demütigung. In einer Kluft sieht man weitere Tempel & Pyramide. Nr.2. Gewölbe – Haufen – in allen Farben von dunkelgrün bis ledern – alles in Ruinen – abgetrennte Knochen – Mütter, Kinder, alte Männer, unübersichtliche Haufen. Mann mit Tuch vor dem Gesicht bringt eine weitere Leiche herunter, deren Lederfarbe sich gegen das faulige Grün abhebt.

Nr.3. In einer höhlenartigen Ruine. Großartiges Mausoleum wie das eines Papstes, entfernte Grabplatte legt Skelett & Fäulnis frei. Römischer Sarkophag – fröhlicher Triumphzug – verwesender Leichnam darüber geworfen. – Gitter – Ratten, Vampire – Insekten. Schleim & Schlick der Fäulnis. – Moralist, dieser Sizilianer. (H.) – Die endgültige Sammlung. – Besichtigte erneut die Pitti Galerie. Die drei Parzen des Michelangelo. Bewundernswerter Ausdruck. Die Art

---

222) Gemeint ist die Sammlung von Wachsplastiken und anatomischen Nachbildungen »La Specola«, in dem 1775 von Leopold I. gegründeten naturgeschichtlichen Museum. Schmuckstücke, Kristall- und Ziergefäße aus der Kuriositätensammlung der Medici werden heute im Museo degli Argenti, im ehemaligen Sommertrakt des Palazzo Pitti, ausgestellt. Das »Werk des Sizilianers« ist ein im Auftrag von Cosimo III. entstandenes Wachsfigurenkabinett, mit realistischen Darstellungen menschlicher Anatomie und Schaukästen mit Szenen der Pestepidemie in Florenz.

wie eine der Parzen die andere anblickt – darf ich? – Die Erwartungshaltung der dritten. (Übergang von der prunkvollen Menschlichkeit der Galerie zum Sizilianer) Die Einlegetische & Gemälde. Portraits von S. Rosa (ein Selbstportrait), Schlachtengemälde. – Zum Atelier von Powers[223]. Seine America. Il Penseroso, Fischerjunge. – Traf ihn. Offener, schlichter Mann. Schönes Musterbeispiel eines Amerikaners. – Zum Cascine. – Dinierte mit dem jungen Sprachgenie im Luna. Spazierte den Fluß entlang & heim.

Samstag, 28. März. Vor dem Frühstück den Duomo hinaufgestiegen. Hoch in die Kuppel. Schöner Morgen & herrliche Aussicht. Brüstung rund um das Gebäude. Fresko im Dom. Riesiger Fuß von fünf Fuß Länge[224]. – Pracht des Doms. – Nach dem Frühstück im Caffè Doney erledigte ich einige Geschäfte & ging ein letztes Mal in die Uffiziengalerie. Dann nach Fiesole[225]. Die Villa von Boccaccio – Villa der Medici. Konvent der

223) Hiram Powers (1805–1873), amerikanischer Bildhauer, der seit 1837 bis an sein Lebensende in Italien lebte. Seine *America* (1854) ist eine allegorische Frauenfigur, die über die Symbole der Tyrannei und Unterdrückung triumphiert. *Il Penseroso* (1856) war durch das gleichnamige Gedicht (1631/32) von John Milton inspiriert.

224) Die erwähnten Fresken im Dom Santa Maria del Fiore wurden von Giorgo Vasari (1511–1574) gestaltet. Die zweischalige Kuppel von Filippo Brunelleschi war Vorbild für die späteren Kuppelbauten der Renaissance, einschließlich der Peterskuppel von Michelangelo.

225) Fiesole, im 7. Jahrhundert v. Chr. von den Etruskern gegründet, liegt 7 Kilometer nördlich von Florenz. Die etruskische Stadtmauer aus massiven Blöcken stammt aus dem 3. Jahrhundert v. Chr. Die Villa Medici del Belcanto wurde 1459 auf Veranlassung von Cosimo il Vecchio errichtet. Die Villa dei tri Visi gilt als der im *Decamerone* des Giovanni Boccaccio (1313–1375) beschriebene Landsitz, der Zuflucht der zehn Geschichtenerzähler vor der in Florenz herrschenden Pest.

Franziskaner. Aussicht aus den Fenstern. Alte Karten – längst veraltet. – Etruskische Mauer. – Zum Cascine & heim. Nach dem Essen Reisetasche gepackt & dies hier geschrieben.

Sonntag, 29. März. Der Portier vergaß, uns um 3 Uhr früh zu wecken. Postkutsche fuhr ohne uns ab. Um den Duomo herum zum Stadttor gerannt. Den ganzen Tag zwischen Hügeln. Den Appenin überquert. Grandiose Landschaft. Weitreichende Flußläufe durch einsame Täler. Keine Wälder. Nicht so kräftige Eindrücke wie in New England. Ein Stück des Weges von Ochsen gezogen. 4000 Fuß über dem Meer. An einigen Stellen dicke Schneegletscher. Einsame Häuser. Dörfer. Ernste & anständige Menschen: Frühstück in einer Hütte. Keinerlei Gespräche im Coupé. Aber viel geraucht.

Montag, 30. März. In die »Drei Mohren« eingekehrt. Schöner Tag. Sah schiefen Turm – schwarz & schmutzig – aus Ziegeln. Sein Gegenüber ist von erstaunlicher Größe. Zur Galerie. Die Madonna mit dem Rosenkranz. Eine Circe. Sankt Cäcilia. Siegreicher David &c. – Zum Campo Santo – ungeheure Ausdehnung der Friedhofsarkaden. Die Pracht einiger Monumente. Arkade führt in Windungen einen Hügel hinauf zu einer Kirche – drei Meilen. Die Universität besichtigt. Im Hof alle Wappen der Studenten. Statue der gebildeten Dame. Ging am Abend unter den Arkaden spazieren. Gleich nach meiner Ankunft in Bologna, probierte ich die Bologneser Wurst, gemäß dem Grundsatz, daß man in Rom zuerst den Petersdom besucht.[226]

---

226) In Bologna sieht Melville die beiden Türme Asinelli und La Garisenda, beide aus dem 12. Jahrhundert. Die erwähnten Gemälde in der Galerie Accademia delle Belle Arti sind von Do-

Dienstag, 31. März. Nach dem Frühstück im Caffè, mit dem jungen Reisenden C., fuhr ich alleine in der Postkutsche nach Padua. – Höflicher älterer Herr in der Postkutsche. Eine flache, ebene Landschaft, sehr verschieden von der Reise am letzten Sonntag. Teiche für den Hanfanbau. Weingüter. Steinerne Bauernhäuser & Scheunen aus Stein mit offenen Seiten. – Um 1 mittags in Ferrara angekommen, wo die Postkutsche bis 3 Aufenthalt hatte. Ging, um die Kathedrale zu besichtigen. Interessantes altes Gebäude. Portikus wird von Säulen auf den Rücken alter Buckliger getragen. – Das Jüngste Gericht darüber in Stein gemeißelt[227]. Gottvater im Winkel des Giebelfeldes. Darunter zur Linken & Rechten, die Erwählten & Verstoßenen. Die vier Gestalten, die aus ihren steinernen Gräbern steigen, als würden sie sich aus ihren Betten erheben. Die Beine in verschiedenen Stellungen herausgestreckt. Großartig. Groteske Gestalten. – Schöner Glockenturm, aber nicht fertiggestellt. – Der Palast des alten Adels von Ferrara ist von einem breiten Burggraben umgeben. Zugbrücke &c. Massive Bögen aus Ziegelstein über dem Burggraben. – Ferrara liegt auf einer flachen Ebene, überall wächst Gras, wie auf einem Parkgelände. – Kerker des Tasso. Nur ein Keller für Apfelmost. Vergittertes Fenster, aber nicht stark.

---

menichino (Madonna), Raffael (*Die Heilige Cäcilia*, 1514-15) sowie der *Siegreiche Simson* (ca. 1610) – nicht David – von Guido Reni. Die »Circe« stammt vermutlich von Lorenzo Barbieri. Die später erwähnte Kirche ist die Madonna di San Luca, die über eine durchgehende Arkade mit der Stadt verbunden ist. Der Innenhof der 1119 gegründeten Universität enthielt die Wappen der Professoren (nicht jene der Studenten).

227) Neben dem geschilderten Basrelief ist ein weiteres »Jüngstes Gericht« als Fresko zu sehen. Es stammt von Bastianino, einem Schüler Michelangelos.

Byrons Name &c. Anderes Gekritzel[228]. – Mit kleinerer Postkutsche von Ferrara nach Padua. Österreichisch. Altmodisches Gefährt. Mysteriöses Fenster & Gesicht. Geheime Verstecke. Zuflucht. Altmodische Gefühle. Den Po überquert, ziemlich breiter Fluß & recht trübe & schnell fließend. Gelb wie der Mississippi. Wie Schwemmland. Alte Fähre. Österreichische Grenze. In der Dämmerung in Revigo angekommen, eine bedeutende Stadt. Hier noch zwei schiefe Türme gesehen; abgerissen & in Ruinen. Um Mitternacht in Padua eingetroffen, & ins Hotel »Stern des Ostens«.

Mittwoch, 1. April. Regnerischer Tag. Zum berühmten Caffè von Pedrocci[229]. Ziemlich groß und schön eingerichtet, macht es seinem guten Ruf alle Ehre. Bekam einen ernsten dunklen Fremdenführer & brach mit Mantel & Regenschirm auf, die Sehenswürdigkeiten zu besichtigen. Zum Rathaus. Wundervolles Dach (Indien). Zu privatem Palast, um »Satan & seine Heerscharen« zu sehen[230]. Schöne Pose des Satan. Ein

---

228) Torquato Tasso war zwischen 1579 und 1580 in der kleinen, unterirdischen Zelle mit einem vergitterten Fenster zum Hof eingekerkert, bevor er in ein größeres Verlies gebracht wurde. Byron erwähnt am 11. April 1817 seinen Plan, die Zelle »in die sie Tasso gesperrt haben und in der er wahnsinnig wurde« zu besuchen (in: *Briefe und Tagebücher*, 1985). Weitere »Kritzeleien« stammten von Bewunderern Tassos, wie Alphonse Lamartine und Casimir Delavigne.

229) Das Kaffeehaus war aus dubiosen Spielgewinnen finanziert und mit antiken Marmorstatuen reich ausgestattet. Es galt als eines der schönsten Italiens.

230) Die Statue im Palazzo Pappafava stellte den Sturz des Luzifer dar und war das Werk des Bildhauers Agostino Fasolato (*La caduta degli angeli ribelli*). Sie war durch den thematischen Bezug zu Miltons *Paradise Lost* für Melville von besonderem Interesse. In seinem Vortrag über die Statuen Roms (1857) erwähnt er die Statue im Zusammenhang mit Miltons Epos, den er an dieser Stelle als einen »Vatikan aus Versen« bezeichnet.

Durcheinander wie ein Haufen Fadennudeln. Kirche von San Antonio & Schrein. Großartig. Krücken & Bilder. Basreliefs aus Bronze. Goliath & David, &c.[231]

Promenade. – Die Brenta fließt darum herum. Schöner Eindruck der in Windungen durch die Stadt fließenden Brenta. Zur Kapelle von Giotto[232]. – Die Tugenden & Sünden. Herrlich. Die Szenen aus der Heiligen Schrift. – Die Arena. – Schöne Kirche in der Nachbarschaft. Alte Paläste & alte Arkaden & alte Straßen. Um 2 nachmittags im Zug nach Venedig. Starker Regen. Komfortabler Waggon. – Flaches Land. Näherten uns Venedig vom Westen her, so wie man nach Boston kommt. – In einer Gondel zum Hotel Luna. Am table d'hôte gegessen und zum Markusplatz aufgebrochen & dort bis 8 am Abend geblieben.

Donnerstag, 2. April. Im Caffè Florian gefrühstückt, eine Semmel. Dogenpalast. In den Markusdom gegangen. Der Innenraum wirkt schmierig, sieht verqualmt aus, enttäuscht. Kuppel wird repariert – Baugerüst. Zum Rialto. Den Glockenturm hinauf. In einer Gondel zum Canale Grande & bei Guidecca zurück[233]. Geges-

---

231) Die dem Stadtheiligen von Padua geweihte Kirche enthielt 12 Bronzereliefs mit Szenen aus dem Alten Testament. Das Bronzerelief mit David und Goliath stammt von Andrea Briosco, genannt Riccio (1470–1532).

232) Die als Arena-Kapelle bekannte Santa Maria dell'Annunciata in Padua war von Giotto 1303 entworfen und mit Fresken geschmückt worden, die als die schönsten des Künstlers gelten. Die Kapelle ist Teil eines Schlosses auf den Ruinen einer antiken römischen Arena.

233) Melvilles Hotel lag an der südwestlichen Ecke der Piazza San Marco, dem Zentrum von Venedig, mit der Basilica San Marco gegenüber. Zwischen dem Dom und der Lagune befindet sich der Dogenpalast, mit der Piazetta davor. Der »Glockenturm« ist wohl der Campanile des Markusdoms. Guidecca ist die große Insel südlich vor Venedig.

sen. In den Markusdom gegangen. Zu Bett. – Zum Lustwandeln gibt es keinen besseren Platz als den Markusplatz. Öffentlicher Ballsaal – nie geschlossen. Lichter. Damen nehmen im Freien ihre Erfrischungen zu sich (morgens frühstücken sie auf der sonnigen Seite). Musikanten. Sänger. Soldaten &c &c &c. Vollendete Anstandsformen. Prächtige Architektur. – Am Abend traf ich im Dogenpalast (im Hof) einen umgänglichen jungen Mann (Antonio), den ich als Führer einstellte, und wir verabredeten uns für Morgen.

Freitag, 3. April. Zur Glasperlenmanufaktur. Man zieht die Stäbe wie bei beim Zusammendrehen von Garnen. Das Schneiden, Abrunden, Polieren, Färben ist ein Geheimnis. Zur Goldkettenmanufaktur. Altes venezianisches Gold. Von unterschiedlicher Qualität. Zur Kirche Santi Giovanni e Paolo[234]. Denkmäler. Die Kapelle mit dem wunderschönen Basrelief. Christus erklärt sich den Doktoren. Zum Arsenal[235]. Große Hafenbecken. Standarte der Türken. Laternen. Auf den Kanälen. Haus von Othello & Statue. Haus von Shylock. Lord Byrons Palazzo Foscari[236]. Schöne Aussicht auf den Canale Grande. – Nach dem Essen auf die Piazza.

---

234) Die zweitgrößte Kirche der Stadt, aus dem 14. Jahrhundert, mit den Grabmälern der Dogen von Venedig

235) Das Arsenal war bis ins 17. Jahrhundert die bedeutendste Schiffswerft der Welt. Zeitweise arbeiteten bis zu 16 000 Mann an der Produktion der berühmten venezianischen Kriegsgaleeren. Zur Zeit von Melvilles Aufenthalt war der Schiffsbau längst auf moderne Werften verlegt worden. Die Standarte des türkischen Admirals wurde in der Schlacht von Lepanto (1571) erobert.

236) Der Doge Christoforo Moro gilt als Vorbild für die Figur des Othello in Shakespeares gleichnamigem Stück. Sein Standbild befindet sich vor seinem Palast am Campo dei Carmini. »Moro« weist auf seine Herkunft aus Morea hin und bedeutet nicht, daß er »Maure« oder »Mohr« gewesen ist, wie der Othello Shakespeares.

Samstag, 4. April. Frühstück im Caffè Mindel. Nahm eine Gondel an der Piazetta nach Murano. Dorf im Wasser. An einem Friedhof vorbei, – auf einer Insel. – Glitten hinein in das Wasserdorf. Alte Kirche[237]. Zurück & zur Jesuitenkirche. Marmordrapierung der Kanzel. Erstaunlich, was man mit Marmor machen kann. Auf den Canale Grande. Haus aus Gold. Herzog von Bordeaux. Herzogin de Berri &c &c. Hôtel de Ville – alter Palast – großartiger Hof & Treppe[238]. Fresken mit herunter & über die Balustrade hinter der Treppe blickender Hofgesellschaft. – Zu den Bankiers & zum Konsul von Sardinien. Zur Galerie[239]. Himmelfahrt Mariä von Tizian. Die großen schwarzen Köpfe & braunen Arme. Errettung durch Heiligen Markus. Venezianischer Edelmann. Alte Gemälde von Venedig. – Grandiose Säle. Tizians Heilige Jungfrau im Tempel. Nach dem Essen fuhr ich bis spät abends in einer Gondel auf den Kanälen. Alter Palast mit grinsenden Ungeheuern &c. Kaufte Mantel. Zu Bett um ½ 10.

Es gibt allerdings kein Gebäude, das traditionell dem Juden Shylock aus Shakespeares *Kaufmann von Venedig* zugeschrieben wird. Lord Byron lebte zwischen November 1816 und Juni 1819 mit einigen Unterbrechungen in Venedig. Er wohnte zunächst bei dem Tuchhändler Segati in der Frezzeria, später im Palazzo Mocenigo, gegenüber dem erwähnten Palast. Melville verarbeitete seine Eindrücke in dem Gedicht »Venice«.

237) Auf der Insel Murano, nördlich von Venedig, befanden sich die wichtigsten Glasmanufakturen der Stadt. Das »Dorf im Wasser« ist die Insel San Michele mit dem Friedhof Venedigs. Die später erwähnte Jesuitenkirche ist die zwischen 1715 und 1730 erbaute Chiesa dei Gesuiti.

238) Die erwähnten Gebäude am Canale Grande sind: die Ca' d'Oro, ein Palast aus dem 15. Jahrhundert im gotischen Stil, der Palazzo Cavalli des Herzogs von Bordeaux, der Renaissancepalast Vendramin Calergi der Herzogin de Berri und der frühere Palazzo Loredon, in dem sich das Hôtel de la Ville befand.

239) Die Accademia delle belle Arti. Die beiden Gemälde Tizians sind: *Himmelfahrt Mariä* (1516-18) und *Tempelgang Mariä* (1539). *Errettung des Sklaven durch den Heiligen Markus* (1548) ist von Tintoretto.

Sonntag, 5. April. Frühstück auf dem Markusplatz. Österreichische Fahnen flattern an drei Masten[240]. Herrlicher Anblick der Basilika im Sonnenlicht. Der Charme des Platzes. Das gemütliche Frühstück dort. Damen. Blumenmädchen – Musiker. Verkäufer von Muscheln aus der Adria. Zigarrenläden &c &c. – Saß eine Zeitlang auf einem Stuhl an der Arkade beim Caffè Mindel in der Sonne und betrachtete die Fahnen, die Sonne & die Kirche. (Der Schatten des Glockenturms wanderte über den Platz.) Die Tauben. Leute kommen, sie zu füttern. – Nahm eine Gondel. Zum Garten, der auf Geheiß von Napoleon angelegt wurde. Am Rand von Venedig. (Wie die Battery in New York.) Schöne Aussicht auf die Lagune & Inseln auf beiden Seiten von Venedig. Zum Lido, von wo man eine schöne Aussicht auf Venedig hat, insbesondere auf den Dogenpalast &c. Spazierte über den Sand zur Küste der Adria. Ruhige See. Ausgedehnter Strand. – Über die grünliche Lagune zum armenischen Konvent[241]. Bewundernswertes Refugium vor der Welt, in der ruhigen Lagune schlafend, mit dem Lido als Wellenbrecher gegen den stürmischen Ozean des Lebens. – Garten, Konvent, Höfe, Kreuzgang, – Aussicht aus dem Fenster der Bibliothek – Inseln – die Stadt in der Ferne. Portraits von alten armenischen Priestern mit stattlichen Bärten. Alte Druckerpressen. Türkische Orden.

---

240) Venedig stand ab 1798 unter österreichischer Herrschaft (unter französischer zwischen 1806 und 1815) und wurde erst 1866 in das Königreich Italien eingegliedert. An den Masten wehten einst die Farben der venezianischen Kolonien Candia, Zypern und Morea, die nun ebenfalls zu Österreich gehörten.

241) Lord Byron war ein regelmäßiger Gast des Klosters mit seiner umfangreichen Sammlung orientalischer Manuskripte: »Ich gehe jeden Morgen in das armenische Kloster (der *Mönche, nicht* der Nonnen – mein Kind), um die Sprache zu erlernen [...]« (an Augusta Leigh, 18. Dezember 1816).

Bibelmanuskript. Kapelle. 8 Gläubige & 8 Priester. Prachtvolle Meßgewänder, im Zusammenspiel mit herrlichem Licht, das durch ein mit rosa Seide drapiertes Fenster von der strahlend hellen Lagune hereinströmt. Gesänge, schwingende Weihrauchfässer aus Silber – ein Wölkchen aus Weihrauch für jeden Gläubigen. Unglaublich prachtvoller Eindruck. – Das Näherkommen, Hineingleiten – zwischen Grasland. Für diese alten Kirchen ist der Geruch nach schalem Weihrauch typisch. Nur dieses eine – seine Ursache – heute herausgefunden. – Zurück in die Stadt. Wundersame Wirkung eines schönen Tages – in der Luft schwebend, zwischen den Schiffen in der Malamocco Passage & den Inseln. Zur Kirche Santa Maria Salute. Achteckig. Sehr schöne Schnitzarbeiten. Zur Kirche San Giorgo Maggiore[242]. Eine Reihe Holzschnitzarbeiten. An den Stufen des Dogenpalastes unter der Seufzerbrücke gelandet. Kerker wie durch Feuer geschwärzt. Ebenso Teile des Palastes. Hier *gab* es ein Feuer. Auf den Markusplatz gegangen. Menschenmengen beim Promenieren. Tauben. Zum Rialto gegangen. Den Canale Grande hinauf und hinunter geschaut. Weitergewandert. Zahlreiche wunderschöne Frauen. Die kräftigen braunen Gesichter der Frauenportraits von Tizian sind also doch der Natur nachempfunden. (Tizian war aus Venedig.) Das klare, kräftige, goldene Braun. Die sich deutlich abzeichnenden Gesichtszüge, wie eine Kamee. – Die Sicht aus einem Fenster am Ende einer langen, schmalen Passage. – Spazierte im Mondlicht & im Licht der Gaslaternen

---

242) Die beiden Kirchen: Santa Maria della Salute am südlichen Ende des Canale Grande und San Giorgio Maggiore auf der gleichnamigen Insel im Becken von San Marco. Die »Seufzerbrücke« verbindet den Dogenpalast mit dem alten Gefängnis. Die Brandspuren stammen noch aus den Jahren 1574 und 1577, als der Dogenpalast durch Feuer schwer beschädigt wurde.

über den Markusplatz. Zahlreiche Sänger & Musikanten. – Die Akrobaten & Komödianten auf dem freien Platz in der Nähe des Rialto. Die Gesichter der weiblichen Akrobaten. – Die Kolonnade des Dogenpalastes wie eine Hecke aus Architektur. – An diesen friedlichen Sommertagen schweben die edlen Venezianer in voller Blüte umher wie die Seerosen. – Der Canale Grande verläuft nicht starr & gerade, sondern unregelmäßig mit Auskragungen für vorteilhafte Fassaden. Windungen wie der Susquehanna. Aussicht vom Balkon des Palazzo Foscari. Die beste Aussicht. Große Balken. Als Kaserne genutzt. Österreicher auf Feldbetten & beim Reinigen der Waffen. Kochen & Putzen im großen Saal. – An den Kanälen Venedigs gibt es alle Arten von Fahrzeugen. Omnibusse, private Kutschen, Gigs oder Einspänner, Karren der Hausierer, Leichenwagen. – Man könnte es zunächst für eine Flutwelle halten, doch das geht vorbei und ist nicht von Dauer, – nur ein zeitlich begrenzter Zustand der Dinge. – Markusdom im Sonnenuntergang. Vergoldete Mosaiken, Zinnen. Wirkt wie zum Feiertag geschmückt. Als hätte der Großtürke hier für einen Sommertag seinen Pavillon errichtet. 800 Jahre! Der wertvolle, uralte Marmor im Inneren, wirkt wie eine Mauer aus seltenem alten Speckstein. – er sieht fettig aus. Ordentlich mit alten Gebeten geräuchert, so wie Speisesäle mit den Gerüchen vergangener Mahlzeiten. – In Venedig gibt es für den Venezianer nichts zu sehen. – Lieber an einem Regentag in Venedig, als in einer anderen Stadt bei Sonnenschein. – Mein Führer, wie ich ihn traf & wo. Verlor sein Geld in der Revolution von 1848 & durch Reisen. – Heute in einer Stadt, morgen in einer anderen. Schön ist es zu reisen. Wenn reich, jede Menge Komplimente.

Wie geht's dir, Antonio – Hoffe dir geht's recht gut, Antonio – Jetzt Antonio kein Geld, Antonio keine

Komplimente. Hau doch ab, Antonio. Zum Teufel mit dir, Antonio. Antonio, mach dich aus dem Staube. Ham' se gewußt Sir, daß für 'nen Reichen, der Arme immer habe schlechte Geruch? Ham' se das gewußt, Sir? (Für *Confidence Man*)

Ja, Antonio, dessen bin ich mir nicht unbewußt. Wohltätig gesinnt. Alter Blinder: eine Gabe & Gott wird dich segnen. Gebe gerne, aber bezweifle den Segen. Antonio wäre eine gute Figur in *Confidence Man*[243]. Wollte nicht sterben. Könn'se das glauben? Ich geh' hin und schau erst mal wie's mir dort gefällt. – Seine köstlichen Anekdoten. Byron schwimmt inkognito durch den Kanal, um eine Dame im Palast gegen über zu wecken. Die preußische Gräfin, schickt Kavalier. Äußerst verruchte Dame, aber sehr glücklich[244]. – Sich treiben lassen und philosophieren mit Antonio dem Fröhlichen. Ach, das war Posilipo. – Ob ich den Bruder des Kaisers von Österreich gesehen habe oder nicht. – Über das Geländer gelehnt. Knaben. Silberlitze. Bedacht darauf, die Sache zu klären; & zu meinem Vorteil, denn ich denke, daß einige Leute aus der freien

---

243) *The Confidence-Man; His Maquerade* (1856) war das letzte große Prosawerk Melvilles, das zu Lebzeiten veröffentlicht wurde. Es geht um einen Trickbetrüger, der auf einem Mississippidampfer in zahllosen Verkleidungen sein Spiel mit der Leichtgläubigkeit seiner Mitmenschen treibt. Die englische Ausgabe erschien 1857.

244) Lord Byron befand sich auf dem Weg zu einem Rendezvous mit einem venezianischen Mädchen: »Mein Fuß glitt aus (wegen der verflucht schlüpfrigen Stufen ihrer Paläste), als ich meine Gondel besteigen wollte, und hinein platschte ich wie ein Karpfen – und ging tropfend wie ein Triton zu meiner Seenymphe – und mußte zu einem vergitterten Fenster hinaufklettern [...]«. Die deutsche Gräfin Vorsperg, die den Vater des Mädchens über die Beziehung zu Byron informierte, ließ einen Priester und einen Polizeikommissar kommen und das Mädchen einsperren. Der Dichter wartete, bis sich die Wogen des Skandals geglättet hatten, um seine Liebschaft neu zu beginnen. (Siehe: Lord Byron an John Murray, 18. Mai 1819 – in: *Briefe und Tagebücher*, 1985)

Demokratie nicht ohne Respekt auf den Mann blicken würden, der &c &c &c.[245]

Montag, 6. April. Verließ Venedig morgens um ½ 6 mit Ziel Mailand. Durch Padua & Vicenza nach Verona, wo Braut & Bräutigam den Waggon bestiegen. Zwischen Verona & Brescia gab es schöne Aussichten auf den Garda See, mit dem Gipfel des Baldus in der Ferne. Dörfer an seinem Ufer & auf einer Insel. Weite Sicht auf den See zwischen hohen, gegenseitig überragenden Bergen, deren schneebedeckte Gipfel unmerklich mit dem purpurnen Himmel verschmolzen. Im Norden zogen die ersten Ausläufer der Alpen beständig vorbei. Bahnstrecke verläuft über der flachen Ebene der Lombardei. Reichhaltiger Anbau. Maulbeerbäume, Wein. Bauernhäuser sind den unseren recht unähnlich. Keine Spuren von Anstrengungen, wie bei uns. Diese Gegend war der Schauplatz der Feldzüge Napoleons. In Coccaglio nahm ich die Postkutsche nach Treviglio (18 Meilen von Mailand entfernt). Unterwegs von 1 nachmittags bis 6. Im Coupé. Um ½ 8 abends in Mailand angekommen. Mit dem Omnibus zum Hôtel de la Ville. An der Station gab es Streit zwischen dem Kutscher & einem österreichischen Gendarmen. Ging aus, um den Dom bei Nacht zu sehen. Durch die Geschäfte gebummelt &c. Ein Kanal.

---

245) Der Bruder von Kaiser Franz Josef, Erzherzog Ferdinand Maximilian, war am 28. Februar zum Generalgouverneur von Lombardo-Venetien ernannt worden. Am Jahrestag der Erhebung von 1848, am 22. März 1857, hatten italienische Nationalisten ihre rotgrünweiße Flagge am Markusplatz gehißt – ohne daß die österreichischen Wachtposten etwas davon gemerkt hätten. Kaiser Franz Josef schickte seinen Bruder, um in Venedig »für Ordnung zu sorgen«. Da Ferdinand Maximilian sich bis zum 30. Mai in Venedig aufhielt, könnte Melville ihn durchaus gesehen haben.

Dienstag, 7. April. Zur Galerie. Sehr groß, mit einigen edlen Gemälden. Die Heilige Katharina als Märtyrerin. Der Heilige Markus in Alexandria ist bewundernswert für die Genauigkeit in der Darstellung der Architektur, der Gewänder & wegen der Ausdruckskraft. Zum Campo d'Armo. Steinbogen. Zum Gemälde von Leonardo da Vinci. In einem Vorort von Mailand.[246]

Kuriose alte Kirche aus Ziegelsteinen. Sehr alt. Hatte einige Schwierigkeiten, das Refektorium zu finden. Schließlich wurde ich auf einen Bogengang hingewiesen, wo Trompeter standen. Jedoch *nicht* wegen Leonardo. Wurde durch von Militär (Kavalerie) besetzte Passagen bis zu einem großen Hof geführt (wie der eines Gasthauses). Das Refektorium ist ein langer, hoher, kahler Raum, der an den beiden Enden bemalt ist. Große Bühne für Kopisten. Bekam noch die letzten Lichtstrahlen der untergehenden Sonne mit. Das ganze Gemälde ist verblaßt & halb verschwunden. (Sah eine photographierte Kopie davon) – Bedeutung des letzten Abendmahls. Die Freuden des Festmahls sind rasch vergangen. Einer wird mich verraten, einer von euch – so treulos sind Menschen – die Glut der Freundschaft ist so flüchtig, Selbstsucht so beständig. – Leonardo & sein Öl, der Fall eines großen Mannes (Wordsworth) & seiner Theorie. Zum Dom. Herrlich. Stellt mich eher zufrieden als Sankt Peter. Eine wundervolle Pracht.

---

246) Melville besuchte zunächst die 1810 gegründete Galerie Brera. Das Gemälde, welches den Heiligen Markus während einer Predigt in Alexandria darstellt, ist von Gentile Bellini (1429–1507). Die Piazza d'Armi entstand 1800 aufgrund des Befehls Napoleons, eine Reihe von Gebäuden vor dem Castello Sforzesco abzureißen. Südlich der Piazza ist die Kirche Santa Maria delle Grazie mit dem anschließenden Dominikanerkloster. An der Nordwand des Refektoriums befindet sich Leonardo da Vincis *Abendmahl* (ca. 1495-98). Die spätere Erwähnung von Wordsworth, verweist auf die Bewunderung des Dichters für da Vincis Gemälde.

Effekt des brennenden Fensters am Ende des Kirchenschiffes[247]. Hinaufgestiegen – Tief unten wirken die Menschen in den Türmchen mit offenem Maßwerk wie Fliegen, gefangen in einem Spinnennetz. – Die Gruppen von Engeln an einigen Stellen unter der Decke & überall. Nicht das Konzept, aber die Ausführung. Die Aussicht von der Spitze. Oben auf dem Mailänder Dom könnten wohl die himmlischen Heerscharen Platz finden. Um 5 nachmittags am table d'hôte des Hôtel de la Ville gegessen. Dort war ein kauziger alter Herr. Machte das Füllen seines Glases zum Spektakel. Junger Mann. Gespräch. Über den Dom.

Mittwoch, 8. April. Um 5 Uhr früh aufgestanden. Um ½ 7 zum Comer See aufgebrochen. Eine & eine halbe Stunde Fahrt über flache fruchtbare Ebene. In Como den Dampfer genommen. Wie ein Ausflug zum Lake George. – Die Seeufer sind wundervoll dicht besiedelt. Plötzliches Aufragen der Berge, Straßen führen durch Felsen, wie Fenster, Simse. Aussicht auf Bellaggio an den drei Ausläufern des Sees. Berge im wässerigen Blau zusammengerollt. Schnee auf den Gipfeln. Malerische Boote, die an jedem Dorf Fracht aufnehmen. Dörfer in vielerlei Lagen. Manche auf halbem Wege an steilen Abhängen, als wären sie bei einem Erdrutsch dorthin gelangt. Kirchen auf einsamen Gipfeln. Gruppen von Dörfchen – Viehgatter. Zahllose Dörfer, hunderte. Terrassenförmiger Anbau. Oben einsame Häuser, hier & da. Wasserfälle. (Unter dem Haus) Keine Bäume. Um 7 am Abend zurück nach Mailand.

---

247) Das »brennende Fenster« ist wahrscheinlich eines der drei gotischen Buntglasfenster mit einer Darstellung der Himmelfahrt Mariä. Melville verarbeitete seine Eindrücke in dem Gedicht »Milan Cathedral«.

Donnerstag, 9. April. Um 5 aufgestanden. Hier gekritzelt, und um ½ 7 hinunter zum Frühstück im Hotel. Dort waren ein junger Mann aus Paris und eine Dame. Um 9 Uhr in der Postkutsche nach Novara aufgebrochen. Fescher Postillion, Signalhorn unterm Arm, polierte Mütze, Metallreifen, Schaftstiefel. Über die flache Ebene der Lombardei. Im Norden kamen die Alpen in Sicht. Vorbei an vielen volkreichen Dörfern & Städten. Große Erträge auf einem höchst fruchtbaren Boden. Überquerte prächtige Granitbrücke über den Ticino[248]. Kam um ½ 2 in Novara an. Dort zu Mittag gegessen. Blieb 4 Stunden und wartete auf den Zug. Spaziergang auf Boulevard entlang alter Mauern – uralte Festung aus Ziegelstein mit tiefem, breitem Burggraben – alter Duomo. Engel von Thorwaldsen[249]. Alter Hof. Taufkapelle. Wachsfiguren. Nägel & Hammer, Haar &c. Um ½ 6 in den Zug nach Turin gestiegen. Traf zufällig auf einen Griechen aus Kephalonien (»Bürger Englands«). Kam um 9 am Abend in Turin an.

Abenteuer mit Omnibus, Portier und Hôtel de la Europe. – In Novara, Kirche mit hölzernem Vorbau gesehen. Darin, ein in eine Bühne verwandelter Altar mit Pappfiguren, die biblische Charaktere darstellten. Genau wie im Theater. Und beleuchtet.[250]

248) Die erst 1827 fertiggestellte Ponte Nuova.

249) Der Dom aus dem 11. Jahrhundert. Die Engel am Hochaltar sind das Werk des dänischen Bildhauers Albert Thorvaldsen (1770–1844), der vierzig Jahre seines Lebens in Rom und Italien verbrachte. Die lebensgroßen Wachsfiguren, teilweise mit menschlichem Haar versehen, stellen die Leidensgeschichte Jesu dar.

250) Die in der Taufkapelle ausgestellten Figuren waren möglicherweise eine vorübergehende Ausschmückung zur Feier der Karwoche.

Freitag, 10. April. Sehr regnerisch. In einem Kaffeehaus (achteckiger, vergoldeter Salon) in der Via di Po gefrühstückt. Unter den großen Arkaden spaziert. Konnte bis hinüber nach Colina sehen. Besuchte Galerie[251]. Bewundernswertes Gemälde einer »Beichte«. Einige Portraits von Tizian. 4 schöne allegorische Gemälde – Erde, Luft, Feuer, Wasser. Magdalena von Rubens – exzellente Entsprechung der Natur, aber sehr häßlich. Einige Kinderportraits von Van Dyck – sechs in einer Reihe, Köpfe – zauberhaft. Gasthausszenen von Teniers. Der ungewöhnliche Effekt von Teniers entsteht erstens durch Verkleinerung, zweitens durch Verzerrung des Menschlichen. Brueghel – gefällt immer. – Piazza Castello, wo sich das Hotel befindet, ist das Zentrum von Turin. Interessantes, altes Gebäude mit verschiedenartigen Fassaden und grotesker Zusammenstellung vielerlei Architekturstile. Turin ist weniger abwechslungsreich als Philadelphia. Die Häuser haben alle dieselbe Form, dieselbe Farbe, dieselbe Höhe. Die ganze Stadt scheint von einem einzigen Unternehmer gebaut zu sein & finanziert von einem einzigen Geldgeber. – Außergewöhnlicher Eindruck, unter dem Bogen des Kastells zu stehen & auf die Via di Grossa bis hin zum schneebedeckten Monte Rosa zu blicken[252]. – Früh am Morgen, als ich Turin verließ, erhaschte ich eine Aussicht, die nicht von Wolken behindert wurde. – Boulevards rund um die

251) Die Gemäldesammlung war im Kastell untergebracht. *Die Beichte* ist ein Gemälde aus der Reihe »Die sieben Sakramente« von Guiseppe Maria Crespi (1665–1774). Die vier Allegorien sind von Francesco Albani. Die *Magdalena* von Rubens war lediglich eine Kopie, ebenso *Paul III.* (1545-46) von Tizian, dessen Original sich in Neapel befand. Unter den Kinderportraits von van Dyck waren die Portraits dreier Kinder von Charles I. von England. Von David Teniers (1610–1690) waren mehrere Bilder ausgestellt.

252) Möglicherweise eine Verwechslung mit dem Monte Viso.

Stadt. Viele & sehr gute Kaffeehäuser – Arbeiter & arme Frauen, die ihr schlichtes Frühstück in den schönen Kaffeehäusern einnehmen. Ihre Umgangsformen, so verschieden von jenen der entsprechenden Gesellschaftsschicht bei uns. – Am Abend klärte es sich auf. Ging noch einmal hinunter zum Po. Stand dort auf den Stufen der Kirche[253]. Früh zu Bett.

Samstag, 11. April. Strahlendes Wetter. Früh aufgestanden, um den Monte Rosa von der Straße aus zu sehen. Sah ihn. Zum Frühstück Schokolade (Turin ist dafür berühmt) am Ufer des Po. Um 10 vormittags in den Zug nach Genua gestiegen, über 100 Meilen entfernt. Eine Zeitlang recht angenehm & durch freundliche Landschaft gefahren. Sehr dicht besiedelt & weite Anbauflächen. Näherten uns dem Appenin, erhabener Anblick.

Straße mit viel Geschick & Geld gebaut. Zahlreiche Tunnel durch Hügel am Fuße des Appenin, bis schließlich der große Tunnel kommt – 2 Meilen lang. – Um 3 nachmittags im Regen Genua erreicht. Reisetasche fiel dem ungeschickten Portier von der Schulter. Hatte Angst, nach den Sachen für Kate zu sehen. – Ging ins Hotel Feder an der Küste. Spazierte über die Strada Nuova &c. Paläste weniger prächtig als jene von Rom, Florenz & Venedig. Eine Eigentümlichkeit ist, daß es eher *Gemälde von Gebäuden* gibt als Wirkliche. Alle Arten von kunstfertiger Architektur in Fresken dargestellt. – Die Worte Machiavellis, nach denen der Anschein von Tugendhaftigkeit vorteilhaft sei, wenn auch die Wirklichkeit anders wäre[254]. – Straßen genau wie in

---

253) Die Kirche La Gran Madre di Dio war erst 1840 fertiggestellt worden.

254) Siehe: Niccolò Machiavelli: *Il Principe* (1513; dt. *Der Fürst*), Kapitel 18. Machiavelli wird in Melvilles *The Confidence-Man* (Kapitel 23) ironisch als »jämmerlicher Rosenkreuzler« bezeichnet.

Edinborough; nur noch steiler & noch mehr verwinkelt. Wegen der Aussicht eine hinaufgestiegen. – Am table d'hôte gegessen. Schönes Zimmer. Das Hotel befindet sich in einem alten Palast. Am Abend auf der Promenade in der Nähe des Hafens spazierengegangen. Hoch gelegene Hotels. Turm des Malteserkreuzes[255]. Aussicht auf Hügel in der Ferne.

Sonntag, 12. April. Frühstück im Caffè. Schokolade. Zur Stadtpromenade auf Befestigungswall. Blick in die Ferne. Truppen. Unansehnliche Kompanie. Zur Kathedrale[256]. Abwechselnd weißer & schwarzer Marmor. Die Stufen. Das *Gitterrost* Basrelief. Schöner Innenraum. Turm. – Der Dogenpalast. Die ganze Welt auf den Straßen. Zahlreiche Frauen. Die Haartracht von Genua. Undinen und Nebeljungfern[257]. Schlicht & elegant. Rezept, eine einfache Frau hübsch aussehen zu lassen. Nahm Omnibus (2 Sous) zum Hafenende. Leuchtturm (300 Fuß hoch). Hinaufgestiegen. Großartige Aussicht. Von der Meeresküste nach Süden. Vorgebirge. Ganz Genua & seine Befestigungen vor Augen. Die Höhe & Ausdehnung dieser Befestigungsanlagen, ihre entlegene Einsamkeit. Die brachliegende Wildnis der Hohlwege dazwischen, scheint Genua eher zur Hauptstadt und zum Feldlager Satans zu ma-

---

255) Gemeint ist das Hotel Croce di Malta, in einem Gebäude, das früher dem Malteserorden gehörte.

256) San Lorenzo, 1118 geweiht und im 16. Jahrhundert fertiggestellt, mit Basreliefs an der Außenmauer, die teilweise antiken römischen Ursprungs sind. Der Palazzo Ducale neben der Kathedrale stammt aus dem 18. Jahrhundert

257) »Undine« ist der Name der Nixe in der gleichnamigen Erzählung (1811) von Baron de la Motte Fouqué. »Nebeljungfer« (»Maid of the Mist«) ist der Spitzname einer Heldin in dem Roman *Anne of Geierstein* (1829) von Sir Walter Scott. Bei der speziellen Haartracht handelt es sich um ein in der Frisur befestigtes Tuch, das beidseitig auf die Schultern fällt.

chen: Befestigung gegen die Erzengel. Wolken, die sich am Himmel über den Befestigungswällen zusammenziehen. &c.[258]

Ging zum östlichen Ende des Hafens und begann einen Rundgang entlang der 3. Befestigungslinie. Übers offene Meer hinausragende Wälle, über Hohlwege gestürzte Steinbögen. Schöne Aussicht auf Stadtteile. Höher & höher. Kerker für Galeerensklaven. Gitter, die einen Blick aufs Meer erlauben – grenzenlose Freiheit. Rundherum gegangen. Ganz verwirrt. Kam zur Stadtpromenade. Stieß auf steile Gasse, die zu einer kleinen Kirche führte[259]. (Schöne Aussicht vom Portal aus.) Von dort aus noch höher und bei Wällen angekommen. Wundervolle Aussicht auf das tiefe Tal auf der anderen Seite – & auf Genua & das Meer. Höher & höher. Schöner & schöner, bis ich an der Festung am Gipfel ankam. Sah die beiden Täler im Umkreis und die Stelle, wo sich die Kammlinien vereinen und sich die am höchsten gelegene Festung befindet. Diese Täler sind dicht besiedelt. Einsamkeit einiger höherer Festungen. Land von 3. Wall umschlossen. Tiefe Schluchten ohne Bäume. Einzelne Lager für Schießpulver. So einsam wie die Schluchten in den schottischen Highlands. – Ziemlich erschöpft, über einen unregelmäßigen Pfad hinabgestiegen und beim Doria Palast herausgekommen. Am table d'hôte gegessen. Ein Grieche neben mir. Gekicher gegenüber. – Zum Hafen hinüber gegangen. Ging mit dem Griechen in ein Gartenkaffee-

---

258) Die Befestigungsanlagen wurden seit dem Mittelalter, mit dem Wachstum der Stadt, immer weiter ausgedehnt und um die bereits vorhandenen Wälle herum gebaut. Die Erwähnung Satans und der Erzengel ist wohl eine erneute Assoziation mit *Paradise Lost* von John Milton. Der Krieg zwischen den Armeen Satans und den himmlischen Heerscharen wird in Buch VI des Versepos geschildert.

259) Möglicherweise San Stefano della Porta.

haus. Wunderschöner Ort mit Brunnen, Arkaden &c &c &c. Zu Bett um ½ 9. – Sah den ganzen Tag nach Regen aus, aber nichts.

Montag, 14. April[260]. Schokolade im Caffè. Alte Mauer des Zollhauses. Besuchte die Paläste. Verschieden von denen in Rom &c. Große Säle, Vorhöfe. Schau nur in den Reiseführer. Wurde in großer Eile durch einige Paläste geführt. Insbesondere Palazzo Rosso. – Sehr windig. Früh ins Hotel, Nachwirkungen der gestrigen Anstrengung. Traf beim Essen den Zahlmeister der *Constitution*[261]. Um acht im Bett.

Dienstag, 15. April. Um sechs am Morgen in den Zug nach Arona am Lago Maggiore. Traf Leutnant Fauntleroy am Bahnhof. Angenehme Fahrt durch ein neues Land.

(Über Allessandria & Novara) Um 2 nachmittags in Arona in kleinem Dampfer ausgelaufen. Kalte Überfahrt. Schöne Landschaft. Mit getünchtem Pinselstrich. Durcheinander der Jahreszeiten. Hinabstürzende Wasserfälle, zahlreiche Dörfchen. Die terrassenförmige Insel[262]. Kam um 7 abends in Magadino an. Postkutsche nach Bellinzona. Kamen in der Dämmerung in einen Engpaß und blieben darin. Schattenhafte & undeutliche Annäherung zwischen den Ausläufern der Alpen. In Bellinzona sprang plötzlich Dr. Lockwood hervor, der gerade vom Simplon kam.

---

260) Es ist der 13. April. Die nachfolgenden Datierungen bis zum 24. April setzen den Fehler fort.

261) Gemeint ist die Fregatte *Constellation*, die Melville in Alexandria und Messina besuchte. Schon am nächsten Tag trifft er erneut auf Fauntleroy und Dr. Lockwood.

262) Isola Bella, eine kleine Felseninsel im Besitz des Grafen Borromeo, die durch künstlich angelegte Terrassen in einen Garten verwandelt wurde.

Mittwoch, 16. April. Um 2 morgens mit der Postkutsche zur Überquerung des Sankt Gotthard aufgebrochen. Bugfenster. Stille, geheimnisvoll. Gleichmäßiges Drehen der Räder. Dämmerung, im Zickzack, Schlucht, Abgrund, Schnee. Frühstück in Ariolo. Mr. Abbott trat an mich heran[263]. Heftiger Sturm. Handschlitten. Reisegruppen warteten drei Tage lang in Ariolo. Aufgebrochen. Langer Zug. Im Zickzack. Schutzhütten. Diskussion über Götter &c. Am Schluß & Ende aller Wege. Gipfel. Herberge. Alter steinerner Schuppen.

Die dortige Szenerie. Männer in Steppdecken, durchfroren bis an die Knochen. Auf Schlitten transportierte Waren. – Wieder aufgebrochen. Aufenthalt wegen Warenlieferung in der Gegenrichtung. Ausweichen. Nervosität der Pferde. Abwärts. Als ob man aus den Wolken käme. Herausragende Felsspitzen – 10 000 Fuß. Unten bei Andermatt. Durchnäßt. Postkutsche. Teufelsbrücke. Landschaft der Schlucht. Grün & weiß von Gras & Schnee. Kalkhaltige Strömung. Altdorf. Flüellen um 7 am Abend.

Donnerstag, 17. April. Vor dem Frühstück am nächsten Morgen ging ich hinaus, um einen Blick auf den Vierwaldstätter See zu werfen – Bucht von Uri. Kapelle (Sitz der Methodistengemeinde). Um 9 morgens im Dampfer nach Luzern ausgelaufen. Einfahrt der Bucht von Uri. Kapelle des [Wilhelm] Tell[264]. Um 11 in Luzern angekommen. – Löwe von Thorvaldsen – le-

263) Der englische Arzt Dr. Henry Abbott (1812–1859). Abbott sammelte ägyptische Antiquitäten, die später von der Historical Society in New York gekauft wurden.

264) Die Kapelle wird traditionell mit Wilhelm Tell in Verbindung gebracht.

bendiger Stein[265]. Bummel mit Abbott & schöne Eindrücke. Alte Brücken.

Freitag, 18. April. Um 8 morgens in der Postkutsche nach Bern aufgebrochen, im Coupé, nur Abbott & ich. Zauberhafter Tag & zauberhaftes Land. Schweizer Landhäuser. Sparsamkeit, Ordnung &c. Essen im Wirtshaus. Um 7 in Bern angekommen, in der »Krone« abgestiegen. Ging zur Terrasse am Münster, um die Berner Alpen zu sehen. Da waren sie – über den Bäumen zu sehen[266].

Samstag, 19. April. Spaziergang auf der Terrasse. Münster. Verbrachte fast den ganzen Tag mit Mr. Fay[267] & Abbott & Tochter. Ausritt. Herrliche Sicht auf die Alpen. Eisenbahnstrecke im Bau.

Sonntag, 20. April. Um 10 vormittags in der Postkutsche (innen) nach Basel. Schöner Tag. In Solothurn gegessen. Begegnete einem Mr. Smythe, Kaufmann aus New York[268]. Großartige Aussicht auf die Berner Alpen & die Bergketten des Jura, während des ganzen

---

265) Thorvaldsens *Löwe von Luzern* (1821), ein Monument zu Ehren der Schweizergarde, die 1792 unter großen Verlusten die Tuilerien verteidigte.

266) Das Berner Münster, eine gotische Kirche aus dem 15. Jahrhundert. Hinter dem Münster befindet sich eine Aussichtsplattform.

267) Theodore Sedgwick Fay (1807–1898) war amerikanischer Botschafter in der Schweiz. Vor seiner Diplomatenkarriere arbeitete er als Anwalt, Autor und Verleger.

268) Die zufällige Begegnung mit Henry A. Smythe erwies sich später für Melville als wichtig. 1864 wurde er Präsident der Central National Bank in New York. Ab 1866 war er für die New Yorker Zollbehörde tätig, und er setzte sich dafür ein, daß Melville den lange angestrebten Posten als Zollinspektor im Hafen von New York erhielt.

Tages. Jenseits von Solothurn kamen wir näher ans Jura heran – Palisaden – ungefähr so hoch wie der Saddle Back[269]. 4000 Fuß. Alte Burgen. In einen bemerkenswerten Engpaß hinein. Weite Sicht auf die Alpen durch den Engpaß. Hindurch gefahren. – In L---[270] in den Zug gestiegen und um 8 abends im »Wilden Mann« in Basel eingekehrt. Ausgegangen, an der Bootsbrücke den Rhein überquert. Tief, breit, schnelle Strömung.

Montag, 21. April. Um 5 morgens in den Zug nach Straßburg. 90 Meilen. Zum Münster. Spitzen – Spitztürme – alle zusammen aus dem Boden geschossen, wie ein Beet von wie nennt man das doch gleich? (Spargel) Brauner Sandstein. Die Uhr &c. Wartende Menschenmenge. Hinaufgestiegen. Nicht so schön wie in Mailand. Plattform an der Spitze. Die Turmspitze. Inschriften (1500)[271]. Um 2 nachmittags mit Mr. Smythe hinüber nach Kehl. Pässe. Französisch & deutsch. Baden. In den Zug nach Heidelberg. Leute aus Kalifornien. Wunderschöner Nachmittag. Flaches Land, von Hügeln umgeben. Sehr fruchtbares Land. Die Ernte wird eingebracht. Um 8 abends in Heidelberg angekommen. Hotel Adler.

Dienstag, 22. April. Um 5 aufgestanden und zum Schloß hinaufgestiegen. Blüten, Gras, alles frisch rund um die zauberhafte alte Ruine. Der Kamin. Gewölbe. Aussicht auf den Neckar. Die Universität. – Der Klee wächst, die Bäume sprießen. Hohlweg in Ruinen. –

---

269) Ein weiterer Spitzname für den Berg Greylock (dem Melville den Roman *Pierre* widmete).

270) Gemeint ist wahrscheinlich Liesthal bei Basel.

271) Im Turm des Straßburger Münsters haben unter anderem auch Goethe und Herder ihre Namen hinterlassen. Die Uhr aus dem Jahr 1571 setzt täglich um 12 Uhr ein Figurenspiel in Gang.

Blumenbeet im Festsaal. Ritter in grünen Nischen. – Studenten. Daguerrotypen.[272] Um 2 nachmittags in den Zug nach Frankfurt am Main. Am Bahnhof traf ich wieder auf Dr. Abbot – auf dem Weg nach Frankfurt. Dasselbe ebene fruchtbare Land wie die ganze Strecke von Basel. Um 4 nachmittags in Frankfurt angekommen, im Hotel [...] abgestiegen. Nach dem Essen lud uns Smythe zu einer Stadtrundfahrt ein. – Statue Goethes. Faust. Dom. Der Ort wo Luther predigte. Flußufer. Park. Judenviertel. Das Haus von Rothschild. &c &c &c.[273]

Mittwoch, 23. April. – Nach dem Frühstück ging ich zu Abbot, um nach ihm zu sehen – traf ihn rauchend im Bett an & es geht ihm besser. Ging zu Rothschild. – Bedeutender Eisenwarenhändler. Eindruck des Verkaufslagers. Fässchen, Fässer, Rollen, Pressen, Gewichte & Waagen, Böttcher, Fuhrmänner & Träger. In der Stadt umhergefahren. Fauststatue. Die »Ariadne« von H---[274]. Helles Rosa. Gegenüberstellung des Schönen und des Häßlichen. Um halb zwölf am Vor-

---

272) Melvilles Hotel befand sich am Marktplatz. In der Schloßruine befindet sich das berühmte Faß, das Melville im 77. Kapitel des *Moby-Dick* erwähnt. Dort dient es zur Beschreibung der verschiedenen Segmente des Pottwalkopfes. In der Mitte des 19. Jahrhunderts lernten ca. 700 Studenten in der 1386 gegründeten Universität – heute sind es etwas mehr als 23 000.

273) Die Statuen am Frankfurter Roßmarkt waren erst im selben Jahr aufgestellt worden. Das Wohnhaus Luthers befand sich in der Nähe des Doms. Das Haus der Bankiersfamilie Rothschild stand in der Judengasse.

274) Die klassizistische Marmorskulptur *Ariadne auf dem Panther* (1803) von Johann Heinrich von Dannecker (1758–1841), eines Freundes von Schiller, war im »Ariadneum« der Familie Bethman-Hollweg untergebracht. »Das viel bewunderte und oft getadelte Werk zeigt alle Vorzüge und Schwächen des Meisters« (Woermann, 1922).

mittag nahm ich den Zug nach Wiesbaden, kam aber versehentlich in Mainz an – um 2 nachmittags. Mit dem Boot nach Köln. Mainz liegt im Tiefland, hat jedoch eine große Ausdehnung, einen schönen Dom & Gebäude. Durch Weingebiete. Rheinabwärts jede Menge Weinanbau (Stöcke). Kam um 10 abends in Köln an. Den ganzen Tag regnerisch & kalt. Mein praktischer Mitreisender (aus Boston?). Im Hôtel de Cologne abgestiegen.[275]

Donnerstag, 24. April. Um 5 Uhr aufgestanden, gefrühstückt & zum Bahnhof, über den Fluß nach Amsterdam. Durch Düsseldorf & Utrecht. Regnerisch, kalt, manchmal Hagel & Graupelschauer. Fruchtbares Land, eben. – Nach der holländischen Grenze, begann es wie eine große Heide auszusehen – fuhren durch ein ziemlich ödes, braunes, schlammig wirkendes Land – riesige, hellgrüne Viehweiden. Abenteuerliche Suche nach einem Hotel in Amsterdam, wo wir um ½ 4 nachmittags ankamen. Letztendlich in der »Alten Bibel« abgestiegen, über die man etwas gutes schreiben könnte, etwas ironisches.

Freitag 24. April. (Irrtum vom Tag zuvor). Gestern nachmittag sehr kalt & Schneefall. Einige Schiffskapitäne in der Gaststätte. Heute Morgen bekam ich einen kauzigen kleinen alten Holländer als Fremdenführer & besuchte die Gemäldegalerie[276]. Wundervolles

---

275) Zu Melvilles erstem Besuch in Köln: siehe Tagebuch 1849.

276) Melville besuchte die Trippenhuis Galerie. (Die Gemälde befinden sich heute im Rijkmuseum, Amsterdam.) *Die Bärenjagd* von Paul Potter (1625–1654), *Das Kielholen* von Lieve Verschuir (ca.1630–1686), *Portrait eines Malers und seiner Frau* von Frans Hals (1580–1666) sowie die bekannten Gemälde von Rembrandt. Melvilles Interesse für diese Künstler, wie auch für die Malerei im allgemeinen, kommt in den Gedichten »At the Hostelry« und »The Bench of Boors« zum Ausdruck (in: Nachlaß).

Gemälde von Paul Potter – Der Bär. – Kielholen des holländischen Arztes. – Die Rechtsgelehrten von Rembrandt & Die Nachtwache (Schatten) – Portrait eines Malers & seiner Frau – bewundernswert (alte Hausierer) die Preisgabe gutgelaunter Zufriedenheit. – Holländische Festtagsszenen. Teniers & Brueghel. – Die Straßen von Amsterdam sind wie lange Reihen von altmodischen Titelbildern in alten Folianten & alten Quartbänden. Kanäle & Zugbrücken. Schmutzig aussehende alte Burschen – Teniers. – Zum »Tiergarten« & »Plantaadje«. Der Hund mit der rosa Schnauze. Das »Faultier«. – Aussicht auf die Stadt von der Halbkuppel des Palastes. Rote Ziegeln der Häuser. Der Hafen. Das Senken der Spill. – Amsterdam ist wie ein Amphitheater geformt, von Wasser umgeben. – Broeg, nicht besucht[277]. Ort des Käses, der Butter & der Sauberkeit. Die alte Galiote[278]. Hübsch & einer Kommode gleichend. – Um ½ 5 in den Zug nach Rotterdam. Raucherabteil. Eines für mich ganz alleine. Fuhren durch Haarlem – nett, wie »Colonie« in Albany[279]. Leiden, große Kathedrale. Den Haag. Um ½ 8 in Rotterdam angekommen. Nahm Fremdenführer & ging in die Tanzlokale. In drei. Verblüffender & pathetischer Anblick. Die promenierenden Mädchen – Musik – ihr Gesichtsausdruck & ihr Anstand. – Schurkerei des Führers. Zu Bett um ½ 10.

277) Das Dorf Broeg bei Amsterdam galt als das »sauberste der Welt« und war in den USA durch einen Essay von Washington Irving bekannt geworden: »Broek: or the Dutch Paradise« (1841).

278) Kleiner Schiffstyp mit bauchigem Heck, Anderthalbmaster für die Küstenschiffahrt.

279) Gemeint ist ein Stadtteil von Albany, New York dessen Häuser im holländischen Stil gebaut waren. Melville wohnte zwischen 1834 und 1838 in der näheren Umgebung.

Samstag, 25. April. Ging mit dem Fremdenführer zur Kathedrale von St. Laurentius. (Vergaß zu erwähnen, daß ich in Amsterdam die dortige Kirche besuchte. Kanzel mit Schnitzereien, &c. aber nichts darin.) Schöne Aussicht auf Rotterdam & Umgebung. Haus des Erasmus[280]. Um 11 Uhr ging ich an Bord des Dampfers nach London. Günstiger, aber eisiger Wind. An einigen der Deiche vorbei. – Der dicke Steward. Um 7 Uhr starker, günstiger Wind.

Sonntag, 26. April. Erreichten früh die Mündung der Themse, & fuhren ein, vorüber an vielen Sehenswürdigkeiten. Das gigantische Schiff »Great Eastern«[281]. Morgens um 7 erreichten wir das Kai von St. Catherine. Droschke & zum Tavistock Hotel. Trister Sonntag in London. Ging zum Hyde Park & zu Kensington Gardens. Verschaffte mir einen Eindruck von ihnen.[282]

Montag, 27. April. Besuchte die Longmans &c.[283]

Dienstag, 28 April. Zu Madame Tussaud's [Wachsfigurenkabinett]. Ansonsten nichts Besonderes besichtigt.

---

280) Diese Kirche und die später erwähnte in Amsterdam stammen aus dem 15. Jahrhundert. Die geschnitzte Kanzel in der Nieuwe Kerk in Amsterdam ist das Werk von Albert Vincken Brinck (1649). Das Geburtshaus des humanistischen Theologen Erasmus von Rotterdam (ca.1467–1536) wurde durch eine kleine Statue und eine Inschrift gekennzeichnet.

281) Der Ozeandampfer *Great Eastern*, der größte seiner Zeit, wurde erst im Januar 1858 fertiggestellt. Melville sah den in der Werft liegenden Rumpf des 19 000 Tonnen Schiffes.

282) Zu Melvilles früherem Londonaufenthalt: siehe Tagebuch 1849.

283) Die Londoner Verleger, die Melville schon 1849 besucht hatte, um den Roman *White-Jacket* anzubieten (siehe dort), hatten Anfang April *The Confidence-Man* veröffentlicht. Nathaniel Hawthorne hatte den entsprechenden Vertrag im Auftrag Melvilles am 20. März 1857 unterzeichnet.

Mittwoch, Donnerstag, Freitag, 29., 30. April – 1. Mai. – Liege hier in London wie auf Grund gelaufen. – Tagtraum im »Cock«. Chrystal Palace[284] – Sammlung von Dingen aus aller Welt. Alhambra – Haus des Pansa – Tempel des ---. &c &c &c. – Vergleich mit der Pyramide. – Überzogen. Wenn das kleinere größer aussehen würde. Die *Great Eastern.* Pyramide. – Riesenspielzeug. Ohne Substanz. Die Gleiche Nutzung des Raumes wie durch ein Geländer. Haltbare Materialien, aber vergängliches Bauwerk. Kann keine 100 Jahre überdauern. – Wundervolle Aussicht von den Terrassen des Crystal Palace. – Themsetunnel.

Mit dem Omnibus nach Richmond hinausgefahren. Einige Abende im Hyde Park, um die Reiter zu sehen. Die Damen reiten elegant & verwegen. Armer Teufel, der über das Geländer blickt. – Besuchte die Galerien Vernon & Turner. – Sonnenuntergänge von Turner. »Begräbnis von Wilkie«. Das Schiffswrack. »Das Schlachtschiff – *[Temeraire]* auf dem Weg zum letzten Ankerplatz.«[285]

Sonntag, 3. Mai. Verließ London mit dem Zug nach Oxford. Klarer Tag. Fruchtbares Land. Durch Berk-

---

284) Der Crystal Palace wurde anlässlich der »Great Exhibition« von 1851 errichtet, zwischen 1853 und 1854 abgerissen und in Sydenham, Kent wieder aufgebaut. Einige Exponate der ursprünglichen Ausstellung, wie das Haus des Pansa aus Pompeij, waren nach wie vor zu sehen. Zur Eröffnung der Ausstellung, am Morgen des 1. Mai 1851, schrieb die Londoner Times: »Der erste Morgen seit der Erschaffung der Welt, da sich alle Völker aus allen Teilen der Welt versammelten, eine gemeinsame Tat zu vollbringen.«

285) Beide Sammlungen waren in der National Gallery ausgestellt. Die beiden Gemälde *The Fighting Temeraire* und *The Burial of Sir David Wilkie* stammen von William Turner (1775–1851). Die beiden »realistisch gemeinten Bilder [...] wirken in ihren zündenden Farbengluten wie Bilder aus einer fernen Märchenwelt.« (Woermann, 1922). Melvilles Gedicht »The Temeraire« wurde durch Turners Gemälde inspiriert.

shire gefahren. Eben & fruchtbar. Windsor Castle in der Ferne. Sah Reading, Stadt in der Grafschaft Berkshire. Um ½ 12 in Oxford angekommen. – Der interessanteste Ort, den ich in England gesehen habe. Machte einen Rundgang durch alle Colleges. Hier war es, wo ich mich mit Dankbarkeit zu meinem Heimatland bekannte & ihm voll Stolz zujubelte. Oxford ist für Amerikaner ebenso einen Besuch wert wie Paris, obgleich aus verschiedenen Gründen. – Kanzel in der Ecke eines Hofes. Hirsche. Garten von Fluß umgeben. – Wiesen dahinter. Ochsen & Schafe. Ländliches & akademisches Leben verschmolzen. – Christ Church Meadows. Baumallee. – Altes Felsenriff, das von den Wellen umspült wird & abgeschliffene Kanten aufweist – genau wie Oxford. Efeuranke über dem Portal von St. John's [College], mit den Zweigen der Skulptur verschlungen. Freundschaft zwischen Kunst & Natur. Einklang.[286]

Groteske Gestalten. Sich in den Säulengängen von Oxford den Rheumatismus zu holen, ist anders als wenn man ihn in Rom bekommt. Seuchengefahr in Pamfili Doria, aber lindernde Schönheit in Oxford. Studieren und logieren wie ein Faun. Jedes College hat einen Garten. Die Landschaft wurde über Jahrhunderte nicht durch Wühlarbeiten verunstaltet – durch die profane Hand der Wirtschaft. Der Schönheit & Stille geweiht. Ulmenallee. Ist von all den Gewaltakten der Revolutionen unberührt geblieben &c. – Spitzdach. Spanische Kastanie. Speisesäle.

Stehendes Dachfenster ist aus dem Giebel entstanden, so wie der Kirchturm aus den zunehmend höher &

---

286) Die von Melville bewunderten Sehenswürdigkeiten sind: das St. Mary Magdalenen College mit der erwähnten Kanzel, der daran anschließende Hirschpark, die Parkanlage entlang der Themse »Christ Church Meadows« mit der Allee »Broad Walk«.

steiler werdenden Spitzdächern in schneereichen Gegenden – das Endergebnis einer gleichmäßigen Entwicklung. – Treppe der Christ Church. Einzelner Pfeiler wie in Pariser Kapelle. Jedes College hat einen Speisesaal & eine Kapelle – gleichwertig – große Fenster. Für Körper & Seele wird gleichermaßen gesorgt. – Das Gras ist so eben wie der grüne Fries auf einem Billardtisch. – Es gibt nichts, das malerischer wäre als Oxford. – Ich kenne nichts, das geeigneter wäre, das anmaßende Geschrei der Yankees durch sanfte & schöne Rüge zu tadeln, wie es diese frische & blühende Landschaft vermag. – In einer solchen Zuflucht lächelte der alte Burton gelassen über die Menschheit, während er an seinem Buch schrieb[287]. – Verbesserung des Mönchsklosters. So wie die Templer eine Mischung aus Mönch & Soldat waren, so ist hier Mönch & Gentleman vereint.

Diese Colleges werden gegründet, so wie man anderswo Bäume pflanzt. – Der Glockenturm kann nicht die Glocken läuten &c. Musik dringt aus der Kirche wie flüssiges Blei aus einem Tongefäß. – In Oxford im »Mitre« eingekehrt. – High Street.

Montag, 4. Mai. Verließ Oxford um 9 morgens nach Stratford on Avon. Wechselte in den von Pferden gezogenen Zug. Ging ins »Red Horse«. – Das Haus von Shakespeare – kleiner alter wackliger verlassener Schuppen. – Trostlos, melancholisch. Gekritzelte Namen. – Die Kirche[288].

---

287) Robert Burton (1577–1640), Autor der *Anatomy of Melancholy* (1621), ein satirisches, philosophisches und medizinisches Werk über die Vergeblichkeit menschlichen Strebens, lehrte u.a. in Oxford.

288) William Shakespeare wurde am 26. April 1564 in der Holy Trinity Church in Stratford-on-Avon getauft. An den Wänden des traditionell zugeschriebenen Geburtshauses haben zahlreiche Bewunderer Shakespeares, wie Byron, Dickens, Scott, Thackeray u.v.a., ihren Namen hinterlassen.

Grabsteine vor dem Altar, Ehefrau, Tochter, Schwiegersohn. – Neues Gebäude. – Spaziergang zum Hathaway Landhaus in Shottery. Flaches Land. –

Um ½ 4 mit der Kutsche nach Warwick gefahren. Kalt & windig. Wundervolles, wunderschönes Land. – (Edge Hill). – Eindruck der Burg in der Nähe von Avon. In Warwick umhergewandert. Sehr schönes Stadttor. Altes Tor &c. Um ½ 7 in den Zug nach Birmingham. Kam vor Einbruch der Dunkelheit an. Wald aus Schornsteinen. Wie Newcastle-upon-Tyne. Ging zu Queen's, in der Nähe des Bahnhofs. Stadtrundfahrt. Rathaus, schönes Gebäude. Parthenon. Früh zu Bett.

Dienstag, 5. Mai. Morgens um 6 in den Zug nach Liverpool. Als würde man durch ausgebrannte Bezirke fahren – aufrecht stehende Reihen von Föhren, die an der Spitze qualmen oder Stichflammen ausstoßen. – Die Schornsteine.

Kam um 12 mittags in Liverpool an. – Buchte meine Koje auf der »City of Manchester«, indem ich im Voraus bezahlte. Bekam Briefe von Brown, Shippley & Co[289]. Traf Hawthorne. Besuchte Mr. Bright. Bekam Geschenke. Schrankkoffer. Gepackt.

Mittwoch, 6. Mai. Schöner Tag. Um 10 vormittags ging ich an Bord des Tenders, der mich zum Dampfschiff brachte. Die »Grecian«. – Um ½ 12 – Abfahrt nach Hause.

---

289) Die Handelsagentur Brown, Shippley and Company vertrat die Dampschiffahrtsgesellschaft United States Mail Steamers. Melville reiste erster Klasse. Mr. Bright: siehe Anmerkung 8.

TAGEBUCH EINER REISE AN BORD DES SCHIFFES METEOR VON BOSTON NACH SAN FRANCISCO 1860

VORBEMERKUNG

Nach der Rückkehr Herman Melvilles von seiner sechs Monate langen Reise ins Heilige Land und durch Europa, begann er Pläne für neue Werke zu schmieden. Angebote, seine Reiseerlebnisse in einem Buch zu verarbeiten, lagen bereits vor. Ein weiteres Projekt war, eine Fortsetzung zu dem 1857 erschienenen Roman *The Confidence-Man* zu schreiben. Letztendlich wurde jedoch nichts von diesen Plänen verwirklicht. Anstatt mit einem neuen Roman zu beginnen, besuchte Melville zwischen Herbst 1857 und Februar 1860 eine Reihe amerikanischer Städte, um über die Statuen Roms, die Südsee und das Reisen im allgemeinen zu dozieren – ohne nennenswerten Erfolg.

Als sein Bruder, Kapitän Thomas Melville (1830–1884), der gerade aus Manila und Kalkutta zurückgekehrt war, ihn auf sein Schiff einlud, um an einer Weltumsegelung teilzunehmen, sagte er begeistert zu. Der mittelgroße Klipper *Meteor* sollte am 30. Mai in Boston auslaufen, Kap Hoorn umsegeln und dann von San Francisco aus zu einer Reise um die Welt aufbrechen. Herman Melville, der die Strapazen der Seereise offenbar nicht mehr vertrug, verließ die Meteor in San Francisco und kehrte über Panama City nach New [redacted] 12. November 1860 erreichte.

[redacted] des Versuches Her[redacted] ein Einkommen oder zumindest [redacted] Von nun an sollte er sich hauptsächlich mit [redacted] schäftigen. Bereits vor seiner Abreise hatte er einen ersten Gedichtband zusammengestellt, der jedoch vom Verlag abgelehnt wurde. Um seine sprachlichen Mittel zu verfeinern, nutzte Melville die Überfahrt nach San Francisco zum Studium der poetischen Werke von Homer, Dante, Milton, Wordsworth und Schiller (in der Übertragung von Bulwer-Lytton). Sein nächstes Buch, *Battle-Pieces*, ein Gedichtband über den amerikanischen Bürgerkrieg, erschien 1866 und gilt heute als eines der besten Werke zu diesem Thema – damals wurde es jedoch weitgehend ignoriert. Herman Melvilles folgende Werke, das Versepos *Clarel* (1876), die Gedichtbände *John Marr and Other Sailors* (1888) und *Timoleon, etc.* (1891) konnten nur noch als Privatdruck erscheinen.

Das auf dem Schiff *Meteor* geführte Tagebuch ist nur als Fragment erhalten und bricht nach der Umseglung von Kap Hoorn ab. Der Originalext umfaßt vier beidseitig beschriebene Notizblätter, die zusammen mit anderen Melville Manuskripten in der Houghton Library aufbewahrt werden. Das Tagebuch wird im Anhang durch zwei Briefe ergänzt, die Melville während seiner Reise an seine Kinder geschrieben hat.

Tagebuch einer Reise an Bord des Schiffes Meteor von Boston nach San Francisco

Thomas Melville, Kommandant.
Herman Melville, Passagier.

Mittwoch, 30. Mai 1860. Um ½ 11 vormittags gingen Tom, Fanny, George Griggs[1] und ich an Bord, um mit der Strömung auszulaufen. Wunderschöner Tag und angenehme Fahrt am Hafen entlang. Mr. Peabody war an Bord und nahm seinen Lunch in der Kabine ein. Wir sagten Fanny Adieu und ich half ihr in den Schleppkahn, bevor er uns überholte, um uns in Schlepp zu nehmen. Zu Mittag um ¼ nach Eins verließen uns Lotse und Schleppkahn. Schwenkten unsere Taschentücher für Fanny und die Reise begann. – – Heute Nacht ziemlich seekrank.

Freitag, 8. Juni. Während der letzten Tage bewölkt, nebliges Regenwetter, mit einer im allgemeinen guten Brise, und wir segelten nach Osten, oder ein klein wenig Südosten. – Unangenehmer Golfstrom. Aber dies hier ist eine Veränderung. Klar & heiter – leichte Brise. Wind immer noch aus südlicher Richtung. Die Rah des Marssegels aufgezogen. Mannschaft mit auftakeln beschäftigt &c.

Samstag, 11. Juni. Breitengrad 33° 21'. Längengrad 41° 37'. Thermometerstand 76° 74' [Fahrenheit]. Dasselbe heitere, klare Wetter; es wird mit jedem Tag wärmer. Spüre eine deutliche Zunahme an Appetit &c, nach

1) [redacted] Personen sind: Kapitän Thomas Melville (1830– [redacted] Melvilles; Fanny ist ihre Schwester Frances [redacted] war der Ehemann der Schwester Helen Maria ([redacted] Peabody war einer der Eigner der *Meteor*.

dem Unwohlsein durch die Seekrankheit. Habe fliegende Fische gesehen, Seegras, portugiesisches Kriegsschiff, und vor kurzem verschiedene Segler. Heute Nachmittag gab es einen Zusammenstoß mit einer englischen Brigg aus Pernambuco mit Kurs auf Liverpool[2]. Sie fuhr uns von unten quer vor den Bug & war für einige Zeit mit uns verkeilt; ihre Segel rissen & gingen in Fetzen. Auch wir hatten Schäden an Fockrah & Großrah. Im Augenblick der Kollision rettete sich der in Gefahr schwebende Steward der Brigg mit einem Sprung auf unser Schiff, und er blieb an Bord, bis die Schiffe sich trennten und er mit einem von der Brigg geschickten Boot abgeholt wurde. Er erzählte mir, daß der Kapitän in seiner Koje schlummerte als wir zusammenstießen, und er fügte hinzu, daß der Maat halb blind sei &c. Im Großen und Ganzen war es ein Zwischenfall aufgrund gröbster Unachtsamkeit seitens der Brigg – ziemlich unverantwortlich. – Als es klar wurde, daß sie beabsichtigte unseren Bug zu kreuzen, und als es keine Frage mehr war, daß sie dies tun würde, riß Tom sofort sein Ruder herum, und durch diese Aktion kamen wir mit geringerem Schaden davon, als man hätte erwarten können.

Sonntag, 12. Juni. Heute mit leichter Kleidung an Deck.

Montag, 20. Juni. Breitengrad 18° 30'. Während der letzten Woche segelten wir vor den Passatwinden – überquerten den nördlichen Wendekreis – und sah letzte Nacht das Kreuz des Südens – der Polarstern steht merklich tiefer. Unveränderlich schönes Wetter. Ging heute Morgen hinaus zum Ende des Klüferbaums. Wundervolle Aussicht auf das Schiff. Verbrachte den

---

2) Die Brigg war die *Elizabeth Baxter* (nach Jay Leyda, 1951).

Tag damit, in den »Quarterlies«[3] zu blättern, – finde, methodisches Lesen kommt gar nicht in Frage. Noch immer hat sich mein Magen nicht vollständig beruhigt. Aber dem Kopf geht's noch gut.

Mittwoch, 27. Juni. 4° nördlicher Breite. Seit vier Tagen in trübseliger Flaute festgesessen, – die gesamte Mannschaft des Schiffes hat sich der Melancholie verschrieben und brütet finster über den Mysterien der göttlichen Vorsehung. Doch heute Morgen kommt Wind auf, und wir fühlen uns besser.

Freitag, 29. Juni. Letzten Abend *überquerten wir den Äquator*. Sah Bonitos[4] unter dem Bug.

Sonntag, 8. Juli. 18° 30' südlicher Breite. 33° 30' westlicher Länge. Während der letzten fünf oder sechs Tage – Flaute – manchmal vollkommen windstill. Wenige oder keine Fische gesehen. Ein Komet erschien am nördlichen Firmament. In der darauffolgenden Nacht im Westen & letzte Nacht immer noch sichtbar. Gestern um ½ 5 nachmittags begann die Kalkuttasau ihre Ferkel zu werfen, und um ½ 7 war sie damit fertig. Elf wurden geboren, aber zwei waren tot; so haben sich neun »Seelen« unserer Gesellschaft angeschlossen. Vor rund zehn Tagen schnitzte der Zimmermann einen Satz Schachfiguren; und Tom und ich spielten jeden Abend ein oder zwei Partien. Heute Morgen kam eine Brise auf – – ich hoffe sie wird anhalten.

---

3) Melville hatte einige Bücher (u.a. Hawthornes neuesten Roman *The Marble Faun*, 1860 sowie mehrere Bände klassischer Lyrik) und alte Zeitschriften mit an Bord gebracht. »Quarterlies« könnte sich auf Zeitschriften im allgemeinen beziehen, oder aber auf z.B. die *Quarterly Review*.

4) Melville schreibt »Bonetoes«, meint aber wahrscheinlich Bonitos, große Atlantikfische ähnlich dem Thunfisch.

Sonntag, 21. Juli. 43° südlicher Breite – 49° westlicher Länge. Klarer schöner milder Tag. Gefleckte Seemöven[5] & andere Vögel in Sicht. Seit ich den letzten Satz geschrieben habe, hatten wir zwei starke Windböen. Habe einen Ofen in meiner Kabine. Spiele jeden Abend Schach. Gestern den Kabinenofen aufgestellt – heute Morgen angeheizt. Jetzt ist es recht komfortabel & häuslich in der Kabine.

Montag, 6. August. Seit dem letzten Eintrag haben wir ein paar Stürme gehabt, mit Schnee, Regen, Hagel, Graupeln, Dunst, Nebel, Böen, Gegenwind, widerspenstigem Ofen, verqualmter Kabine, torkelndem Schiff &c &c &c. – Bei einem Sturm wurden einige Männer vom stolzen Vordeck gespült, und Charlie der Schiffsjunge flog kopfüber in den Schweinestall, der ein Loch bekam & die Sau & die kleinen Ferkel wurden von der Flut nach achtern geschwemmt. Einer (ein Ferkel) ertrank, der arme Kerl. – Ein Mann wurde durch die Sturzsee verletzt; half seinem Kumpel, ihn in seine Koje zu schaffen, da die Besatzung mit dem Einholen der Segel beschäftigt war. – Einer der Stürme hielt drei Tage an. In einem ging unser Großsegel in Fetzen, & das Marssegel am Besanmast, und ein Außenklüver. – Kurze Tage – aber keine Ruhe. Winter.

Dienstag, 7. August. Bei Tagesanbruch Land gesichtet – Wind günstig & angenehm. – Staten Island & Nordwestküste von Feuerland in Sicht. Zwei Segel gesichtet. In die Meerenge von Le Maire hinein & während des kurzen Tages schöne Aussicht auf das Land zu bei-

---

5) Melville benutzt den Begriff »Haglet« für eine kleine Seemövenart. Der Vogel erscheint im Titel des Gedichts »The Haglets« (in: *John Marr and Other Sailors*, 1888).

den Seiten – schreckliche schneebedeckte Berge – schwarz, Wälder wie Gewitterwolken – Schluchten – Höllenlandschaft. Dem Schiff »Black Prince« aus New York Zeichen gegeben[6]. – Drei Mann sind auf der Krankenliste. Der Mann, der durch die Sturzsee verletzt wurde – einer mit Fieber – der dritte, ein Junge mit allgemeinen Anzeichen der Erschöpfung.

Mittwoch, 8. August. Gemäßigte & günstige Brise, aber trübe. Konnte das Land nicht sehen, obwohl es zu wünschen wäre. Kurz bevor Sonnenuntergang hob sich der Nebel mit einer Böe & offenbarte in 12 oder 15 Meilen Entfernung das furchtbare Antlitz Kap Hoorns[7] – (das eigentliche Kap) – eine schwarze, kahle, steile Klippe, deren Vorderseite auf den Südpol wies; – im Umkreis einiger Meilen gab es andere furchtbare Inseln & Felsen – eine höllisches Archipel. Versuchten Kap Hoorn luvwärts zu umschiffen, so wie Schaluppen Castle Garden Point, New York umschiffen – kamen aber vom Kurs ab. Lavierten das Schiff in südliche Richtung.

Donnerstag, 9. August. Ein stürmischer Wind, mit Schnee- & Hagel- & Graupelschauern. – Ray, ein ungefähr 25 Jahre alter Mann aus Nantucket, ein guter ehrlicher Kerl (nach seinem Gesicht & Benehmen während der Passage zu urteilen), fiel heute morgen bei Tagesanbruch von der Rah des Marssegels am Großmast auf das Deck, & schlug mit dem Kopf voran auf einer

---

6) Die *Black Prince* hatte New York fünf Tage vor der Abfahrt der Meteor verlassen, kam wegen Sturmschäden aber erst sieben Tage später in San Francisco an.

7) Eine Umschiffung von Kap Hoorn wird in vielen Arbeiten Melvilles erwähnt: *Mardi* (Kapitel 165), *White-Jacket* (Kapitel 28), *Clarel* (Teil III.29.9-23).

Spiere auf, was ihn sofort tötete[8]. Seinen Kumpel Macey (Fisher) aus Nantucket fand ich alleine in der Oberdeckkabine neben der Leiche sitzend – ein qualvoller Anblick. »Ich habe meinen besten Freund verloren«, sagte er; und dann »Seine Mutter wird wahnsinnig werden – Sie wollte ihn nicht gehen lassen, sie fürchtete, daß ihm etwas zustoßen könnte.« –– Es war vergeblich, den Kopf vom Blut zu säubern – die Leiche blutete unablässig & bis zum Moment des Begräbnisses; dies war um ungefähr ein Uhr, und geschah vom Achterdeck aus, zwischen blendenden Sturmböen und schneidenden Graupelschauern. Tom las einige Zeilen aus dem Gebetbuch – die Planke wurde gesenkt und möge Gott seiner Mutter beistehen. – Während der kurzen Zeremonie war es noch um so unangenehmer, da der Wind leewärts unter den beschlagenen Segeln des Besanmastes starke Wirbel bildet – alle standen dort mit ihren Südwestern oder Russenmützen & Schals, außer Macey – der baren Hauptes dastand. –– Der Maat führt den Sturz auf ein Übermaß an getragener Kleidung zurück, – übermäßig nicht hinsichtlich Komfort, – sondern für die Arbeit in der Takelage. – Die Bewegungen des Schiffes sind heute sehr heftig.

Freitag, 10. August. – – Flaute: blauer Himmel, Sonnenschein, trockenes Deck. Die Flaute hielt den ganzen Tag lang an – – fast angenehm genug, um die Stürme wieder gut zu machen, doch nicht Rays Schicksal, welches zu der Art menschlicher Begebenheiten

8) Benjamin Ray und Macey Fisher hatten die Absicht, sich in Kalifornien niederzulassen. Der Unfall geschah während der Umschiffung von Kap Hoorn, nachdem Thomas Melville wegen eines Sturms mit Hagel- und Graupelschauern das Aufrollen der Marssegel befohlen hatte. (Siehe: Briefe an die Kinder 1860, 1)

zählt, die jene ins Wanken bringt, welche nicht durch die höchste Weltanschauung gefestigt sind. – Doch wenig Bedauern seitens der Besatzung – alles nimmt seinen gewohnten Gang – auch ich lese & denke & esse & spreche als ob nichts geschehen wäre – als ob ich nicht wüßte, daß der Tod wahrhaftig König aller Schrecken ist. – – Wenn so etwas geschieht; wenn so das Herz einer liebevollen Mutter gebrochen wird – ist es der König aller Schrecken, nicht für den Sterbenden oder den Toten, sondern für den Trauernden – die Mutter. – So einfach läßt sich sein Schicksal nicht aus ihrem Herzen waschen, wie sein Blut vom Deck des Schiffes.

ANHANG

Es handelt sich im Folgenden um verschiedene Einträge Herman Melvilles im zweiten Notizbuch von 1849, die zum Großteil während der Rückfahrt an Bord der Independence geschrieben wurden. Die Zitate verweisen auf die in London erworbenen Bücher von Ben Jonson, Thomas De Quincey, Jean Jaques Rousseau, James Boswell und Thomas Browne (die genauen Buchtitel und Ausgaben werden nach der Bücherliste Melvilles identifiziert). Die übrigen Notizen beziehen sich auf Anekdoten des Kapitän Fletcher.

Kapitän R.J. Fletcher. 1. Maat
Pendleton(?) – 2. Maat Stokes. *Independence*

Kapitän Griswold, 1.Maat
Smith. 2. Maat *Southampton*

Unterhaltung mit dem Colonel über vorbestimmtes Schicksal &c während der Überfahrt.

Der Meineidige –

»Schwer ist die Wahl, ist jemand gezwungen, entweder durch Stillschweigen an Gram zu sterben oder durch Reden in Schande zu leben.«[1]

Notizen von Dingen während der Reise

Der Pirat & der Missionar – – »Alles in Ordnung« mit einem wissenden Blick, Frau am Arm. (Käpt. Fletcher).

---

1) Zitat aus der Komödie *Every Man Out of His Humour* (»Jedermann auf seine Art«, 1598) von Ben Jonson. Alle folgenden Zitate, die auf Jonson verweisen, sind aus demselben Stück.

Grog Schmuggeln – Senfglas auf seinem Knie – Fellstücke im Essen. (Fletcher)

Fletchers Geschichte über den Puma, der den desertierten Matrosen durch die furchtbaren Wälder entlang der Küste von Peru verfolgt. Von Ast zu Ast springend – er schlief mit seinem Messer in der Hand. – – (Erinnerte mich an den »Opiumesser« & das »Krokodil«[2])

Rousseau ein Lehrmeister (2. Band, nahe dem Anfang) »hätte seine Lehrer manchmal umbringen können«[3].

Dr. Johnson ein Hilfslehrer – »unerträglich« (Bd. 1) (Andere Anspielungen in Bd. 1 Boswell)

" 3 S. 220 – dito

»Ein bess'rer Mann hat nie das Brot der Welt gebrochen« – »Wenn deine Freunde im Ausguck sitzen, so ist mein Freund am Ruder.« – »Hat dieser Korb mit Wein & Schinken einen Mann ins Gefängnis gebracht?«

Anspielung auf *Kannibalen* 17. Seite von Sir Thomas Browne. – »Vulgar Errors« (Ebenso Seite 57 B. Jonson.)[4]

Indianer (Gay Head[5]) züchtigt Liebste.

---

2) *Confessions of an English Opium Eater* von Thomas De Quincey, am Ende des Kapitels »Mai 1818« (siehe: Nachwort).

3) Melville erinnerte sich möglicherweise an seine eigenen Erfahrungen als Lehrer 1837 und 1839. Rousseau wird bereits in *Typee* erwähnt.

4) Eine Randnote in *Pseudodoxia Epidemica* (»Vulgar Errors«) von Browne erklärt den Begriff Antropophagie als »Essen von Menschenfleisch«. Jonson spekuliert humorvoll über die Nahrhaftigkeit von Menschenfleisch (*Every Man Out of His Humour*).

5) Gay Head ist eine Inselspitze von Martha's Vineyard, Massachusetts. Tashtego, der indianische Harpunier in *Moby-Dick*, stammt von Gay Head. Die Indianer dieser Insel erzählen ein Märchen über einen »weißen Wal«.

Bestellen Sir Richard &C.

Ein Dandy ist vorzüglich dazu geeignet, ein Zimmer zu parfümieren.

Ein komisches Duell Ben Jonson – Seite 51 (»Auf seine Art«) Fliehen – unser Gewand verwundet

Rede soviel Unsinn wie du willst – solange du es tust, ohne zu erröten, kannst du es ungestraft tun – (B.J. S. 54).

Kannibalen
Hinrichtung
Sumpfschildkröte

Die Bücherliste von 1849

Die hier abgedruckte Bücherliste entspricht in Form und Inhalt dem Eintrag im zweiten Notizbuch der Reise von 1849. Die vollständigen Buchtitel der von Melville erworbenen Ausgaben werden im darauffolgenden Abschnitt identifiziert.

In London gekaufte Bücher 1849

		£. S. D.
Ben Jonson. Folio 1692		.13.
Davenant. " 1673		.10.
Beaumont & Fletcher Folio		.14.
Hudibras Oktodezimo (alt)		2.
Boswell's Johnson (10 Bd. Oktodezimo)		21.
Sir Thomas Browne Folio. 1686		
3 Exemplare von Mardi von Bentley		
2 Exemplare von »Redburn« von Bentley		
Reiseführer für Frankreich	von Mr.	
" " Deutschland	Murray	
Knight's London (3 Bd. Oktavo)		1 .10. 0
Lavater		10.
Rousseau Bekenntnisse		11.
Das Schloß von Otranto		1.
2 Stücke von Shakespeare		.2
Werke von Charles Lamb (Oktavo)	Von Mr.	
Letzte Gedenken an Lamb	Moxon	
Guzman 3 Bd.		3.
Chatterton 2 Bd.		
Alte Karte von London (1766)		3.6
Anastasius (2 Bd.)	Bentley	
Calleb Williams (1 Bd.)	dito	
Vathek (1 Bd.)	dito	
Corinne "	dito	
Frankenstein "	dito	
Englische Aristrokratie	Bow Street	5.

Marlowes Stücke	Bow Street		
Goethes Autobiographie	(Bohn)		3.
Briefe aus Italien (Goethe)	dito		3.
Bekenntnisse eines Opiumessers		I	6.

In Paris gekaufte Bücher

Telemachus – Ungefähr 2 Francs
Anastasius (2 Bd.) " 4 "
Ansichten von Paris (Bahnhof)

In Deutschland gekaufte Bücher

»Lieder & Legenden vom Rhein«	Koblenz
»Rheinaufwärts«	Köln
Panorama des Rheins	"

»Kuriosa«

Paris

Medaillon von Napoleon & Josephine	5 Francs
" (Schlacht)	I "

Porzellanstöpsel – Köln.
2 ½ Groschen (6 Pence)

Identifikation der Buchtitel und Ausgaben

Die Titel erscheinen in der Reihenfolge der Originalliste. Falls das Veröffentlichungsdatum der genauen Ausgabe nicht feststeht, wird das Datum der Erstausgabe genannt.

- Benjamin Jonson: *The Poetical Works of Ben Jonson.* (1692) [Zitate aus diesem Buch finden sich in den undatierten Einträgen]
- Sir William D'Avenant: *The Works.* (1673) [Darin das Versepos *Gondibert* (1651), dessen Vorwort in *Moby-Dick* zitiert wird]
- Sir Francis Beaumont & John Fletcher: *Fifty Comedies and Tragedies.* (1679) [Wird bereits in *White-Jacket* erwähnt]
- Samuel Butler: *Hudibras.* (1663-80) [Satirisches Versepos, nach Vorbild des *Don Quijote*. Wird bereits in *Omoo* erwähnt]
- James Boswell: *The Life of Samuel Johnson.* (1791) [Bezugnahme in den undatierten Einträgen sowie in den Tagebüchern]
- Sir Thomas Browne: *The Works.* (1686) [Essayistische und populärphilosophische Arbeiten, z.B.: *Pseudodoxia Epidemica,* zitiert in den undatierten Einträgen sowie in *Moby-Dick*]
- Herman Melville: *Mardi and the Voyage Tither* (1849) [Belegexemplare von Melvilles drittem Roman]
- Herman Melville: *Redburn. His First Voyage.* (1849) [Belegexemplare von Melvilles viertem Roman]
- John Murray (Hrsg.): *Hand-Book for Travellers in France: Being a Guide to Normandy, Brittany; the Rivers Loire, Seine, Rhône, and Garonne.* (3.Auflage, 1847)
- John Murray (Hrsg.): *Hand-Book for Travellers on the Continent Being a Guide through Holland, Belgium, Prussia, and Northern Germany, and along the Rhine.* (6. Auflage, 1849)
- Charles Knight (Hrsg.): *London.* (1841-44)
- Johann Kaspar Lavater: *Physiognomische Fragmente zur Beförderung der Menschenkenntnis und Menschenliebe.* (1775-78) [Als englische Übersetzung; in *Moby-Dick* erwähnt]
- Jean Jaques Rousseau: *Les Confessions.* (1781-88) [Als englische Übersetzung; Bezugnahme in den undatierten Einträgen]
- Horace Walpole: *The Castle of Otranto.* (1764) [Vorbild zahlloser späterer romantischer Schauerromane]
- William Shakespeare: 2 Stücke [Titel der Stücke nicht bekannt]

- Charles Lamb: *The Works of Charles Lamb. A New Edition.* (1848) [Lambs »Triumph of the Whale« wird in *Moby-Dick* zitiert]
- Thomas Noon Talfourd: *Final Memorials of Charles Lamb.* (1848)
- Mateo Aleman: *Guzman de Alfarache.* (1599-1604) [Als englische Übersetzung unter dem Titel *The Rogue* erschienen; spanischer Abenteuer- und Schelmenroman]
- Thomas Chatterton: *The Poetical Works of Thomas Chatterton.* (1842) [Chatterton starb 1770 mit 18 Jahren. Er fälschte mittelalterliche Lyrik, zusammen mit zugehörigen Dokumenten]
- Alte Karte von London (1766)
- Thomas Hope: *Anastasius, or Memoirs of a Greek.* (1819) [Ein populärer, pikaresker Abenteuerroman, dessen Stil Melvilles *Moby-Dick* beeinflußte. Erwähnt im Tagebuch 1856/57]
- William Godwin: *Caleb Williams.* (1794) [Kriminalroman]
- William Beckford: *Vathek, an Arabian Tale.* (1796) [Schauerroman; aus dem Französischen übersetzt]
- Anne Louise Germaine Madame de Staël-Holstein: *Corinne ou l'Italie.* (1807) [Künstlerroman; als englische Übersetzung]
- Mary Wollstonecraft Shelley: *Frankenstein, or the Modern Prometheus.* (1818) [Stilistischer Einfluß auf Melvilles *Pierre*]
- William Howitt: *The Aristocracy of England: A History for the People.* (1846) [In *Pierre* wird das Problem einer amerikanischen Aristrokratie diskutiert]
- Christopher Marlowe: *The Dramatic Works.* (1820) [Enthielt u.a. die bekanntesten Dramen des 1593 ermordeten Zeitgenossen William Shakespeares: *Doctor Faustus* (1604), *The Jew of Malta* (1633), *Tamburlaine* (1587), *Edward II* (1594)]
- Johann Wolfgang von Goethe: *The Autobiography of Goethe* und *Letters from Italy* (Bohn Standard Library, Nr. 31 und 43) [Übersetzungen aus: *Aus meinem Leben. Dichtung und Wahrheit.* (1811/1814); *Aus meinem Leben. Zweite Abteilung.* (1816/1817)]
- Thomas De Quincey: *Confessions of an English Opium Eater.* (1822) [Siehe: undatierte Einträge. Das Krokodil findet sich im Kapitel »Mai 1818«; das Buch hatte u.a. großen Einfluß auf *Moby-Dick* und *Pierre*]
- François Fénelon: *Les Aventures de Télémaque.* (1699) [Als englische Übersetzung; der von griechischen Sagen inspirierte Roman schildert die Abenteuer des Sohnes von Odysseus]

- Ansichten von Paris [Möglicherweise: *Vue de Paris / Views of Paris.* Oktavband, 16 Seiten, 15 Farblithographien, o.J., aus der Buchreihe *Souvenir de Voyage*]
- James Robinson Planché: *Lays & Legends of the Rhine. With Illustrative Views from Sketches on the Spot.* (1832)
- Thomas Hood: *Up the Rhine.* (1840) [Satirischer Reisebericht mit zahlreichen Vignetten, die das tägliche Leben im Rheinland darstellen]
- Panorama des Rheins [Nicht ermittelt; wahrscheinlich ein kleiner Souvenirband mit Abbildungen, ähnlich den *Views of Paris* (siehe oben) oder ein Leporello mit Abbildungen der Sehenswürdigkeiten]

Es folgen die während der Reise von 1856/57 geschriebenen Randnotizen Herman Melvilles aus den Notizbüchern. Zumeist handelt es sich hierbei um Assoziationen zu den ausführlicheren Einträgen. Ein zusätzlicher Text über Oxford wird hier nicht aufgeführt, da er mit dem datierten Eintrag beinahe wörtlich übereinstimmt.

»Der glückliche Bobby.« – Streit, ob Menschen jemals zufrieden sind. Man fand einen närrischen Kerl. Sagte, er wäre zufrieden – völlig. – Sicher? – Ja. – Nichts, das dich ärgert? Nein. – Denk nach. – Nein – Denk doch nach – Ach ja, da gibt's eine Sache. Wenn ich durch die Straßen gehe, rufen alle Jungs: Da kommt der Dumme Bobby.

Frauen von Kapitänen auf See. Schiff kommt vom Kurs ab, während der Kapitän den Kopf seiner Frau hält – seekrank.

Die Entlarvung des Schwindlers in Edinborough &c.
(Geschichte über einen Hanswurst in Indien)
(Taylor bot sich als Cicerone an[1])

Friedhöfe
Memoranda
Dardanellen
Auf der Brücke

Ein amerikanischer Gentleman in Jaffa

Ein Taschenkompass wäre in Konstantinopel sehr nützlich.

1) Melville erinnerte sich wahrscheinlich an das entsprechende Angebot von Dr. Franklin Taylor, während der Reise von 1849

Für die Erzählung: Pera, das Hauptquartier der Botschafter, zudem wird dort eine unverbesserliche Diplomatie durch Schwindler, Spieler und Gauner betrieben. An keinem anderen Ort der Welt gibt es mehr Spitzbuben.

Verschiedenartigkeit der Dardanellen und der Straße von Gibraltar

Saloniki ist neben Konstantinopel das wichtigste Handelszentrum im europäischen Teil der Türkei.

Nach Europa durch die Hintertür.

Der Mensch ist ein edles Wesen, Meister im Verfassen von Epitaphen – Inschrift an der Spitze der Cheopspyramide.

Kunde der »Bibel« – Amsterdam – wie die »Presse«.

Die ausgebrannten Bezirke.

Reisefresken dreier Brüder. Dichter, Maler und Müßiggänger[2].

Rousseau	Venedig
Cicero	Olymp
Byron	Parthenon
Haydon[3]	Leonardo

2) Melville schrieb zunächst »Gelehrter« statt »Müßiggänger«. Es handelt sich wohl um einen Titelentwurf für ein geplantes Buch auf der Grundlage seiner eigenen Reiseeindrücke.

3) Möglicherweise handelt es sich um den englischen Maler Benjamin Robert Haydon (1786–1846), dessen Autobiographie Melville gelesen hatte.

Jesus Christus hätte in Tahiti erscheinen sollen[4]. – Land der Palmen – Palmsonntag – Das Schöne Tor.

Jerusalem, von der Straße nach Bethlehem aus gesehen.

Spinoza, Rothschild &c &c.

Waren in der Moschee aufgestellt – Makkabäer – Genau wie im Tempel – (M. 2, 3)[5]

Noah nach der Sintflut. *Sonnenfinsternis*

Kapitän Pollard aus Nantucket[6]

Sujets für römische Fresken
Eine Gruppe Zypressen in der Villa d'Este. Flüstern wie Michelangelos »Parzen«. »Dolce Niente« (mit sanfter Stimme gesungen)

Vom Tartarus nach Tivoli
Ist's nur ein Schritt oder zwei

Das Portrait der Cenci
Sixtus V. – Seine Obelisken &c. – Dem Volk entsprungen – was es damals bedeutete Papst zu sein. Keine Demokratien – der einzige Weg in eine so hohe Position zu gelangen – & zu solch einer hohen Position. – Seine Taten, um dies zu erreichen.

---

4) Melville benutzt hier die Initialien J. C. Derselbe Gedanke wird in *Clarel* formuliert (Teil IV, 18.44-45).

5) Anspielung auf *Das zweite Buch der Makkabäer*, Kapitel III. Hier wird berichtet, daß im Tempel von Jerusalem »hinterlegte Gelder von Witwen und Waisen« aufbewahrt wurden.

6) George Pollard (1789–1870) war Kapitän des Walfängers Essex, der 1820 von einem Pottwal gerammt und versenkt wurde. Die darauffolgende, fast dreimonatige Irrfahrt in zwei Beibooten der Essex überlebten nur acht Mann. Diese Geschichte bildete die Grundlage für die erste Version des *Moby-Dick*. (Siehe: Olson, 1947)

Der Vatikan (In einem Band)
Büsten von Titus & Tiberius (Seite an Seite). Rom.

Bitterkeit – Totes Meer. (Bitterkeit des Todes)

Sehen heißt Glauben.
Der Schmerz verbirgt sich unter Freuden, wie Sand unter Reiskörnern.
Nicht wirklich schlecht, aber das Gute verderbend.

Hagia Sophia – von oben gestützt wie eine voll erblühte Tulpe durch ihren Stiel.
Kolosseum. Große grüne Mulde – wiederherstellen, bevölkern mit allen Statuen des Vatikan. Sterbende & kämpfende Gladiatoren.
Restaurieren der Ruinen –
Siebenarmiger Leuchter – Kritik des Bildhauers.
Man benötigt *in* Rom mehr *Vorstellungskraft* als Zuhause, um den Ort zu würdigen.
Unangenehme Pracht – Paläste wie tropfende Eiszapfen. Förderte Malaria des Apostel Paulus – Smyrna, Gewand, Pracht aufs kostbarste umhüllt. Die Ruinen in Rom wirken so fehl am Platze wie im British Museum.
Flüsse mit jungfräulichem Wasser. Vatikan, wie lange Pfade durch große Parkanlagen – Arabesken statt Bäume.
Römisches Klima – Winter – manchmal ist es ein wenig wärmer, aber in trostloser Ferne – man scheint sie nicht direkt zu spüren, nur den Abglanz.
Rasende Fahrt – Priester überfahren – Menschlichkeit – öffentliche Kutsche.
Grab an der »Via Appia« – gesät in Verweslichkeit, auferweckt in Weintrauben.

Die folgenden Briefe und Briefauszüge stehen in engem Zusammenhang mit Herman Melvilles Europareise von 1849. Die Empfehlungsschreiben von Edward Everett (Briefe 2 bis 4), von Richard Dana (7) sowie die Briefe von Everett an Lemuel Shaw (1) und Samuel Shaw an Dana (5), zeigen das Engagement von Melvilles Schwiegervater und Schwager für den Autor. Herman Melvilles eigene Briefe (6, 8-12) beziehen sich oft auf finanzielle Probleme, zeigen seine Unsicherheit und Unzufriedenheit mit *Redburn* und *White-Jacket* (8, 9, 11). Ein weiterer Brief beschreibt den Versuch, die Schauspielerin Rachel zu sehen und erwähnt das Problem mit dem Copyright (10). In einem Briefauszug zeigt sich eine eher ironische Haltung des Autors gegenüber seiner Geldnot (12). Den Abschluß bilden eine kleine Charakterisierung Melvilles aus einem Schreiben George Adlers (13) sowie eine von Melville zusammengestellte Liste der Sehenswürdigkeiten von London (14).

1

Edward Everett, Rektor der Universität Harvard und ehemaliger Gesandter in London, an Herman Melvilles Schwiegervater Lemuel Shaw, Oberster Richter von Massachusetts (Briefentwurf):

Cambridge, 3. September 1849

Mein sehr geehrter Herr,

Ihr Brief vom 31. August wurde mir am Samstag Abend überbracht.

Aus verschiedenen Gründen, die Ihnen einleuchten werden, habe ich mich der allgemeinen Regel unterworfen, es abzulehnen, Empfehlungsschreiben an meine Freunde in Übersee weiterzugeben. Jedoch bin ich immer glücklich, wenn es in meiner Macht steht, Ausnahmen zu machen, obwohl dies sehr selten vorkommt. Der außergewöhnliche literarische Verdienst von Mr. Melville berechtigt mich, es in diesem Falle zu tun, und der Wunsch jeder Ihrer Bitten nachzukommen, ist mir ein starker zusätzlicher Antrieb.

Ich lege für Mr. Melville einen Brief an Mr. Monckton Milnes bei, einem vermögenden Gentlemen; – ein Parlamentsmitglied; ein Cambridgeabsolvent des Trinity College; – ein Dichter mit bemerkenswerten Fähigkeiten; – eine sehr freundliche Persönlichkeit aus den höchsten Gesellschaftskreisen; und einen weiteren an Mr. Rogers, der Nestor der englischen Poeten, ich glaube er ist bereits in seinem 87. Jahr, sein Tisch ist seit Jahren das Zentrum der besten Londoner Gesellschaft gewesen.

M. de Beaumont ist der angeheiratete Enkel von Lafayette; er bereiste unser Land 1833 zusammen mit M. de Tocqueville, um unsere Strafanstalten zu untersuchen; er ist der Autor eines Romans gegen die Sklaverei mit dem Titel *Marie où l'esclavage* & einer Arbeit über Irland. Letztes Jahr wurde er von der Übergangsregierung Frankreichs als Gesandter nach England geschickt, wo er nur fünf Monate verblieb.

In Paris gibt es keine mit der in London vergleichbare Gesellschaft; oder falls sie eine haben, ist mir nichts davon bekannt. Doch kenne ich niemand, der besser geeignet ist als M. de Beaumont, um Mr. Melville mit gebildeten & angesehenen Männern bekannt zu machen. Mit der Weitergabe dieser Briefe an Mr. Melville muß ich Sie ersuchen, ihn anzuweisen, nicht zu erwähnen, daß er irgendwelche Empfehlungsschreiben von mir erhalten hat. Allzuoft werde ich darum gebeten & allzuoft muß ich ablehen, so daß es recht wünschenswert für mich ist, daß es nicht bekannt würde, wenn ich es tue.

Ich wünsche Mr. Melville einen angenehmen Aufenthalt in Europa & möge er sich seiner Reputation lange erfreuen; ich verbleibe, mein sehr geehrter Herr, wie immer mit dem höchsten Respekt, Ihr treu ergebener

2

Auszug aus einem Empfehlungsschreiben von Edward Everett an R. Monckton Milnes (Briefentwurf):

Cambridge, 3. September 1849

Mein lieber Milnes,

ich wurde von meinem hochgeschätzten Freund, dem Obersten Richter von Massachusetts, darum gebeten, seinem Schwiegersohn Mr. Herman Melville die Gefälligkeit Ihrer Bekanntschaft zu vermitteln. Ich habe nicht das Vergnügen, diesen Gentleman persönlich zu kennen; doch ist er der gesamten lesenden Welt als Autor einiger der erstaunlichsten & originellsten Werke der Gegenwart bekannt; ich spreche von »Typee« & »Omoo«. Seine Persönlichkeit und seine Verbindungen sind solcher Art, daß ich ihn bedenkenlos Ihrer freundlichen *accueil* empfehlen kann; sein literarischer Verdienst braucht meine Lobreden nicht. Ich glaube, Sie haben seinen Bruder getroffen, der zur Zeit von Mr. McLane U.S. Legationssekretär war; Mr. Herman Melville ist um seiner selbst Willen Ihrer freundlichen Aufmerksamkeit vollauf würdig & wenn Sie meinen, daß ich einen Anspruch auf Ihre Wohltaten habe, bitte ich Sie darum, mir diese zu seinem Gunsten zu erweisen.

3

Ein Empfehlungsschreiben von Edward Everett an Samuel Rogers (Briefentwurf):

Cambridge, 3. September 1849

Mein lieber Mr. Rogers,

es ist so lange her, daß ich Ihnen geschrieben habe, wie sehr ich meinem geschätzten Freund, dem Obersten Richter von Massachusetts verpflichtet bin, der mich um die Gefälligkeit von ein oder zwei Briefen nach London für seinen Schwiegersohn Mr. Melville gebeten hat. Jener Gentleman ist mir (zu meinem Bedauern) nicht persönlich bekannt. Ihnen und der ganzen lesenden Welt ist er durch »Typee« & »Omoo« ein Begriff, und durch ein weiteres Werk derselben Qualität, welches ich noch nicht zu Gesicht bekommen habe. Ich schätze Mr. Melvilles Persönlichkeit im allgemeinen so ein, daß ich berechtigt bin, ihn Ihrer werten Aufmerksamkeit anzuempfehlen. Ich glaube, Sie kennen seinen Bruder, der Legationssekretär unter McLane war. Nur wenige unserer Autoren haben Zuhause einen solchen Erfolg gehabt wie Mr. Melville & ich freue mich zu erfahren, daß seine Werke auf Ihrer Seite des Ozeans gut bekannt sind.

Mr. Melville wird einige Monate in England & Frankreich verbringen; & ich möchte, daß er, während er in London weilt, einige jener genialen Geister trifft, die auch heutzutage den Stolz mehren, den wir beim Sprechen der Sprache Miltons & Shakespeares empfinden. Kurzum mein Freund, ich bitte Sie darum, ihm Zugang zu N° 22 St. James' Place zu gewähren.

Ich muß Ihnen nicht sagen, wie beständig wir an sie denken; –wie oft wir von Ihnen sprechen; –wie häufig wir Sie vor unseren Gästen ehren. Ich würde mich glücklich schätzen, die Bestätigung der guten Worte, die ich von Anderen über Sie erfahren habe, in Ihren vertrauenswürdigen Händen zu wissen; & ich versichere Ihnen, mein lieber Mr. Rogers, meine größte Zuneigung & verbleibe hochachtungsvoll

4

Ein Empfehlungsschreiben von Edward Everett an M. Gustave de Beaumont (Briefentwurf):

Cambridge, 3. September 1849

Mein lieber M. de Beaumont,

diese Nachricht wird Ihnen von meinem ingeniösen Landsmann Mr. Herman Melville, dem Autor von »Typee« & »Omoo« und eines weiteren Werkes derselben Qualität, welches ich noch nicht gelesen habe, überreicht; –Publikationen, welche sowohl in Europa als auch in den USA großen Erfolg gehabt hatten; & heutzutage als äußerst originell & *picquant* gelten. Wenn ich mich nicht irre, waren sie kürzlich das Thema einer ausführlichen Rezension in der *Revue de deux Mondes.*

Mr. Herman Melville wird London & Paris besuchen. Ich habe nicht das Vergnügen, ihn persönlich zu kennen. Wir wohnen in einer Entfernung wie Paris & Lyon & Sie wissen, wir haben kein Paris oder London in den Vereinigten Staaten, welche, zumindest zu einer gewissen Jahreszeit, jedermann in ihre Netze fangen. Indessen wurde ich von meinem geschätzten Freund, den Obersten Richter des Commonwealth, – den Schwiegervater von Mr. Melville, – gebeten, ihm den Vorzug zu verschaffen, die Bekanntschaft mit einigen jener Persönlichkeiten in Europa zu schließen, die zu kennen für einen intellektuellen Amerikaner am wünschenswertesten ist. Sie müssen sich nicht wundern, daß ich an Sie gedacht habe; & ich versichere Ihnen nachdrücklich, daß ich jede Mr. Melville erwiesene Freundlichkeit als doppelte Freundlichkeit mir gegenüber betrachten werde. Mit den herzlichsten Wünschen und Empfehlungen an die ganze Familie Lafayette verbleibe ich, mein lieber M. de Beaumont, hochachtungsvoll

5

Herman Melvilles Schwager Samuel Shaw an Richard H. Dana, Jr.:

Boston, 5. September 1849

Sehr geehrter Herr,

unser Freund Herman Melville wird in Kürze nach Europa reisen, & ich habe den Wunsch, ihm ein paar gute Empfehlungsschreiben zu beschaffen. Ich habe bereits einige von ausgezeichneter Qualität erhalten. Falls Sie die Möglichkeit haben, ihn in dieser Angelegenheit zu unterstützen, entweder persönlich oder über eine andere Person, zweifle ich nicht daran, daß Sie sich freuen würden, dies tun zu können.

Wenn Sie feststellen, daß Sie mich mit ein oder zwei Briefen für Mr. Melville versorgen können, würde ich mich Ihnen dadurch sehr verbunden fühlen, & da ich in ein paar Tagen nach N.Y. reise, würde ich mich darüber freuen, der Überbringer zu sein.

Hochachtungsvoll & mit den freundlichsten
Grüßen, Samuel Shaw

6

Herman Melville an seinen Schwiegervater Lemuel Shaw, (welcher die Familie des Philosophen und Dichters Ralph Waldo Emerson kannte, der wiederum mit dem britischen Sozialphilosophen Thomas Carlyle befreundet war):

New York, 10. September 1849

Mein sehr geehrter Herr – als ich Ihnen anderntags bezüglich der Empfehlungschreiben schrieb, vergaß ich zu erwähnen, daß ich Ihnen sehr verbunden wäre, wenn Sie mir freundlicherweise einen von Mr. Emerson an Mr. Carlyle besorgen könnten. Wir waren in Sorge als wir vor einigen Tagen hörten, daß es Ihnen nicht ganz gut ging; aber ich hoffe, daß Sie die Nachricht von Ihrer Besserung mitbringen, wenn Sie zu dem versprochenen Besuch hier erscheinen, den Sie für übermorgen angekündigt haben. Lizzie erwartet Sie sehnlichst – doch Malcolm scheint dem Ereignis äußerst gleichmütig entgegenzusehen. – Das Wetter ist hier gegenwärtig höchst angenehm – ziemlich kühl, & morgens erfrischend.

Meine besten Empfehlungen an Mrs. Shaw & alle.
Mit den herzlichsten Grüßen
H. Melville

Falls Mr. Emerson Ihnen außer einem Brief an Mr. Carlyle *andere* Briefe geben könnte, wäre ich sehr erfreut.

Die Gesundheitsbehörde hat aufgehört Meldungen herauszugeben – da die Cholera fast gänzlich aus der Stadt verschwunden ist.

7

Der Schriftsteller Richard H. Dana, Jr. an seinen Londoner Verleger Edward Moxon (Entwurf eines Empfehlungsschreibens):

Boston, 12. September 1849

Mein sehr geehrter Herr,

gestatten Sie mir, Ihnen meinen Freund Mr. Herman Melville aus New York vorzustellen. Mr. Melville ist der Autor jener wohlbekannten & beliebten Erzählungen von Abenteuern auf See & auf den pazifischen Inseln, mit denen Sie ohne Zweifel vertraut sind. So viele Menschen haben sich darin getäuscht, der Name wäre ein nom de guerre, daß ich mich freue, von seiner Absicht zu erfahren, Europa in propria persona zu besuchen, so daß seine dortigen Leser sich nicht nur davon überzeugen können, daß er eine wirkliche Person ist, sondern auch ein äußerst angenehmer Gentleman aus einer unserer besten Familien. In einigen Fällen hätte ich gezweifelt, ob meine Beziehungen zu Ihnen mir gestatten würden, Ihrer Aufmerksamkeit einen Freund anzuempfehlen, doch bin ich sicher, daß Sie so viel Gewinn aus der Bekanntschaft mit Mr. Melville ziehen werden, so daß mir scheint als würde ich Ihnen nur mein eigenes Vergnügen übermitteln.

Es wäre mir sehr recht, wenn er Kapitän Jones treffen könnte, falls er in London ist.

Mit den herzlichsten Grüßen Richard H. Dana, Jr.

8

Herman Melville an Richard H. Dana, Jr.:

New York, 6. Oktober 1849

Wenn ich es bis jetzt verschoben habe, Ihren sehr freundlichen Brief von Richter Shaw zu beantworten, dann nur aus dem Grund, daß ich meiner Antwort einen zusätzlichen Nachdruck verleihen kann, indem ich sie für den Vorabend meiner Abfahrt aufhebe. Ihr Brief an Mr. Moxon ist höchst willkommen. Durch seine Beziehung zu Lamb & wegen dem, was ich über seinen persönlichen Charakter gelegentlich erfahren konnte, muß seine Bekanntschaft äußerst erstrebenswert sein. – Ihrem Hinweis in bezug auf ein Kriegsschiff wurde bereits nachgegangen. Eine gedruckte Ausgabe des Buches liegt vor mir. Da es erst in zwei oder drei Monaten erscheinen wird, dürfte ich Sie bitten, diese Mitteilung vertraulich zu behandeln? Der Grund ist offensichtlich.

Dieses Buch über ein Kriegsschiff, verehrter Herr, ist in einigen Abschnitten ziemlich *kriegerisch* – ziemlich agressiv, fürchte ich. – Doch Sie, der wie ich selbst die Behandlung persönlich erlebt hat, der ein Seemann unterworfen ist, werden sich wahrscheinlich über nichts in diesem Buch wundern. Wollte Gott, daß jedermann, der es liest, bereits vor dem Mast eines Kriegsschiffes gestanden hat, so daß er selbst etwas von dem kennt, wovon er nur lesen wird. – Höchstwahrscheinlich werde ich nach der Veröffentlichung des Buches einige Monate fort sein. Falls man sich seiner auf unfaire oder ignorante Weise bemächtigt; & falls Sie vielleicht meinen, daß Sie wegen Ihrer besonderen Erfahrungen mit dem Leben auf See in der Lage wären, ein nützliches Wort zu äußern – kann ich darauf hoffen, daß Sie dies tun werden, wenn Sie die Zeit erübrigen können & großzügig genug sind, sich die Mühe zu machen? – Ihr Name würde sehr viel bedeuten; doch falls Sie es bevorzugen, die Sache nicht zu beachten, schön & gut. – Erschrecken Sie nicht, ich möchte Sie nicht mit der Bitte belästigen, irgend etwas in dieser Sache zu unternehmen – nur dies: wenn es Ihnen genehm ist, tun Sie es & Gott segne Sie.

Nehmen Sie meinen besten Dank für Ihre Freundlichkeit & meine brüderlichen Wünsche entgegen – ein Bruder zur See – H. Melville

Eine kleine Gutenachtgeschichte von mir (für welche Sie vielleicht eine Anzeige in der Zeitung gesehen haben), mit dem Titel »Redburn«, ist nicht das Buch, auf welches ich mich oben beziehe.

9

Herman Melville an seinen Schwiegervater Lemuel Shaw:

New York, 6. Oktober 1849

Mein sehr geehrter Herr–

Nächsten Montag oder Dienstag wird das Schiff auslaufen, und ich muß Ihnen ein letztes Lebewohl sagen.

Beim erneuten Durchsehen der Empfehlungsschreiben bin ich mehr denn je darüber erfreut; & möchte Ihnen noch einmal für Ihre Freundlichkeit danken. Übrigens erhielt ich vor ein paar Tagen ein Empfehlungsschreiben (mit der Post) von Mr. Baldwin an seinen Sohn in Paris.

Lizzie findet sich eher mit dem Gedanken an meine Abfahrt ab, insbesondere, da sie während meiner Abwesenheit Malcolm als Gesellschaft hat. Und ich zweifle nicht daran, daß sie die zeitweilige Trennung gleichmütiger ertragen wird als sie erwartet hat, sobald sie sich von ihren alten Freunden in Boston umgeben sieht. Auf jeden Fall werden sich die besten Freunde um sie kümmern.

Es ist noch nicht sicher, wie lange ich fort bleiben werde; und meine Reisen werden natürlich durch mein Portemonnaie & meine umsichtigen Überlegungen begrenzt sein müssen. Schließlich ist Sparsamkeit mein Motto.

»Redburn« wurde am 25. des letzten Monats veröffentlicht; & wird hier innerhalb von ungefähr zwei Wochen erscheinen. Das andere Buch habe ich jetzt als Druckplatten, alles komplett für meine Reisekiste.

Auf Redburn erwarte ich keinerlei besondere Reaktionen. Man wird es vielleicht für ein Buch mit akzeptablen Unterhaltungswert halten; – & man könnte es als fade ansehen. – Um von dem anderen Buch zu sprechen, es wird sicher von verschiedenen Seiten her angegriffen werden. Doch wird sich wahrscheinlich keine für mich lohnende Reputation aus diesen beiden Büchern ergeben. Es sind zwei *Arbeiten*, die ich für Geld gemacht habe – ich war dazu gezwungen, so wie andere Leute zum Sägen von Holz. Und habe mich währenddessen verpflichtet gefühlt, mich vom Schreiben des Buches, das ich zu schreiben wünsche, zurückzuhalten; aber ich habe mich nicht sehr gezügelt, indem ich diese beiden Bücher geschrieben habe – soweit es sie betrifft; sondern habe ungefähr das ausgesprochen, was ich fühle. – Da es also Bücher sind, die auf diese Weise geschrieben wurden, kommt mein einziger Wunsch für ihren »Erfolg« (wie man es nennt) aus meiner Börse & nicht aus meiner Seele. Soweit es mich selbst betrifft, & unabhängig von meiner Börse, ist es mein innigster Wunsch, jene Art Bücher zu schreiben, von denen man sagt, sie würden »schiefgehen«. – Verzeihen Sie mir diese Selbstbespiegelung.

Mama hat sich von ihrer Unpäßlichkeit gut erholt; & die ganze Familie ist wohlauf. Sie bitten darum, Sie & Mrs. Shaw & alle herzlich zu grüßen. Fügen Sie, verehrter Herr, ihren Wünschen meine besten Empfehlungen hinzu,

Mit herzlichen Grüßen
H. Melville

IO

Herman Melville an Evert A. Duyckinck:

Paris, 2. Dezember 1849

Mein lieber Mr. Duyckinck,

fast könnte ich mich selber geißeln, um mich dafür zu strafen, daß ich, nachdem ich Ihren höchst freundlichen & liebenswerten Brief erhalten habe, eine so lange Zeit verstreichen ließ, ohne ihn zu beantworten. Aber was können Sie von mir erwarten? Auf ähnliche Weise habe ich die Personen, die mir am nächsten stehen bedient. Das Reisen zieht die Tinte aus des Mannes Feder wie auch das Geld aus seinem Portemonnaie. – Danke für die Zeitungen, die Sie mir schickten.

– Gestern Abend ging ich aus, um Rachel zu sehen–& nachdem ich meinen Platz in der »*Que*« (wie zum Teufel schreibt man das?) oder Schlange eingenommen hatte–& nachdem ich für eine ganze Stunde gewartet hatte – als ich schließlich am Kartenschalter angekommen war–schlug mir die Frau dort ihr kleines Fenster vor der Nase zu–& so wurde die »Schlange« abgeschnitten.

Jetzt wurde die Schlange meiner Reise auf ähnliche Weise abgeschnitten, durch die verflixte Situation der Copyrightfrage in England. Das hat mich daran gehindert, eine sofortige Geldsumme zu erhalten – ich fahre in ungefähr drei Wochen nach Hause. – Ich habe es jedoch nicht versäumt, mich zu vergnügen & nichtsdestotrotz ein wenig zu bilden.

Meine besten Empfehlungen an Ihren Bruder. Sagen Sie ihm, daß ich über einen seiner Bekannten gestolpert bin–einen Buchhändler am Strand. Sagen Sie ihm, daß Davidson sich als feiner Kerl erwiesen hat, und daß wir uns zusammen ein wenig Punsch im Blue Posts genehmigten.–Unglücklicherweise konnte ich Mr. Delf nicht antreffen als ich ihn besuchte.

Aber ich kann ihn bei meiner Rückkehr treffen.

Meine besten Empfehlungen an Mrs. Duyckinck & Ihre ganze liebe Familie, & mit meinen herzlichsten Grüßen an Sie

H Melville.

II

Herman Melville an Evert A. Duyckinck:

London, 14. Dezember 1849

Mein lieber Duyckinck – ich wollte Ihnen dies über ein [Le] Havre Postschiff schicken – doch als ich mehr darüber erfuhr – ließ ich es sein. Ich habe also die Nachricht behalten & schicke sie Ihnen nun mit einer Ergänzung, einer Fortsetzung & meinen »letzten Korrekturen«, welche Sie als Autor sicher schätzen werden. – – Ich segle von hier am 21. dieses Monats – und werde nur noch durch einige Geschäfte aufgehalten. Gestern fragte ich bei Mr. Bentley nach seinen Exemplaren der letzten »Literary World« – doch sie waren nach Brighton geschickt worden – so konnte ich nicht Ihre Worte über das Buch Redburn sehen, welches zu meiner Überraschung (ein wenig) eine günstige Aufnahme gefunden hat. Ich freue mich darüber – da es Geld in ein leeres Portemonnaie bringt. Aber ich hoffe, daß ich niemals wieder so ein Buch schreiben werde. – Wenn ein armer Teufel aber beim Schreiben von Schuldeneintreibern umgeben ist & sie ihm über die Schulter blicken – & auf seiner Schreibfeder hocken & in sein Tintenfaß tauchen – wie die Teufel um den Heiligen Antonius – was kann man von einem armen Teufel erwarten? – Was anderes als einen ärmlichen »Redburn«! Und wenn er nach Höherem strebt – helfe ihm Gott & rette ihn! Denn ein leeres Portemonnaie ist kein leerer Ballon – denn ein leeres Portemonnaie läßt den Dichter sinken – »Mardi« ist der Beweis. Doch für uns Autoren & Verleger sind alle unsere Bücher vorbestimmt – & ich werde solche Dinge schreiben, die der große Verleger der Menschheit bestimmt hat, eine Ewigkeit bevor er »Die Welt« veröffentlichte – ich meine diesen Planeten – nicht die *Literary World.* – Was ist es für ein Irrsinn & eine Qual, daß ein Autor niemals – unter keinen vorstellbaren Umständen – seinen Lesern gegenüber offen sein darf. – Könnte ich zum Beispiel offen mit ihnen sein – wie schnell würden sie ihr Lästern beenden – zumindest jene, die gelästert haben. – – In einem kleinen Artikel in »The Oregon Trail« schrieb ich einmal etwas »kritisches« über das Buch eines Anderen – ich werde das nie wieder tun. Hiernach werde ich nie wieder ein Buch angreifen (in Worten, meine ich), genausowenig wie ich einen Menschen angreifen würde. – Ich bin nur ein armer Sterblicher, & ich gebe zu, daß ich durch Erfahrung lerne & nicht durch göttliche Eingebung. Hätte ich »Mardi« nicht geschrieben & veröffentlicht, wäre ich, in aller Wahrscheinlichkeit, nicht so klug wie ich es jetzt bin, oder sein könnte. Denn dieses Ding wurde *angegriffen* (ich sagte nicht *besiegt*) – & darum bin ich klüger daraus geworden. – Ein Blatt Notizpapier ist jedoch nicht groß genug für diese Art von Schreiben – also Schluß damit. Verzeihen Sie & nehmen Sie meine herzlichsten Grüße entgegen H.Melville

Heute morgen hatte ich das Vergnügen, zum ersten Mal Mrs. Daniels aufzusuchen. Ich traf sie, & außerdem zwei sehr attraktive junge Damen. Hätten Sie diese jungen Damen gesehen, Sie würden niemals Mrs. Duyckinck davon erzählt haben. Sie dürfen auf keinen Fall Mrs. Welford hiervon erzählen; denn diese Nymphen waren ihre Schwestern.

H.M.

12

Aus einem Schreiben von Herman Melville an Nathaniel P. Willis:

London, 14. Dezember 1849

Ich habe ziemlich große Zweifel, ob Gabriel durchs Himmelsportal kommt, ohne dem Türsteher Petrus Eintritt zu zahlen – genauso unmöglich ist es, ohne Geld zu reisen. Manche Menschen (999 von 1000) schämen sich unerklärlicherweise sehr, eine Geldnot als Begründung, warum sie dies oder jenes nicht tun, zuzugeben; was mich betrifft, denke ich, daß es ein so ungeheures ausschlaggebendes Argument dafür ist, etwas nicht zu tun, daß ich es sofort ausspreche–denn, wer kann es bestreiten? Und welche zufriedenstellendere oder unwiderlegbarere Begründung kann ein Mensch geben, würde ich gerne wissen? Übrigens–obwohl es auf der Welt zahlreiche feine Kerle und Herzen voll edlem Blut gibt, welche die Vorsehung mit meilenlangen Portmonnaies gesegnet hat–ist doch die Klasse der wohlhabenden Leute, insgesamt betrachtet, solch ein Haufen vergoldeter Dummköpfe, daß es als vornehm & edel gelten kann, nicht wohlhabend zu sein.

13

Aus einem Schreiben von George Adler an George Duyckinck:

Paris, 16. Februar 1850

Unser Freund Mr. Melville hat, wie ich hoffe, schon vor langem wieder sicher sein Zuhause erreicht, und Sie werden von ihm einen Bericht über unsere Reisen und Exkurse in England und London bekommen haben. Ich bedauerte seine Abreise sehr; doch alle meine Bemühungen, seinen rastlosen Geist zumindest für kurze Zeit zu halten und zu ordnen, waren vergeblich. Seine Loyalität gegenüber seinen Freunden Zuhause und der instinktive Impuls seiner Eingebungskraft zum Umsetzen oder vielleicht zum Ausarbeiten einiger wunderschönen Schimären (welche gemäß den wohlgesetzten Worten unseres hiesigen Dozenten über Platon, die Grundessenz von Poesie und Dichtung ausmachen), der Materialien, die er bereits auf seinen Reisen gesammelt hat, würden ihm nicht gestatten, seinen Aufenthalt zu verlängern.

14

Herman Melvilles Liste der Sehenswürdigkeiten von London (1853):

»Covent-Garden – vor dem Frühstück. Eine Fahrt mit den Dampfbooten auf dem Fluß. Über die Brücken schlendern. Morgens zum Greenwich Hospital, um die Pensionäre beim Essen zu sehen. (Unter ihnen ein amerikanischer Neger) Greenwich Park, wegen der Aussicht. Leicester Square – die französischen Emigranten. Dort kann man gut frühstücken. Seven Dials – Schnapsläden. Judge & Jury – Drury Lane. The Temple – Sonntags in die Kirche gehen. (Die Gräber der Templer) – – Speisesäle & Teezimmer & Küche an Werktagen. Küche von Lincoln's Inn. Reform Club. »Blue Posts« in der Nähe der Arcade – guter Punsch & Mahlzeiten. Für gutes Ale – Edinborough Castle Strand –«

Die nachfolgenden Dokumente geben einen kleinen Einblick in die Situation und den Charakter Herman Melvilles vor und während seiner zweiten und längeren Reise durch Europa. In seinen eigenen Worten (1) und aus der Sicht seines Freundes Nathaniel Hawthorne (2). Ein weiterer Briefauszug dokumentiert Melvilles kurze Begegnung mit seinem Schwager Samuel Shaw (3).

I

Ein Brief Herman Melvilles an seinen Bruder Allan:

10. – 14. November 1856

Mein lieber Allan–ich bin seit ungefähr zwei Wochen an Land, und da meine Pläne für die Weiterreise langsam Gestalt annehmen, beeile ich mich, Dir zu schreiben. Doch laß mich zunächst von meinen bisherigen Unternehmungen berichten. –Die Überfahrt war im allgemeinen nicht unangenehm, obwohl nicht alle Passagiere von der wünschenswerten Sorte waren. Ich glaube, es gab außer mir nur einen Amerikaner. Die anderen waren zumeist Schotten, mit ein paar Engländern dazwischen. Unter anderem gab es sechs oder sieben »Handelsreisende«, eine rauhe Gesellschaft, die während der ganzen Überfahrt kaum anderes taten, als zu trinken und Karten zu spielen. Mit diesen Kerlen hatte ich natürlich recht wenig zu tun. Doch es gab einen Mann, der mich ziemlich interessierte, der ein Offizier der eingeborenen Truppen in Indien gewesen ist und nebenbei etwas von einem Philosophen an sich hatte und die ganze Welt bereist hat. Mit ihm hatte ich viele lange Gespräche, und so gelang es uns Zeit zu vertreiben. Das Wetter war recht gut, mit Ausnahme eines

Sturmes, der ungefähr 36 Stunden anhielt, was uns zwang, rund 18 [Stunden] »beizudrehen«. – Ich blieb drei oder vier Tage in Glasgow. Es ist eine sehr schöne Handelsstadt, mit viel Handel, prächtigen Straßen und einer interessanten alten Kathedrale. Ich besuchte Dumbarton Castle, rund zwanzig Meilen entfernt, und den Loch Lomond in der Nähe. Von Glasgow fuhr ich nach Edinborough, wo ich fünf Tage blieb, glaube ich. Dort hat es mir sehr gefallen. Ich besuchte Abbotsford & Melrose. Außerdem Perth & Stirling. –Fragte ein paar Schotten an Bord des Dampfers nach »Scoonie« (wie schreibt man das?) und erfuhr, daß es einen solchen Ort gab, und das war alles. Ich versuchte mehr darüber herauszufinden; aber obwohl ich die Bücher mit den Listen aller Geistlichen in Schottland durchging, konnte ich keinen Geistlichen und keinen Pfarrbezirk namens »Scoonie« entdecken. Doch auch wenn ich mehr erfahren haben würde, weiß ich nicht, ob ich, nachdem ich den Ort herausgesucht hätte, hingefahren wäre, um jemand dort persönlich zu treffen; denn unglücklicherweise habe ich, am Abend meiner Ankunft in Greenock, einen bösen Schlag auf das Nasenbein bekommen, der auf keine Weise mein Erscheinungsbild verbessert hat. Ein Seemann ließ ein Boot an einer der Taljen zu Wasser; das Tau verwickelte sich; ich sprang herbei, es für ihn zu richten, als sich die Talje plötzlich löste und eine Taurolle (neuer Manilahanf) mir mit großer Wucht ins Gesicht flog, und einen Moment lang dachte ich, meine Nase wäre für immer ruiniert. Aber die Wunde ist inzwischen verheilt und ich hoffe, daß in ein paar Tagen nicht einmal eine Narbe, oder nur eine kleine, bleiben wird. –Während der Woche nach dem Unfall bot ich jedoch den äußeren Anblick eines Mannes, der in eine Wirtshausschlägerei verwickelt war.

– Von Edinborough fuhr ich schließlich nach York,

über Berwick & Newcastle, an der Ostküste, und nach einem Tagesaufenthalt in York, um das Münster anzusehen, kam ich hierher. – Ich bin, mit einer kleinen Ausnahme, stets in den »Parlamentszügen« gereist, das heißt, in den billigsten. Ein Strecke in der ersten oder zweiten Klasse zu reisen, ist unmäßig teuer. Dennoch ist es nicht einfach, in den »Parlamentszügen« zu fahren, weil pro Strecke nur einmal am Tag ein solcher Zug fährt & er gewöhnlich morgens vor Tagesanbruch abfährt; und es gibt für die Parlamentszüge auf den verschiedenen Strecken keine Anschlüsse. –Ich habe die Absicht Mr. Hawthorne zu verständigen, um ihn hier zu treffen.

– Hinsichtlich meiner Weiterreise denke ich, daß ich von diesem Hafen aus einen Dampfer nach Konstantinopel nehme, wenn nichts dazwischen kommt. Das wird $ 100 kosten; was billiger ist als die Transatlantikdampfer. Die Dampfer von hier nach Konstantinopel fahren über Gibraltar & Malta. Ich werde Geld sparen, wenn ich diese Strecke nach Konstantinopel wähle. Die einzige Schwierigkeit ist, meine Paßangelegenheiten für die verschiedenen Orte danach geregelt zu bekommen. Von Konstantinopel würde ich im Dampfer nach Alexandria fahren & ebenso nach Kairo, & von dort mit dem Dampfer nach Triest, Venedig und weiter nach Rom, für einen längeren Aufenthalt. Ich könnte mich irren, aber ich glaube, daß meine Mittel hierfür ausreichend bemessen sind, obwohl ich wahrscheinlich nicht länger als bis spätestens März von Zuhause fern bleiben werde. So schätze ich es zumindest gegenwärtig ein. – Ich bin jetzt seit zwei Wochen an Land und habe insgesamt rund fünfunddreißig Dollar ausgegeben. Doch dies war meine strikte Sparsamkeit hinsichtlich Zugreisen, Unterkunft & Essen. –Mein Vergnügen an dieser Sache ist eine eher einsame Angelegenheit, ohne Begleiter durch die ganze Welt zu tappen. Dennoch hat meine Gesundheit davon profitiert. Meiner Hüfte & meinem Rücken geht's besser & auch meinem Kopf. Nur beim Spazierengehen merke ich, daß ich ziemlich oft rasten muß. –Das alles ist über mich selbst. Wie geht's Dir? Und Sophia? Und den Kleinen? Ich hoffe es ist alles in Ordnung. Ich habe Mama geschrieben.

– Hinsichtlich des Schrankkoffers, ist es wie gesagt – ich werde ihn hier in Liverpool unterbringen, bis ich vom Festland zurückkehre. Ich werde nichts außer der Reisetasche mitnehmen. – Einen Teil meiner Schottlandtour hatte ich einen Mr. Willard aus Troy zur Gesellschaft. Du erinnerst dich an den Namen vom Büro der Schiffahrtsgesellschaft) sowie einen Theologiestudenten, sehr uninteressant, aber besser als niemand. Er verließ mich in York, um nach London zu fahren. Nun bin ich alleine & erwarte, es für einige Zeit zu bleiben.

– Ich werde Lizzie an dem Tag schreiben, da ich endgültig hier abreise (was wahrscheinlich in ungefähr einer Woche sein wird, weil vorher kein passender Dampfer ins Mittelmeer fährt), und in diesem Brief an sie, werde ich mich bemühen anzugeben, wo mich Briefe von Zuhause erreichen werden; obwohl ich bezweifle, daß es mir möglich sein wird, irgendwelche Briefe zu bekommen, nachdem ich England verlassen habe. – Da ich dachte, daß man mir Briefe zu Händen von Murray oder Bentley in London geschickt haben könnte, habe ich ihnen geschrieben, damit sie mir solche Briefe hierher nachschicken.

Donnerstag, 13. November. Abend. Bevor Dich dies hier erreicht, wirst Du die schmerzvolle Nachricht erhalten haben, daß George Duyckinck auf einer der Bahnstrecken nahe London einen ernstlichen Unfall hatte. Ich habe erst Vorgestern von Mr. Hawthorne davon erfahren, im Zugabteil, als wir zu ihm nach

Hause fuhren. Mein erster Gedanke war, sofort nach London zu fahren, um nach Mr. Duyckinck zu sehen, da ich dachte, daß er wahrscheinlich niemanden aus seinem Bekanntenkreis in der Nähe habe; aber Mr. Hawthorne erzählte mir, daß er, nachdem er einen Bericht über die Angelegenheit in der Zeitung gelesen hatte (der den Namen Duyckinck neben anderen erwähnte), er sofort an einen Freund in London geschrieben habe, daß dieser ihn über den Zustand von Mr. Duyckinck informiere; und er hätte eine Antwort erhalten, die sinngemäß besagte, daß dort wo er untergebracht wäre, ich glaube es war das St. Thomas Hospital, man Niemand gestattet, ihn zu besuchen. Aber heute morgen bekam Mr. H. einen anderen Brief, in dem stand, daß es Mr. D. besser gehen würde, und daß er Freunde um sich hätte; dies zu hören freute mich um so mehr, da ich, so wie sich die Angelegenheiten entwickelt haben, nicht nach London hätte fahren können, ohne meine Pläne aufs äußerste durcheinander zu bringen. Dennoch, hätte ich angenommen, daß meine Gegenwart für Mr. Duyckinck besonders wünschenswert oder eine Erleichterung für ihn gewesen wäre, hätte ich ihn ohnehin aufgesucht. Doch der Grad unserer Bekanntschaft rechtfertigt kaum meine Annahme, daß dem so wäre. Wahrscheinlich sind jetzt jene um ihn, auf deren Gesellschaft er mehr Wert legt als auf die meine. Möge der Herrgott ihm eine rasche Besserung gönnen. Ich habe ihm nicht geschrieben, da ich natürlich dachte, daß er keine Briefe liest. –

Ich habe mich nun so gut wie festgelegt, am nächsten Montag von hier aus mit dem Schraubendampfer »Egyptian« nach Konstantinopel abzureisen. Ich bin an Bord des Schiffes gewesen. Ich glaube, daß diese Passage meine beste Möglichkeit ist – es ist sicherlich die billigste Art, die kommenden 26 Tage zu verbringen – denn so lange wird die Überfahrt einschließlich Zwischenstops dauern. Jedoch werde ich einiges dadurch versäumen, daß ich in dieser Jahreszeit fahre – Juni ist wesentlich besser. Aber das kann man nicht ändern.

Übrigens solltest Du diesen Brief lieber an Lizzie schicken (nachdem Du ihn gelesen hast), da vielleicht etwas darin steht, das ich in meinen Briefen an sie ausgelassen habe. Und Lizzie kann ihn an Helen &c schicken, wenn es der Mühe wert ist.

Liverpool. Freitag abend, 14. November. Die »Persia« läuft morgen früh aus. Dies Schreiben geht mit ihr. Ich bin auf dem Weg ins Mittelmeer – reise Montag früh ab. Du wirst für einige Zeit wahrscheinlich nicht von mir hören. Aber wenn es mir möglich ist, werde ich schreiben. Gott segne Dich,

Alles Liebe an Sophia & Küsse für die Kinder
Dein Dich liebender Bruder
Herman.

Traf heute morgen Mr. Hawthorne – aber hörte nichts Neues über Mr. G. Duyckinck. Es ist nicht unwahrscheinlich – nehme ich an, daß sein Bruder aus Übersee bei ihm ist, bevor dieser Brief Dich erreicht.

2

Aus den Tagebüchern von Nathaniel Hawthorne (Der Text ist um eine ausführliche Darstellung der gemeinsam besichtigten Sehenswürdigkeiten gekürzt):

Donnerstag, 20. November. Letzten Montag vor einer Woche erschien Herman Melville, der wie immer aussah (vielleicht ein wenig blasser und trauriger), in einem rauhen Reisemantel und mit seiner charakteristischen Ernsthaftigkeit und Zurückhaltung im Konsulat, um mich zu treffen. Er war vor vierzehn Tagen in einem Schraubendampfer von New York nach Glasgow herübergekommen und hat seither Edinborough und andere interessante Ortschaften besucht. Ich fühlte mich zunächst etwas verlegen; da ich ihn das erste Mal seit meinem erfolglosen Versuch sah, ihm eine Konsulatsstelle bei General Pierce zu beschaffen. Jedoch war mein Versagen nur auf den Mangel an Einfluß, ihm hilfreich zu sein, zurückzuführen; also gab es keinen Grund für Beschämung und wir fanden ohne große Schwierigkeiten bald zu unserem vertrauten und freundschaftlichen Umgang zurück. In letzter Zeit ist es Melville nicht gut gegangen; ihn haben Nervenschmerzen in Kopf und Gliedern geplagt, und zweifellos hat er unter seiner pausenlosen literarischen Tätigkeit gelitten, ohne daß ihm hierfür in letzter Zeit viel Erfolg zuteil geworden wäre; zudem haben seine Schriften der letzten Jahre auf einen morbiden Geisteszustand gedeutet. Also hat er sein Heim in Pittsfield verlassen, seine Frau und Familie, glaube ich, bei seinem Schwiegervater in Boston untergebracht und ist nun auf dem besten Wege nach Konstantinopel. Ich wundere mich nicht, daß er es nach so vielen Jahren mühseliger Schreibtischarbeit und häuslichen Lebens nötig fand, einen Spaziergang durch die Welt zu unternehmen, wenn man bedenkt, was für ein wilder und abenteuerlicher junger Mann er war. Ich lud ihn ein, zu uns zu kommen und uns in Southport zu besuchen, solange er sich in der Nähe aufhalten würde; und entsprechend kam er auch, gleich am nächsten Tag, und führte als Gepäck das allerkleinste Bündel mit sich, welches, wie er mir sagte, ein Nachthemd und eine Zahnbürste enthielt. Er ist eine Persönlichkeit, die sich in jeder Hinsicht wie ein Gentleman benimmt, außer seiner etwas zwiespältigen Haltung in bezug auf saubere Wäsche. Er blieb von Dienstag bis Donnerstag bei uns; und, an dem dazwischenliegenden Tag, unternahmen wir beide einen ziemlich langen Spaziergang, und setzten uns in eine Mulde zwischen den Sanddünen (die uns vor dem starken, kühlen Wind schützten) und rauchten eine Zigarre. Melville begann, so wie er es immer macht, über die göttliche Vorsehung, die Zukunft und alles was jenseits des menschlichen Horizonts liegt zu disputieren, und er teilte mir mit, daß er sich »ziemlich über seine völlige Auslöschung im Klaren wäre«; dennoch scheint er immer noch keinen Frieden mit dieser Vorahnung gefunden zu haben; und ich denke, er wird nicht eher ruhen, bis er nicht einen endgültigen Glauben zu fassen bekommt. Es ist seltsam, wie er darauf beharrt – und seit ich ihn kenne immer schon darauf beharrt hat, wahrscheinlich schon seit jeher–in solchen Einöden, so trostlos und monoton wie die Sanddünen zwischen denen wir saßen, hin und her zu schweifen. Weder kann er glauben, noch mit seinem Unglauben zufrieden sein; und er ist zu ehrlich und mutig, um es nicht mit dem einen oder dem anderen zu versuchen. Wäre er ein religiöser Mensch, würde er einer der religiösesten und ehrerbietigsten sein; er hat einen erhabenen und edlen Charakter, und er ist der Unsterblichkeit eher würdig als die meisten von uns.

[...]

Und ich nahm den Zug nach Southport um halb sieben, trennte mich von Melville an einer Straßenecke in Liverpool, während eines abendlichen Regenschauers. Ich traf ihn am Montag jedoch noch einmal. Er sagte, er fühle sich schon viel besser als in Amerika; doch meinte er, daß er sich kein sonderliches Vergnügen von seinen Streifzügen erhoffe, da ihm die Abenteuerlust abhanden gekommen sei. Es stimmt, daß er, seit ich ihn das letzte Mal sah, viel düsterer geworden ist; doch hoffe ich, daß seine Stimmung sich auf seiner Weiterreise bessert. Er fuhr am Dienstag in einem Dampfer ab, ließ seinen Schrankkoffer bei mir im Konsulat zurück und nahm nur eine Reisetasche für sein gesamtes Reisegepäck mit. Es ist schon beinah so, als würde man nackt verreisen; und da er seinen Bart und Schnurrbart trägt, also auch kein Reisenecessaire benötigt–nichts außer einer Zahnbürste – kenne ich keine Person, die unabhängiger wäre. Seine Reisegewohnheiten hat er sich angeeignet, als er in der gesamten Südsee umherzog, ohne andere Kleidung oder Gepäck als ein rotes Flanelhemd und eine Segeltuchhose. Dennoch trifft man selten Menschen, deren Benehmen weniger zu wünschen übrig ließe.

3

Aus einem Brief von Samuel Shaw an seinen Vater Lemuel Shaw:

24. März 1857

Doch ich vergesse etwas wichtiges zu erwähnen – Ich habe Herman getroffen. Als ich ankam, erfuhr ich, daß er sich im Hôtel de Minerve aufhielt, und das Erste was ich tat war, dort hinzugehen, aber er war ausgegangen. Bei der Rückkehr in mein eigenes Hotel im Laufe des Vorabends entdeckte ich, daß er hiergewesen war und mir eine Nachricht hinterlassen hatte, in der er angab, daß er seine Vorkehrungen für die Abreise nach Florenz am Nachmittag getroffen habe und ich ihn zwischen 3 und 4 treffen müsse, oder überhaupt nicht. Ich ging entsprechend hin und wünschte ihm gute Fahrt. Er ist fast gänzlich alleine gewesen, hat aber Mitreisende getroffen, die ihm hilfreich sind. Obwohl sich seine allgemeine Gesundheit sehr gebessert hat, sind das Klima und die Feuchtigkeit in Rom nicht spurlos an ihm vorübergegangen. Die Sonne hat ihn ziemlich gebräunt und er ist beherzt wie immer.

Die beiden folgenden Briefe an Malcolm (1849–1867) und Elizabeth (1853–1908) wurden an Bord der »Meteor« geschrieben, nachdem Herman Melville das Führen seines Tagebuches aufgegeben hatte. Zu Melvilles einwöchigem Aufenthalt in San Francisco sowie zu seiner Rückreise sind keine weiteren Dokumente erhalten.

I

Herman Melville an seinen elfjährigen Sohn Malcolm:

1. und 16. September 1860. (Vor der Küste Südamerikas. Am Wendekreis des Steinbocks)

Samstag, 1. September 1860.

Mein lieber Malcolm: nun sind genau drei Monate vergangen, seit das Schiff »Meteor« in Boston ausgelaufen ist – ein viertel Jahr. Während dieses langen Zeitraums ist es ohne Unterlaß auf See gewesen und hat nur an zwei Tagen Land gesichtet. Ich nehme an, du hast die Route von Boston nach San Francisco auf der Karte verfolgt (oder besser noch auf meinem Globus – so kriegst du Mama dazu, ihn für dich abzustauben). Die Strecke als gerade Linie ist ungefähr 16 000 Meilen lang; aber das Schiff wird vor seiner Ankunft eher 18 bis 20 000 Meilen zurückgelegt haben. Du siehst also, daß es weiter ist als vom Apfelbaum zu dem großen Felsen. Als wir im Atlantik den Äquator überquerten war es sehr warm; & wir hatten für einige Wochen warmes Wetter; doch als wir weiter in den Süden vordrangen, begann es weniger warm zu werden, dann kühl, dann kälter und kälter, bis es schließlich Winter wurde. Ich trug zwei Flanellhemden, und dicke Fausthandschuhe & einen Mantel, und eine große Russenmütze, eine sehr dicke Ledermütze, die so von den Matrosen genannt wird. Schließlich kamen wir in Sichtweite von ganz mit Schnee bedecktem Land – unbewohntem Land, wo niemals irgendjemand gelebt hat und niemand je leben wird – so kahl, kalt und unwirtlich ist es dort. Dies war Staten Island – eine Insel. In der Nähe liegt die große Insel Feuerland. Wir segelten zwischen diesen Inseln hindurch und hatten auf beide eine gute Sicht. Es gibt einige »Wilde«, die auf Feuerland leben; doch da es hier mitten im tiefsten Winter ist, nehme ich an, daß sie in ihren Höhlen blieben. Jedenfalls haben wir nichts von ihnen gesehen. Am nächsten Tag waren wir vor Kap Hoorn, dem südlichsten Punkt von ganz Amerika. Jetzt wurde das Wetter sehr schlecht und ungefähr um drei Uhr am Nachmittag war es dunkel. Der Wind blies fürchterlich. Wir hatten Hagelstürme, Schnee- und Graupelschauer, und oft gefror die Gischt, sobald sie das Deck berührte. Das Schiff rollte, und manchmal wurde das Deck dermaßen überschwemmt, daß die Leute davon von den Beinen gerissen wurden. Einige Matrosen wurden auf diese Weise über das Deck gespült und wären beinahe über Bord gegangen. Und das erinnert mich an eine sehr traurige Geschichte, die am selben Morgen geschah, als wir vor dem Kap waren – ich meine, genau auf der Höhe des Kaps. –Es war gerade bei Tagesanbruch; ein Sturmwind blies; und Onkel Tom befahl, die Marssegel (große Segel) aufzurollen. Während die Matrosen oben auf einer der Rahen waren, rollte und stampfte das Schiff fürchterlich; und es stürmte mit Graupeln und Hagel und war eisig & schneidend kalt. Nun, Onkel Tom sah plötzlich etwas herunterfallen, und dann hörte er einen dumpfen Schlag, und dann, –als er vor sich schaute, sah er einen armen Matrosen tot auf Deck liegen. Er war von der Rahe gestürzt und sofort ums Leben gekommen. – Seine Schiffskameraden hoben ihn auf und trugen ihn unter Deck. Nach und nach, wenn er Zeit hatte, nähte der Segelmeister die Leiche in ein Stück Segeltuch ein und gab ein paar Eisenkugeln–Kanonenkugeln–am Fußende hinzu. Als alles bereit war, wurde die Leiche auf eine Planke gelegt und, in Gegenwart der gesamten Besatzung, an den Rand des Schiffes getragen. Dann las Onkel Tom, als der Kapitän, ein Gebet aus dem Gebetsbuch, und auf einen Befehl hin, kippten die Matrosen, welche die Planke hielten, sie hoch, und sofort rutschte die Leiche in den stürmischen Ozean, und wir sahen sie nicht wieder. –Auf solche Art wird ein armer Matrose auf See bestattet. Der Name des Matrosen war Ray. Er hatte einen Freund unter der Besatzung; und beide waren auf dem Weg nach Kalifornien, und dachten daran sich dort niederzulassen; aber du weißt, was geschah.

In diesem stürmischen Wetter waren wir ungefähr vierzig oder fünfzig Tage, vom Anfang an gerechnet. Aber jetzt sind wir endlich wieder in schönem Wetter und die Sonne scheint warm.

Pazifik. Am Äquator, 16. September 1860.

Mein lieber Malcolm: seit ich am Ende der vierten Seite angekommen bin, sind wir bei schönem Wetter gesegelt und es ist weiterhin recht warm geblieben. – Tags zuvor trafen wir einen Walfänger; und ich bin in ein Boot gestiegen und darin übers Meer zu dem Walfänger gesegelt, wo ich für ungefähr eine Stunde blieb. Sie hatten acht oder zehn »Wilde« an Bord. Der Kapitän des Walfängers hat sie auf einer der Inseln namens Roratonga angeheuert. Er brauchte sie als Ruderer für das Walboot bei der Jagd nach dem Wal. – Onkel Toms Mannschaft ist jetzt sehr damit beschäftigt, das Schiff für San Francisco herauszuputzen. Sie teeren die Takelage und werden das Schiff, die Masten & Rahen neu streichen. Jetzt sieht es noch recht schäbig aus, wegen all dem schlechten Wetter, durch das wir gesegelt sind. – Wenn wir in San Francisco ankommen, werde ich diesen Brief an der dortigen Poststation abgeben und du wirst ihn ungefähr 25 Tage später bekommen. Er wird in einem Dampfer zu einem Ort namens Panama reisen, am Isthmus von Darien (hole deine Karte hervor & suche ihn), dann wird er in der Eisenbahn den Isthmus bis nach Aspinwall oder Chagres im Golf von Mexiko überqueren; dort wird ihn ein anderer Dampfer mitnehmen, welcher, nachdem er, um Kohlen aufzunehmen, Havanna auf Kuba angelaufen hat, direkt nach New York fährt; und dort gelangt er zur Poststation und so kommt er nach Pittsfield.

Ich hoffe, daß er, wenn er eintrifft, dich und die ganze Familie gesund vorfindet. Und ich hoffe, du hast dir gemerkt, was ich dir über dein Benehmen gesagt habe, bevor ich abgereist bin. Ich hoffe, daß du deiner Mutter gegenüber gehorsam warst, und ihr so gut du nur konntest geholfen & ihr Mühe erspart hast. Jetzt ist die Zeit zu beweisen, was du bist – ob du ein guter, rechtschaffener Junge bist oder ein Taugenichts. Jeder Junge deines Alters, der seiner Mutter nicht gehorcht, oder ihr Kummer bereitet, oder ihr gegenüber respektlos ist – so ein Junge ist ein armseliger, gemeiner Kerl; und wenn du solche Jungen kennst, solltest du deine Bekanntschaft mit ihnen beenden.

Jetzt, mein lieber Malcolm, muß ich meinen Brief an dich beschließen. Ich denke sehr oft an dich und Stanwix & Bessie & Fanny; und sehne mich oft danach, bei euch zu sein. Zur Zeit ist es mir aber nicht möglich. Manchmal betrachte ich das Bild, das ich von dir & den anderen habe, bis die Gesichter fast wirklich erscheinen. – Jetzt, mein lieber Junge, Adieu & möge Gott dich segnen

Dein Dich liebender Vater
H.Melville

Ich lege den kleinen Flügel eines Fliegenden-Fischkindes bei

Für Fanny

2

Herman Melville an seine sieben Jahre alte Tochter Elizabeth (Die Abschnitte des Briefes in Melvilles normaler Handschrift sind hier kursiv wiedergegeben, die übrigen sind im Original in großen Druckbuchstaben ausgeführt):

Pazifik, 2. September 1860.

Meine liebe Bessie: eigentlich wollte ich dir einen Brief schicken, den du selbst lesen könntest – zumindest einen Teil davon. *Aber hier und da möchte ich auf die gewöhnliche Art schreiben, da ich finde, daß Druckbuchstaben auf einem rollenden Schiff ziemlich unbeholfen daherkommen. Mamma wird dir diese Teile vorlesen.* Wir haben jede Menge Seevögel gesehen. Viele sind dem Schiff Tag für Tag gefolgt. Ich habe sie mit Krümeln gefüttert. Aber jetzt, da das Wetter wärmer geworden ist, haben uns die Vögel verlassen. Sie waren ungefähr so groß wie Hühner – sie waren über und über gescheckt – *und manchmal sind sie, während einer Windstille, hinter dem Schiff geblieben, auf dem Wasser umhergeflattert, mit einem lautstarken Gegacker, und immer wenn etwas über Bord geworfen wurde, beeilten sie sich, es zu bekommen. Aber sie ließen sich nie auf dem Deck nieder – sie blieben die ganze Zeit in der Luft oder ruhten sich aus, indem sie auf dem Wasser schwammen wie Enten auf einem Teich. Diese Vögel haben kein Zuhause, außer vielleicht ein paar wilde Felsen inmitten des Ozeans. Sie bekommen niemals einen Obstgarten zu sehen und haben Geschmack an Äpfeln & Kirschen, wie dein lustiger kleiner Freund in Pittsfield, Herr Rotkehlchen.*

– Ich könnte dir noch eine Menge mehr Geschichten über das Meer erzählen, aber ich muß den Rest aufschieben, bis ich nach Hause komme.

Ich hoffe du bist ein braves Mädchen; und mach Mama keinen Kummer. Hilfst du Mama beim Haushalt? Die kleine Tasche, die du für mich gemacht hast, verwende ich sehr oft und denke jedesmal an dich.

Ich nehme an, du bist schon viele Male auf den Hügel gegangen und hast die Erdbeeren gepflückt.

Ich hoffe, du paßt gut auf die kleine FANNY auf.

Und wenn du den Hügel hinauf gehst, dann gehst du auf diese Art:

[kleine Zeichnung] *das heißt, Hand in Hand.*

Bis bald

Papa.

I

Am Anfang einer jeden Reise steht der Traum vom Reisen, die Sehnsucht nach neuen Horizonten und neuen Erfahrungen. Wenn man das erste Kapitel des Romans *Redburn* (1849) von Herman Melville als autobiographischen Hinweis versteht, scheint den Autor schon in jungen Jahren das Fernweh geplagt zu haben. Dem jugendlichen Romanhelden genügt ein Blick in die Ankündigungen auslaufender Schiffe in einer New Yorker Tageszeitung, um die Sehnsucht nach fernen, fremden Ländern zu wecken. Redburn muß im Laufe der Erzählung einige desillusionierende Erfahrungen wiederholen, die Herman Melville selbst bereits hinter sich hatte. Die Konfrontation der Tagträume und Schwärmereien Redburns mit dem rauhen Alltag auf See führt jedoch nicht zum Ende jener romantischen Vorstellung vom Reisen und von Abenteuern an fremden Küsten. Im letzten Kapitel des Romans ist der an seiner Erfahrung gereifte Romanheld bereits zu einer neuen Reise aufgebrochen.

Auch Melvilles fünfter Roman *Moby-Dick* (1851) beginnt mit der Beschreibung einer Sehnsucht nach der Ferne, nach »verbotenen Meeren« und »barbarischen Küsten«. Doch erkennt Ishmael – in vielerlei Hinsicht ein reiferer, erwachsener Redburn – hinter seinem Fernweh eine zweite Dimension: die Sehnsucht nach Selbsterkenntnis. Er schildert das Meer als Spiegel, in dem sich das »Bild des unfaßbaren Scheins des Lebens« reflektiert – und dies sei »der Schlüssel zu allem«.

In dem Vortrag »Traveling« aus dem Jahr 1859 rückte Herman Melville den bildenden Charakter des Reisens in den Vordergrund. Dem Reisen wird – neben dem reinen Vergnügen – ein humanistischer Zweck zugeschrieben, der vor allem in der Beseitigung von engstirnigen Vorurteilen besteht: »Für den aufgeschlossen und hochherzigen Menschen ist die Reise eine neue

Geburt. Ihr rechtmäßiger Zweck ist es, tiefgreifende persönliche Bescheidenheit zu lehren, während sie die Sphäre umfassenden Wohlwollens vergrößert, bis sie die ganze Menschheit umfaßt.«

Diese in der Literatur hervorgehobenen Aspekte des Reisens – geistige und moralische Bildung, Vergnügen, Selbsterkenntnis – basieren wohl weniger auf den konkreten frühen Reiseerfahrungen des Autors, die er als einfacher Matrose auf Walfängern, Handelsschiffen und einem Kriegsschiff gemacht hatte, sondern vor allem auf der nie aufgegebenen Sehnsucht des Heimgekehrten, eine neue Reise zu beginnen.

Das Reisen war stets Grundlage und Voraussetzung für Herman Melvilles literarisches Werk. Er hätte keinen seiner großen Romane schreiben können, ohne den Raum, in dem seine Romanfiguren agieren, selbst erkundet zu haben. Er brauchte die persönliche Erfahrung, um darin seine Vorstellungskraft zu verankern und so seine Gedankenflut ordnen zu können.

Ein grundlegender Teil der Handlungen und der Hintergründe in Herman Melvilles Erzählungen und Romanen beruhen auf solchen persönlichen Erlebnissen, die er von seinen Reisen mitbrachte. Seine erste Fahrt über den Atlantik lieferte den Stoff für den Roman *Redburn*, sein langer Aufenthalt in der Südsee gab ihm genug Material für *Typee, Omoo* und zumindest den ersten Teil von *Mardi*. Seine Erfahrungen auf dem Walfänger Acushnet und der Fregatte der U.S. Marine United States nutzte er für die realistischen Beschreibungen des Lebens auf See in *White-Jacket* und *Moby-Dick*. Sein Spätwerk, das Versepos *Clarel*, enthält schließlich viel von den persönlichen Eindrücken der Reise ins Heilige Land.

Zu dieser notwendigen Grundlage des Selbsterlebten kommt, als zweites wichtiges Element, die Erfahrung aus zweiter Hand: das Lernen von Freunden und

Zufallsbekanntschaften, das Sammeln von Anekdoten und Geschichten, die umfassende und ungeordnete Lektüre. Melville liebte das Vagabundieren im Geiste ebenso wie das eigentliche Reisen. Er suchte stets nach neuen Ideen, unerhörten Geschichten, unbekannten Worten, Begriffen und Vorstellungen. Sein Interesse für philosophische, religiöse und politische Fragen ist für jeden Leser seiner Bücher klar erkennbar, doch wurde diese Neugier nie durch akademische Urteile und Vorurteile eingeengt. Ein wesentlicher Charakterzug, der sowohl in publizierten wie auch privaten Texten aufscheint, ist die Vielfalt und Vieldeutigkeit der Anspielungen, Zitate und Assoziationen. Die zentralen Fragen, die ihn Zeit seines Lebens immer wieder beschäftigten, und auch in seinen Tagebüchern wiederholt angedeutet werden, blieben jedoch im Kern erhalten. Immer wieder geht es ihm um das Problem des Dualismus von Vorstellung und Wirklichkeit, Vorbestimmung und Freien Willen, Glauben und Wissen. Auf der politischen und sozialen Ebene stellt er immer wieder demokratische Selbstbestimmung gegen absolutistische Herrschaft. In fast allen seiner Romane sind diese Fragestellungen von Bedeutung, während der Verlauf der Handlung stets durch eine Reise bestimmt oder in Gang gesetzt wird. Die physischen und die intellektuellen Reisen werden vereint, die Irrfahrt und die Suche wird auf beiden Ebenen fortgesetzt. Beide Elemente kennzeichnen nicht nur die »erfundenen« Reisen, sondern auch die privaten Reiseaufzeichnungen Herman Melvilles.

Besonders hervorgehobene, scheinbar unvereinbare Gegensätze und scharfe Kontraste sind immer wiederkehrende Merkmale in Melvilles Texten. In seinen frühen Romanen spielt zum Beispiel die Gegenüberstellung von westlicher Zivilisation und Eingeborenenkultur eine zentrale Rolle – wobei sich die letztere eindeutig als »zivilisierter« erweist. Eine Vereinigung der beiden Zustände bleibt jedoch ferne Utopie. In den großen Romanen *White-Jacket* und *Moby-Dick* werden auf vielen thematischen und erzählerischen Ebenen gegensätzliche oder parallele Charaktere, Sprachbilder und Weltanschauungen benutzt. In beiden Romanen wird erneut die Auseinandersetzung zwischen demokratischem und absolutistischem Prinzip thematisiert. Auf der konzeptionellen Ebene stehen sachliche Erklärungen neben erzählenden Passagen. In *Moby-Dick* kommen weitere, unterschiedliche Erzählformen hinzu, die durch eine Sprache verbunden werden, welche wiederum Seemannsidiom und barocke Dichtung gegenüberstellt. Zwischen zwei Gegensätzen läßt sich stets ein Kaleidoskop weiterer Gegensätze entdecken. In den Tagebuchtexten zeigt sich immer wieder das Interesse für unvereinbare Antagonismen, und auch die Konfrontation von gelehrtem Zitat mit ironisch verwendeter Umgangssprache läßt sich in einigen Passagen der Reisenotizen entdecken.

In Herman Melvilles eigenem Lebensweg zwischen Reichtum und Armut, Erfolg und Scheitern, Ruhm und Vergessen findet man vielleicht die Ursache für seinen »rastlosen Geist«, der immer neue Ideen aufnimmt und Eindrücke sammelt, ohne je die Vorstellung aufzugeben, daß irgendwo das fehlende Puzzlestück zu finden wäre, um die letzten Fragen, die ihn unablässig verfolgten, beantworten zu können. Herman Melville wurde am 1. August 1819 als drittes von acht Kindern einer wohlhabenden Kaufmannsfamilie geboren. Sein Vater, Allan Melville, der mit Kurzwaren handelte, führte die Vorfahren der Melvilles über schottischen Adel, bis auf eine ungarische Königin zurück, während die Ahnenreihe seiner Frau Maria Scollay angeblich aus einer skandinavischen Königsfamilie hervorging. Dieser Stolz auf die aristokratische Genealogie in Verbindung mit dem eher amerikanisch anmutenden Geschäfts- und Pioniergeist des Vaters, prägte die in gehobenen und luxuriösen Verhältnissen verbrachte Kindheit Herman Melvilles. (Daher vielleicht das starke Interesse am Wesen des englischen Hochadels, das im Tagebuch von 1849 zum Ausdruck kommt.) Fehleinschätzungen der wirtschaftlichen Situation führten zum Bankrott der Handelsfirma Allan Melvilles und belasteten die Familie mit mehreren tausend Dollar Schulden. Als der Vater 1832 nach einer kurzen, plötzlichen Krankheit starb, mußte der zwölfjährige Herman Melville die Schule verlassen, um die Familie durch Arbeit unterstützen zu können. Die nächsten Jahre schlug er sich als Bankgehilfe, Verkäufer und später auch als Lehrer durch. 1839 heuerte er für eine Fahrt auf einem Handelsschiff nach Liverpool und zurück an, den darauffolgenden Sommer suchte er sein Glück als Gelegenheitsarbeiter im mittleren Westen der USA. Schließlich, im Januar 1841, entschloß er sich, es noch einmal mit dem Leben auf See zu versuchen. Der Walfänger Acushnet brachte ihn in die Südsee. Im Sommer 1842 floh er bei Nukahiva auf den Marquesas-Inseln von Bord und verbrachte dort einen Monat, bevor er von einem australischen Walfänger aufgenommen wurde. Nach Unruhen an Bord des Schiffes, welche mit dem erbärmlichen Zustand der Lebensmittel zu tun hatten, gelangte er in Begleitung eines gelehrten Freundes, eines Schiffsarztes, nach Tahiti, Eimeo und Honolulu, wo er, nach mehrmonatigem Aufenthalt, auf der *United States*, einer Fregatte der U.S. Marine, den Dienst als Matrose aufnahm. 1844 kehrte er auf diesem Schiff zurück nach Boston.

Anstatt sich erneut auf Arbeitsuche zu begeben, reiste er weiter nach New York, wo sein jüngerer Bruder Allan eine Anwaltskarriere begonnen hatte. Hier machte er sich sofort daran, einen als Tatsachenbericht ausgegeben Roman über seine Gefangenschaft bei einem Eingeborenenstamm auf einer idyllischen Südseeinsel zu schreiben. Herman Melvilles älterer Bruder Gansevoort, der aufgrund seines Engagements für die Demokratische Partei einen Posten als Legationssekretär in London erhalten hatte, setzte sich mit Erfolg für die Publikation des Buches bei dem angesehenen Verleger John Murray ein.

Der Roman *Typee* wurde von Publikum und Kritik begeistert aufgenommen. Doch schon Melvilles erstes Buch bestand nicht nur aus Abenteuer und Exotik, sondern enthielt ebenso zivilisationskritische, politische und nachdenkliche Passagen. Seine offene Kritik am Vorgehen der Missionare und die gelegentlichen Andeutungen eines freizügigen Umgangs der Inselbewohner mit Sexualität (Polyandrie), vor allem in den Kapiteln 17 und 26, mußten für die amerikanische Buchausgabe gekürzt werden. (Im 20. Jahrhundert wurden zahlreiche im Roman geschilderte Details der Eingeborenenkultur durch Ethnologen bestätigt, einige Schilderungen – z.B. bezüglich Religion – sind jedoch phantasievolle Erfindungen des Autors.)

Durch den anhaltenden Erfolg von *Typee* ermutigt, begann Melville mit der Fortsetzung *Omoo*, die auf seinen Erlebnissen auf Tahiti basierte. Gleichzeitig versuchte er einen Posten im Zolldienst zu bekommen, der ihm genug Freiraum zur weiteren literarischen Tätigkeit geben sollte. Die Möglichkeit einen dritten Roman zu schreiben, wurde ihm 1847 durch die Heirat mit Elizabeth Knapp Shaw, Tochter des Obersten Richters von Massachusetts, Lemuel Shaw, gegeben. Richter Shaw (dem der Roman *Typee* gewidmet ist) verschaffte ihm einen großzügigen Vorschuß auf die Erbschaft seiner Tochter, der zum Kauf eines Hauses in New York verwendet wurde, in welches Herman Melville, seine Frau und seine Mutter gemeinsam mit der Familie seines Bruders Allan einzogen. Der junge Schriftsteller beteiligte sich an verschiedenen kurzlebigen Projekten der New Yorker Literaturszene, einer satirischen Zeitschrift und schließlich an *Literary World*, dem Magazin der Brüder Duyckinck, das sich bevorzugt mit Büchern über Seefahrt und Entdeckungsreisen auseinandersetzte.

Am Anfang des Jahres 1849 erschien Herman Melvilles dritter Roman, der sich, unter dem Eindruck der europäischen Revolutionen des Jahres 1848, von einer phantastischen Abenteuergeschichte hin zu einer politischen und sozialen Satire entwickelt hatte: *Mardi*. Aus dem Versuch die beiden entgegengesetzten Ansprüche zu vereinen, entstand ein seltsamer, manchmal berauschender Roman, mit dem das zeitgenössische Lesepublikum – dies bestand im 19. Jahrhundert zum Großteil aus Leserinnen – nichts anzufangen wußte. Auf den großen Erfolg der ersten Bücher folgte ein kommerzieller Fehlschlag.

II

In einem Schreiben an seinem Londoner Verleger Bentley kündigte Herman Melville seinen vierten Roman *Redburn* mit dem ausdrücklichen Versprechen an, er würde keinerlei »Metaphysik« enthalten. Dem nüchternen und geradlinigen Bericht des Schiffsjungen Wellingborough Redburn war eine Publikation vorangegangen, die außer im engsten Freundeskreis des Autoren keine Befürworter gefunden hatte. Der im Frühjahr 1849 ebenfalls bei Bentley erschienene Roman *Mardi* mußte die Leser der autobiographisch inspirierten Reiseerzählungen *Typee* und *Omoo* enttäuschen und verwirren. Melville, als Mann der unter Kannibalen lebte, berühmt und populär geworden, hatte sich die Freiheit genommen, »ohne Karte zu segeln« und den ungläubig bestaunten Südseeabenteuern eine nun tatsächlich phantastische Reise ins Reich der Allegorie folgen zu lassen. Der Roman *Mardi* enthält neben abenteuerlichen und satirischen Elementen aber auch jene Idealvorstellung des Reisens, die sich auch im Tagebuch von 1849 wiederfindet: das Reisen in interessanter, gebildeter Gesellschaft, gleichermaßen Bildungs- und Vergnügungsreise, eine Übung der Beobachtungsgabe und des Intellekts, Grundlage für gelehrte Debatten aber gleichzeitig auch Anlaß zum Müßiggang.

Als Herman Melville im Oktober des Jahres 1849 an Bord des Paketschiffes *Southampton* nach Europa aufbrach, dürfte er in seinen beiden Mitpassagieren George Adler und Franklin Taylor möglicherweise eine Idealbesetzung für seinen Traum vom Reisen gefunden haben. Er selbst, der Dichter, in Begleitung des klassisch gebildeten Philosophen Adler und des eher pragmatischen Arztes und Reisenden Taylor, der in Heidelberg studiert hatte und sich als Cicerone für amerikanische Europareisende verdingte. Melville berichtet fast schwärmerisch von den Gesprächen über die deutschen Metaphysiker »Hegel, Schlegel, Kant &c« – die Adler und Taylor im Original gelesen hatten – sowie über Literatur und Politik, die von allerlei stimulierenden Getränken begleitet wurden. Es ist bereits eine erste Vorstellung von einem »Paradies der Junggesellen«, welches er in einem späteren Tagebucheintrag und in der gleichnamigen Erzählung von 1855 feiern wird. Die Beschäftigung mit dem Problem des Dualismus bereitet den Weg für die philosophische Ebene späterer Romane.

Während der langen Überquerung des Atlantik wurden alsbald Pläne für eine weitere gemeinsame Reise geschmiedet: die Donau hinunter nach Konstantinopel, nach Griechenland, nach Jerusalem, nach Alexandria. Doch die gemeinsam gesponnenen Tagträume von der »glorreichen Fahrt in den *Orient*« fallen bald der leidigen Geldfrage zum Opfer – erst 1856 sollte Melville tatsächlich in den Orient aufbrechen, alleine und nur gelegentlich von Zufallsbekanntschaften begleitet. Die finanzielle Verantwortung für die erst vor wenigen Monaten gegründete Familie ist letztendlich der Grund, warum diese früheren Reisepläne scheitern müssen. Die Tagebucheinträge von 1849, welche Heimweh nach Frau und Kind bezeugen, erscheinen angesichts der schnell geweckten Reiselust wie nachdrückliche Erinnerungen an die eigentlichen Pflichten. Ist es wirkliches Heimweh, das sich den Reisephantasien entgegenstellt? In jedem Fall muß der Traum von der Ferne an der aufgezwungenen Sparsamkeit zerbrechen und die Reise nach Europa hat in erster Linie eine Geschäftsreise zu sein.

Aus dem Tagebuch erfahren wir, daß das erste Angebot Bentleys zur Veröffentlichung von *White-Jacket* von Melville zunächst abgelehnt wurde, um zunächst nach einem lukrativerem Ausschau zu halten. Doch all die Londoner Verleger, welche der Autor aufsucht, verweisen mit Bedauern auf die ungelöste Copyrightfrage. Die USA garantierten erst ab 1891 internationales Copyright, obwohl eine diesbezügliche nationale Gesetzgebung bereits 1790 etabliert worden war. Bücher mit britischem Copyright erschienen in den USA in der Regel als Raubdrucke, ohne Tantiemen an englische Verleger abzugeben und ohne deren Genehmigung. Die amerikanischen Verlage druckten, neben den äußerst populären Amerikanern James Fenimore Cooper und Washington Irving, fast ausschließlich englische Erfolgsautoren, während die einheimischen Literaten ihre Werke entweder als Privatdruck herausbrachten oder sich an britische Verleger wandten. Die übliche Praxis amerikanischer Autoren, sich in London unter britischem Copyright publizieren zu lassen wurde 1849 für illegal erklärt. Diese Situation stand den

Verhandlungen Melvilles und seiner Absicht, mit seinem neuen Roman möglichst viel Geld zu verdienen, im Wege. Er hatte bereits erfahren müssen, daß die Art von Büchern, die er selbst zu schreiben wünschte, in kommerzieller Hinsicht zum Scheitern verurteilt waren. Obwohl diese Erkenntnis nichts an seinem Wunsch zu ändern vermochte, auch weiterhin seinen eigenen Vorstellungen zu folgen, war er doch Realist genug, um auf jene erprobten Rezepte zu bauen, die einen Erfolg bei Lesern und Verlegern garantieren würden.

Nach dem kommerziellen Fehlschlag von *Mardi* schien es, als würde der notgedrungene Verzicht auf metaphysische Abschweifungen tatsächlich Früchte tragen. Die Reaktionen auf jenes »Ding«, das Melville nur geschrieben hatte, »um ein wenig Tabak dafür zu kaufen«, waren durchaus freundlich und positiv. *Redburn* ist trotz des abfälligen Kommentars des Autors über sein Werk keineswegs ein schlechter Roman. Die Erzählung folgt, wie die ersten beiden Romane Melvilles, den persönlichen Erfahrungen des Autors. Hier ist seine erste Seereise auf einem Handelsschiff die Vorlage. Das Leben auf See, die junge Landratte unter alten Seebären, wird in Redburn anschaulich und humorvoll charakterisiert, ohne die Härten zu verschweigen. Elend und Armut der Hafenstadt Liverpool werden eindrücklich geschildert. Einige langatmige Schilderungen von Sehenswürdigkeiten sind allerdings direkt aus Reiseführern abgeschrieben. Für den Autor selbst blieb es – wie man auch aus Melvilles Briefen von 1849 erfahren kann – nur ein berechnendes Zugeständnis an die Erwartungen des Publikums.

Melvilles nächster Roman, *White-Jacket*, war aus demselben pragmatischen Motiv heraus geschrieben worden wie sein Vorgänger: um Geld zu verdienen. Der eigentliche Anlaß für die Reise nach London war, ein lukrativeres Angebot für die Veröffentlichung auszuhandeln. Die in den USA gefertigten Druckplatten und die Korrekturbögen des Romans befanden sich im Reisegepäck des Autors. Auch White-Jacket basiert auf Melvilles persönlichen Erlebnissen. Diesmal führt uns der Ich-Erzähler in die Welt eines amerikanischen Kriegsschiffes ein. Er trägt den Spitznamen »Weißjacke« wegen seiner aus Segeltuch genähten Jacke, die sich immer wieder als hinderlich, sogar beinahe tödlich erweist, da sie nicht »geteert« und damit nicht wetterfest ist. Man könnte auch dieses Buch wegen seines Sujets als Kompromiß bewerten. *White-Jacket* ist jedoch viel mehr als das. Es ist ein dem sozialen Realismus verpflichtetes Gegenstück zu *Moby-Dick.* Die enzyklopädische Vorgehensweise der Schilderung ist ähnlich, doch führt sie nicht zu übergeordneten philosophischen Problemen, sondern bleibt bei konkreten gesellschaftlichen Fragen nach Recht und Unrecht, Demokratie und Despotismus. Der Roman hatte auch tatsächlich gesellschaftliche Folgen: er führte zu einer Diskussion um die Prügelstrafe in der U.S. Marine und schließlich zur Durchsetzung eines Gesetzes, welches die Praxis des Auspeitschens als Bestrafung in der Flotte untersagte.

Der Roman, der *White-Jacket* folgen sollte, hatte ein fast zwangsläufiges Thema, über welches Melville sich wahrscheinlich schon zur Zeit seiner Europareise Gedanken machte. Nachdem er seine Erlebnisse auf den Südseeinseln, die Zeit als Matrose auf einem Handelsschiff sowie seine Heimreise auf einem amerikanischen Kriegsschiff literarisch verarbeitet hatte, blieb ihm im Grunde nur noch der Walfang, den er aufgrund seiner Fahrt auf der *Acushnet* kannte, als Hintergrund für ein neues Werk. Dies ist ein weiterer Grund für seine Reise nach London: er benötigte neue Erfahrungen, neue Erlebnisse, neue Eindrücke, um künftig daraus schöpfen zu können. Entsprechend liest man in den privaten Aufzeichnungen Herman Melvilles immer wieder Bemerkungen, die auf ein waches Interesse an neuem Material für neue Erzählungen hindeuten. Immer wieder entdeckt er ein Detail, aus dem sich vielleicht eine »feine Sache« machen ließe.

III

Die beiden Romane *Moby-Dick* und *Pierre*, die Herman Melville in den Jahren nach seiner Europareise von 1849/50 schrieb, haben auf den ersten Blick kaum etwas mit dieser Reise und den entsprechenden Tagebuchaufzeichnungen zu tun. Sieht man genauer hin, erkennt man in diesen Büchern zahllose kleine Assoziationen mit den in Europa besichtigten Sehenswürdigkeiten. Die geschichtsträchtigen Orte, ob sie nun mit historischen Ereignissen oder biographischen Daten berühmter Persönlichkeiten in Verbindung stehen, wurden stets sorgfältig notiert und ihre Namen und Bezeichnungen haben häufig ihren Weg in diese beiden Bücher gefunden: die Burg Ehrenbreitstein, der Kölner Dom, die Kathedrale von Canterbury, Schloß Versaille, die römischen Thermen. Man entdeckt in diesen – wie auch in den früheren Romanen – freilich ebenso Assoziationen zu Sehenswürdigkeiten, die Melville nur aus Büchern und Zeitschriften kannte und welche er persönlich erst bei seiner zweiten Europareise zu sehen bekommen sollte: etwa die Säule des Pompeius und die Nadeln der Kleopatra in *Redburn* oder die Trajansäule in *Typee*.

Melville, der sich 1850, in seiner Rezension des Buches *Mosses from an old Manse* von Nathaniel Hawthorne, für eine eigenständige amerikanische Literatur ausgesprochen hatte, nutzte dennoch häufig Bilder mit Bezug auf europäische Geschichte, Kunst und Literatur. Dieser scheinbare Widerspruch löst sich auf, wenn man das damalige Selbstverständnis der jungen amerikanischen Demokratie betrachtet, welches auch in Melvilles Romanen (bis einschließlich *Moby-Dick*) immer wieder besungen wird. Die Romantisierung amerikanischer Demokratie sieht in den USA den Erben der gesamten Menschheitsgeschichte und das Ziel der gesamten Menschheit. In *Redburn* (Kapitel 33) schreibt Melville: »Unser Stammbaum verliert sich in universeller Vaterschaft; und Caesar und Alfred, Apostel Paulus und Luther, und Homer und Shakespeare gehören genauso zu uns wie Washington, der ebenso uns gehört wie der ganzen Welt. Wir sind die Erben aller Zeiten, und teilen mit allen Nationen unsere Erbschaft.«

Jenseits des reinen Zitats, interessierte sich Melville für grundlegende Unterschiede zwischen der Neuen und der Alten Welt. Ein Aspekt ist die bereits angesprochene Gegenüberstellung von Demokratie und Absolutismus – ein Thema, welches kurz nach den Revolutionen von 1848 hochaktuell war (und schon in *Mardi* aufgegriffen wurde). Ein weiterer ist das im Tagebuch von 1849 erwähnte Interesse für den englischen Adel. In *Pierre* wird aus den Überlegungen ein Vergleich zweier Formen von Aristokratie: der des europäischen Adels, legitimiert aus der Geschichte, und der eines amerikanischen Adels, legitimiert aus dem gegenwärtigen Handeln. Letzteres bildet das Hauptmotiv der Handlungsweise von Melvilles Titelfigur: Pierre ist bereit, sein eigenes Glück und seine Reputation zu zerstören, um den untadeligen Ruf des Vaters zu bewahren. Ironischerweise wird jedoch gerade durch dieses Festhalten an aristokratischen Werten der gesellschaftliche Absturz Pierres ausgelöst. Ein konkreter Bezug der Reise von 1849/50 zu den in den folgenden Jahren geschriebenen Romanen ist die Liste der gekauften Bücher. Das Buch über »Aristokratie in

England« war für die oben beschriebene Problematik in *Pierre* wichtig. Viele der Bücher, die Melville während seiner Reise kaufte, stammten von ihm bereits bekannten Autoren, welche bereits in den frühen Romanen zitiert oder erwähnt wurden. Auf Boswells Biographie des Dr. Johnson wird im Tagebuch bereits vor dem Kauf des Buches Bezug genommen. Die Abhandlung über Glaube und Vernunft *Religio Medici* von Sir Thomas Browne war bereits für den Roman *Mardi* von Bedeutung gewesen. *Hudibras* von Samuel Butler ist die Lieblingslektüre des Dr. Long Ghost in *Omoo*. Rousseau wird bereits in *Typee* erwähnt.

In den undatierten Tagebucheinträgen wird auf Brownes »Vulgar Errors« hingewiesen, das ursprünglich unter dem Titel *Pseudodoxia Epidemica* erschienen war. In diesem Buch werden über hundert wissenschaftliche, religiöse, literarische und historische Probleme auf klassische Fehlschlüsse hin untersucht (was den Autor nicht daran hinderte, zu beweisen, daß Hexerei eine Tatsache ist). Ein Zitat daraus erscheint in den »Auszügen« auf den ersten Seiten von *Moby-Dick*. Neben Browne stammen viele der gekauften Bücher von Dramatikern und Dichtern des 17. Jahrhunderts: William D'Avenant (im *Moby-Dick* und im Tagebuch als „Davenant"), Ben Jonson, Samuel Butler (*Hudibras*), Christopher Marlowe (*Doctor Faustus, The Jew of Malta, Tamburlane*) und natürlich William Shakespeare. Die von Melville in London gekaufte Ausgabe mit zwei Stücken Shakespeares ist nicht erhalten. Charles Olson hat jedoch in seinem Buch *Call me Ishmael* (1947) gezeigt, wieviel Melvilles Kapitän Ahab mit Shakespeares *König Lear* gemein hat. *Hamlet* wird ebenfalls am Anfang des *Moby-Dick* zitiert.

All diese Bücher, wie auch die Stücke von Beaumont und Fletcher, die bei den Puritanern als äußerst unmoralisch verpönt waren, konnte man in den USA wahrscheinlich nur schwer bekommen. Dasselbe gilt wohl auch für die Übersetzungen von Rousseau und Lavater, auf welchen in Kapitel 79 des *Moby-Dick* hingewiesen wird: der Erzähler unternimmt hier eine physiognomische Untersuchung der Stirn des Pottwales. (Ein Aphorismus Lavaters wird in *Redburn* zitiert.)

In Melvilles Bücherkiste entdecken wir außerdem eine große Anzahl romantischer Schauerromane, die vor allem stilistisch, zum Teil aber auch inhaltlich für *Moby-Dick* und *Pierre* wichtig waren. William Godwins *Caleb Williams* (1794) ist eine düstere Kriminalgeschichte über Macht und Machtmißbrauch. *Frankenstein* (1818), der bis heute populäre Roman von Godwins Tochter Mary Shelley, ist für die Blasphemie der Titelfigur, seine Anmaßung es Gott gleichzutun, in bezug auf die Figur des Kapitän Ahab interessant. In der ersten Hälfte des Romans *Pierre* stößt man auf Passagen, die fast wortwörtlich an *Frankenstein* erinnern. Auch Beckfords phantastische orientalische Erzählung *Vathek* (1796) und *The Castle of Otranto* (1764) von Walpole waren für den melodramatischen Stil im ersten Teil von *Pierre* bedeutsam. Melvilles Roman läßt sich auch als – stilistische und inhaltliche – Persiflage auf das Genre der Schauerromantik lesen.

Das Buch, welches den Leser Melville offenbar am meisten beeindruckt hat, ist Thomas De Quinceys *Confessions of an English Opium Eater*. Die Ausgabe, die Melville in London kaufte, enthielt lediglich den ersten Teil, der schon 1821 im *London Magazine* abgedruckt worden war. Eine stark erweiterte Version wurde erst 1856 in Buchform veröffentlicht. Es handelt sich um eine autobiographische Erzählung, in der die persönlichen Erfahrungen De Quinceys mit der Opiumsucht verarbeitet werden. Die Schilderung des sozialen Abstiegs, des Elends in den Straßen von London, stehen neben poetischen und beängstigenden Visionen,

Opiumträumen und Wahnvorstellungen, die zwischen Herausforderungen an Gott und niederschmetternden Schreckensbildern schwanken. Das in den undatierten Einträgen des Tagebuchs erwähnte »Krokodil« verweist auf einen der für De Quincey furchtbarsten Opiumträume, in welchem er gezwungen ist, »Jahrhunderte« unter Krokodilen zu leben, deren Fratzen beim Erwachen durch die Gesichter seiner Kinder ersetzt werden. De Quincey zitiert in seinem Buch zahlreiche Werke, die auch für Melville wichtig waren: *Paradise Lost* von Milton, *Religio Medici* von Browne, *Samuel Johnson* von Boswell. De Quinceys unorthodoxe Mischung aus Essay, Erzählung und Autobiographie hatte wiederum einigen konzeptionellen und stilistischen Einfluß auf die Romane *Moby-Dick* und *Pierre*.

Viele der während des Aufenthalts in London gekauften Bücher haben ihre Spuren in den Romanen hinterlassen, die *White-Jacket* folgen sollten. Das Tagebuch gibt aber auch einige konkrete Hinweise auf Pläne für zukünftige Projekte Melvilles, die zwischen 1850 und 1856 verwirklicht wurden. »Die Geschichte des Bettlers« wird ausdrücklich im Tagebuch erwähnt, aber erst einige Jahre später unter dem Titel *Israel Potter* geschrieben und veröffentlicht. In dem historischen Roman über einen einfachen Bauernsohn, der in politische Intrigen zur Zeit des amerikanischen Unabhängigkeitskrieges verwickelt wird, sind viele Eindrücke der Reise von 1849 unverschlüsselt wiedergegeben. Die Assoziation der Stadt London mit Dantes Unterwelt könnte direkt aus den Aufzeichnungen übernommen worden sein. Die in Guildhall beobachtete Szenerie wurde zur Grundlage für »Poor Man's Pudding and Rich Man's Crumbs«.

Der erste Teil von »Paradise of Bachelors and Tartarus of Maids« ist eine Erinnerung an die munteren Gesellschaftsabende in London – während der zweite

Teil das Schicksal unverheirateter Arbeiterinnen einer Papierfabrik skizziert. Es sind diese Erzählungen, die – neben *Israel Potter* – im wesentlichen durch den Londonaufenthalt Melvilles inspiriert worden sind. Zudem spiegelt das Konzept der Doppelerzählung seine – durch Adler und Taylor initiierte – Beschäftigung mit dem Problem des Dualismus. Die parallel existierenden, gegensätzlichen und gleichzeitig voneinander abhängigen gesellschaftlichen Zustände würden zerstört, sobald ein Versuch unternommen würde, eine Brücke zwischen ihnen zu bilden.

Trotz des Lobes Nathaniel Hawthornes waren die Bücher, die Herman Melville nach seiner Reise von 1849/50 in Angriff nahm, kaum erfolgreich. *Moby-Dick* galt einigen Zeitgenossen als »blasphemisch« und *Pierre or the Ambiguities* – ein Roman, der eigentlich als Zugeständnis an die weibliche Leserschaft gedacht war – wurde als das Werk eines Verrückten gebrandmarkt. Daß der Romanheld eine Scheinheirat mit seiner unehelichen Schwester eingeht, um den tadellosen Ruf des Vaters zu retten, erschien einigen Kritikern als Verhöhnung von Sitte und Moral. Aber Melville steckte bereits in finanziellen Schwierigkeiten. Da der Vorschuß für *Moby-Dick* die tatsächlichen Einnahmen überstiegen hatte, mußte er Geld zurückzahlen und mehrere hundert Dollar Schulden aufnehmen.

Im Sommer 1851 schrieb Melville an Hawthorne: »Die verflixten Dollars sind mein Untergang; [...] Was ich am liebsten schreiben würde ist tabu. – es wird sich nicht bezahlt machen. Und doch, alles in allem, *anders* schreiben kann ich nicht.«

IV

Bereits im Oktober 1849 hatte Melville, zusammen mit seinen damaligen Reisebekanntschaften Adler und Taylor, Pläne für eine ausgedehnte Reise nach Athen,

Konstantinopel, bis ins Heilige Land geschmiedet. Die Vision einer »glorreichen Fahrt in den Orient« hatte Herman Melville schon seit seiner Kindheit verfolgt und spätere Lektüren – *Eothen* von Kinglake, *Anastasius* von Thomas Hope, *Vathek* von Beckford, die wiederholte Lektüre der Bibel und immer wieder die berauschenden Sprachbilder in Miltons *Paradies Lost* – hatten diesen lange gehegten Traum am Leben erhalten.

Die damalige, enthusiastische Vision hatte jedoch mit der späteren Wirklichkeit kaum etwas gemein. Melville war nach jahrelanger, wenig erfolgreicher schriftstellerischer Tätigkeit physisch und psychisch am Ende. Der Wille zum gesellschaftlichen, finanziellen und literarischen Erfolg, der im Tagebuch von 1849 zuweilen noch zu spüren ist, war an Mißerfolgen, Ablehnung und Geldproblemen zerbrochen. Hoffnungen auf eine Anstellung bei der Zollbehörde, um zumindest den Unterhalt seiner Familie sichern zu können, waren wiederholt enttäuscht worden. Die tatsächliche Reise ins Heilige Land erweist sich als von der besorgten Familie bezahlte »Kur«, um den zunehmend von Erschöpfungszuständen und Schmerzen geplagten Schriftsteller die Möglichkeit zu geben, sich zu erholen und wieder zu sich selbst zu finden.

Der Beginn des Tagebuches von 1856 wirkt zunächst – im Unterschied zu den früheren Aufzeichnungen – entsprechend einsilbig, hastig und ohne rechte Begeisterung notiert. Die im Anhang präsentierte Schilderung des Besuches Melvilles bei Nathaniel Hawthorne gibt das eindrückliche Bild eines einsamen, gesundheitlich angeschlagenen und enttäuschten Mannes, der eine totale »Auslöschung« für das wahrscheinlichste Schicksal seiner Seele hält.

Wenn es einen thematischen »roten Faden« in den Tagebüchern von 1856/57 gibt, läßt er sich wohl am ehesten als »Entzauberung« umschreiben. An einer Stelle benutzt der Autor selbst das Wort »disenchanted« d.h. »entzaubert« – vielleicht in Anlehnung an seinen Erzählzyklus über die »verzauberten Inseln«, *The Encantadas; or, Enchanted Isles* von 1854. Es ist die Konfrontation des Gelesenen, Erhofften und Erträumten mit der kargen Realität, der Vorstellungskraft mit der rationalen, ernüchternden Analyse.

Dreimal beschreibt Melville seine Enttäuschung über Patmos, dem Ort der Offenbarung des Johannes: »[...] wer könnte beim Anblick des öden, gelblichen Patmos noch an den Besuch eines Gottes glauben.«

Auch die Inseln der antiken Mythologie erweisen sich als trostlose, kahle Orte, ohne Anhaltspunkte für die in zahllosen Büchern geschilderten Wunder und Heldentaten, welche einst die Phantasie eines jungen Lesers beflügelt hatten. In einem späteren Eintrag verflucht er den Rationalismus von Niebuhr und Strauß, an anderer Stelle nennt er den Skeptizismus den »Fluch des modernen Reisens«. Wieder scheint Melville eine Synthese als Lösung für den Dualismus abzulehnen: Dichtung und Wahrheit können nur parallel zueinander existieren.

Der wiederholten »Entzauberung« konnten nur einige Monumente des alten Ägypten und einige Ortschaften mit Bezug zur biblischen Geschichte standhalten. Hier wird die Enttäuschung zu einer Mischung aus »Schrecken & Staunen« beim Anblick der Pyramiden und zum Erschaudern angesichts der »diabolischen« Landschaft Judäas. Die größten architektonischen Wunder des Altertums zeugen für den Autor jedoch weniger von einer Beständigkeit menschlicher Bauwerke, als von der Vergänglichkeit ihrer Erbauer. Es sind letztendlich monumentale, leerstehende Gräber. Das Heilige Land erscheint dem Reisenden als trostlose Schutthalde.

Tatsächlich ist dieser Abschnitt der Reiseaufzeichnungen von Bildern des Todes, des Verfalls und der Verfolgung geprägt. Auf einem Friedhof in Konstantinopel begegnet Melville einer trauernden Witwe über dem Grab ihres Mannes. Er beschreibt ihre Klagerufe und notiert das trostlose Schweigen des Grabes. »Diese Frau und ihre Schreie verfolgen mich auf schreckliche Weise.« Die skizzenhaften Beschreibungen der orientalischen Städte mit ihren dunklen Höfen und Passagen, den verwinkelten steilen Gassen, den »Geisterhäusern«, kahlen Mauern, dem Dreck und Unrat sowie die wiederholte Erwähnung von »Mördern« und drohender Ermordung, belegen die düstere Stimmung des Autors. Seine Wahrnehmung ist fixiert auf die Beschäftigung mit den letzten Fragen nach Tod, Vergänglichkeit und Nachwelt. Gerade angesichts der biblischen Stätten, scheint die Abwesenheit Gottes für Melville um so deutlicher geworden zu sein.

Für Herman Melville, der Zeit seines Lebens nach einer letztendlichen Gewißheit in Glaubensdingen gesucht hat und die Bücher der Bibel ausgezeichnet kannte, war die Reise ins Heilige Land natürlich auch eine Pilgerreise, ein Versuch den Glauben zu festigen und zu erneuern. Die Fragen, die er sich selbst immer wieder aufs Neue stellte, konnten vor diesem Hintergrund neu formuliert werden, Antworten sollte er keine finden. Weder in den von Devotionalienhändlern und Sektierern überschwemmten wichtigsten Heiligtümern der Christenheit, noch in den absurden Bestrebungen amerikanischer Missionare, die über Landwirtschaftsschulen versuchten, Juden zum Christentum zu bekehren, konnte Melville ein Heilmittel gegen seine Zweifel entdecken.

»Kein Land kann schneller romantische Vorstellungen zerstreuen als Palästina – insbesondere Jerusalem. Einige macht diese Vorstellung todunglücklich.«

Trotz all dieser desillusionierenden Eindrücke, scheint der Aufenthalt im Heiligen Land Melville stark beeindruckt zu haben. Noch Jahre später beschäftigte ihn die Vorstellung, daß gerade an jenem Ort, der in unmittelbarer Beziehung zur biblischen Offenbarung stand, weder göttliche Zeichen noch irdischer Trost zu finden waren. Die Suche nach Gewißheit wurde Jahre später zum zentralen Thema in *Clarel*.

Erst während des Aufenthalts in Rom und Italien verschwinden zusehends jene morbiden, düsteren und bedrückenden Gedanken, welche noch viele Einträge in Palästina prägten. Die düstere Stimmung – die Hawthorne an Melville festgestellt hatte – weicht einer neuen Aufgeschlossenheit, Neugierde und Freude an den zahllosen Bauten, Kunstwerken und Schätzen der Antike und Rennaissance. In den antiken Statuen findet er eine Art von Beständigkeit über die Zeit, die sich von den im Grunde erschreckenden Grabmonumenten Ägyptens unterscheidet, sich jedoch gleichzeitig über die kurzlebigen Launen der Gegenwart erhebt. Dies ist zumindest ein Grundgedanke in Herman Melvilles Vortrag »Statues in Rome« von 1857. Der Vortrag preist die Natürlichkeit des Ausdrucks und die Schönheit der Darstellung antiker Kunst, in der sich unvergängliche Ideale widerspiegeln. Der Gedanke, daß die Schönheit dieser Kunstwerke die Jahrtausende zu überdauern vermochte, daß nicht das Leben, sondern nur die Kunst fähig war, dieses Ideal zu erreichen, scheint für Melville einen gewissen Trost bedeutet zu haben. In dem Vortrag über römische Statuen kommt durchaus die Sehnsucht Melvilles zum Ausdruck, ein Werk zu schaffen, welches, gleich den Meisterwerken der Antike, die Zeiten überdauern würde. Seine Kritik an den »undurchführbaren Schimären moderner Träumer« – im Tagebuch von 1856/57 kommt sie bei der Beschreibung des Crystal Palace in London zum Ausdruck – ist gleichzeitig Kritik an einer Gegenwart, die ihn als Künstler stets mißachtet hat und darüber hinaus Kunst, Literatur und Philosophie im allgemeinen verachtet. Eine Gesellschaft die nur nach Gewinnmaximierung strebt, das Geld anbetet und den Geist verhöhnt, wird keine Spuren auf dieser Welt hinterlassen. Diese kritische Einstellung zur Gegenwart verbindet Melvilles letzten Roman *The Confidence-Man* (1857) mit dem Versepos *Clarel* (1876), welches den Mittelpunkt seiner zweiten Schaffensperiode darstellt.

Die Reise von 1856/57 markierte einen neuen Abschnitt in Herman Melvilles Leben und Werk. Nach seiner Rückkehr sollte er die rastlose literarische Produktion aufgeben, welche die Jahre zwischen den beiden Europareisen geprägt hatte. Er schlug verschiedene Angebote aus, seine Reiseeindrücke in einem Buch oder einer Artikelserie niederzuschreiben und begann, sich intensiv mit Lyrik zu beschäftigen. Nachdem 1860 – während seiner Reise nach San Francisco – ein Band mit Gedichten abgelehnt worden war, versuchte er seine Technik durch die Lektüre der Klassiker aber auch mit Hilfe theoretischer Werke zu verbessern. Sein Gedichtband über den amerikanischen Bürgerkrieg, *Battle-Pieces* von 1866, konnte die Reputation des inzwischen vergessenen Autors jedoch nicht erneuern. Nachdem er im selben Jahr endlich die lange ersehnte Stelle als Zollinspektor bekommen hatte, wurde seine literarische Betätigung vollends zur privaten Angelegenheit, die Wochenenden und Freizeit ausfüllte. In den folgenden Jahren, zwischen 1866 und 1876, entstand ein letztes, großes Werk, welches die Erfahrungen, Eindrücke und Gedanken der Reise ins Heilige Land aufgriff und mit den Grundthemen des Gesamtwerkes verband: *Clarel. A Poem and Pilgrimage in the Holy Land.*

V

In den Jahren nach der Rückkehr Herman Melvilles von seiner zweiten großen Europareise kam seine literarische Produktion fast völlig zum erliegen. Unterstreichungen und Randnotizen belegen jedoch, daß er sich schon bald mit neuen Projekten beschäftigte. Zu Beginn war Melville wohl durchaus geneigt, den Aufforderungen seiner Freunde nachzukommen und ein Reisebuch zu schreiben. Reiseschilderungen und Romanzen über den Orient und das Heilige Land waren zur Mitte des 19. Jahrhunderts höchst populär, und es ist denkbar, daß etwa ein unter dem Titel »Reisefresken dreier Brüder« geplanter Roman, erfolgreich geworden wäre. Doch: »Reisebücher sind unbefriedigend; sie wecken nur die Sehnsucht selbst zu sehen.« Melville formulierte diesen Satz für einen kleinen Vortrag über das Reisen im Jahre 1859. Der Vortrag enthielt wie »Statues in Rome« einige Reminiszenzen an die Eindrücke von 1856/57. »The South Seas«, ein Vortrag von 1858, versuchte noch einmal an die Popularität der Südseeromane anzuschließen – vergeblich. Herman Melville verschwand aus dem Bewußtsein der Öffentlichkeit.

Als 1876 – nach über zehn Jahren Arbeit – die erste, zweibändige Ausgabe von *Clarel* erschien, nahmen nur wenige Literaturkritiker überhaupt Notiz davon. In den Besprechungen wurde das Versepos unter anderem als unverständlich, schwierig und mittelmäßig bezeichnet. Anders als Melvilles Prosatexte wird dieses, 4 Teile, 152 Strophen und fast 18.000 Zeilen umfassende Werk bis heute wohl nur von Literaturwissenschaftlern gelesen. Frank Mather, einer der »Wiederentdecker« Melvilles im frühen 20. Jahrhundert, scherzte, daß er von den wenigen Lesern des Buches wohl der Einzige sei, der überlebt habe.

Die Liebesgeschichte in der Rahmenhandlung von

Clarel erinnert in ihren Grundzügen ein wenig an den Roman *Mardi* von 1849 (wo die Suche nach einer schönen Südseeprinzessin der Anlaß für eine in Episoden gegliederte Rundreise ist). Die Erzählung des langen Gedichts beginnt in Jerusalem. Clarel, ein junger, von religiösen Zweifeln geplagter Theologiestudent, verliebt sich in die schöne Jüdin Ruth, deren Vater – ein zum Judentum konvertierter Amerikaner, der sich in Palästina niedergelassen hatte – von Arabern ermordet wird. Während der Trauerzeit ist es Ruth nach jüdischem Brauch verboten, ihren Geliebten zu sehen. Einige zufällig getroffene Bekanntschaften überreden Clarel, die Wartezeit durch eine Rundreise durch das Heilige Land zu überbrücken. Die zehntägige Reise führt die Pilger über Jericho zum Toten Meer und weiter zum Kloster Mar Saba, nach Bethlehem und zurück nach Jerusalem. Dort entdeckt Clarel, daß Ruth aus Gram über seine Abwesenheit gestorben ist. Clarel, der sich von seiner Verbindung mit Ruth einen »neuen Garten Eden« versprochen hat, verschwindet in den Gassen Jerusalems und mischt sich unter Pilger, die dem Kreuzweg nach Golgotha folgen.

Eine zweite Ähnlichkeit mit *Mardi* ist, daß dieser Rahmen nur als Anlaß für unzählige Episoden, Diskussionen und Allegorien dient, die sich um jene Fragen drehen, die Melville seit jeher wichtig gewesen sind: Glauben und Zweifel, Religion und Atheismus, Mythologie und »entzaubernde« Wirklichkeit. Es wird jedoch vor allem versucht, die auf der Erfahrung von 1856/57 basierende Frage, nach der offenkundigen Abwesenheit Gottes im Heiligen Land, zu beantworten. Die Antwort fällt schmerzlich aus: das christliche Symbol des Kreuzes wird zur Metapher für Leid und Tod, nicht für Erlösung. Die einzige Hoffnung liegt – wie der Epilog andeutet – in der Weitersuche.

Auch in *Clarel* kann das Dualismusproblem nicht

durch eine Synthese, oder – gemäß den amerikanischen Transzendentialisten – durch ein übergeordnetes Element gelöst werden. Wissen und Glauben bleiben parallel. Auf der gesellschaftlichen Ebene bleibt die Vereinigung von jüdischer und christlicher Tradition eine ebenso ferne Utopie, wie jene der westlichen Zivilisation und der traditionellen Kultur in den Südseeromanen.

In *Clarel* wird jedoch eine veränderte Einstellung Melvilles zu Politik und Gesellschaft deutlich. Während in seinen Romanen, bis hin zu *Moby-Dick*, die junge amerikanische Demokratie gefeiert und romantisiert wurde, ist *Clarel* (im 4. Teil) von düsteren Prognosen und Desillusionierung geprägt. Die Erfahrung des rasanten wirtschaftlichen Aufschwungs nach dem amerikanischen Bürgerkrieg belegte für Melville vor allem die Schattenseiten des ungebremsten Fortschritts: Ausbeutung, Korruption, Aufgabe von Traditionen und humanistischen Werten. Ein weiterer, daran anschließender Aspekt ist die Popularisierung der Wissenschaft, welche nicht zu einer verbesserten Bildung führte, sondern zu einer Wissenschaftsgläubigkeit, die wiederum religiöse und humanistische Wertbildung zu untergraben drohte.

Benjamin Disraeli brachte 1864 den Streit zwischen Wissenschaft und Religion, zwischen den Verteidigern Darwins und den Anhängern der biblischen Schöpfungslehre, in einer Frage auf den Punkt, die im Epilog von *Clarel* übernommen wurde: »Ist der Mensch Affe oder Engel?« – »Bei Gott, ich bin auf Seiten der Engel!«, war Disraelis eigene spontane Antwort. Herman Melville erweist sich aus heutiger Sicht als klüger, indem er unterstrich, daß weder in der Wissenschaft noch in der Religion das letzte Wort gesprochen sei und darum die Suche nach Wahrheit auf beiden Seiten immer weitergehen müsse.

Die manigfaltigen philosophischen, gesellschaftlichen und religiösen Positionen in *Clarel* werden in einer Vielzahl von unterschiedlichen Charakteren personifiziert, die den Theologiestudenten auf seiner Pilgerreise begleiten. Einige dieser Figuren – wie Nehemia, ein alter Amerikaner, der in den Straßen Jerusalems religiöse Traktate verteilt – gehen direkt auf Begegnungen zurück, die Melville in seinem Tagebuch von 1856/57 notiert hat. Zwei zentrale Figuren des Epos, die Clarel während des gesamten Weges begleiten, weisen zudem interessante Parallelen zu den Persönlichkeiten Melvilles und Hawthornes auf und können als eine Art Schlüssel zum Verständnis ihrer Beziehung – aus der Perspektive Herman Melvilles – dienen.

In Rolfe erkennt man leicht den jungen Melville: ein amerikanischer Abenteurer, der die ganze Welt bereist hat und immer noch von seinen Erinnerungen an ein Südseeparadies zehrt. Seine Offenheit, Neugier und Herzlichkeit erinnert an einige Passagen im Tagebuch von 1849 und den darin geschilderten fröhlichen Gesellschaftsabenden – dem »Paradies der Junggesellen«. Vine wird hingegen als verschlossene, unnahbare, schüchterne und vergeistigte Person charakterisiert, die in ihrer Vergangenheit ein dunkles, nie ergründetes Geheimnis verbirgt. Interessanterweise wird der Versuch, Vines Reserviertheit zu durchbrechen und ihn dazu zu bewegen, sich einer tieferen freunschaftlichen Beziehung zu öffnen, nicht von Rolfe unternommen, sondern auf die Figur des Clarel übertragen.

Wie alle Bücher Herman Melvilles ist auch *Clarel* ein sehr persönliches Buch, in dem sich seine eigenen Erfahrungen, seine Obsessionen und seine unermüdliche Wahrheitssuche reflektieren. Es ist gleichzeitig wohl sein schwierigstes und – durch die teilweise archaische Sprache – unzugänglichstes Werk. Hinsichtlich Erfolg war es wohl der absolute Tiefpunkt in Melvilles Karriere als Schriftsteller, innerhalb seines Gesamtwerkes nimmt *Clarel* jedoch eine herausragende Position ein: es ist der Versuch einer umfassenden Antwort auf die Fragen, die Herman Melville Zeit seines Lebens beschäftigten.

VI

Das Tagebuchfragment der Reise von 1860 markiert wohl den eigentlichen Wendepunkt im Leben Herman Melvilles. Man erfährt in dem kurzen Text allerdings nur sehr wenig über den Autor, seine Absichten und Aussichten. An neue literarische Projekte dachte er wohl nur beiläufig, doch seine Beschäftigung mit dem Werk klassischer Dichter – die in dem Tagebuch selbst freilich nicht erwähnt wird – bereitet den Weg zu seinem unfangreichen lyrischen Werk, von *Battle-Pieces* (1866) über *Clarel* (1876), bis zu *John Marr and Other Sailors* (1888) und *Timoleon, etc.* (1891), ein letzter Gedichtband, der unter dem Titel »Fruit of Travel Long Ago« noch zahlreiche Erinnerungen an die Reise von 1856/57 enthielt.

Im Mai 1860 hatte sich Melville noch von ganzen Herzen auf eine Reise gefreut, die ihn – wie er an seinen Freund Evert Duyckinck schrieb – »rund um die Welt« führen sollte. »Unser erster Hafen ist San Francisco, den wir wahrscheinlich in 110 Tagen ab Boston erreichen werden. Von dort fahren wir nach Manila–& von dort, wohin genau weiß ich nicht.« Die »guten Vorzeichen«, die Melville zu erkennen glaubte, sollten sich nicht erfüllen. Seekrankheit, der Zusammenstoß mit einer Brigg, schlechtes Wetter und Sturm, schließlich der Tod eines Matrosen – diese Ereignisse prägen den Tagebuchtext. In den Briefen an seine Kinder erfahren wir nur einige zusätzliche Details der Reiseerlebnisse. Der Brief an Malcolm deutet jedoch bereits

Familienprobleme an, die sich in späteren Jahren bis hin zur Katastrophe zuspitzen sollten.

Ein aus dem Tagebuch selbst nicht erkenntlicher Grund für den Abbruch der Weltreise und die Rückkehr nach New York war vermutlich die Wahl des erklärten Gegners der Sklaverei, Abraham Lincoln, zum Präsidenten der Vereinigten Staaten und die drohende Sezession.

Zu Beginn des Jahres 1861 reiste Melville nach Washington, um Lincoln reden zu hören. Stolz schrieb er an die Familie, er hätte die Hand des Präsidenten geschüttelt. Doch seine Hoffnung, über die neue Regierung einen Auslandsposten zu ergattern, etwa als Konsul in Florenz, erfüllten sich nicht. Der Bürgerkrieg, der bald nach Melvilles Heimkehr ausbrach, machte alle diesbezüglichen Pläne zunichte. 1864, kurz vor Ende des Krieges, begleitete Herman Melville seinen Bruder Allan nach Virgina, um die Schlachtfelder mit eigenen Augen zu sehen. Ohne die persönlichen Eindrücke, wären die Schilderungen in *Battle-Pieces* nicht möglich gewesen. Melville konnte nicht frei »erfinden« – um schreiben zu können, brauchte er die Grundlage eigener Erfahrung.

Neben der gesellschaftlichen Tragödie des Krieges, mußte Herman Melville in den folgenden Jahren zahlreiche Todesfälle in Familie und Freundeskreis hinnehmen: in kurzen Abständen starben Lemuel Shaw, George Duyckinck, Nathaniel Hawthorne, George Adler und der Bruder Allan. Herman Melvilles Sohn Malcolm, der im Tagebuch von 1849 oft erwähnt wird und in den Briefen von 1860 eine Belehrung erhält, starb 1867 – ob durch Selbstmord oder leichtsinnigen Umgang mit einer Schußwaffe ist nicht bekannt. Der zweite Sohn Stanwix ging bereits in jungen Jahren zur See, trieb sich in Mittelamerika herum und starb 1886 in San Francisco. Die beiden Töchter Elizabeth und

Frances, »Bessie« und »Fanny« im Brief von 1860, überlebten ihren Vater. Nur Frances, geboren 1855, heiratete. Sie entfremdete sich von ihrem Vater und verweigerte, als das Interesse an Melvilles Werk wieder auflebte, den Biographen und Literaturwissenschaftlern jegliche Information.

Mit der Reise von 1860 endete Herman Melvilles private Karriere als Reisender wie auch jene als populärer Schriftsteller seiner Zeit. Die Werke, die nach diesem Datum veröffentlicht wurden, gelangten nie in das Bewußtsein einer breiteren Öffentlichkeit und werden auch heute noch – da dieser Autor längst zu den Großen der Weltliteratur gerechnet wird – nur von einigen Literaturwissenschaftlern gelesen. Erst kurz nach seinem Tod im Jahr 1891 begann das Interesse an Herman Melvilles Werk, nach einer Neuveröffentlichung von *Typee, Omoo, White-Jacket* und *Moby-Dick*, neu zu erwachen. Wenige Jahre vor seinem Tod, hatte sich seine finanzielle Situation durch zahlreiche unerwartete Erbschaften soweit gebessert, daß er seine Anstellung bei der New Yorker Zollbehörde aufgeben konnte. Ab 1886 widmete er sich wieder ganz seiner Literatur und begann auch wieder an Prosatexten zu arbeiten. Die Anerkennung der Öffentlichkeit war ihm zu dieser Zeit jedoch längst gleichgültig geworden. 1885 schrieb er an einen seiner Bewunderer: »[...] je weiter unsere Zivilisation über die gegenwärtigen Grenzen hinweg foranschreitet, um so billiger wird jene Sache namens ›Ruhm‹, ganz besonders im Bereich der Literatur.«

VII

Die Reisetagebücher Herman Melvilles unterscheiden sich grundlegend von bekannteren Schriftstellertagebüchern und Reisebeschreibungen des 19. Jahrhunderts, wie etwa der Orientreise Gustave Flauberts, der Italienreise von Charles Dickens, oder den privaten

Notizen Nathaniel Hawthornes, in denen Sehenswürdigkeiten bis ins Detail beschrieben werden. Zu den frühen Reiseerzählungen Melvilles, *Typee* und *Omoo*, bilden die Tagebücher geradezu ein Gegenstück. Während jene, durch ausführliche, anschauliche, teils humorvolle, teils abenteuerliche Schilderung, sehr viel mehr *Literatur* sind, können die knappen, manchmal chaotischen, spontan assoziierenden Notizen solche Ansprüche nur andeutungsweise erfüllen. Sie sind in erster Linie Ausdruck der Persönlichkeit des Autors. Der Hintergrund wird nur in bezug auf diese Persönlichkeit bedeutsam, die politische und soziale Lage in den bereisten Ländern wird oft nur indirekt oder am Rande erwähnt: etwa das soziale Elend der Metropole London, die Militärpräsenz in Paris, die Nachwirkungen der Revolution von 1848, der 1856 eben erst beendete Krieg gegen Rußland, der Beginn imperialistischer Bestrebungen, nationalistische Unruhen im von Österreich besetzten Venedig oder die Vorherrschaft des osmanischen Reiches in Palästina. Wenn überhaupt, wird die durch diese Umstände und Ereignisse geprägte Situation für den Leser immer erst dann deutlich, wenn der Autor sich selbst betroffen oder sogar bedroht fühlt, bzw. wenn ihn ein Erlebnis literarisch inspiriert. Jedoch ist es wohl gerade der eindeutig private Charakter der Aufzeichnungen, in dem der Versuch, ein vermeintlich objektives Bild zu vermitteln, völlig fehlt, der den Text für den heutigen Leser interessant macht. Während sich Autoren klassischer Reiseberichte gerne selbst zu einer literarischen Figur stilisieren, bleibt in den fragmentarischen Notizen Melvilles der Mensch auf ungekünstelte, unmittelbare Weise sichtbar. Ein ausformulierter, überarbeiteter Bericht auf der Grundlage der Notizen, hätte womöglich nur eine polierte Fassade hinzugefügt. Erst durch die Lektüre der Tagebücher wird deutlich, wie persönlich das literarische

Werk Herman Melvilles im Grunde ist und wie sehr die Themen und Motive jener Texte sein eigenes Leben durchziehen. Die manchmal achtlos hingekritzelten Aufzeichnungen enthalten Hinweise auf die zentralen Fragen, die in den für die Öffentlichkeit geschriebenen Werken behandelt werden. Sie enthalten zudem – wenn auch oft nur fragmentarisch und andeutungsweise – jene Vielfalt an Ausdrucksmitteln, die für die wichtigsten Romane Melvilles typisch sind: es finden sich Zitate, ironisch verfremdete Zitate, Assoziationen, immer wiederkehrende Anspielungen auf Bibelstellen, Miltons *Verlorenes Paradies* und andere bevorzugte Lektüren, ebenso gibt es Imitationen von Dialekten, Umgangssprache, Sprachspiele, Wortspiele, Anekdoten und kleine poetische Einfälle. Die Tagebuchaufzeichnungen sind, trotz dieser ungeordneten Vielfalt, in erster Linie ein Dokument der schriftstellerischen und persönlichen Entwicklung Herman Melvilles. Sie zeigen den jungen, nach Erfolg strebenden Romancier ebenso wie den früh gealterten, enttäuschten und desillusionierten Mann, der sich von seiner schnellebigen Gegenwart abwendet und nach einem festen Halt in Religion, Philosophie und Kunst sucht. Sie zeigen das Paradies der Junggesellen in den Gesellschaftsräumen Londons ebenso wie – nur wenige Jahre später – die Hölle der Einsamkeit in der diabolischen Landschaft Palästinas. Für Herman Melville konnte es keine bequemen Mittelwege geben, es war ihm nicht möglich, eine Brücke zwischen den Extremen zu schlagen. Entsprechend weist der erlebte Verlust des Paradieses erneut von der Biographie des Autors auf seine Literatur, auf die zum Untergang verurteilte idyllische Eingeborenenkultur in *Typee* und *Omoo*, auf das Ende der romantisch-idealisierten Vorstellung der amerikanischen Demokratie in *The Confidence-Man* und *Clarel*.

Der lange Weg vom Abenteurer in der Südsee bis

zum einsamen Wanderer durch die Schutthalden der Antike spiegelt sich in den »ein oder zwei Schritten« vom Tartarus nach Tivoli, von der mythologischen Unterwelt zum irdischen Paradies. Dieser kleine Abschnitt aus den Randnotizen der Reise ins Heilige Land berührt mit Ironie den Kern der Selbsterkenntnis, die Herman Melville aus seinen letzten Reisen gewonnen hat. Vielleicht hatte er für den kurzen Augenblick, in dem er diesen Einfall notierte, über den Gedanken gelächelt, daß die scheinbar so unüberwindlichen Abgründe zwischen den Gegensätzen, die sein Leben und sein Denken beherrschten, – zwischen Paradies und Hölle, Gott und dem absolutem Nichts, Beständigkeit und Vergänglichkeit, Ruhm und Vergessen – mit einer letzten Reise von wenigen Schritten überwunden werden könnten.

Zeittafel

1819	Herman Melville, geboren am 1. August in New York.
1830	Abbruch des Schulbesuchs nach Bankrott der Firma des Vaters.
1839	Erste Seereise als Matrose auf einem Handelsschiff nach Liverpool.
1841	Auf dem Walfänger Acushnet in die Südsee.
1843–1844	Dienst auf einem amerikanischen Kriegschiff; zurück in die USA.
1846	Der erste Roman: *Typee*
1847	Die Fortsetzung von Typee: *Omoo*
1849	*Mardi* und *Redburn*
	Von Oktober 1849 bis Januar 1850, Reise nach Europa.
1850	*White-Jacket*. Beginn der Freundschaft mit Nathaniel Hawthorne.
1851	*Moby-Dick; or the Whale*
1852	*Pierre; or the Ambiguities*
1853	»Bartleby the Scrivener«; »Cock-a-doodle-do!«.
1854	»The Encantadas«; »Poor Man's Pudding and Rich Man's Crumbs«; »The Happy Failure«; »The Lightning-rod Man«; »The Fiddler«.
1855	*Israel Potter*; »The Paradise of Bachelors and the Tartarus of Maids«; »The Bell-Tower«; »Benito Cereno«.
1856	»I and my Chimney«; »The Apple-Tree Table«; *The Piazza-Tales*.
	Oktober 1856 bis Mai 1857: Reise nach Europa, in die Levante und ins Heilige Land.
1857	*The Confidence-Man; His Masquerade*
1860	Schiffsreise von Boston nach San Francisco.
1861-65	Sezessionskrieg
1866	Zollinspektor im Hafen von New York.
1867	*Battle-Pieces and Aspects of War* (Gedichtband).
	Selbstmord des Sohnes Malcolm.

1876 *Clarel*: Versepos über die Pilgerreise eines amerikanischen Theologiestudenten ins Heilige Land erscheint als Privatdruck.

1886 Tod des Sohnes Stanwix.

1888 *John Marr and Other Sailors* (Gedichtband als Privatdruck).

1891 *Timoleon, etc.* (Gedichte als Privatdruck).
Herman Melville stirbt am 28. September in New York an Herzversagen.

1924 In Band 13 der Werkausgabe erscheinen die Erzählungen aus dem Nachlaß: »Billy Budd«; »Daniel Orme«; »The Two Temples«; »Under the Rose«; »The Marquis de Grandvin«; »Portrait of a Gentleman«; »To Major Gentian, Dean of the Burgundy Club«; »Jack Gentian«; »Major Gentian and Colonel J. Bunkum«; »The Cincinnati«; »Fragment«; »Fragments from a Writing Desk«.

Chronologie deutschsprachiger Erstausgaben

- **1847:** *Vier Monate auf den Marquesas-Inseln oder ein Blick auf polynesisches Leben.* R. Garrique, Leipzig. (*Typee*, 1846)
- **1847:** *Omoo oder Abenteuer im Stillen Ozean.* F. Gerstäcker, Leipzig. (*Omoo*, 1847)
- **1850:** *Redburns erste Reise.* L. Marezoll, Grimme. (*Redburn*, 1849)
- **1927:** *Moby-Dick oder Der weiße Wal.* W. Strüver, Berlin. (*Moby-Dick*, 1851)
- **1938:** *Billy Budd. Vortoppmann auf der Indomitable.* R. Moering, Hamburg. (*Billy Budd*, 1924)
- **1938:** *Benito Cereno.* R. Kraushaar, Berlin. (*Benito Cereno*, 1855)
- **1946:** *Bartleby.* K. Lerbs, Zürich. (*Bartleby the Scrivener*, 1853)
- **1946:** *Die verfluchten Inseln.* W. Weber, Basel. (*The Enchanted Isles*, 1854)
- **1948:** *Weißjacke.* W. Weber, Zürich. (*White-Jacket*, 1850)
- **1956:** *Israel Potters Irrfahrten und Abenteuer.* W. Weber, Zürich. (*Israel Potter*, 1855)
- **1958:** *Ein sehr vertrauenswürdiger Herr.* W. Hilsbecher, Hamburg. (*The Confidence-Man*, 1857)
- **1962:** *Piazza-Erzählungen.* W. E. Süskind u. H. Studniczka, Reinbek. (*The Piazza-Tales*, 1856)
- **1965:** *Pierre oder der Kampf mit der Sphinx.* W. Weber, Hamburg. (*Pierre*, 1852)
- **1997:** *Mardi und die Reise dorthin.* R. Schmidt, Hamburg und Bremen. (*Mardi*, 1849)

Die Liste nennt das Erscheinungsjahr der Übersetzung, Titel, Übersetzer, Verlagsort sowie den Kurztitel der Originalausgabe mit Erscheinungsjahr. Die Gedichtbände *Battle-Pieces* (1866), *John Marr and Other Sailors* (1888), *Timoleon, etc.* (1891), das Versepos *Clarel* (1876) und die Gedichte aus dem Nachlaß Herman Melvilles sind bislang nur in Auszügen ins Deutsche übertragen worden (z.B. in: *Der Rosenzüchter.* Übersetzt von W. Weber, Hamburg 1969).

Quellenangaben

Die Übersetzung der in der vorliegenden Ausgabe gesammelten Texte Herman Melvilles basiert auf den folgenden Ausgaben:

- *Journal of a Visit to London and the Continent*, 1849–1850. Hrsg. v. Eleanor Melville Metcalf (London 1949)
- *Journal of a Visit to Europe and the Levant.* Oktober 11, 1856–May 6, 1857. Hrsg. v. Howard C. Horsford (Princeton, New Jersey 1955)
- *The Writings of Herman Melville*, Volume XV: Journals. Hrsg. v. Howard C. Horsford & Lynn Horth (Evanston and Chicago, 1989)
- *The Writings of Herman Melville*, Volume XIV: Correspondence. Hrsg. v. Merrell R. Davis & William H. Gilman (Evanston and Chicago, 1993)

Der Auszug aus den Tagebüchern von Nathaniel Hawthorne ist übersetzt nach:

- Nathaniel Hawthorne: *The English Notebooks* (1853-57) Hrsg. v. R. Stewart (New York 1962)

Bei Zitaten innerhalb der Tagebuchtexte wurde, wenn möglich, auf vorhandene Übersetzungen zurückgegriffen. Als Vorlage dienten:
Childe Harolds Pilgerfahrt von Lord Byron, in der Übertragung von Otto Gildemeister und Alexander Neidhart, in: *Lord Byron. Ein Lesebuch*, herausgegeben von Gerd Ueding (Frankfurt a.M. 1988). *Das verlorene Paradies* von John Milton, übersetzt von H.H. Meyer (Stuttgart 1986). William Shakespeare: *König Lear* und *Hamlet*, übersetzt von Wolf Graf Baudissin sowie von Wilhelm von Schlegel, beide in: *Gesammelte Werke*, herausgegeben von H.J. Meinerts (Gütersloh, o.J.). Bibelzitate folgen der modernen Übersetzung, basierend auf der Jerusalemer Ausgabe.

In den Anmerkungen und im Nachwort wörtlich zitierte Literatur sowie Auswahl der wichtigsten Quellen: H.C. Andersen: *Eines Dichters Basar*, 1843 (Leipzig 1973). James Boswell: *Dr. Samuel Johnson* (Zürich 1981). George Earle Buckle: *The Life of Benjamin Disraeli*, Vol. IV. (New York 1916). Lord Byron: *Briefe und Tagebücher*, 1805-24 (Frankfurt a.M. 1985). André Chastel: *Die Kunst Italiens* (München 1987). Charles Dickens: *Italienische Reise*, 1844-45 (Leipzig o.J.). Thomas De Quincey: *Bekenntnisse eines englischen Opiumessers*, 1822 (München 1965). M. Drabble (Hg.): *The Oxford Companion to English Literature. New Edition* (Oxford 1987). Gustave Flaubert: *Reise in den Orient*, 1849-51 (übers. v. A. Stoll, Frankfurt a.M. 1985). Theodor Fontane: *Sommer in London*, 1854 (Berlin 1998). Pierre Grimal: *Das antike Italien* (Darmstadt 1979). E. J. Hobsbawm: *Industry and Empire* (Harmondsworth 1968). Jay Leyda: *The Melville-Log* (New York 1951). Ferenc Majoros/Bernd Rill: *Das Osmanische Reich* (Wien 1994). Herman Melville: *Taipi*, 1846 (übers. v. I. Hecht, Leipzig 1953). Ders.: *Omu*, 1847 (übers. v. M. H. Richter, Leipzig 1955). Ders.: *Mardi*, 1849 (übers. v. R. Schmidt, Hamburg und Bremen 1997). Ders.: *Redburn*, 1849 (London 1986). Ders.: *Weißjacke*, 1850 (übers. v. W. Weber, Zürich 1948). Ders.: *Moby-Dick*, 1851 (London 1992). Ders.: *Pierre*, 1852 (Evanston and Chicago 1971). Ders.: *The Piazza Tales and other Prose Pieces* (Evanston und Chicago 1987). Ders.: *Israel Potter*, 1854 (übers. v. U. Johnson, Frankfurt a.M. 1991). Ders.: *Maskeraden*, 1857 (übers. v. C. Schuenke, Leipzig 1991). Ders.: *Clarel*, 1876 (Evanston und Chicago 1991). Ders.: *The Poems* (Kent 2000). Eleanor M. Metcalf: *Herman Melville. Cycle and Epicycle* (Cambridge 1953). James Olson: *Call me Ishmael* (New York, 1947). Ida Pfeiffer: *Reise ins Heilige Land*, 1842 (Wien 1995). Henry F. Pommer: *Milton and Melville* (New York 1970). Rabelais: *Gargantua und Pantagruel* (Hg. H. u. E. Heintze; Frankfurt a.M. 1994). H. Rosendorfer: *Die Kirchen von Rom* (München 1999). Merton M. Sealts: *Melville's Reading. Revised and Enlarged Edition* (University of South Carolina, 1988). David Thompson: *England in the 19th Century* (London 1950). K. Woermann: *Geschichte der Kunst* (6 Bände, Leipzig 1922).